대한민국 교육트렌드 2024

대한민국 교육트렌드 2024

초판 1쇄 발행 2023년 10월 25일
4쇄 발행 2023년 12월 25일

지은이 교육트렌드2024 집필팀

발행인 김병주
기획편집위원회 김춘성 한민호 　 **디자인** 정진주 　 **마케팅** 진영숙
에듀니티교육연구소 이문주 백헌탁
행복한연수원 이종균

펴낸 곳 (주)에듀니티
도서문의 1644-5798
일원화 구입처 031-407-6368 (주)태양서적
등록 2009년 1월 6일 제300-2011-51호
주소 서울특별시 중구 남대문로 117, 동아빌딩 11층
출판 이메일 book@eduniety.net
홈페이지 www.eduniety.net
페이스북 www.facebook.com/eduniety
인스타그램 www.instagram.com/eduniety/
　　　　　　 www.instagram.com/eduniety_books/
포스트 post.naver.com/eduniety

문의하기

투고안내

ISBN 979-11-6425-155-1

값은 뒤표지에 있습니다.

대한민국
교육
트렌드
2024

교육트렌드2024 집필팀

한국 교육을 움직이는
20가지 키워드

에듀니티

- 차 례 -

3부. 학교와 정책 진단

4부. 정치와 정책 전망

닫는 글.

국가와 교육의 아노미 현상과 새로운 사회적 합의

김 진 경
전 국가교육회의 의장

#

모든 경계의 무너짐으로서의 아노미,
그 기원

자본주의 사회는 상품교환 사회이다. 상품교환 사회는 이윤추구의 욕망에 의해 굴러간다. 그렇지만 이 이윤추구 욕망에도 한계가 있어 무한대로 허용되지는 않는다. 자본주의를 받치고 있는 신용화폐제도가 그러한 것이다. 신용화폐제도는 국가가 화폐를 발행할 때 발행한 화폐만큼 국채를 발행하도록 하는 제도이다. 화폐 발행을 국민 세금으로 국채 이자를 감당할 수 있는 범위 안으로, 즉 국가가 가지고 있는 신용 범위 안으로 제한하여, 시장경제 시스템 자체를 위태롭게 할 정도의 무분별한 욕망 추구를 제한하는 것이다. 국가가 가지고 있는 신용 범위를 넘어 무분별하게 화폐를 발행하면 과거의 1차 세계대전 이후 독일의 바이마르

공화국처럼 밀가루 한 포대를 사기 위해 돈을 배낭 가득 넣어가야 하는 하이퍼인플레이션 ^{Hyper-inflation 1)}이 발생하여 자본주의 시장경제 자체가 무너지게 된다.

그런데 재미있는 것은 국가가 가지고 있는 신용 범위라는 것이 자본주의 사회에서 이윤추구의 욕망이 작동하는 상품교환관계에 의해 발생하는 것이 아니라 상호적 증여교환관계에 의해 발생하는 것이라는 점이다. 국가와 국민 간의 (명시적이든 묵시적이든) 사회적 합의와 국민이 국가에 제공하는 세금이라는 공동의 기여에 의해 형성되는 게 국가 신용이다. 이윤추구의 욕망으로 작동하는 자본주의 시장경제가 그 근간에서는 국가를 매개로 하여 국민의 세금과 관계된 상호적 증여교환관계[2]에 의존하고 있는 셈이다.

위와 같은 사실이 우리에게 말해 주는 것은 어느 사회든 그 사회가 지속 가능하기 위해서는 그 핵심에 국민에 의한 사회적 합의와 세금을 통한 국민의 공동 기여를 바탕으로 한 상호적 증여교환관계가 살아있어야 한다는 점이다. 이 사회적 합의와 그것을 바탕으로 한 공동의 기여가 깨지면 그 사회는 아노미 ^{Anomie 3)} 상태에 빠져 붕괴를 경험할 수밖에 없다. 그런데 불행히도 근래 우리는 거의 모든 사회 단위가 기왕의 '사회적 합의와 그것을 바탕으로 한 공동의 기여'가 깨져 아노미 상태에 빠져드는 것을 목격하고 있다.

---

1) 하이퍼인플레이션: 물가상승이 통제를 벗어난 상태로 수백%의 인플레이션을 기록하는 상황을 말한다. 제1차 세계대전 직후 독일은 막대한 전쟁 배상금을 물어야 했던 탓에 정부가 화폐 발행을 남발하여 물가가 심하게 오르는 하이퍼인플레이션 상황이 벌어졌다.

2) 일본의 사회학자 가라타니 고진은 2010년 펴낸 "세계사의 구조"에서 역사적으로 사회구성체는 다음의 4개 형태로 나눌 수 있다고 주장한다. 첫째 증여-답례와 같이 개인적이고 호혜적인 교환관계(씨족사회), 둘째, 약탈-재분배에 의거한 교환관계(고대 동양제국), 셋째, 시장에서의 상품교환관계(근대자본주의국가), 넷째, 고차원적 회복으로서의 자유롭고 상호적인 증여교환관계. 최근에는 프랑스 인류학자 마르셀 에나프가 2002년에 발간한 "진리의 가격"이라는 책에서 상품생산을 통해 이윤추구를 하는 자본주의 체제에서 기부와 되갚음을 통해 일종의 상호적 증여교환관계가 확산되는 현상을 분석하였다.

3) 아노미: 사회적 혼란으로 인해 규범이 사라지고 가치관이 붕괴되면서 나타나는 사회적, 개인적 불안정 상태

아이들 성장환경의 변화와
공교육에 대한 사회적 합의의 붕괴, 아노미

    학교교육이 성립하기 위해서는 주민이 학교나 지방정부에, 국민이 국가에 자녀교육의 권한을 위임하는 사회적 합의가 필요하다. 주민이나 국민이 학교나 지방정부, 국가에 자녀교육의 권한을 위임하는 사회적 합의에 의해 발생하는 것이 학교나 지방정부, 국가가 갖는 교육권이다. 교사의 교권은 이 교육권의 일정 부분을 위임받음으로써 발생한다. 따라서 정상적 교육이 어려울 만큼 교사의 교권이 흔들린다는 것은 학교교육 성립의 근거인 기왕의 사회적 합의 자체가 흔들리고 있다는 걸 의미한다. 학교교육의 존재 근거 자체가 위협받고 있는 셈이다.

    교육권에 대한 사회적 합의의 역사적 형태는 크게 두 가지로 나누어 볼 수 있다.

    그 첫째는 미국이나 서구의 여러 국가처럼 주민이 자녀교육의 권한을 학교에 위임하고 그 위임 단위가 지방정부, 중앙정부로 올라가는 상향식이다. 이러한 상향식은 근대 공교육의 자연발생적 형태일 것이다. 이 경우는 자녀교육의 권한 위임이 직접적이어서 교육권에 대한 사회적 합의가 상대적으로 공고하다고 볼 수 있다.

    그 둘째는 한국처럼 국민이 자녀교육의 권한을 국가에 위임하고 국가가 위임받은 교육권을 학교에 위임하는 하향식이다. 이러한 하향식은 근대 공교육을 외부로부터 받아들일 때 나타나는 형태이다. 이 경우는 자녀교육의 권한 위임이 간접적이어서 교육권에 대한 사회적 합의가 상대적으로 취약하다고 볼 수 있다.

    한국의 공교육은 구한말 독립자강운동의 일환으로 일어난 사립학교 설립 운동[4]이 상향식의 형태를 보였으나 미미했고 일제에 의해 보편적 공교육이 하향식으로 도입되었다. 1945년 해방 이후에는 전국적으로 민립학교 설립 운동이 일어나 다시 상향식의 형태를 보였으나, 미군정이 들어서면서 민립학교를 불법화하여 폐교시키고 하향식의 공교육제도를 정착시켰다. 한국의 근대 공교육은 한국인의 뜨거운 교육열에 바탕하여 발전해왔다는 점에서 결과적으로는 일정 정도 교육권에 대한 사회적 합의가 있었다고 볼 수 있다. 그러나 외세에 의해 하향식으로 정착되었다는 점에서 그것은 불완전한 사회적 합의이다.

이렇게 외세에 의해 하향식으로 정착된 한국의 공교육에 대한 내적 동의와 사회적 합의가 강화된 것은 박정희 정권 때이다. 박정희 정권이 추구한 '서구모델 따라가기 경제 근대화'는 상당 정도 국민의 지지를 받으며 강력한 사회적 지향성으로 정착하였다. '서구모델 따라가기 경제 근대화'에 대한 동의는 곧 서구 지식 수입형의 하향식 공교육에 대한 동의를 의미한다고 볼 수 있다. '서구의 새로운 지식을 빨리빨리 받아들여 될 수 있으면 짧은 시간에 많은 사람에게 주입, 암기하게 함으로써 서구 선진국을 하루빨리 쫓아가야 한다.'를 모토로 하는 '서구모델 따라가기 경제 근대화'는 강력한 국가 주도의 하향식 공교육을 핵심 수단으로 하는 것이기 때문이다. '국민이 자녀교육의 권한을 국가에 위임했다.'는 공교육에 대한 사회적 합의는 박정희 정권 시대에 비로소 실효적 의미를 갖게 된 셈이다.

'서구의 새로운 지식을 빨리빨리 받아들여 될 수 있으면 짧은 시간에 많은 사람에게 주입, 암기하게 함으로써 서구 선진국을 하루빨리 쫓아가야 한다.'를 모토로 하는 공교육은 서구 지식 수입 통로에 가까운 순서대로 학교를 서열화한다. 서구 지식 수입 통로에 제일 가까운 서울대가 1번이고, 서울에 있는 대학이 그다음이 된다. 지방대학은 그다음이라는 식으로 서열이 생긴 것이다. 그리고

---

4) 사립학교 설립 운동: 구한말과 일제강점기에 걸쳐 근대 교육의 기회를 널리 보급하기 위해 민간에서 학교를 설립하여 유지 운영하려는 노력을 전개한 사회운동. 1910년 2월 인가된 사립학교의 수는 종교계 학교가 801개, 조선인이 협력하여 세운 학교가 1,402개였다. 1911년 일제는 사립학교규칙을 제정하여 사립학교에 대한 통제를 강화하고 공립으로 전환하도록 유도하였다.

학생들을 서구 지식을 얼마나 많이 잘 암기하였느냐에 따라 획일적으로 줄을 세운다. 또한, 서구 교육모델에 대해 정통한 중앙의 전문가와 관료가 교육내용과 정책을 결정하여 학교현장에 지시 형태로 내려보내고, 교육청과 교육지원청이 관리 감독하는 고도로 중앙집권적인 행정체계를 갖게 된다.

박정희 시대에 실효화된 '국민이 자녀교육의 권한을 국가에 위임했다.'는 교육권 개념은 그러나 1990년대를 넘어서며 내적으로 붕괴되기 시작하여 오늘날엔 거의 앙상한 형해만 남아있는 형국이다. 그 근본적 원인을 여러 가지로 지적해 볼 수 있다.

첫째, 산업화 시대에는 지식의 수입 통로가 단일하여 국가가 그 지식의 수입과 배분을 독점적으로 관장할 수 있었지만, 지식과 정보가 자유롭게 유통되는 디지털 시대에는 그것이 불가능하다. 그러니 국가가 독점적으로 관장하는 중앙 주도의 하향식 학교교육 시스템에 대한 신뢰는 떨어지고 사회적 합의는 약화될 수밖에 없다.

둘째, 1960~1970년대에는 비슷비슷하게 못 살아 국민의 학교교육에 대한 요구가 사회경제적 지위 향상으로 단일한 편이었으나, 1980년대를 지나면서는 한국 사회도 계층이 분화 고착화되어 학교교육에 대한 요구가 다양해진다. 하향식의 획일적 학교교육은 이 다양해지는 요구를 수용하기 어렵기 때문에 점점 신뢰를 잃어갈 수밖에 없다.

셋째, 특히 1990년대를 분기점으로 사교육의 성격이 바뀐 점은 학교교육의 교육권에 큰 영향을 미친다. 사회경제적 지위 향상이 주된 교육적 요구였던 1960~1980년대에는 사교육이 학교교육의 보조적 수단으로 활용되었다. 그러나 1990년대 이후 계층이 분화 고착화되기 시작하면서 사교육의 동인이 상승에 대한 욕망에서 추락에 대한 불안감의 해소 방안으로 바뀐다. 추락에 대한 불안감 해소에는 다른 아이들도 똑같이 받는 학교교육의 반복은 별 의미가 없고, 다른 아이들이 받지 못하는 교육을 더 받는 게 중요하다. 이렇게 되면 사교육이 학교

교육만으로는 해결되지 않는 변별력을 확보하는 수단으로서의 성격을 갖게 된다. 바로 이 시기에 교과서 밖의 난이도가 높은 지문을 활용하는 대학수학능력시험[5]이 도입되었다는 점은 매우 의미심장하다. 지금 고등학교 교육과정은 교과서로 표출되는 학교교육과정과 수능을 대비하기 위한 교과서 밖의 교육과정이라는 두 개의 교육과정으로 볼 수 있다. 교과서로 표출되는 학교교육과정은 이것을 잘 공부하는 것만으로는 좋은 대학에 갈 수 없기에 허구화되어 있다. 좋은 대학 진학 여부를 가르는 변별력은 교과서 밖에서 출제되는 수능이 가지고 있다. 이에 최적화된 우수한 사교육을 받지 않으면 좋은 대학에 가기 어렵다.

넷째, 지능정보사회, 본격적 소비사회로 진입하면서 아이들의 의식구조가 산업화 세대의 의식구조와 다르게 변화했고 그에 따라 가치 지향이 다원화되었다. 또한 가족의 해체, 지역사회의 해체로 가족과 지역사회의 보호교육기능이 공동화(空洞化)되면서 아이들은 자아형성에서 다양한 문제를 안고 학교교육에 진입한다. 이렇게 다양한 상황에서 다원적 가치 지향을 가지고 있는 아이들은 하향식의 획일적 교육시스템으로 감당이 안 된다. 그래서 1980년대까지는 사회적으로 큰 의미가 없었던 '교실붕괴', '왕따', '학교폭력'이라는 단어가 1990년대 이후 사회적으로 중요한 의미를 갖게 되었다.

다섯째, 특히 학교폭력과 관련하여 사회변화에 걸맞은 학생생활지도 시스템을 학교와 지역사회 안에 구축하지 못하고 외부의 사법 시스템에 의존하는 방향으로 관련 정책이 전개되면서 학교의 학생생활지도 관련 기능은 마비되고 무력화되었다.

여섯째, 이러한 사태를 '변화된 디지털 사회에 맞는 새로운 교육권에 대한 사회적 합의'를 바탕으로 한 제도와 시스템 개혁으로 대응하지 못하고, 수요와 공

---

5) 대학수학능력시험: 1994학년도부터 대학입시에 도입한 시험으로, 대학에 진학할 수 있는 능력을 알아보는 시험이기에 줄여서 수능이라고도 한다. 최근 수능에 교과서 밖의 난이도가 높은 소위 킬러문항이 출제되어 사회적 문제가 되기도 했다.

급이라는 시장적 메카니즘 도입으로 대신한 정부의 신자유주의 교육정책[6]도 문제를 악화시키는 데 한몫을 했다.

지식전수 기능의 핵심적 부분을 사교육이 가져가고, 학생생활지도의 핵심적 부분을 외부의 사법 체계가 가져간 학교는, 시간이 지날수록 점점 '시간제 보호 감호' 시설로 전락해 갈 수밖에 없을 것이다. 꿈꾸었던 교육이 아니라 별 통제수단이나 권한도 없이 '시간제 보호감호'를 감당해야 하는 교사들이 비명을 지르기 시작한 건 이미 오래되었다. 최근 서울의 서이초등학교 사태는 그것이 곪을 대로 곪아서 터진 것일 뿐이다.[7]

새로운 사회적 합의를 위한 담론 형성과 확산,
또 하나의 시작을 위하여

위에서 살펴보았듯이 디지털 사회로의 진입, 환경파괴로 인한 위험사회로의 진입 등으로 산업사회를 받쳐온 기왕의 사회적 합의들은 무력화되고 있다. 이렇게 기왕의 사회적 합의들이 무력화되면서 신뢰할 만한 최소한의 근거들이 사라져 사회가 각자도생(各自圖生)의 정글로 변해 가고 사람들은 불안과 좌절감에 시달리고 있다.

그러나 이러한 시기야말로 역설적으로 새로운 희망을 만들어가야 할 시기이며, 사회적 합의 형성을 위한 '담론(談論)[8]'을 만들어나가야 할 시기이다. 여기서

6) 신자유주의 교육정책: 신자유주의란 1980년대 이후 영국과 미국 등 선진자본주의 국가에서 시작된 경제주의에 입각한 교육개혁 사상을 말한다. 교육에 대한 국가 역할 축소, 시장기제의 활성화, 학습자 선택권의 강화, 교육관련 각종 규제의 철폐, 교육평가를 통한 책무성 강화, 공교육의 민영화 등을 핵심적 내용으로 한다.
7) [칼럼/김진경] '김훈' 작가의 '서이초' 관련 글을 읽고, 교육언론 창, 2023.08.14. 기사 참조
8) 담론: 어떤 주제에 대한 체계적인 논의.

우선 우리가 사용하는 '담론'의 개념을 명확히 할 필요가 있다. 우리가 사용하는 '담론' 개념은 탁월한 개인의 지적 작업을 의미하는 게 아니라 새로운 사회적 합의를 위한 집단 지성의 형성을 의미한다.

예컨대 최근의 서이초 사태는 공교육의 근거가 되는 '교육권'에 대한 산업화 시대의 사회적 합의가 붕괴되었음을 보여준다. 사회와 아이들 성장환경의 변화에 비추어 국민이 국가의 어느 단위에 자녀교육의 권한을 위임하는 것이 타당한지, 자녀교육의 어느 범위까지를 공교육에 위임하는 것이 타당한지, 대략적으로 어떤 내용과 방식의 교육을 위임하는 것인지, 사회의 분화에 따라 다양해지는 교육적 요구를 공교육이 어떤 방식으로 수용해야 하는지 등에 대한 새로운 사회적 합의가 필요하다.

기왕의 사회적 합의가 무너짐으로써 나타나는 아노미의 폐해는 특히 중산층 지식인 집단에서 심각하다. 중산층 지식인 집단이 각자도생의 자기 계층적 이해에 매몰되면서 건강한 사회적 합의와 가치를 유지시키는 역할을 하는 게 아니라 사회를 지속시키기 위한 최소한의 사회적 합의마저 무너트리며 일종의 파시즘 Fascism에 함몰되어 가는 경향을 보인다. 이에 따라 담론 지형이 황폐화되고 사회 구성원들이 심각한 좌절과 무력감에 빠질 수 있다.

지금이야말로 시작은 작아 보이더라도 미래지향의 새로운 사회적 합의 형성을 위해 집단 지성으로서의 새로운 담론을 만들어나가야 할 때이다. 그리고 이 작은 시작들의 네트워크를 넓혀 새로운 사회적 합의를 위한 움직임을 만들어내야 할 때이다. 서이초 사태는 빙산의 일각이어서 '디지털 사회, 위험사회의 새로운 교육권 정립을 위한 국민운동' 수준의 사회적 합의 형성과 그를 바탕으로 한 중장기적 교육개혁의 추진이 아니면 근본적 해결이 어려울 것이다.

사회적 합의는 어쩌면 그 결과보다 과정이 더 중요한 것인지도 모른다. 사회적 합의 과정은 이해관계라는 원심력이 압도적으로 강한 사회에서 그와 전혀 다른 '상호합의와 기여'에 기반한 상호적 증여교환관계를 구축함으로써 그 사회를 지속 가능하게 하는 구심력을 만들어내는 과정이기 때문이다.

01.
미래교육과
세계

세계의 교육트렌드 분석

임 선 빈
한국교육개발원 부연구위원

교육의 변화를 이끄는 글로벌 메가트렌드

교육의 변화는 사회의 변화에 민감하다. 사회에서 요구하는 인재를 길러내는 교육의 역할을 고려했을 때 교육 분야에서 나타나는 트렌드가 사회 변화에 민감한 것은 놀라운 일은 아니다. 이는 세계적으로 관찰되고 있는 교육 관련 트렌드, 즉 경향성을 살펴보기 위해 교육 트렌드 변화와 맞닿아 있는 메가트렌드[1]를 선행적으로 살펴볼 필요가 있음을 의미한다. 이러한 분석은 현재의 글로벌 교육 트렌드에 대한 논의를 넘어, 향후 교육 분야에서 나타날 수 있는 교육 트렌드에 대한 논의를 가능하게 할 것으로 기대된다. 이를 위해 세계의 미래교육 트렌드

---

[1] 메가트렌드란 미래의 교육 전 분야에(유아기 교육부터 평생교육까지) 걸쳐 영향을 미치는 정치, 경제, 사회, 기술적 트렌드를 의미한다(OECD, 2022).

를 본격적으로 살펴보기에 앞서, 어떤 요인들이 세계의 교육 트렌드 형성과 관련이 있는지 확인해보고자 한다.

OECD에서는 2-3년을 주기로 세계 교육의 변화를 이끄는 메가트렌드를 정리하여 보고서로 발행하고 있다. 그 중 최근 출판된 「Trends Shaping Education 2022」[2] (OECD, 2022)에서는 교육 변화와 연관된 5가지 메가트렌드를 성장growth, 생활과 일living and working, 지식과 힘knowledge and power, 정체감과 소속감identity and belonging, 변화하는 본성our changing nature 으로 나누어 제시하였고, 각 메가트렌드의 초점 및 교육과의 관계를 정리하여 나타내면 다음의 표와 같다.

▨ 교육의 변화와 연관된 메가트렌드

메가트렌드	초점	교육과의 관계	세계 교육 트렌드
성장 (Growth)	경제 성장	• 교육을 통한 개인의 경제활동 참여 • 교육을 통한 계층 이동의 가능	• 사회경제적 배경에 따른 교육 격차 • 교육 분야에서의 인공지능 활용 • 교육 형태의 변화와 미래 학교 시나리오
생활과 일 (Living and working)	근로 시간 감축 및 노동 형태의 변화	• 근로 시간 및 노동 형태의 변화에 따른 교육의 역할 • 평생학습제도	
지식과 힘 (Knowledge and power)	디지털 기술 발전	• 디지털 기술의 발전과 교육	
정체감과 소속감 (Identity and belonging)	우리는 누구이며, 어디에 속하는가	• 정체감과 소속감의 변화 • 글로벌 역량 형성과 긍정적 정체성 형성을 위한 교육	
변화하는 본성 (Our changing nature)	인간다운 삶을 위한 사회와 환경	• 복잡하게 얽혀 있는 사회적, 환경적 변화 • 나 자신, 타인, 자연 환경과의 관계에서 번영적 발전을 위한 교육	

---

2) OECD는 「Trends Shaping Education」을 통해 세계 교육의 트렌드 형성과 관련 있는 메가트렌드를 주기적으로 발표하고 있다. 2008년 첫 번째 출판물이 발표된 이후 2010년, 2013년, 2016년, 그리고 2019년에 후속 출판물을 발표하였으며, 최근 2022년에는 5가지 메가트렌드를 제시하였다.
(https://www.oecd.org/education/trends-shaping-education-22187049.htm).

첫 번째 장chapter인 "성장Growth"은 경제 성장에 집중한다. 어떻게 경제 성장이 전 세계적으로 가난과 빈곤을 이겨내게 했는지, 그리고 우리 삶의 수준을 높여주었는지 설명한다. 또한 경제 성장 과정에서 불가피하게 마주하였던 몇 가지 문제를 설명하는데, 예를 들어 빈부 격차의 악화 및 그에 따른 불평등 문제, 무분별한 자원 활용에 따른 기후 변화 관련 문제 등을 제시한다. 이러한 이슈는 교육 내에서도 사회경제적 배경에 따른 교육 격차 등의 문제로 이어졌다. 성장이라는 메가트렌드와 교육과의 관계를 살펴보면, 교육은 인류가 이룩한 경제 성장 과정에서 핵심적인 역할을 수행하였다. 교육을 통해 한 개인은 경쟁력을 갖추어 경제 활동 참여가 가능하였고, 더 나아가 경제 활동을 통한 계층 간 이동이 가능하게 하는 등 사회가 역동적으로 성장할 수 있도록 하였다. 향후 교육은 사회 전체의 지속가능한 번영과 성장을 위해 그 역할을 수행해야 할 것이다.

두 번째 메가트렌드인 "생활과 일Living and working"은 근로 시간 감축 및 노동 형태의 변화(유연근무, 원격근무)에 집중한다. 노동의 변화에 따라 개인의 근로 시간 외의 삶에서 교육이 어떤 역할을 할 수 있을 것인지에 대한 논의에 따라 그 대안으로 평생학습제도가 소개된다. 성인을 대상으로 한 평생학습제도는 개인이 새로운 경쟁력을 갖추게 도와주고, 기존에 가지고 있던 역량을 다시 개발하는 데 도움을 줄 수 있다. 전통적 관점에서의 교육은 학생을 대상으로 한 학교 안에서의 교육을 중심으로 그 대상과 공간이 비교적 명확했다. 보고서는 학교 안에서의 교육을 넘어 학교 밖에서의 교육에 집중해야 할 시기임을 강조한다.

세 번째 메가트렌드는 "지식과 힘Knowledge and power"이며, 빠른 속도로 발전하는 디지털 기술에 대해 논의한다. 디지털 기술 발전은 의사결정과 문제 해결을 위해 필요한 풍부한 정보를 제공함과 동시에, 때로는 넘치고, 심지어 거짓으로 제공되는 정보를 어떻게 처리해야 하는지에 대한 숙제를 남긴다. 하루가 다르게 발전하는 첨단과학 기술을 어떻게 활용할 것이며, 정보에 대한 접근과 분석 과정에서 교육이 수행해야 하는 역할은 무엇인지에 대한 논의가 필요하다.

네 번째로 "정체감과 소속감 Identity and belonging"은 현대사회에서 전통적인 관점에서의 소속감이 약해지고 있음을 지적한다. 가상현실의 발전은 새로운 세계관으로의 확장, 그리고 소속감을 촉진하고 있다. 하지만 여전히 다양한 형태의 사회 분열, 그리고 불평등 및 차별이 존재한다. 교육을 통해 학습자가 글로벌 역량과 긍정적 정체감을 형성할 수 있도록 도와야 하며, 이를 통해 공동의 웰빙 well-being 을 추구할 수 있도록 고민해야 한다.

다섯 번째 메가트렌드인 "변화하는 본성 Our changing nature"은 인간의 웰빙 well-being 을 위해 복잡하게 얽혀 있는 사회적, 환경적 요인에 초점을 둔다. 교육은 개인이 나 자신, 타인, 그리고 자연 환경과의 관계에 있어서 번영적 발전을 이루도록 촉진해야 하며, 최근에 발생하는 사회적이고 도전적인 문제들에 대해 생각할 수 있도록 도와야 함을 강조한다.

이상 OECD(2022) 보고서는 세계 교육의 트렌드 형성과 연관된 메가트렌드를 다섯가지 요인으로 나누어 제시하였다. 하지만 거시적 관점에서 제안한 다섯 가지 메가트렌드가 모든 국가와 교육 현장에 일괄적으로 적용되고 획일적인 영향력을 가지고 있는지에 대해서는 깊은 고민이 필요하다. 보고서는 교육에 대한 메가트렌드의 관련성, 속도, 그리고 영향력이 충분히 유동적일 수 있음을 밝힌다. 이상에서 제시한 다섯 가지의 메가트렌드와 관련되어 이 글에서는 현시점에서 세계적으로 관찰되는 교육 트렌드를 '① 사회경제적 배경에 따른 교육 격차', '② 교육 분야에서의 인공지능 활용', 그리고 코로나19 이후 급격하게 진행되고 있는 '③ 교육 형태의 변화와 미래학교 시나리오'로 나누어 제시하면서, 구체적인 데이터와 연구물, 관련 기사를 근거로 그 트렌드를 분석해보고자 한다.

사회경제적 배경에 따른 교육 격차

공교육의 체계화 이후 교육 격차에 대한 논의는 계속 제기되어 왔다. 교육 격차에 대한 논의는 성별, 인종, 지역, 그리고 학생의 사회경제적 배경에 따라 다양하게 논의됐는데, 그 중 여기서는 경제 성장 과정에서 필연적으로 관찰되는 현상 중 하나인 빈부격차, 그리고 학생의 사회경제적 배경에 따른 교육 격차가 세계적으로 어떻게 관찰되는지 확인해 보도록 한다.

미국에서 관찰된 교육 격차

먼저 교육 불평등에 대해 꾸준히 연구해 온 Reardon(2011)의 연구에 따르면, 근대적 교육이 실행되고 학생의 학업성취도에 대한 데이터가 쌓여온 지난 50년간 부유한집(high-income family)의 학생과 가난한집(low-income family)의 학생 간 교육 격차는 더 악화되었다. 그는 학생 가정의 사회경제적 배경과 학업성취도가 미국 내에서 50년 동안 어떻게 변화되어 왔는지 데이터를 통해 확인하였는데, 연구결과 높은 수준의 가정 수입과 낮은 수준의 가정 수입에 속해 있는 학생들 간 학업성취도 차이는 2001년에 태어난 학생들이 25년 전에 태어난 학생들에 비해 30-40% 증가한 것으로 나타났다. 그는 가정 소득에 따른 학업성취도 격차를 확인하기 위해 가정 소득 상위 10% 학생과 하위 10% 학생으로 구분하였고, 그들의 학업성취도 격차를 표준편차 단위로 계산하여 비교하는 방식으로 연구를 진행하였다. 지난 50년간 학업성취도 차이의 변화 경향을 그래프로 제시하면 아래 그림과 같다. 이러한 비교분석 방법은 이후의 교육학자들 연구 방식에 영향을 미쳤으며, 이후에 제시할 다양한 연구들에서 이와 비슷한 방법으로 사회경제적 배경에 따른 교육 격차 비교를 실시하였다. Reardon은 소득 수준에 따른 학업성취도 격차의 트렌드를 분석하기 위해 학생의 가정 배경과 학업성취도에 대한 데이터를 수집하는 19개 국가 수준의 데이터(PISA, TIMSS, PIRLS, Main NAEP, NLS 등)[3]를 활용하였다.

▨ 소득에 따른 읽기 학업성취도 격차

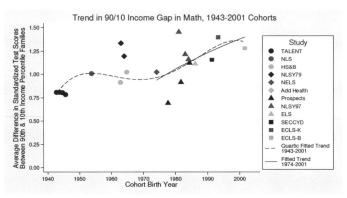

Reardon, 2011

▨ 소득에 따른 수학 학업성취도 격차

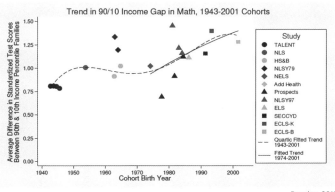

Reardon, 2011

3) 국제학업성취도평가(PISA: Programme for International Student Assessment)
   수학·과학 성취도 추이변화 국제 비교 연구(TIMMS: Trends in International Mathematics and Science Study)
   국제 읽기 문해력 연구(PIRLS: Progress In International Reading Literacy Study)
   국가수준 학업성취도 평가(NAEP: National Assessment of Educational Progress)
   국가 종단연구(NLS: National Longitudinal Study)

앞의 첫 번째 그림은 가정 소득 상위 10%의 학생과 하위 10%의 학생 간 읽기 과목 학업성취도 격차를 1940년대부터 2000년대까지 대략 60년에 걸쳐 보여준다. 소득에 따른 읽기 학업성취도 격차는 2001년에 태어난 학생들의 격차가 1940년대에 태어난 학생들의 격차보다 75% 더 커졌으며, 소득 격차에 따른 교육 격차가 점점 벌어지는 그래프를 확인할 수 있다. Reardon은 1970년대 이전에 수집된 데이터의 부정확성에 대한 우려를 표하는 동시에 비교적 명확한 데이터가 수집된 1970년대 이후의 교육 격차 경향 역시 증가하고 있음을 강조하였다. 앞의 두 번째 그림을 보면, 수학 과목에서 나타나는 사회경제적 배경에 따른 교육 격차 역시 지난 60여년간 점점 벌어지고 있음을 확인할 수 있다.

북유럽 사례

사회경제적 배경에 따른 교육 격차는 비단 미국 뿐 아니라 전 세계적으로 관찰되는 현상이자 연구주제이다. Sandsør 외(2023)의 연구에서는 노르웨이 사례를 연구하였는데, 행정 인구 데이터administrative population data를 분석하여 지난 10년간의(2007년부터 2018년까지) 5학년, 8학년, 그리고 10학년 학생들의 학업성취도 격차를 분석하였다. Reardon(2011)의 연구에서와 마찬가지로 학생 부모의 소득에 따라 상위 10%와 하위 10%를 구분하였고, 집단 간 학업성취도 격차를 표준편차 단위로 계산하여 그 격차를 확인하였다. 연구결과, 소득에 따른 학업성취도 격차는 고학년 학생들에게 더 크게 나타났고, 같은 학년 내에서는 시간에 따라 격차가 증가하는 경향을 보였음을 확인하였다. 예를 들어 다음 그림의 위쪽 그래프(소득에 따른 읽기 학업성취도 격차 경향)를 보면, 5학년 학생들의 가정 소득에 따른 읽기 학업성취도 격차(Reading G5 90/10)는 2007년에 0.59 표준편차였지만, 2018년에는 0.68 표준편차로 증가하였다. 이는 약 10년만에 읽기 학업성취도 격차가 10%의 표준편차만큼 증가하였음을 나타낸다. 이러한 트렌드는 수학 과목(다음 그림의 아래쪽 그래프)에서도 비슷하게 나타나며, 연구진들은 가정 소득에 따른 학업

성취도 차이가 수학 과목에서 더 두드러지게 나타난다고 언급하였다.

▨ 노르웨이 소득에 따른 읽기, 수학 학업성취도 격차

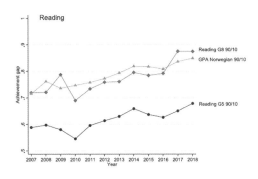

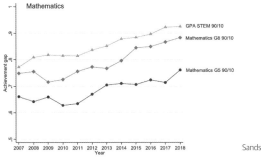

Sandsør(2023: 199)

아시아에서의 교육 격차

　마지막으로 또 다른 연구는 동아시아 국가에서 또한 학생의 사회경제적 배경에 따른 학업성취도 격차가 나타남을 보여준다. Lam과 Zhou(2021)의 연구에서는 PISA 2003년부터 2018년까지의 데이터를 분석하여 아시아 7개 국가(홍콩, 일본, 마카오, 중국, 싱가폴, 한국, 대만)에서 소득에 따른 학업성취도 격차의 트렌드가 어떻게 변해왔는지 분석하였다. 다음 그림은 각 국가에서 지난 15년간 관찰된 사회경제적 배경에 따른 수학 과목에서의 교육 격차 변화 경향을 보여준다.

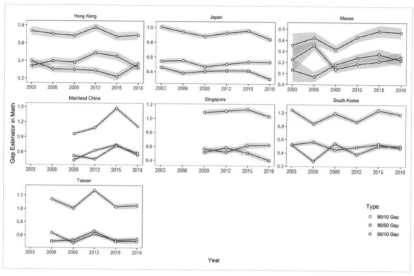

Lam & Zhou, 2021: 696

연구결과를 살펴보면, 먼저 가정 소득 상위 10%와 하위 10% 학생 간 수학 학업성취도 격차가 모든 국가에서 존재함이 확인되었다(위 그림의 국가별 그래프 중 동그라미로 이어진 그래프). 마카오를 제외한 6개 국가에서 그 격차는 0.5 표준편차 이상을 나타냈다. 연구진은 사회경제적으로 유리한 학생이 불리한 학생들과 비교해 우수한 학업성취도를 나타내는 경향이 있음을 확인하였지만, 이러한 격차는 미국과 노르웨이에서의 연구결과처럼 시간의 흐름에 따라 그 격차가 더 벌어지는 경향성을 나타내진 않았다. 읽기와 과학 과목에서도 이러한 격차는 비슷한 양상으로 나타났는데, 더 자세한 연구결과는 Lam & Zhou(2021)의 연구에서 확인할 수 있다.

사회경제적 배경에 따른 교육 격차는 경제 성장과 맞물려 교육 분야에서 꾸준히 관찰되는 트렌드 중 하나이다. 최근에는 코로나의 영향으로 학교교육이 중단되면서 사회경제적 배경에 따른 교육 격차가 더 악화되었다는 연구결과도 제시된 바 있다. 이러한 경향은 비단 한국 뿐 아니라 세계적으로 관찰되는데, 시간의 흐름에 따라 그 격차가 심해졌는지 혹은 줄어들었는지에 대해서는 학자들 간견해 차이도 존재한다.[4] 분명한 것은 학생의 사회경제적 배경에 따른 학업성취도 차이는 전 세계적으로 관찰된다는 점이다. 세계 교육계는 이를 극복하기 위해 다양한 연구와 시스템을 도입하고 있으며, 향후 이러한 노력이 교육 격차를 극복하는 과정에서 어떤 역할을 할 것인지는 꾸준한 관심을 두고 확인해야 할 것이다.

교육 분야에서의 인공지능 활용

4차 산업혁명으로 대변되는 현대사회는 그 변화의 속도를 가속화하며 변화하고 있다. 첨단과학기술의 발달은 현대사회의 모습을 변화시키는 주요 요인 중하나인데, 최근에는 인공지능의 급격한 발달에 따라 그 쓰임새가 본격화되면서사회 모든 분야에서 그 활용이 활발한 상황이다. 교육 분야 또한 이러한 흐름에서 예외일 수 없다. 갑작스러운 등장으로 잠시 혼란의 시기를 거치긴 하였지만,교육 분야에서의 인공지능 활용에 대한 논의를 피하긴 어려운 시점이다.

갑작스런 ChatGPT의 등장, 그리고 교육계의 방어적 대응

2022년 11월 미국의 인공지능 개발사인 OpenAI가 대화형 인공지능 서비스인 ChatGPT를 내놓았고, 이는 사회 전 분야에 충격적인 변화를 가져다주었다.

---

4) Hanushek 외(2022)의 연구에서는 PISA, TIMSS, NAEP 등의 데이터 분석을 통해 미국 내에서의 사회경제적 배경에 따른 교육격차가 오히려 줄어들었다는 연구결과를 발표하였다.

교육계에서는 대화형 인공지능이 교수법을 혁신적으로 변화시킬 수 있다는 기대와 함께, 다른 한편으로는 학생들의 창의성과 비판적 사고 역량을 함양하는 데 부정적일 수 있다는 우려가 공존하면서 그 활용에 대해 조심스럽게 접근하는 형국이다. 특히 ChatGPT는 그 사용법이 쉽고 간단한 조작으로 방대하고 체계적으로 조직화된 정보를 얻을 수 있기 때문에 우리 사회가 일명 "게으른 학생 신드롬lazy student syndrome"을 만들어 낼 수 있다는 우려가 제기된다. 학생들은 ChatGPT를 사용함으로써 자신만의 독특한 아이디어를 떠올리거나 고유한 생각을 하는 등의 노력을 하지 않아도 되고, 복잡하고 세밀한 과제 수행 역시 간단한 몇 가지 질문으로 해결할 수 있다는 것이다.[5]

교육에서 생성형 인공지능을 어떻게 활용할 수 있을지에 대한 논의가 본격적으로 시작되기도 전에 이미 교육 현장에서는 ChatGPT의 활용이 본격화되었고, 갑작스러운 ChatGPT의 등장으로 교육계는 우선 방어적으로 이 문제를 해결하려는 움직임을 보였다. 가장 큰 이슈는 표절 혹은 부정행위와 관련된 이슈이다. 독일 함부르크에서는 인문계 중등학교 졸업시험이자 대입시험인 아비투어 시험에서 한 수험자가 ChatGPT를 사용하다가 부정행위로 적발되는 사건이 발생하였다. 시험 뿐 아니라 학생들이 제출하는 과제에서도 다수의 의심사례가 발견되어 인공지능에 의해 작성된 과제인지 판독하는 프로그램 도입을 추진하였으나, 주 교육부는 이 또한 명확하게 증명할 방법이 없다고 언급하였다.[6]

ChatGPT의 갑작스런 등장으로 표절, 부정행위, 그리고 일명 게으른 학생을 양성할 수 있다는 두려움이 교육계 내에 공유되었고, 결국 다수의 국가에서 ChatGPT의 활용을 금지하자는 쪽으로 반응하기 시작했다. 실제로 이탈리아, 호

5) How Are Educators Reacting to ChatGPT? Forbes. 2023.04.30.
   https://www.forbes.com/sites/cindygordon/2023/04/30/how-are-educators-reacting-to-chat-gpt/?sh=4f4fc7cb2f1c
   Why are US K-12 schools banning ChatGPT? Study International. 2023.02.22.
6) [독일] 함부르크, 아비투어에서 ChatGPT 활용 부정행위 적발. 한국교육개발원 해외교육동향(2023).

주, 미국의 다수 학교들에서 ChatGPT 웹사이트에 접근하는 것을 금지하고 있으며, 영국, 프랑스, 인도 등 다수의 글로벌 대학들에서 ChatGPT의 사용을 금지하기 위한 움직임을 보이기도 하였다. 덴마크의 일부 대학들에서는 ChatGPT의 활용을 금지하기 위해 연필로 과제를 작성하여 제출하거나 시험을 치르도록 하는 방안을 도입하기도 하였다.[7] 기사에서는 덴마크 공과대학교 Danmarks Tekniske Universitet 연구원과 교수를 대상으로 한 인터뷰를 통해 현재의 표절 검사 프로그램으로는 ChatGPT를 활용한 과제를 가려내기 어렵다는 점을 강조하였으며, 이에 대학에서는 인터넷 접근을 제한한 상황에서 시험을 치르는 등의 방안을 마련하기로 했다고 한다.

교육에서의 인공지능 활용, 꼭 부정적일까? - 인공지능 활용에 대한 인식

위의 다수의 국가 사례에서 확인할 수 있었던 것처럼 ChatGPT의 등장 초반 학교 현장에서는 이의 활용을 제재하려는 움직임을 보였다. 하지만 무분별한 생성형 인공지능 활용에 대한 제재의 움직임과 별개로, 교육에서의 인공지능 활용 가능성에 대한 교육 관계자의 인식이 꼭 부정적인 것만은 아니다. 최근 미국에서 실시된 설문조사 결과는 ChatGPT의 활용과 관련하여 교사와 학생, 학부모, 그리고 유권자 모두 크게 회의적인 인식을 갖지 않았으며, 심지어 적극적인 활용 가능성을 논의해야 한다는 의견 또한 존재함을 보여준다.

미국의 Walton Family Foundation에서는 Impact Research 설문조사업체를 통해 ChatGPT와 첨단 기술에 대한 교사와 학생의 의견을 묻는 조사를 2023년 두 번에 걸쳐 실시하고 그 결과를 발표(2023. 3. 1., 2023. 7. 18.)하였다. 설문조사 참여자 현황 및 일정을 살펴보면, 1차 설문조사는 1,002명의 초·중등 교사와 12~17세의 학생을 미국 전역에 걸쳐 샘플링 하였으며, 2023년 2월 2일에서 7일까지

---

7) [덴마크] 일부 대학교, 인공지능 챗봇을 활용한 부정행위 방지위해 연필로 과제나 시험 치러. 한국교육개발원 해외교육동향(2023)

설문조사와 인터뷰를 실시하였다. 2차 설문조사는 1,000명의 초·중등 교사와 12-18세 1,002명의 학생, 802명의 유권자와 906명의 학부모를 대상으로 6월 23일에서 7월 6일까지 실시하였다. 인공지능의 활용과 관련된 그동안의 설문조사가 학생들의 무분별한 사용에 대한 우려에 초점을 맞추었다면, 이번 조사에서는 교사들의 활용 실태와 인식을 확인할 수 있었다는 점에서 교육에서의 인공지능 활용에 대한 시사점을 얻을 수 있을 것으로 기대된다.

먼저 2023년 초에 1차로 실시된 설문조사의 주요 결과[8]를 살펴보기로 한다. 교사의 ChatGPT 활용 현황을 살펴보면, 교사의 51%가 그들의 수업을 위해 ChatGPT를 활용하고 있었고, 40%는 적어도 1주일에 한번 ChatGPT를 사용하였다고 응답하였다. 또한 53%의 교사가 작년(2022년)보다 올해(2023년) ChatGPT를 더 많이 활용하고 있다고 답변하였다. 한편, 흑인(69%)과 라틴계(69%) 교사의 ChatGPT 활용이 다른 인종보다 더 활발한 것으로 나타났다. 학생의 경우 응답 학생의 22%만이 1주일에 한번 혹은 그 이상 ChatGPT를 사용한다고 응답하였다. ChatGPT의 활용 현황만을 살펴보았을 때, 교사가 생성형 인공지능 활용에서 더 적극적임을 확인할 수 있다. 교사들 중 38%가 그들의 학생이 ChatGPT를 활용할 수 있도록 허용한다고 응답하였고, 응답 학생 중 15%는 교사의 허락 없이 ChatGPT를 사용하고 있다고 응답하였다.

다음은 ChatGPT 활용이 교수자, 그리고 학습자에게 도움이 되는지에 대한 인식을 확인한 결과이다. 대부분의 학생(68%)이 ChatGPT가 그들이 더 나은 학생이 되는데 도움이 된다고 응답하였다는 것은 흥미로운 결과이다. 75%의 학생은 ChatGPT의 활용은 그들이 더 '빠르게' 학습할 수 있도록 돕는다고 응답하였고, 교사의 73%는 ChatGPT가 학생들이 더 '많이' 학습할 수 있도록 돕는다고 응답하였다. 교수-학습 활동에서 학습의 속도와 양이 교육의 성패를 좌우하는 것은 아

---

8) Walton Family Foundation(2023.03.01.), ChatGPT Used by Teachers More Than Students, New Survey from Walton Family Foundation Finds.

니지만, 교사와 학생 모두 인공지능의 활용이 교육 활동을 더 효율적으로 도와준다고 인식하고 있음을 보여준다.

마지막으로, 교사들은 ChatGPT의 활용이 그들에게 어떻게 도움이 되는지 몇 가지 근거로 설명한다. 먼저 수업과 관련한 그들의 배경지식을 넓히는데 유용하며, 창의적이고 다채로운 수업 도구 개발 및 교수 방법 실행에서 도움을 받는다고 응답하였다. 아직 그 활용에 대한 학계의 연구는 더 필요한 상황이지만, 교사들은 최소한 인공지능 활용이 그들의 수업을 더 풍요롭게 할 수 있다고 인식하고 있음을 보여준다. 또한 ChatGPT를 활용하여 평가 문제를 만들거나 학생들의 성적을 평가하고, 혹은 학생, 학부모, 동료 교사들과 의사소통하는데 활용하고 있다고 응답하였다.

Walton Family Foundation은 2023년 6월 말~7월 초 다시한번 인공지능에 대한 학교 관계자의 인식을 살펴보기 위한 설문조사를 실시하였다. 설문조사 결과[9]를 살펴보면, 먼저 63%의 교사가 그들의 업무를 위해 ChatGPT를 활용하고 있다고 답변하였다. 이는 불과 몇 달 전인 2023년 2월에 실시한 1차 조사의 50%의 응답률과 비교했을 때 약 13%가 증가한 수치이다. 올해에만 하더라도 교사의 ChatGPT 활용이 증가하는 추세이며, ChatGPT의 등장 이후 빠른 속도로 사회 전반에 걸쳐 그 활용과 영향력이 증가하고 있음을 확인할 수 있다.

ChatGPT를 활용하여 온 교사들에게 ChatGPT의 활용이 그들의 수업에 실제로 도움이 되었는지 설문한 결과 활용했던 교사들 중 84%가 그들의 수업에 도움이 되었다고 응답하였다. 교사들의 구체적 이용 실태를 확인해보면, 교수 자료를 만드는 데 사용(33%), 창의적인 생각을 만들어 내기 위해(30%), 그리고 배경지식을 쌓기 위해(30%) 활용한다는 응답이 주를 이루었다. ChatGPT에 대한 학

---

9) Walton Family Foundation(2023.07.18.). Survey Finds Majority of Teachers, Parents Report Positive Impact of ChatGPT on Teaching and Learning.
Education Week(2023.7.18.) 기사. More Teachers Are Embracing ChatGPT. Students? Not So Much.

부모의 인식 또한 향후 교육에서의 인공지능 활용 가능성에 대해 긍정적 전망을 하였는데, 학부모의 3분의 2(약 64%)는 학교와 교사들이 학생들이 과제를 하는데 ChatGPT를 활용할 수 있도록 허락해야 한다고 응답하였다.

교육 현장에서의 인공지능 활용에 대한 논의는 세계 학계에서도 꾸준히 이루어지고 있다. 인공지능의 본격적 등장 이후 다양한 연구를 통해 인공지능을 교육 분야에 어떻게 적용할 것인지에 대한 연구가 주로 이루어졌다. Zhai 외(2021)의 연구를 통해 최근 교육 분야에서의 인공지능 관련 연구 트렌드를 확인할 수 있는데, 이 연구에서는 2010년부터 2020년까지 교육 분야 관련 SSCI Social Science Citation Index급 국제 저명 학술지에 게재된 100개의 논문을 검토하여 인공지능 관련 주요 연구 동향과 향후 풀어나가야 할 과제에 대해 논의하였다.

▨ 인공지능이 연구된 학교급과 과목

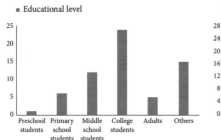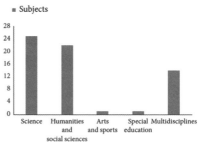

Zhai 외, 2021: p.14

먼저 위 그림의 왼쪽 그래프를 보면, 교육 분야에서 인공지능 적용 관련 연구는 대학 수준 College students의 학생들을 대상으로 가장 활발하게 연구되었으며, 초등 Primary school students 및 중등 Middle school students 학생, 그리고 성인 Adults을 위한 교육에서도 다수의 연구가 수행되었다. 고등 교육 기관에서의 인공지능 활용에 대한 기대감이 가장 크다는 것을 확인할 수 있지만, 모든 교육 수준에 걸쳐 다양하게 인공지능의 적용 가능성이 탐색되고 있음을 확인할 수 있다. 과목과 관련해서는 과학 ^{Science}, 인문학과 사회과학 ^{Humanities and social sciences} 에서의 인공지능 활용에 대한 연구가 가장 활발하였고, 여러 학문이 융합된 과목 ^{multidisciplines} 에서도 그 적용 논의가 활발하였다. 향후 더 다양한 과목과 교육 수준을 대상으로 인공지능을 어떻게 적용할 것인지에 대한 연구가 활발하게 확장할 것으로 기대되며, 이와 동시에 교육에서의 인공지능 활용과 관련하여 교사와 학생의 역할 변화, 사회적·도덕적 이슈, 평가와 관련되어 향후 더 깊은 논의가 이루어져야 할 것이다.

교육에서의 인공지능 활용을 위한 정책적 노력

ChatGPT의 등장 초반 교육 현장이 인공지능 도입에 소극적이었던 시기를 지나, 현재 인공지능 활용에 대한 학교 현장의 인식이 그리 부정적이지만은 않은 것을 확인할 수 있었다. 또한 교육 분야에서의 인공지능 적용을 위한 학문적 노력도 꾸준히 이루어지고 있으며, 이러한 논의는 향후 더 적극적인 방향으로 이어질 것으로 기대된다. 학교 현장의 인식, 학문적 노력에 더해 세계 곳곳에서는 인공지능이 교육현장에서 활용될 수 있도록 정책적인 규제 및 관리 방안을 마련하고 있는 상황이다.

몇 가지 사례를 각 국의 보도를 통해 살펴보면, 미국 미시간 ^{Michigan} 주에서는 인공지능 도구 사용 과정에서 발생하는 학생의 학습결핍을 최소화하기 위해 인공지능 사용 관련 정책을 업데이트하고 있음이 보도되었다. [10] 학생들이 교사의 지도 아래 ChatGPT를 활용하여 과제를 수행하는 등 인공지능을 활용한 학습의 질 향상을 위한 노력이 계속되고 있는 것이다. 호주에서는 교사나 학생들이 인공지능 활용 과정에서 발생할 수 있는 잠재적 위험에서 보호될 수 있는 동시에 기술의 이점을 극대화 할 수 있도록 '학교 현장에서의 인공지능 사용 프레임워

---

10) [미국] 미시간 주, 인공지능 소프트웨어 사용에 대한 논의 활발. 한국교육개발원 해외교육동향(2023)

크' 초안을 발표하였다.[11] 그 외에도 생성형 인공지능을 교육 현장에 건강하게 적용하고 사회의 공공이익을 해치지 않는 선에서 활용하도록 중국[12], 독일[13], 영국[14] 등에서 관리 방안, 활용 지침 등을 발표하고 있음을 확인할 수 있다.

이처럼 세계적으로 최근 인공지능의 적용 및 활용 방안과 관련하여 국가별 지침, 규제 및 관리 방안 등에 대한 논의가 활발하게 나타나고 있음을 확인할 수 있다. 인공지능 활용과 관련된 세계 각국의 노력은 이제 막 시작되었다고 볼 수 있는데, 향후 교육 수준, 과목, 그리고 각 국가의 교육시스템 및 맥락을 고려한 다양한 인공지능 활용 방안이 마련되어야 할 필요가 있다. 이러한 노력은 정책적, 이론적, 실천적인 관점에서 복합적으로 이루어질 필요가 있으며, 향후 장기적인 관점에서 인공지능 활용 교육을 위한 토대 마련에 기여할 것으로 기대된다.

#

교육 형태의 변화와 미래 학교 시나리오

코로나19 이후 급격하게 전개된 교육 형태의 변화

코로나19는 우리 사회 전반에 걸쳐 모든 일상을 바꾸어놓았으며, 교육 분야 또한 그 영향력에서 자유로울 수 없었다. OECD가 발행한 Vincent-Lancrin 외 (2022)의 보고서에 따르면 코로나 기간은 최근 역사에서 전 세계적으로 가장 큰 규모로 학교교육이 중단된 시기로, 전통적인 관점에서의 학교교육을 보완하기 위해 다양한 시도가 이루어졌던 시기이다. 대면교육이 제한되는 상황에서 학교

---

11) [호주] 공개 토론 위한 '학교 현장에서의 인공지능 사용 프레임워크' 초안 발표. 한국교육개발원 해외교육동향(2023)
12) [중국] '생성형 인공지능 서비스 임시 관리 방안' 발표. 한국교육개발원 해외교육동향(2023)
13) [독일] 수업에서의 인공지능, 헤센 주 교육부 인공지능 관련 새로운 지침 발표. 한국교육개발원 해외교육동향(2023)
14) [영국] 영국 러셀대학그룹, 생성형 인공지능 활용을 위한 공동 지침서 작성. 한국교육개발원 해외교육동향(2023)

교육을 대체하기 위해 원격교육, 하이브리드 교육 등이 실행되었고, 세계 각국은 각자의 교육 환경 및 시스템을 고려하여 다양한 시도를 통해 교육을 제공하고자 노력하였다.

World Bank와 UNICEF는 코로나19 이후 교육의 회복과 관련하여 추적·연구하고 있는데, 그 과정에서 코로나 기간 세계 각 국가들이 초등교육 수준에서 어떠한 교육 형태를 유지하였는지 지역별로 정리하여 제시하였다. 아래 그림은 Vincent-Lancrin 외(2022)의 보고서에서 이러한 내용을 정리하여 제시한 것이다.

초등교육 수준에서의 코로나 기간 지역별 교육 형태

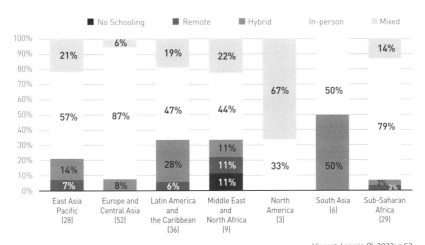

Vincent-Lancrin 외, 2022: p.62
* 비고: 혼합(Mixed)은 두 가지 이상의 교육 형태를 실행한 국가를 의미

그래프의 내용을 구체적으로 살펴보면, 동아시아 지역East Asia Pacific 에서는 대면교육In-person 을 유지한 국가가 57%를 차지하였으며, 대면교육과 원격교육을 함께 활용한 하이브리드Hybrid 교육을 한 국가가 14%, 그리고 원격교육Remote 을 실시한 국가가 7%였다. 또한 제시된 대면, 원격, 하이브리드 교육 중 두 가지 이

상의 교육 형태를 혼합^{Mixed} 형태로 교육을 실행한 국가가 21%를 차지했다. 유럽과 중앙아시아^{Europe and Central Asia} 지역에서는 대면교육을 실시한 국가가 87%로 가장 많았으며, 하이브리드(8%)와 혼합(6%)의 형태가 뒤를 이었다. 라틴아메리와 카리브해 지역^{Latin America and the Caribbean}의 국가들은 대면(47%), 하이브리드(28%), 혼합(19%), 원격(6%)교육 순을 나타냈다. 흥미로운 점은 중동 및 북아프리카 지역^{Middle East and North Africa}에서는 학교교육을 중단^{No Schooling}한 국가가 11%를 차지하였다는 점이다. 원격교육을 실행하기 위해서는 전자기기, 인터넷 등 원격교육 실행을 위한 전자 장비가 확보되어야 하며, 이러한 환경 구축이 어려운 국가에서는 대면교육을 다른 교육 형태로 대체하기 어려울 수 있다. 학교교육 중단 외에는 대면(44%), 혼합(22%), 하이브리드(11%), 원격(11%)교육이 고루 분포되어 있었다. 북아메리카 지역^{North America}에서는 혼합교육이 67%, 대면교육이 33%를 차지했으며, 남아시아 지역^{South Asia}에서는 대면교육과 하이브리드교육이 50%씩 절반을 차지하였다. 마지막으로 사하라 이남 아프리카 지역^{Sub-Saharan Africa} 국가들은 대면교육이 79%로 가장 큰 비중을 차지했다.

　코로나 기간 전 세계를 걸쳐 교육이 제공된 형태는 각 지역에 따라 차이가 있었다. 대면교육이라는 전통적 형태를 중심으로, 온라인을 활용한 원격교육, 원격교육과 대면교육을 복합적으로 활용한 하이브리드 교육, 그리고 여러 형태를 혼합하여 활용한 교육 등이 실시되었다. 다양한 교육 형태의 실시 측면에서 국가 혹은 지역 간 차이를 보이는 것은 교육이 이루어지는 시스템, 그리고 해당 교육 형태를 가능하게 하는 인프라 구축의 차이로 해석될 수 있을 것이다.

교육 형태 변화의 근거

　지금까지 살펴본 것처럼 코로나19의 영향력은 다양한 교육 형태로의 변화를 이끌었다. 대표적으로 원격교육, 하이브리드교육 등이 전통적 교육 형태에 대한 대안으로 등장하였고, 전 세계에 걸쳐 실행되었다. 하지만 흥미로운 점은 코로나19의 영향력이 줄어들어 일상생활로의 회복이 어느 정도 이루어진 현시점에서도 원격교육, 온라인교육, 홈스쿨링 등 다양한 교육 형태에 대한 수요는 꾸준히 늘어나고 있다는 사실이다. 실제로 코로나19 이후 다양한 교육 형태를 실시한 경험을 바탕으로 교육 분야에서는 교육 형태의 변화에 대한 가능성을 보았으며, 교육이 향후 어떻게 또 다른 변화를 추구할 수 있을 것인지에 대한 논의가 이루어지고 있다.

사실 온라인교육을 바탕으로 한 원격교육에 대한 필요성과 논의는 그 이전부터 꾸준히 제기되어왔다. 이러한 논의는 "미래교육"이라는 담론 아래 막연하게 언급됐는데, 코로나19는 이러한 정책 담론을 강제적으로 전 세계에 걸쳐 교육 현장에 적용하는 계기가 된 것이다(Kim 외, 2021). Vincent-Lancrin 외(2022)는 원격교육의 몇 가지 특징을 나열하며 장기적인 관점에서 원격교육이 가질 수 있는 경쟁력을 몇 가지로 정리하여 제시하였다. 첫째, 원격교육은 좀 더 포괄적인 교육시스템을 제공하여 불리한 학습 환경에 놓인 더 많은 학습자를 포용적으로 수용할 수 있다는 장점이 있다. 코로나19는 교육 불평등을 수면 위로 드러내는 계기가 되었다. 학교교육이 멈추는 과정에서 가정환경, 혹은 사회경제적 배경에 의한 교육 결핍의 차이가 두드러지게 나타났다. 사교육이나 개인교습tutoring 참여가 가능한 학생들은 학교교육의 결핍을 최소화할 수 있었지만, 그렇지 않은 학생들은 학교교육 중단에 대한 대안을 찾기 어려워 교육 결핍이 발생하고, 사회경제적 배경에 의한 교육 격차가 벌어질 수 있는 상황이다. 원격교육은 모든 학생이 교육적 결핍을 경험하지 않도록 포용적인 교육 환경을 구축한다는 점에서 가치를 갖는다. 둘째, 원격교육은 더 많은 학생에게 교육 기회를 제공하고 대면교육과 상호보완적으로 활용할 수 있다. 모든 학생이 같은 환경에서 학교교육에 참여하는 것은 아니다. 특히 인구밀도가 높지 않은 지역에 거주하는 학생들은 등교를 위해 몇 시간을 걸어야 하는 사례도 있다. EBS컬렉션-라이프스타일

(2021.3.1.)[15]에서는 콜롬비아 열대우림 지역 깊은 산속에 거주하는 12살 로라 학생의 이야기가 소개되는데, 로라는 학교에 가기 위해 매일 아침 계곡에 설치된 케이블을 타고 2시간이 넘는 거리를 걷는다. 환경적 요인으로 학교교육에 매일 참여하기 어려운 학생들에게는 원격, 혹은 하이브리드 형태의 교육을 통해 더 유리한 교육환경을 확보할 수 있을 것이다.

미래 학교교육 시나리오

교육 형태 변화에 대한 논의, 그리고 코로나19로 인한 실현과 함께 미래 학교교육은 어떻게 변화될 것인지에 대한 논의 또한 활발하다. 전통적인 학교의 모습이 유지될 것이란 전망부터 학교 체제가 더 이상 불필요할 것이라는 예측까지 미래 학교의 모습 변화에 대한 다양한 논의가 제기되고 있다. 여기서는 OECD(2020) 보고서를 바탕으로 교육 형태 변화에 따라 제기되는 미래 학교교육에 대한 네 가지 시나리오를 알아보고자 한다.

다음 그림은 미래 학교교육을 위한 네 가지 시나리오와 그에 대한 설명을 요약하여 제시한다. 네 가지 시나리오는 1) 학교교육의 확대 Schooling extended, 2) 외부위탁된 교육 Education outsourced, 3) 학습 허브로서의 학교 Schools as learning hubs, 4) 삶의 일부인 학습 Learn-as-you-go 으로 제시되었고, 각 시나리오별 자세한 설명은 목적과 기능 Goals and fuctions, 조직과 구조 Organization and structures, 교직 인력 The teaching workforce, 거버넌스 Governance and geopolitics, 그리고 공교육을 위한 도전과제 Challenges for public authorities 로 나누어 제시되었다.

---

15) EBS 컬렉션-라이프스타일: 높이 600m 위 세상에서 가장 아찔한 등굣길, 케이블 마을 로라네 가족의 계곡 비행 (https://www.youtube.com/watch?v=baxhYbgECZs)

OECD Scenarios for the Future of Schooling	Goals and functions	Organisation and structures	The teaching workforce	Governance and geopolitics	Challenges for public authorities
Scenario 1 Schooling extended	Schools are key actors in socialisation, qualification, care and credentialing.	Educational monopolies retain all traditional functions of schooling systems.	Teachers in monopolies, with potential new economies of scale and division of tasks.	Strong role for traditional administration and emphasis on international collaboration.	Accommodating diversity and ensuring quality across a common system. Potential trade-off between consensus and innovation.
Scenario 2 Education outsourced	Fragmentation of demand with self-reliant "clients" looking for flexible services.	Diversification of structures: multiple organisational forms available to individuals.	Diversity of roles and status operating within and outside of schools.	Schooling systems as players in a wider (local, national, global) education market.	Supporting access and quality, fixing "market failures". Competing with other providers and ensuring information flows.
Scenario 3 Schools as learning hubs	Flexible schooling arrangements permit greater personalisation and community involvement.	Schools as hubs function to organise multiple configurations of local-global resources.	Professional teachers as nodes of wider networks of flexible expertise.	Strong focus on local decisions. Self-organising units in diverse partnerships.	Diverse interests and power dynamics; potential conflict between local and systemic goals. Large variation in local capacity.
Scenario 4 Learn-as-you-go	Traditional goals and functions of schooling are overwritten by technology.	Dismantling of schooling as a social institution.	Open market of "prosumers" with a central role for communities of practice (local, national, global).	(Global) governance of data and digital technologies becomes key.	Potential for high interventionism (state, corporate) impacts democratic control and individual rights. Risk of high social fragmentation.

OECD, 2020: 41

첫째, 학교교육의 확대schooling extended는 형식교육formal education, 즉 학교교육에 참여하는 학습자가 계속해서 증가하는 시나리오이다. 현대사회에 존재하는 학교교육의 구조와 절차, 시스템은 유지될 것으로 전망되며, 그와 동시에 혁신적인 변화가 추진될 수 있다. 국제적 협력과 기술의 발전은 조금 더 개인 학습자 맞춤형 교육이 가능하도록 촉진할 것이다. 둘째, 외부위탁 교육Education outsourced은 전통적인 학교교육 시스템을 대신해 사회가 교육에 직접적으로 더 많이 관여하게 되는 시나리오이다. 학습은 더 다양하고 개별적으로, 그리고 유연하게 이루어지며, 이에 따라 더 다양한 교육이 제공되고 학습자가 선택하는 학습 시장learning market이 형성된다. 디지털 기술의 발전이 이러한 교육을 가능하게 만드는 핵심 추진요인 역할을 한다. 셋째, 학습 허브로서의 학교Schools as learning hubs는 학교는 남게 되지만 다양성diversity과 실험정신experimentation을 바탕으로 학교교육을 유지하게 된다는 시나리오이다. 학교가 가지고 있던 대부분 기능이 유지되는 반면, 학교교육을 위한 권한 중 일부가 지역사회로 이양된다. 학교는 지역사회 내

교류의 중심이 되는 허브 역할을 수행하게 되는데, 학교의 벽을 허물고 개방성을 높여 지역사회와의 연계, 시민 참여를 촉진하는 동시에 이를 통해 사회적 혁신을 이끄는 중심 역할을 하게 된다. 넷째, 삶의 일부인 학습^{Learn-as-you-go}은 교육을 바라보는 관점이 총체적으로 변화되는 시나리오이다. 교육이 학교교육에 의존하지 않고, 언제, 어디서나 누구에 의해서든 이루어질 수 있다는 인식 아래 다양한 교육이 제공된다. 형식교육^{formal education}과 비형식교육^{informal education}의 경계가 더 이상 무의미해지고, 교육과 일, 여가시간 간의 구분이 모호해진다.

OECD(2020)는 미래의 학교교육의 변화 모습에 대해 가능한 시나리오 네 가지를 정리하여 제시하였다. 이러한 시나리오는 2001년에 먼저 발표된 미래학교 모습에 대한 시나리오를 근거로 제시되었으며, 시나리오가 미래에 대한 예측이나 혹은 이러한 방향으로 가야한다는 제안을 포함하는 것이 아님을 명시하고 있다. 네 가지 시나리오를 제안하는 것은 미래로 향하는 길이 한 가지가 아닌 여러 가지 길로 통할 수 있음을 전제했기 때문이며, 이러한 시나리오가 변화하는 사회 속에서 미래 학교의 모습을 만들어가는 데 유용하게 활용될 수 있을 것으로 기대된다.

세계 교육 트렌드, 그리고 한국의 교육

이 글은 2023년 현재 시점에서 세계적으로 관찰되는 교육 관련 트렌드를 확인하고, 그 세부 내용을 분석하는데 목적이 있다. 이를 위해 최근 국제 학술지에서 출판된 연구물, 신문기사, 그리고 설문조사 결과를 근거로 교육 분야에서 나타나는 글로벌 트렌드를 확인하였다. OECD 보고서를 바탕으로 교육 트렌드 변화에 영향을 줄 수 있는 메가트렌드 분석을 우선적으로 시도하였으며, 이를 근거로 글로벌 교육 트렌드를 세 가지로 나누어 살펴보았다.

먼저 사회경제적 배경에 따른 교육 격차를 확인하기 위해 미국 뿐 아니라 유럽, 그리고 아시아 국가에서의 사례를 살펴보았다. 사회경제적 배경에 의한 교육 격차가 시간 흐름에 따라 악화되었는지 여부는 연구에 따라, 그리고 국가에 따라 차이가 있었지만, 분명한 것은 전 세계에 걸쳐 학생들의 사회경제적 배경에 따른 교육 격차가 존재한다는 것이었다. 다음으로 살펴본 세계 교육 트렌드는 교육 분야에서의 인공지능 활용이었다. 최근 가장 뜨거운 이슈로, 처음 ChatGPT의 등장 이후 방어적이었던 교육계의 대응이, 점차 인공지능을 활용한 교육의 필요성에 동의하고 있음을 설문조사, 그리고 연구결과를 통해 확인하였다. 마지막 세계 교육 트렌드로 코로나19 이후 진행되고 있는 교육 형태의 변화와 미래 학교교육에 대한 시나리오를 살펴보았으며, 이를 통해 그동안 막연하게 논의되던 미래교육에 대한 담론의 현실 적용 가능성을 확인하였다.

이상에서 살펴본 세계 교육 트렌드는 거시적 관점에서의 논의로 모든 국가와 교육 현장에 일괄적으로 적용하고 관찰하기에는 무리가 있다. 국가별 교육 시스템 및 교육을 둘러싼 문화, 인프라, 그리고 가치 등에 따라 경향성이 드러나는 과정에서 차이가 있을 수 있기 때문이다. 그럼에도 이 글은 세계 다수의 국가가 직면한 교육 트렌드를 객관적 근거를 통해 제시하였다는 점에서 의미를 찾을 수 있다. 이러한 논의가 현재, 그리고 가까운 미래에 한국이 직면하게 될 교육 트렌드에 대비하고, 이에 대한 정책적, 학술적, 그리고 실천적 논의를 이끌어가는 데 도움이 되길 기대한다.

챗GPT와 생성형 AI,
교육의 미래일까, 유행일까?

김차명

참쌤스쿨 대표 / 경기실천교육교사모임 회장

이젠 모두의 코앞까지 온 AI

"이겼다. 우리는 달에 착륙했다."

지난 2016년 3월 전 세계의 이목이 대한민국 바둑판으로 쏠렸다. 구글 딥마인드가 개발한 AI 바둑 프로그램 알파고 AlphaGo 와 세계 최정상급 바둑 프로기사인 이세돌 9단이 대국을 펼쳤다. 이때만 해도 인공지능(Artificial Intelligence, 이후 AI)은 많은 사람에게 생소한 개념이었다. 바둑을 잘 모르는 필자도, 그리고 바둑 전문가 대다수도 이세돌의 우세를 전망했다. 결과는 1승 4패로 이세돌 9단의 패배. 알파고가 은퇴를 선언할 때까지 전 세계 프로 바둑 기사와의 전적은 13전 12승 1패로, 이세돌 9단의 1승은 인간이 알파고에 바둑으로 승리한 유일한 기록으로 남게 되었다. 비록 1승을 하긴 했지만 이세돌의 패배와 AI의 위력을 생중계로 지켜본 많은 사람은 큰 충격에 빠졌다. "이겼다. 우리는 달에 착륙했다." 구글 딥마인드 데미스 허사비스 최고경영자^{CEO}가 알파고가 승리하자 밝힌 소감이다.

바둑은 졌지만 번역은 인간이 승리했다. 2017년 국제통역번역협회^{IITA}와 세종 대학교·세종사이버대학교 공동 주최로 서울 광진구 세종대학교에서 인간 대 AI 의 번역 대결이 열렸는데, 30점 만점에 인간 번역사는 평균 24.5점, AI는 10점으로 인간이 월등한 점수를 받았다. 통·번역대학원을 나온 5년 이상 경력의 번역사 4명과 대표적인 번역 도구인 구글 번역기, 네이버 파파고^{Papago}, 시스트란 번역기가 문학과 비문학 영·한(英·韓) 지문을 번역하는 방식으로 대결이 진행됐다. 물론 번역 속도는 AI가 인간을 압도했지만 정확성과 언어 표현력, 논리 타당성 등 3개 항목은 인간이 압도적이었다.

위 두 사례는 연구 규모와 AI의 활용 방식의 차이 등, 두 사례를 단순 비교하기는 어렵지만 그래도 AI 시대에 인간이 잘할 수 있는 것이 무엇인지 간접적으로 보여준 사례로 보인다.

AI(Artificial Intelligence, 인공지능)?

AI를 영화로 처음 접한 사람이 많을 것이다. AI라고 하면, 영화 〈터미네이터 ^{Terminator}〉에서 나온 '스카이넷^{Skynet}', 영화 〈매트릭스^{Matrix}〉에서의 '매트릭스', 영화 〈어벤져스^{Avengers}〉에서 나오는 아이언맨의 비서 '자비스^{Jarvis}' 등을 떠올릴 것이다. SF 말고도 인공지능 스피커 '사만다'에게 사랑에 빠지는 남자의 이야기를 담은 〈Her〉 등, AI의 위험성을 경고하는 AI 로봇 영화부터 AI와의 감정 교류를 통해 인간성을 돌아볼 수 있는 영화까지, AI는 언제나 우리의 창의력을 자극하는 주제다.

AI를 간단하게 설명하면, 인간처럼 생각할 수 있는 기계를 만드는 과학이다. 전통적으로 인간 지능이 필요했던 작업을 컴퓨터로 수행하는 것을 의미하며 앞에서 살펴본 알파고와 같이 복잡하고 우리 생활과 거리가 있을 것 같지만 생각보다 AI는 우리 생활에 밀접하게 영향을 미치고 있다.

대표적인 것이 각종 미디어나 플랫폼에서 제공하는 추천 알고리즘인데 추천 알고리즘은 기본적으로 사용자가 좋아할 만한 상품 또는 콘텐츠를 추천하는 방식이다. 사용자들은 거주지역, 연령, 성별, 취향 등에 따라 선호도는 모두 다르다. 검색 엔진 등을 통해 사용자들의 방대한 데이터를 수집하고 분석하여 인공지능을 학습시키고 다양한 영상들을 사용자에게 추천하게 된다. 콘텐츠 추천 분야의 경우 유튜브, 넷플릭스, 왓챠, 웹툰, 뉴스 기사, 가요, 드라마, 영화 등을 예시로 들 수 있다. 추천 알고리즘은 기본적으로 콘텐츠 자체를 분석하여 비슷한 콘텐츠를 추천하는 '필터링' 기술로 같은 성향이나 특성을 가진 사람들이 비슷한 선택을 한다는 가정을 기반으로 추천하는 '협업 필터링' 방식으로 콘텐츠를 추천하는 방식으로 작동한다.[1]

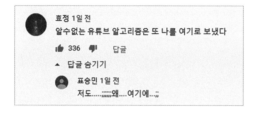

이 외에도 AI는 우리 생활 속에서 다양하게 활용된다. 'OCR Optical Character Recognition, 광학 문자 인식'은 사람이 직접 입력하지 않고 스캐너를 통해 이미지 형태로 읽어 들여 데이터의 내용을 분석하고 그림 영역과 글자 영역으로 구분한 후 글자 영역의 문자들을 일반 문서 편집기에 수정, 편집이 가능한 텍스트의 형태로 변환하여 주는 자동 입력 시스템이다. 대표적인 것이 아이폰의 iOS 15 이상 버전부터 지원하는 '라이브 텍스트' 기능인데, 카메라를 피사체에 가져가거나 사진을 찍으면 사진 속에 포함된 텍스트를 인식하여 전체 텍스트를 복사 및 붙여넣기를 할

---

1) 우리의 삶과 밀접한 AI 알고리즘의 동향. 경기콘텐츠진흥원, 2022

수 있으며 일부 영역만 선택하여 웹 검색, 번역, 다른 사람에게 메시지 전달 등 여러 작업이 가능하다. OCR이 대중화된 것도 AI의 역할이 크다. 지금까지는 사람이 서류에 있는 데이터를 컴퓨터에 수작업으로 입력하여 전자화하는 단순하고 반복적인 업무를 진행해 왔지만, 인공지능 OCR의 높은 인식률 덕분에 데이터만 추출할 수 있어 간편하게 종이 형태의 문서를 전자화할 수 있게 되었다.

또한, 꿈만 같았던 자율주행 자동차의 비약적인 발전도 AI 기술의 영향이 매우 크다. AEM[2]은 자율주행과 인공지능의 관계를 설명하면서, 자율주행이 성공적으로 이루어지기 위해서는 ●보행자 충돌 경고(차량 운행 도중에 등장하는 보행자를 감지하고 회피하는 기능) ●차선이탈 경고(차량 운행 도중에 차선이탈을 감지하고 경보하는 기능) ● 전방충돌 경보(차량 운행 도중에 앞에 나타난 차량이나 장애물을 감지하고 경보하는 기능) ●속도제한 경고(운행 중 속도제한 표지판을 읽어 경보하는 기능) ●교통신호 감지(각종 신호등과 표지판을 읽어 표시하는 기능) 등 기술이 필수조건으로 이루어져야 한다고 말했다. 이를 위해서는 엄청난 데이터가 필요한데 AI가 스스로 군집Cluster을 찾게 만드는 과정을 통해서 이를 가능하게 만든다고 밝혔다.[3]

그동안 공교육 분야에서도 AI를 활용한 다양한 교육플랫폼 및 교육 방법을 적용하기 위해 노력한 사례도 다양하다. 교육부와 17개 시·도교육청이 제작한 AI 활용 초등수학수업 지원시스템인 '똑똑! 수학탐험대'가 대표적이다. '똑똑! 수학탐험대'는 AI를 활용하여 학생 개인에게 필요한 학습을 추천해주고, 학습 이력도 관리해 주며, 학생들은 교과 활동, 탐험 활동, 인공지능 추천 활동 등 다양한 활동을 통해서 수학 학습을 할 수 있다. 수학 학습 목적에 따른 단계와 인공지능 교육시스템 활용 목적에 따른 단계를 선택·결합하여 만든 수학 수업지원시스템이다. 고은성 외(2023)는 14주에 걸쳐 초등학교 3학년 학생 24명을 대상으로

---

2) AEM : Automotive Eletronics Magazine 스마트앤컴퍼니가 운영하는 웹사이트 내용으로 첨단전자기기 관련 소식과 정보를 다루는 웹상의 잡지를 말한다.

3) 자율주행차와 인공지능. 오토모티브일렉트로닉스. 2016. 7월호

'똑똑! 수학탐험대' 활용 학습을 진행하고 사전-사후 검사를 통하여 분석한 결과, 수학 학업성취도 결과와 우월감, 자신감, 흥미, 목적의식, 성취동기, 주의 집중, 자율 학습, 학습 기술 적용 등 수학적 태도의 8가지 모든 하위 요소에서 유의미한 향상을 보였다고 밝혔다.

▨ 똑똑! 수학탐험대 홈페이지(https://www.toctocmath.kr)

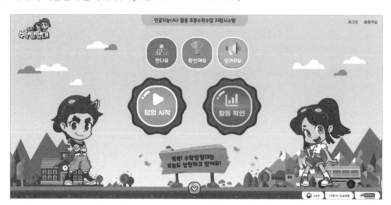

또 다른 교육플랫폼은 학생이 AI를 활용하여 맞춤형 영어공부를 할 수 있도록 인공지능기술 기반 영어 말하기 연습 시스템인 'AI 펭톡'이다. 'AI 펭톡'은 스마트기기만 있으면 영어 성취 수준이 비교적 낮은 학생들도 집에서 다른 사람의 도움 없이 교과서 표현을 충분히 연습할 수 있다는 점, 자신의 수준에 맞게 반복할 수 있다는 점이 장점이다. 학생들의 영어 발음 등 말하는 내용이 모두 녹음되어 저장되기 때문에 교사가 학생에게 피드백을 해주기도 쉽다. 학습관리시스템 LMS과 학급관리시스템 CMS을 지원하여 학생, 학부모와 교사에게 학생별 학습상황, 학습결과 분석내용 및 학습 상담내용(피드백)을 제공한다. 초등 5종 교과서 내용을 담았으며 2023년 현재 전국 2,600개 초등학교에서 활용하고 있다. 지난해 12월 실시한 사용자 만족도 조사에서 '영어 학습에 도움이 된다.'(6점 만점) 문항에 학생(5.42점), 학부모(5.76점)로부터 높은 점수를 받았다.

생성형Generative AI Artificial Intelligence 기술이란 인공신경망을 이용하여 이미지, 비디오, 오디오, 텍스트 등을 포함한 대량의 데이터를 학습하고 사람과 유사한 방식으로 문맥과 의미를 이해하여 새로운 데이터를 자동으로 생성해 주는 기술을 의미한다. 기존 AI가 데이터와 패턴 학습을 통해 대상을 이해하는 데 그쳤다면 생성형 AI는 기존 데이터와 새로운 정보의 비교 학습을 통해 스스로 새로운 창작물을 제작할 수 있다는 점이 특징이다. 정리하자면 생성형 AI 기술은 이용자가 요구한 질문이나 과제를 해결하기 위해 주어진 데이터를 기반으로 패턴과 규칙을 학습하고 이를 통해 새로운 콘텐츠를 생성하는 기술이다(전북교육정책연구소, 2023).

한마디로 사용자의 특정 요구에 따라 결과를 능동적으로 생성하는 인공지능 기술을 통칭하고 있다. 다른 AI들과는 다르게, 앞서 살펴본 알파고 같은 인공지능에 특정 개념을 학습시키는 것이 아니라 데이터 원본을 제공하고 나머지 부분을 예측하도록 유도하여 그 과정에 AI도 추상적인 표현을 해낼 수 있도록 하는 모델이다.[4] 예를 들어 챗GPT에 질문을 입력하면 기존 데이터를 기반으로 즉각 합리적이고 상세한 답변을 제공받을 수 있다. 또한, 후속 질문을 입력하고 다시 답변을 받으면서 대화를 이어갈 수 있으며, 대화 초반의 내용까지 기억하여 사용자의 질문에 적절하게 응답해준다. 또한, 생성형 AI는 인간이 만드는 것보다 훨씬 빠르고 비용이 적게 들 뿐만 아니라 적절히 활용했을 경우 인간이 작업하는 것보다 더 나은 결과를 만들어낼 수 있는 단계에 와 있다. 그래서 소셜 미디어에서 게임, 광고, 건축, 코딩, 그래픽 디자인, 제품 디자인, 법률, 마케팅, 영업에 이르기까지 그동안 인간의 독창적인 작업 분야였던 다양한 산업에 큰 영향을 미칠 수 있다. 또한, 향후 발전 가능성 때문에 구글을 비롯한 전 세계 최대 빅테

---

4) 송은정, 『예고된 변화 챗GPT 학교』, 테크빌교육, 2023

크 기업들이 앞다투어 자사의 AI 개발에 엄청난 투자를 하고 있으며 하루가 멀다고 새로운 생성형 AI 서비스를 출시하고 있다.

생성형 AI는 다양한 형태로 출시되고 있다. 챗GPT Generative Pre-trained Transformer 처럼 텍스트 중심의 생성형 AI가 일반적이지만 챗GPT를 개발한 OpenAI가 만든 'DALL-E', 포토샵으로 유명한 Adobe에서 만든 'Firefly', 'Midjourney' 등 텍스트를 그림으로 바꿔주거나 사진을 올리면 그 사진을 적절하게 변형 제작해 주는 이미지 생성형 AI가 일반적으로 많이 사용된다. 또한 텍스트를 음악으로 변형해 주거나 일부 음원을 바탕으로 새로운 음악을 창작해내는 음악 생성형 AI도 있는데, 대표적인 예로는 크리에이티브마인드의 '이봄', 포자랩스의 '디오 AI', 아이바 테크놀로지의 '아이바', 구글의 '뮤직LM' 등이 있다. 이 중 디오 AI가 작곡한 'In Crisis'라는 스페셜 BGM은 2022년 MBC 드라마 '닥터로이어' 마지막 회 배경음악으로 활용되었다. 마지막으로 런웨이의 '젠 Gen-2', D-ID.com의 '크리에이티브 리얼리티 스튜디오', 구글의 '이매진 비디오'와 '페나키' 등은 텍스트를 입력하면 영상으로 구현해주거나 영상을 일부 수정하여 목소리를 입혀주는 등 다양한 기능을 선보이고 있다.

챗GPT(ChatGPT)?

지금의 AI 열풍을 이끈 챗GPT는 2022년 12월 미국의 인공지능 개발업체 OpenAI가 공개한 텍스트 기반 생성형 서비스다. 문화, 역사, 예술, 기술 등 다양한 분야에서 전문적인 대화가 가능할 뿐만 아니라 이용자의 요구에 따라 수학 문제 풀이, 시나 소설의 작성, 프로그램 코딩 등까지 가능하여 사람들에게 큰 화제가 되었다. 챗GPT는 공개된 지 단 5일 만에 100만 명의 회원 가입에 성공하였는데, 이는 넷플릭스가 3.5년, 페이스북이 10개월, 인스타그램이 2.5개월에 걸려 같은 수의 회원을 모집한 것에 비하여 매우 빠르게 달성했다.[5]

---

5) 정윤경, 「챗(Chat) GPT의 이용과 저작권 쟁점 고찰」, 과학기술과 법, 26호, 충북대학교 법학연구소, 2023

Generative (생성형)

앞서 살펴본 것처럼 챗GPT는 텍스트 기반의 생성형 AI이다. 학습된 데이터를 기반으로 기존 데이터와 유사한 새로운 콘텐츠를 생성한다. 인간이 머릿속에 있는 기억과 지식을 바탕으로 새로운 창조물을 만들어내는 것과 유사하다.

Pre-trained (사전 학습)

무료 버전인 챗GPT-3.5에 질문을 하다 보면 "죄송하지만, 제 지식은 2021년 9월까지의 정보까지만 포함하고 있으며, "OOOO"에 대한 구체적인 정보를 제공할 수 없습니다."라고 나온다. 챗GPT는 대규모 데이터를 사전 학습을 통해 콘텐츠를 생성하는 모델이기 때문이다. 챗GPT 초기에는 '세종대왕 맥북 던짐 사건'같이 답변이 어설펐던 사례도 있었지만, 시간이 지남에 따라 꾸준히 정교한 모습을 보이고 있다.

Transformer (트랜스포머 알고리즘)

트랜스포머 알고리즘은 문장 속 단어와 같은 순차 데이터 내의 관계를 추적, 맥락과 의미를 학습하는 AI 신경망으로, 간단히 말하면 일종의 번역기이다. 한글로 쓴 문장을 트랜스포머에 입력하면, 여러 인코더 블록과 디코더 블록을 통과하여 같은 의미의 영어로 출력되는 것과 같다. 앞뒤 단어의 상관관계만 고려하는 것이 아니라 글의 전체적 맥락을 파악하고 중요한 내용을 선택하는 원리를 통해 번역투가 아닌 사람처럼 자연스럽게 글을 쓸 수 있다.

OpneAI의 챗GPT 이후, 생성형 AI 서비스가 쏟아져 나왔다. 대표적인 것이 구글에서 만든 '바드 Bard', 마이크로소프트에서 만든 '빙 Bing'이 있다. 바드와 빙 모두 챗GPT와 같은 채팅 기반 생성형 AI이며 사용법도 비슷하다. 바드는 특별한 가입 없이 기존의 구글 ID를 바탕으로 바드의 채팅형 AI에 질문을 남기면 대답해준다. 가장 큰 특징 중 하나는 한 가지 질문에 기본적으로 3가지 답변을 제시하기 때문에 답변을 선택할 수 있다는 장점이 있다. 기존 마이크로소프트사의 검색엔진으로 유명한 빙의 활용법도 챗GPT나 바드와 비슷하다. 빙의 장점 중 하나는 사용자 질문에 대한 답변자료의 출처를 구체적으로 표기하거나, 추가 정보에 대한 링크를 제공하고 데이터를 실시간 반영한다는 점에서 즉시성이 뛰어나다.

뉴스핌(2023.5.20)은 이 생성형 AI들에게 각각 경쟁사의 장단점을 비교해보라고 질문했는데, 챗GPT는 바드의 장점을 텍스트 음성 변환 합성의 특화된 점과 범용성을 꼽았다. 빙은 정확도가 중요한 경우 바드가 좋은 선택이며, 창의성이 중요한 경우 챗GPT가 좋은 선택이고 유익성이 중요한 경우 빙이 좋은 선택이라고 답하기도 했다.

국내에서도 생성형 AI 열풍이 거세다. 국내 생성형 AI로는 스타트업 뤼튼테크놀로지스에서 출시한 AI 플랫폼 '뤼튼Wrtn'이 대표적이다. 뤼튼은 OpenAI가 공개한 'GPT-3.5'와 'GPT-4', 구글에서 공개한 'PaLM2' 등 다양한 모델을 탑재해, 목적에 따라 원하는 모델을 선택할 수 있다. 특히 2023년 현재 유료로 사용할 수 있는 GPT-4를 무료로 사용할 수 있다는 것이 장점이다. 그리고 챗GPT나 바드, 빙 같은 채팅 기반 생성형 AI 틀을 벗어나 그림을 그리도록 요청할 수도 있고 PDF를 올리면 그 PDF의 내용을 분석하여 요약해주기도 한다. 또한, 자체적으로 'AI 스토어'를 운영하여 사용자가 직접 만든 툴과 챗봇Chatbot을 상호 공유하고, 다른 사용자가 만든 툴이나 챗봇을 사용해 볼 수 있는 체험 공간도 제공하고 있으며 자기소개서, SNS 피드 생성, 광고문구 생성, 유튜브 숏츠 대본, 책 초안 제작까지 다양한 자체 툴을 배포하고 있어 '생성형 AI'에 어울리는 서비스이다.

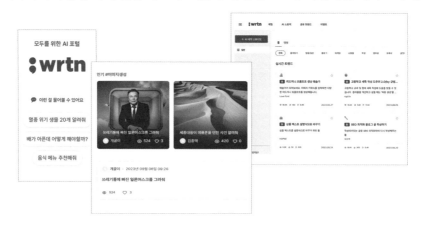

챗GPT 활용하기

챗GPT, 바드, 빙 같은 생성형 AI를 제대로 사용하기 위해서는 어떻게 해야 할까? 여러 가지 방법이 있겠지만 챗GPT를 효과적으로 활용하는 방법은 '질문'이나 '검색'용으로 사용하는 것보단 장점을 최대한 살려 인간의 일을 대신시키는 것이다. 챗GPT 특성상 질문이나 검색은 기존의 포털사이트의 검색 엔진을 활용하는 것이 더 효율적이다. 예를 들면, 교사가 초등학교 3학년 수학과에 나오는 '(세 자릿수) + (세 자릿수)' 덧셈 문제를 10개 만들어야 한다고 가정해보자. 5개는 받아올림이 한 번 있는 문제로, 5개는 받아올림이 두 번 있는 문제로 만들기 위해서는 기존 문제 은행을 활용하거나 교사가 직접 문제를 만들어야 할 것이다. 하지만 챗GPT를 활용하면 5초 만에 문제를 만들고 답도 쉽게 구할 수 있다.

> 세 자리 + 세자리의 덧셈 문제를 10개 만들고 싶어. 5개는 받아올림이 한 번 있는 문제로, 5개는 받아올림이 두 번 있는 문제로 만들어줘. 숫자+숫자 형태로 만들어줘.

⊙ 김차명의 어시스턴트

네, 알겠습니다. 지시에 따라 문제를 만들어드리겠습니다.
받아올림이 한 번 있는 문제:

1. 123 + 377
2. 345 + 655
3. 482 + 318
4. 563 + 437
5. 719 + 281

받아올림이 두 번 있는 문제

1. 234 + 767
2. 346 + 754
3. 582 + 519
4. 463 + 637
5. 729 + 371

앞선 예시와 같이 챗GPT에게 일을 시킬 때는 무엇보다 '질문을 잘하는 것'이 중요한데, 경상북도교육청(2023)이 제작한 「생성형 AI 활용 길라잡이」에서는 챗GPT에게 질문을 잘하는 8가지 방법을 인용하여 소개하고 있다. 구체적으로 "이

숍우화 중에 잘 알려진 '여우와 두루미' 역할극을 작성해줘. 마지막 결론은 서로 화해하고 서로 돕는 결말로 작성해 줘." 등의 구체적인 명령 프롬프트를 작성하는 것이 핵심이다.

챗GPT에게 질문을 잘하는 8가지 방법

#시작 전, 영어로 자동 변환되도록 플러그인을 꼭 추가하기
① 질문을 시작하기 전, 대답하는 챗GPT의 역할 부여하기(Act as ~)
② 질문하는 사용자 목표 제시하기 (블로그, 에세이, 유튜브, 요약, 분석)
③ 구체적인 대답 방법 제시하기 (쉽게, 예를 들어, 초등학생이 알 수 있게)
④ 결과 형식을 제시하기 (문단 구분, 글머리표형식, 순서형 등)
⑤ 여러 작업을 한 번에 요청하기 ([output] 쓰고 추가)
⑥ 챗GPT 대답 길이 제시하기 (1000자 이내)
⑦ 중요 키워드는 "큰 따옴표"로 강조하기
⑧ 대답에 따른 추가적인 질문 이어가기

(출처: 챗GPT역할모음사이트 https://prompts.chat/)

▨ 구글 바드가 작성한 '여우와 두루미'역할극 대본

> 이솝우화 중에 잘 알려진 '여우와 두루미' 역할극을 작성해줘. 마지막 결론은 서로 화해하고 서로 돕는 결말로 작성해줘
>
> 다른 답안 보기 ⌄ 🔊
>
> ✦ 알겠습니다. 다음은 '여우와 두루미' 역할극입니다.
>
> 등장인물
>
> • 여우
> • 두루미
>
> 장면 1

등장인물 : 여우, 두루미

장면 1

여우와 두루미는 친한 친구였습니다. 어느 날, 여우는 두루미를 집으로 초대해 음식을 대접했습니다. 하지만 여우는 두루미의 뾰족한 부리가 음식을 먹을 수 없도록 넓적한 그릇에 음식을 담아냈습니다. 두루미는 배가 고픈 채로 집에 돌아갈 수밖에 없었습니다.

두루미 : (배고픈 목소리로) 여우야, 음식은 어디에 있니?

여우 : (웃으며) 여기 있어. 맛있게 먹어.

두루미 : (부리를 그릇에 대고 봤지만 음식을 먹을 수 없었습니다.) 여우야, 이건 내가 먹을 수 없는 그릇이야.

여우 : (속으로) 큭, 두루미가 내 말을 듣지 않았으니 혼내주겠어.

두루미 : (배가 고파서) 여우야, 나는 배가 고파. 음식을 더 주면 안 될까?

여우 : (거절하며) 미안하지만, 더 이상 음식이 없어.

두루미 : (실망하며) 알았어.

장면 2

두루미는 여우에게 복수를 하기로 결심했습니다. 두루미는 여우를 집으로 초대해 음식을 대접했습니다. 하지만 두루미는 여우의 뭉툭한 입이 음식을 먹을 수 없도록 긴 병에 음식을 담아냈습니다. 여우는 배가 고픈 채로 집에 돌아갈 수밖에 없었습니다.

여우 : (배고픈 목소리로) 두루미야, 음식은 어디에 있니?

두루미 : (웃으며) 여기 있어. 맛있게 먹어.

여우 : (병을 봤지만 음식을 먹을 수 없었습니다.) 두루미야, 이건 내가 먹을 수 없는 그릇이야.

두루미 : (속으로) 여우가 나에게 복수했구나.

여우 : (배가 고파서) 두루미야, 나는 배가 고파. 음식을 더 주면 안 될까?

두루미 : (거절하며) 미안하지만, 더 이상 음식이 없어.

여우 : (실망하며) 알았어.

장면 3

두루미와 여우는 서로의 잘못을 깨닫고 화해하기로 결심했습니다. 두루미는 여우를 집으로 초대해 음식을 대접했습니다. 이번에는 두루미가 여우의 입에 맞는 그릇에 음식을 담아냈습니다. 여우는 배불리 음식을 먹고 두루미에게 고맙다고 말했습니다. 두루미는 여우에게도 음식을 대접했고, 여우도 배불리 음식을 먹었습니다.

여우 : (두루미에게) 두루미야, 미안해. 내가 너를 속였어.

두루미 : (여우에게) 여우야, 나도 미안해. 내가 너에게 복수했어.

여우 : (두루미에게) 이제부터는 서로를 이해하고 도와주자.

두루미 : (여우에게) 그래, 알았어.

결론

여우와 두루미는 서로의 잘못을 깨닫고 화해했습니다. 그리고 서로를 이해하고 도와주기로 결심했습니다. 두루미는 여우가 음식을 먹을 수 있도록 그릇을 바꿔 주었고, 여우는 두루미가 음식을 먹을 수 있도록 음식을 퍼 주었습니다. 두루미와 여우는 서로를 돕고 함께 행복하게 살았습니다.

교훈

이 이야기의 교훈은 "잘못을 깨닫고 화해하면 더 나은 관계를 만들 수 있다."입니다. 우리는 누구나 실수를 할 수 있습니다. 하지만 잘못을 깨닫고 화해하면 서로를 이해하고 도와주는 관계를 만들 수 있습니다.

챗GPT에게 직접 명령 프롬프트를 작성하는 것도 챗GPT를 활용하는 방법이지만, 앞서 살펴본 뤼튼처럼 여러 IT 회사들이 챗GPT를 활용하여 만든 플러그인이나 확장 프로그램, 서비스를 활용하는 것도 좋은 방법이다.

'아숙업 AskUP'은 전 국민이 사용하는 '카카오톡'의 채널 기능을 활용하여 서비스하고 있는 챗GPT 기반의 카카오톡 채널이다. AskUp은 영어로 '묻다, 질문하다'라는 뜻을 가진 'Ask'에, AI 전문 기업 'Upstage 업스테이지'의 기업명을 합성한 것으로, 발음하기 쉽게 '아숙업'이라고 부른다. AskUp의 시작은 업스테이지가 내부 업무 툴인 슬랙 Slack 에 챗GPT를 연동하여 간단한 태스크나 궁금증을 해결하는 걸 도왔던 것에서 출발했는데, 생각보다 매우 유용해서 카카오톡으로 서비스를 확장한 것이 현재의 AskUp이다. 카카오톡에서 챗GPT를 바로 활용한다고 생각하면 편한데, 앞서 살펴본 광학문자인식 OCR 기능을 활용해 텍스트가 포함된 이미지를 올리면 이미지의 글자를 판독하여 이미지 내용을 요약해주거나 이미지 내용을 번역해주기도 한다. 사람의 사진을 올리면 얼굴을 인식하고, 올린 사진을 바탕으로 성별을 바꿔서 그려주기도 하고 '멋있게' 등으로 보정도 해준다.

3분짜리 유튜브 영상을 가장 빨리 보는 방법은 무엇일까? 뚱딴지같은 소리일지 모르지만, 챗GPT는 영상의 자막이 따로 없더라도 자동으로 음성을 인식하여 자막을 텍스트로 모아주고, 다시 그 텍스트를 종합적으로 요약도 해준다. 사용 방법도 매우 쉽다. 구글 크롬 웹브라우저에서 제공하는 웹스토어의 확장 프로그램인 'YouTube 챗GPT'를 검색하여 크롬에 추가하고 챗GPT에 로그인만 되어 있으면 된다. 영상을 내가 보지 않더라도 'Transcript'를 누르면 영상의 핵심 부분을 스크립트로 제공해주고, 'View Summary with 챗GPT'를 누르기만 하면 바로 챗GPT와 연동하여 적절한 이모지와 함께 요약을 해준다.

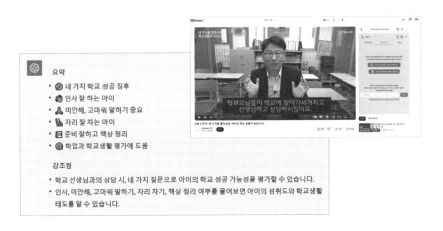

챗GPT는 영상뿐만 아니라 텍스트로 된 보고서, 학술논문 등의 PDF도 분석해서 알려준다. ChatPDF[6] 등의 챗GPT 기반 문서 상호작용 서비스는 보고서나 학술논문을 PDF로 올리면 PDF의 내용을 바로 요약해주며 관련된 주요 질문들도 가이드해준다. 특히 PDF의 내용을 챗봇에 질문하면 PDF 내에서 쪽수까지 검색하여 적절한 답을 해주기 때문에 양이 많은 보고서, 외국어로 된 학술논문을 분석하는데 매우 유용하다.

지금까지 간단하게 챗GPT 등의 생성형 AI의 간단한 활용법을 알아봤다. 이 외에도 다양한 활용방법이 있겠지만 앞서 이야기했듯이 챗GPT 활용의 핵심은 인간이 해야 할 일을 대신하도록 시키는 것이다. 특히 인간이 어려워하는 반복 작업을 할 때, 시간이 오래 걸리는 작업을 할 때, 초안 작성이 어려운 창작 작업을 시작할 때 등의 경우 챗GPT 등의 생성형 AI 활용은 더욱 편리하고 의미가 있을 것으로 보인다.

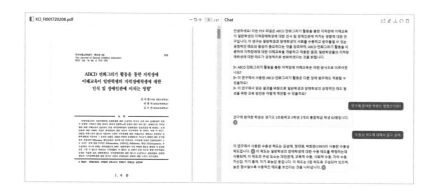

생성형 AI 활용의 핵심 이슈

챗GPT는 몇 세부터 사용할 수 있을까? 대부분의 온라인 플랫폼이 사용 연령 제한을 두는 것처럼 생성형 AI 서비스도 연령 제한을 두고 있다. 챗GPT는 13세 미만 이용자의 사용을 금지하고, 18세 미만의 경우 부모나 보호자의 감독하에서

---

6) https://www.chatpdf.com

만 사용하도록 규정하고 있다. 구글의 바드 역시 18세 이상 이용자만 사용할 수 있다. 앞서 살펴본 우리나라의 뤼튼(https://wrtn.ai)은 현재(2023년 9월 기준) 연령 제한은 없지만, 생성형 AI 특성상 편향성이 있거나 기타 일부 논쟁이 될 수 있는 결과물을 생성해낼 수 있기에 13세 미만이 이용할 시에는 보호자와 교사의 지도를 동반하도록 권고하고 있다. 미디어오늘(2023.7)은 어린 나이에 생성형 인공지능을 사용하게 되면 논리력과 생각하는 힘을 키우는 데 방해가 될 수 있고, 어린이 청소년들에게 해가 될 수 있는 콘텐츠를 만들어낼 수도 있다고 경고했다.

학생들이 챗GPT 등 생성형 AI를 활용해 대필이나 표절하는 문제도 핵심 이슈이다. 학생들이 과제나 논문 등에 챗GPT를 활용하는 일이 많아지면서 대필과 평가 방식의 문제가 떠오르고 있으며 실제로 지난달 국내 수도권의 한 국제학교에서는 챗GPT를 사용해 영어 작문 과제를 제출한 학생 7명을 적발해 0점 처리를 한 사례도 나왔다. 미국 교육계는 이미 행동에 나섰다. 2023년 1월 6일 뉴욕시는 공립학교 내 네트워크에서 챗GPT 접속을 차단하겠다고 밝혔다. 과제 대필 행위를 비롯해 학생들에게 부정적 영향을 줄 수 있다는 이유였다. TechM(2023.2)에 따르면 로스앤젤레스 통합 교육청 또한 학문적 정직성을 보호한다는 이유로 지역 교육시스템 내 모든 네트워크와 장치에서 챗GPT를 차단한다고 발표하기도 했다. 그리고 과제 수행 방식 변화도 눈에 띈다. 조지워싱턴대학교, 럿거스대학교, 애팔래치안 주립대학교 등은 학생들이 챗GPT를 활용해 과제를 제출하는 일을 막기 위해 강의실에서 에세이를 자필로 직접 작성하도록 했다.

이에 따라 챗GPT가 쓴 글인지 판별해주는 소프트웨어도 계속해서 출시되고 있는데 국내에서는 표절 검사 프로그램인 '카피킬러' 제작사로 유명한 '무하유'의 'GPT킬러 GPTKiller'가 출시를 앞두고 있다.[7] 아시아경제는 GPTKiller의 챗GPT를 잡아내는 원리를 소개했는데, 챗GPT는 문장 속 단어의 순서를 확률적으로 파악

---

7) "A+리포트, AI가 썼군요"…챗GPT 잡는 '킬러' 나온다. 아시아경제. 2023.09.01

해 글을 쓰기 때문에 챗GPT가 자주 쓰는 문장 순서나 표현들이 있다고 언급했다. 즉 지문처럼 특유의 어투나 필체가 있는 사람과 다른 점이라고 하면서 글이 기계처럼 평균만 따라가는지를 보고 챗GPT가 썼을 확률을 계산하는 원리라고 설명했다. 무하유가 자체 평가한 GPT킬러의 정확도는 94%다. 하지만 이 또한 확률적으로 챗GPT를 사용했는지 참고할 수 있을 뿐이지 완벽하게 표절 여부를 확정하긴 어려울 것이다.

할루시네이션Hallucination도 문제이다. 챗GPT가 내놓은 응답 중에는 사실과는 전혀 동떨어진 응답도 심심치 않게 나온다. 챗GPT가 가장 못 하는 것 중 하나가 '모르는 것을 모른다'고 말하지 못하는 것이라고 말할 정도이다. 이러한 현상을 할루시네이션(환각)이라고 한다. 한국교육신문(2023.6)에서는 챗GPT의 목적 자체가 사람처럼 말을 생성하기 때문에 말의 사실성을 검증하지 않는다고 하면서, 챗GPT는 거짓말도 그럴싸하게 해준다고 얘기했다. 2023년 4월 17일, 유네스코는 '챗GPT와 AI, 그리고 고등교육: 고등교육기관은 무엇을 알아야 하는가?'라는 주제로 웨비나Webinar를 개최했는데, 이때 언급한 유네스코 보고서에서도 진실이 중요한 문제에서는 신중한 사용을 권고하고 있다. 내용의 사실성이 중요한 경우 반드시 검증이 필요하다는 것이다. 특히 챗GPT의 답변은 2021년 9월까지의 데이터가 기반이기 때문에 최근 일어난 일에 대한 질문에는 전혀 엉뚱한 답을 주는 경우가 많다.

챗GPT 등의 생성형 AI가 만들어내는 저작권에 대한 쟁점도 존재한다. 정윤경은 챗GPT 이용과 관련하여 파생되는 저작권 문제점에 대해서 살펴보면서, 첫째, 데이터 수집·생성과 관련하여 챗GPT가 데이터를 학습하는 방법을 공개하고 있지 않아서 스크롤, 스크래핑을 금지한 정보를 수집했는지 확인하기 어려우며 나아가 챗GPT 생성물들이 저작권 침해나 표절에 해당하는지를 검증하기 어렵다는 점을 언급했다.[8] 둘째, 저작물 이용과 관련하여 챗GPT의 서비스를 공정이

---

8) 정윤경. 「챗(Chat) GPT의 이용과 저작권 쟁점 고찰」, 과학기술과 법, 2023, vol.14, no.1, 통권 26호, 충북대학교 법

용으로 판단하기 어려운 요소들이 존재하지만, 학습용 데이터에 대한 이용 허락 계약을 맺을 마땅한 절차가 존재하지 않다는 점을 문제점으로 꼽았으며, 셋째, TDM 면책 범위와 관련한 문제를 꼽았다. TDM은 텍스트·데이터 마이닝 Text and Data Mining 의 약자로서, 컴퓨팅 자원을 활용해 대량의 데이터를 분석하고 그로부터 일정한 패턴이나 구조를 추출해 의미 있는 추론을 끌어내는 기술을 뜻한다. 챗GPT가 국경을 넘어서 웹사이트에 접근하여 다양한 정보를 수집하는 데 반해 나라마다 TDM 면책 요건이 다르고 특히 우리나라에는 TDM 면책 규정이 아직 명시적으로 도입되지 않았다는 점 등을 지적하였다. 한국언론진흥재단에서는 생성형 AI는 얼마나 많은 데이터를 학습했느냐에 따라서 답변의 정교함이 달라진다고 언급하면서, AI 산업의 발전을 위해서는 데이터의 학습을 무작정 불법이라며 막을 수도 없다고 밝혔다.[9] 그러면서 우리나라 저작권법 제35조의2에서는 '일시적 복제에 대한 면책 규정'을 두고 있고, 제35조의5 제1항에서는 저작물의 통상적인 이용 방법과 충돌하지 아니하고 저작자의 정당한 이익을 부당하게 해치지 아니한 경우에는 저작물을 이용할 수 있다는 공정이용의 일반규정이 있지만, 이 조항들을 AI 학습 목적의 저작물 이용에는 적용할 수 없다는 것이 대체적인 견해라고 말했다. 즉, 현재 국내 저작권법의 규정상 AI의 무단 학습데이터 사용은 저작권 침해에 해당한다고 볼 수 있다.

생성형 AI의 보안성 문제도 쟁점 사항이다. 국가정보원은 2023년 6월, 「챗GPT 등 생성형 AI 활용 보안 가이드라인」을 발표하면서 챗GPT와 같은 대규모 언어모델 등 생성형 AI 기술(이하 'AI 모델')의 보안 위협으로는 ① 잘못된 정보, ② AI 모델 악용, ③ 유사 AI 모델 서비스 빙자, ④ 데이터 유출, ⑤ 플러그인 취약점, ⑥ 확장 프로그램 취약점, ⑦ API 취약점 등이 존재한다고 밝혔다.[10]

학연구소. 2023

9) 양진영. AI 산업 발전 vs 저작권 보호 세계 언론계의 공통된 고민. 2023.07.03

10) 챗GPT 등 생성형 AI 활용 보안 가이드라인. 국가정보원. 국가보안기술연구소. 2023.06.29

대표 보안 위협	주요 원인	가능한 보안 위협
잘못된 정보	· 편향 · 최신 데이터 학습 부족 · 환각 현상	· 사회적 혼란 조장 · 고위험 의사 결정 · 잘못된 의사 결정 유도
AI 모델 악용	· 적대적 시스템 메시지	· 피싱 이메일 및 인물 도용 · 사이버 보안 위협 코드 작성 · 대화형 서비스를 악용한 사이버 범죄 커뮤니티 활성화 · 사회 공학적 영향 · 가짜뉴스 생성
유사 AI 모델 서비스 빙자	· 유사 악성 서비스 접근 유도	· 스쿼팅 URL 및 확장 프로그램 · 가짜 애플리케이션
데이터 유출	· 데이터 합성 과정의 문제 · 과도한 훈련 데이터 암기 문제 · 대화 과정에서 개인정보 및 민감 정보 작성	· 훈련 데이터 유출 · 데이터 불법 처리 우려 · 기밀 유출 · 대화 기록 유출 · 데이터베이스 해킹 및 회원 추론 공격
플러그인 취약점	· AI 모델의 적용 범위 확장 · 안정성 확인 미흡 · 해커 공격 범위 확장 · 취약점이 있는 서비스와 연결	· 새로운 도메인에서의 모델 오작동 · 에이전트'화 된 AI 모델의 악용 · 멀티모달 악용
확장 프로그램 취약점	· 확장 프로그램 내부의 악성 서비스 설치 · 서비스 제공 업체의 보안 조치 미흡	· 개인정보 수집 · 시스템 공격 · 호스팅 서버 및 스토리지 시스템 위협
API 취약점	· 미흡한 API 키 관리 · 데이터와 명령 사이의 불분명한 경계	· API 키 탈취 · 악의적인 프롬프트 주입

국가정보원 2023.06

국가정보원은 이에 따라 챗GPT 등 생성형 AI 활용에 대한 보안수칙도 정리하여 제시했는데, ① 민감한 정보(비공개 정보, 개인정보 등) 입력 금지, ② 생성물에 대한 정확성·윤리성·적합성 등 재검증할 것, ③ 가짜뉴스 유포·불법물 제작·해킹 등 범죄에 악용 금지, ④ 생성물 활용 시 지적 재산권·저작권 등 법률 침해·위반 여부 확인, ⑤ 악의적으로 거짓 정보를 입력·학습 유도하는 등 비윤리적 활용 금지, ⑥ 연계·확장 프로그램 사용 시 보안 취약 여부 등 안전성 확인, ⑦ 로그인 계정에 대한 보안 설정 강화 및 보안 관리 철저 등 7가지 보안수칙을 권고하고 있다.

챗GPT 출시 이후, 사회의 모든 분야에 생성형 AI 활용 열풍이 불고 있으며 교육 분야도 예외는 아니다. 교육 분야에서는 사용 연령의 제한, 대필이나 표절 문제, 할루시네이션 현상, 저작권 문제와 보안성 문제에도 불구하고 디지털 대전환 흐름에 맞춰 적극적으로 생성형 AI를 활용하고자 하는 분위기가 강해 보인다. 이에 따라 교육부와 각 시·도교육청에서도 적극적으로 챗GPT 등의 생성형 AI 가이드라인을 제작해 보급하고 있다.

인천시교육청은 전국에서 가장 빠르게 2023년 5월 챗GPT 활용 윤리를 포함한 '챗GPT 이해와 교수학습 가이드'를 마련해 인천의 학교 현장에 보급했다.[11] 인천 INCHEON 의 알파벳을 따서 지침을 만든 것이 특징이며 I(AI 활용 목적과 가치 확인), N(주체적인 사실 확인), C(잠재적 편견 고려), H(지식의 협력적 구성), E(배움의 주도성 갖기), O(창의적이고 비판적 태도 갖기), N(인간적 가치 도모) 등이다. 여기에 교사와 학생을 위한 챗GPT 활용 팁과 챗GPT 활용 동의를 위한 가정통신문 양식까지 안내하고 있다.

서울시교육청은 2023년 8월, 초·중·고 챗GPT 활용 가이드를 담은 '학교급별 생성형 AI 활용 지침'을 모든 학교에 배포하였다.[12] 지침에 따르면 초등학생은 교사의 시연으로 챗GPT를 간접 체험할 수 있고, 교사의 추가 작업으로 안정성을 확보한 경우에는 직접 사용할 수 있다. OpenAI가 13세 미만은 아예 챗GPT를 사용하지 못하도록 하는 원칙을 가지고 있는 것에 비하면 상당히 적극적인 모습이다. 중학생은 부모나 법적 보호자의 허락을 받았다면 교사의 지도하에 챗GPT를 수업 시간에도 쓸 수 있다. 고등학생은 부모나 법적 보호자가 동의한다면 학생이 직접 챗GPT를 사용할 수 있도록 했다. 또한, 고등학생은 학교 프로젝트 등에서 필요하다고 판단하면 챗GPT를 보조 교사로 활용할 수 있다. 그리고 학교에서도 챗GPT 등 생성형 AI 프로그램을 수업이나 방과 후 수업 등에 활용

11) 챗GPT 이해와 교수학습 가이드. 인천광역시교육청. 2023.05.25
12) 서울 학생 챗GPT 가이드 생겼다…"보호자 동의하면 사용 가능". 매일경제. 2023.08.19

하려는 경우 가정통신문 등을 통해 학부모 동의를 받아 사용할 수 있다.

경상북도교육청도 2023년 6월에 교원의 생성형 AI 활용 역량 강화를 위한 '생성형 AI 활용 길라잡이'를 발간해 도내 모든 학교에 배포했다. 경상북도교육청은 이번 사업을 위해 2023년 3월부터 미리 '경북 챗GPT 활성화 TF'를 만들어 운영해온 것이 특징이다. 이 길라잡이는 지침을 넘어서 생성형 AI에 대한 구체적인 설명과 더불어 질문을 더 잘하는 방법, 인공지능 윤리교육, 다양한 생성형 AI 프로그램 활용 등을 소개하고 있다. 또 활용 단계를 준비, 실행, 성장, 도약 단계로 나누고 기본 지침과 초·중등학교 현장에서 PPT, 엑셀과 연계하여 즉시 활용할 수 있는 실제 사례 등을 매우 자세히 설명하고 있다.

이 외에도 세종특별자치시교육청의 '문답의 시대, 챗GPT(2023)', 충청남도교육청의 '대화형 AI 챗봇(챗GPT) 활용 도움 자료', 대전교육정보원 대전AI교육지원체험센터의 '교육 혁신을 위한 AI 챗봇 활용 가이드(챗GPT를 사례로)' 등 각 시·도교육청에서 챗GPT 등의 생성형 AI의 교육적 활용을 적극적으로 추진하고 있다.

인공지능[AI] 디지털교과서

지난 2023년 6월, 교육부는 '모두를 위한 맞춤 교육' 실현을 위한 「인공지능[AI] 디지털교과서 추진방안」을 발표했다. 인공지능 디지털교과서는 3대 교육개혁 과제인 디지털 교육혁신의 일환으로 추진된다. AI 디지털교과서는 학생 개인의 능력과 수준에 맞는 다양한 맞춤형 학습 기회를 지원할 수 있도록 인공지능을 포함한 지능정보화기술을 활용하여 다양한 학습자료 및 학습지원 기능 등을 탑재한 교과서라고 교육부는 설명했다. 전자신문에 따르면, AI 디지털교과서의 의미는 단순히 교육 품질 향상이라는 데서 그치지 않으며, 기존 발행사와 에듀테크 기업, 정보통신기술[ICT] 기업과 콘텐츠 제작사까지 수조 원에 달하는 시장이 형성될 것이란 전망이 나온다. [13] 또한, 국내 시장 검증을 통해 해외 교육 시장으

---

13) AI 디지털교과서, 단계적 발전전략 필요. 전자신문. 2023.09.15

로 진출하는 계기도 될 수 있다. 2025년 수학, 영어, 정보, 국어(특수교육) 교과에 우선 도입하고, 2028년까지 국어, 사회, 역사, 과학, 기술·가정 등으로 확대된다. 인공지능 디지털교과서는 느린 학습자와 빠른 학습자 모두를 위한 학생 데이터 기반의 '맞춤형' 학습콘텐츠를 제공할 뿐만 아니라, 쉬운 웹 접근성을 위해 웹 표준(HTML 등)을 개발하고, 별도 프로그램이 필요 없는 클라우드(SaaS) 기반의 플랫폼 구축 계획을 발표했다.

또한, 교육부는 AI 디지털교과서 도입으로 학생은 학습 수준·속도에 맞는 배움으로 학습에 자신감을 갖게 되고, 학부모는 풍부한 학습정보를 바탕으로 자녀를 더 깊이 이해할 수 있게 된다고 설명했다. 교사는 학생의 인간적 성장에 더 집중할 수 있게 되어 우리 교실은 학생 참여 중심의 맞춤 교육이 이루어지는 학습공간이 될 것으로 기대한다는 것이다.

이에 따라 교육부는 2023년 8월에 「인공지능 디지털교과서 개발 지침」을 발표하였으며 개발사들은 오는 9월부터 인공지능 디지털교과서 개발에 본격 돌입한다고 설명했다. 교육부가 설명하는 AI 디지털교과서의 핵심 기능은 AI에 의한 학습 진단과 분석 Learning Analytics, 개인별 학습 수준과 속도를 반영한 맞춤형 학습 Adaptive Learning, 학생의 관점에서 설계된 학습 코스웨어 Human-Centered Design 등이며 개발사가 개발해야 하는 AI 디지털교과서의 핵심 서비스는 다음과 같다.

▨ 인공지능(AI) 디지털교과서 핵심 서비스

공통(학생, 교사, 학부모)	학생	교사
· 대시보드를 통한 학생의 학습데이터 분석 제공 · 교육 주체(교사, 학생, 학부모) 간 소통 지원 · 통합로그인 기능 · 쉽고 편리한 UI/UX 구성 및 접근성 보장 (보편적 학습설계: UDL, 다국어 지원 등)	· 학습 진단 및 분석 · 학생별 최적의 학습경로 및 콘텐츠 추천 · 맞춤형 학습지원(AI튜터)	· 수업 설계와 맞춤 처방 (AI 보조 교사) · 콘텐츠 재구성·추가 · 학생 학습 이력 등 데이터 기반 학습관리

교육부. 「인공지능(AI) 디지털교과서 추진방안」 2023.08.30.

이와 같은 교육부의 바람과는 다르게 AI 디지털교과서에 대한 우려의 목소리도 있다. 박주용 서울대 심리학과 교수는 칼럼에서, 우선 AI 디지털교과서 개발을 신기술로 묘사하고 우리나라가 그것을 전국 단위로 도입하는 최초의 나라인 양 치켜세우는 것은 부적절하다고 언급했다. AI 디지털교과서 개발은 대단한 신기술이 아니며, 다른 나라에 없는 이유는 못 만들어서가 아니라 학생들의 발달 단계 상 만들지 않아서라는 게 더 정확하다고 꼬집었다.[14] 그리고 교육부는 수업 시간에 선생님의 강의 대신 디지털교과서로 학습한 다음, 잘하는 학생은 토론이나 논술 등 심화 과제를, 어려움을 겪는 학생은 다른 추가 보완 과제를 통해 공부하게 된다고 발표했을 뿐이라면서, 새로운 교과서를 통해 수업이 어떻게 바뀌는지에 관한 상세한 설명이 빠져 있다고 언급했다. 또한 많은 예산을 들여 개발하는 만큼, 일단 도입한 뒤 사후에 확인하기보다는 예비연구를 통해 그 효과를 확인할 필요가 있다고 강조했다. 그리고 인공지능 디지털교과서를 사용하게 되면 학생들은 너무 쉽게 도움을 받을 수 있는데, 이것이 오히려 단점이 될 수 있다고 하면서 학생들이 필요할 때마다 도움을 주는 디지털교과서의 기능이 어려움을 견디게 하는 모종의 기능과 균형을 이루도록 해야 한다고 말했다. 마지막으로 AI 디지털교과서의 자랑으로 언급된 일대일 맞춤 교육은 성공의 보증수표가 아니라는 점이 지적될 필요가 있다고 얘기하면서, 10여 년 전 당시 기술 수준을 활용해 완벽하게 개별화된 수업을 진행한 미국의 자율형 공립학교인 카르페디엠 차터스쿨의 실패에서 근거를 들었다.

시사저널에 따르면 디지털교과서를 실제로 다루는 '현직 교사'들에 대한 재교육 지침이 제대로 마련되지 않은 점도 문제로 꼽으면서, 디지털교과서를 사용하면 오히려 학생들의 학습 동기유발을 떨어트릴 수 있다는 지적을 했다.[15] 그 예시로 "한때 유행한 메타버스도 아이들이 처음에는 호기심에 재미있어하는데 일

14) AI 디지털교과서 개발이 우려스러운 이유. 한겨레신문. 2023.06.22
15) 尹정부 'AI 디지털교과서' 지침에 교육계 '한숨'…이유는?. 시사저널. 2023.07.04

정 시간이 지나면 지루해하거나 재미없는 경향성이 있다"라며 "결국 디지털 학습이 아이들에게 지속 가능하지 않을 가능성도 크다"라고 주장했고, 전문가들은 교육부가 '디지털 만능론'에서 벗어나 정교하게 정책을 보완해야 한다고 입을 모으고 있다. 기존 정부에서도 관련 정책이 계속 나왔는데 예산 투입 대비 효과가 크지 않았다는 점을 근거로 들었다.

또한 AI 디지털교과서가 '학생 맞춤형'으로 구현되기 위해서는 학생의 개인정보를 비롯한 방대한 데이터가 필수적인데, 필연적으로 강력한 개인정보 보안대책이 필요하다. 개발 지침에 따르면 클라우드 보안 인증으로 '중' 등급 이상을 받아야 하지만 국내 교육업체 대부분은 이 보안 등급이 없는 아마존웹서비스^{AWS}나 마이크로소프트^{MS}를 이용하고 있다. MTN 기사에서는 "국내 클라우드 보안 인증을 받은 곳은 네이버나 KT 같은 국내 대기업들뿐"이라며 "교육부 보안 기준에 맞추려면 클라우드 업체를 바꿔야 하는데 추가로 시간과 비용이 드는 문제"라고 말했다. [16]

AI 시대 미래교육 - 인간만이 할 수 있는 것

예측하기 어려운 시대이다. 한두 해 전만 하더라도 가장 주목받던 기술이었던 메타버스^{Metaverse}도 2023년 현재는 시들하다. '메타버스 열풍'에 편승해 정부 부처와 지방자치단체들이 앞다퉈 '공공 메타버스'를 만들었지만 지금 공공 메타버스를 적극적으로 활용하는 사람은 매우 드물다. 조선일보에 따르면 조달청 용역 입찰 시스템인 나라장터에서 확인한 결과, 지난 1년간 정부 기관과 지자체가

---

16) "알맹이 빠진 가이드라인"…혼돈의 AI 디지털교과서. MTN 뉴스. 2023.08.31

50여 건의 메타버스 구축 용역을 발주했고 여기에 투입된 예산은 보수적으로 잡아도 100억 원이 넘는다고 밝혔다.[17] 미국의 INSIDER는 메타버스를 '실패한 유행의 묘지'라고 적나라하게 표현했다. 일각에서는 지금 AI의 열풍도 메타버스와 크게 다르지 않을 것이라고 예상하기도 한다.[18]

〈EBS 비즈니스 리뷰〉 '챗GPT 이후의 인류' 편에서 홍익대 홍기훈 교수는 "일자리의 감소가 무서워서 기술의 발전을 막을 수는 없다"고 언급했다. 즉 기존 업무가 대체됨에 따른 노동 수요의 감소는 막을 수는 없으며 지금 우리가 고민해야 할 것은 챗GPT가 일자리를 위협할 것인가가 아니며 챗GPT를 통해 어떻게 성장할 것인가가 중요하다고 강조했다.

최연구 부경대 과학기술정책학과 겸임교수는 인공지능은 인간이 만든 도구이므로 도구가 인간을 가리거나 차별하지는 않는다고 강조하면서, 모든 인간은 적어도 인공지능 앞에서는 평등하다고 말했다.[19] 또한, 인공지능을 교육에 활용하면 할수록 '질문하는 능력'이 중요해질 것이라고 예측했다. 챗GPT의 경우 질문을 바꾸면 답변이 달라지고 추가 질문을 하면 더 좋은 정보와 지식을 얻을 수 있다고 하면서 인공지능으로부터 좋은 답을 얻으려면 좋은 질문을 할 줄 알아야

---

17) 세금 수십억 쓴 '공공 메타버스'… 볼거리가 없네. 조선일보. 2022.01.12
18) RIP Metaverse, An obituary for the latest fad to join the tech graveyard. INSIDER. 2023.05.08
19) 최연구. 챗GPT와 질문하는 교육. 행복한교육 2023.04월호

하며, 질문의 질이 답변의 질을 좌우하고 질문자 개인의 능력과 역량이 무엇보다 중요하다고 강조했다. 철학자인 김재인 경희대 교수는 〈2023 시사인 제6회 인공지능 콘퍼런스〉에서 "인공지능 시대에 갖춰야 할 능력은 진위와 가치를 읽어내는 능력"이라고 설명했다.[20] 단편적 진실에서 입체적 진실을 구성하는 능력은 생각하는 힘을 키우는 것에서 비롯된다며 글쓰기가 이를 위한 효과적인 훈련 방법이라고 소개했다. 또 "학생들은 챗GPT를 활용하면 직접 공부할 필요가 없다고 착각할 수도 있지만, 실제로 주어진 정보를 검증하고 확인하는 것이 더 필요해지기에 오히려 공부는 더 많이 해야 한다"고 말했다.

동국대학교 송은정(2023) 교수는 『예고된 변화 챗GPT 학교』에서, 생성형 AI 시대의 인간 가치를 강조하며 인간의 가치를 부가할 줄 아는 인간에게 필요한 5가지 역량으로 지식 생산을 이끌어가는 주도성과 기획력, 정보의 정확성을 판단하는 판단력, 정보를 의미 있게 연결하는 구성력, 사람만의 가치를 더하는 인문적 소양과 통찰력, 정보 활용 및 지식 재생성 과정에서의 책무성과 윤리성을 강조했다.

위 전문가들의 이야기를 종합해보면 결국 AI 시대 미래교육의 방향은 '인간만이 할 수 있는 것'에 집중하는 것에 도달한다. 인간만이 할 수 있는 것은 챗GPT가 대신할 수 없는 인간 본연의 능력이라고 할 수 있다. 이제는 바이블이 되어 버린 'OECD 교육 2030: 미래 교육과 역량OECD Education 2030: The Future of Education and Skills' 프로젝트의 지향점인 '변혁적 역량Transformative Competencies'은 새로운 가치 창조하기Creating New Value, 긴장과 딜레마에 대처하기Reconciling Tensions & Dilemmas, 책임감 갖기Taking Responsibility로, 결국 새로운 것을 만들어내고, 갈등을 해소하고, 책임감을 갖는 것이다. AI 시대 학교 교육도 이와 마찬가지일 것이다.

---

20) AI 빅뱅 시대, '인간 역할'에 대해 질문하다. 단비뉴스. 2023.08.08

학생 수 감소와
미래의 교육

양 희 준
한국교육개발원 연구위원 / 전 학교교육연구실장

\#

인구 감소의 충격과 공포

해방 이후 70년간 늘기만 했던 우리나라 인구가 2020년을 기점으로 줄기 시작했다. 출생아 수의 감소는 1970년대 후반 이래 40년을 넘게 지속되어 온 일이지만 사망자보다 출생아 수가 더 적어 인구가 자연 감소하는 현실은 초유의 사태로 우리 사회에 큰 충격을 주고 있다. 인구 감소가 가시화되기 전부터 '인구절벽'이라는 말이나 '지방소멸' 담론도 있었지만, 총인구수의 감소는 충격을 넘어 공포감까지 주고 있다.

'인구 감소'라는 말은 특정한 범위의 지역 내에 거주하고 있는 사람들의 수가 줄어들고 있다는 의미 이상의 많은 것들을 내포한다. 사람들의 거주에는 고용과 경제, 교육, 복지, 문화, 보건 등 많은 요인이 관련되는 만큼 인구 감소는 그 지역에서 살아가는 사람들의 삶에 있어 모종의 심대한 변화가 일어나고 있다는 것을 의미한다.

인구 감소에 대한 공포와 우려는 교육계에서는 '학생 수 감소'라는 말로 표현되고 있다. 학생 수 감소에 대한 관심은 주로 교육 기관 관계자들의 관리적 입장에서 다루어지고 있는 듯하다. 학생 수 감소로 말미암아 교육기관의 예산과 인력이 축소될 수 있고, 더 악화되면 기관이 폐쇄될 수도 있기 때문이다.

교육적 관점에서 우려되어 온 것으로는 교육의 질 저하 문제를 들 수 있다. 예를 들면 소규모학교에서 여러 학년을 한 학급에 모아 수업을 진행하는 복식학급이 생겨남으로써 학생들의 학습 효과가 저하될 수 있다는 것이다. 이른바 적정규모학교 육성 정책은 복식학급은 효과가 낮다는 믿음을 전제하고 있다.

현재까지 학생 수 감소에 대한 대응 차원에서 모색되고 추진되어 온 교육정책으로는 소규모학교 통폐합 정책, 적정규모학교 육성 정책이 주를 이루어왔고, 근래에 들어서는 초·중등교육에 투입되는 교부금의 조정이 추진되고 있다. 초·중등교육에 들어가는 예산의 일부를 고등·평생교육에 투입하겠다는 정책이다. 그 외에 줄어드는 학생 수에 연동하여 교원의 수를 조정하기 위한 정책도 추진되고 있다.

이러한 정책들의 공통점은 학생 수 감소가 닥친 뒤의 사후적 조치이자 대증적 요법이라는 점이다. 학생 수의 감소는 출생아 수가 감소하기 시작한 1970년대 후반 이래 예측할 수 있는 것이었으나 사전에 이를 대비하는 실효성 있는 교육정책은 전무하다시피 했다. 최근의 교육 예산 및 인력 조정 정책들은 과거에 학생 수가 빠르게 늘어날 때 부랴부랴 학교를 급조하고 교사 수를 늘리던 것과 다르지 않다.

OECD 국가 중 최저 수준의 합계출산률과 급격한 학생 수 감소는 우리 사회와 교육에 대해 근본적인 성찰을 요구하고 있다. 즉자적이고 단기적인 대응은 좋은 해법이 될 수 없다. 이 글은 섣부른 해결책을 제시하기보다 학생 수 감소 현상이 제기하는 근본적 문제 지점을 탐색하는 데 목적이 있다. 이하에서 학생 수 감소의 양상을 간략히 살펴보고 머지않은 미래에 일어날 수 있는 현상을 전망해 본 다음, 향후 우리 교육이 지향해야 할 바를 생각해 보고자 한다.

학생 수 감소 논의의 전개

우리나라의 학생 수(초·중·고등학교)는 1980년대 초만 해도 1,000만 명 수준이었다.[1] 2000년대 초반 790만 명 수준을 몇 년간 유지하다가 지속 감소하여 2020년대에 들어서서는 520만 명 수준을 기록하고 있다. 지난 40년간 40% 이상 감소했음을 알 수 있다.

대학에 진학하는 학생이 줄어 '벚꽃 피는 순서대로 대학이 망할 것'이라는 비관적 전망이 세간에 회자되기 시작한 것은 불과 10년 이내의 일이지만, 사실 이러한 수준의 학생 수 감소는 1980년대에 충분히 예상할 수 있는 것이었다. 1979년부터 1982년까지 출생아 수는 연 80만 명 대를 유지하고 있었는데 1983년도에 이 선이 무너졌다(1983년 출생아 수는 76.9만 명). 그뿐만 아니라 합계출산률도 같은 해에 처음으로 인구 대체수준인 2.1명 밑으로 떨어졌다(1983년 합계출산률 2.06명). 이후 출생아 수와 합계출산률이 계속해서 하락하였으므로 해외로부터의 이주 학생이 많지 않은 국내 실정과, 거의 100%에 가까웠던 초등학교 취학률을 감안하면 학생 수 감소는 일찌감치 예상 가능한 일이었다.

당시에 교육정책 당국이 학생 수 감소 현상에 전혀 무감했던 것은 아니었던 것으로 보인다. 1983년부터 시작된 이른바 '소규모학교 통폐합 정책'은 농·산·어

---

[1] 이하 인구 및 학생 수, 학교 수 통계는 별도의 언급이 없는 한 통계청 통계정보서비스와 한국교육개발원 교육통계센터의 자료를 활용한 것이다.

촌 지역에서의 학생 수 감소로 소규모학교가 늘어나고 있던 현실을 반영한다.

▨ 학생 수 변화(1980~2022)

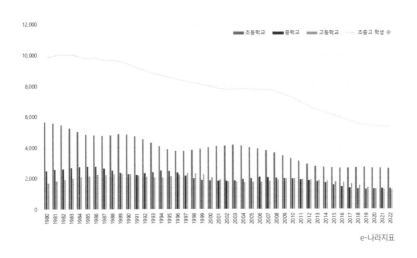

e-나라지표

그러나 우리나라에 '저출산·고령사회기본법'이 2005년에야 제정된 점을 생각해 볼 때, 2000년대 초반까지만 해도 '저출산'은 심각한 사회 문제로 인식되지 않았고, 학생 수 감소 역시 심각한 정책 문제로 여겨지지는 않았다고 볼 수 있다. 농·어촌 지역의 학생 수 감소 문제는 여전했으나 이 문제는 정책을 통해 변화시킬 수 있는 변수로 다뤄지기보다 어쩔 수 없는 '상수'로 간주되었고, 정책적인 접근은 교육예산 지출의 비효율성 혹은 도·농간 교육 격차의 관점에서만 다루어졌다.

'학생 수 감소' 문제를 보다 자세히 들여다보게 된 계기 중 하나는 이른바 '지방소멸' 담론의 확산이다. 일본창성회의의 좌장인 마스다 히로야가 2014년에 낸 보고서 〈성장을 이어가는 21세기를 위하여: 저출산 극복을 위한 지방활성화 전략〉(일명 마스다 보고서)은 2040년까지 인구 소멸 가능성이 큰 896개 지역을 목록화하여 일본 사회에 충격을 주었다. 이 보고서는 2014년 8월에 〈지방소멸: 도쿄 일극중심이 초래하는 인구급감〉이라는 제목으로 일본 시중에 출간되어 큰 관심을 받았다.

우리나라에서는 한국고용정보원의 이상호(2016)가 <마스다 보고서>에서 언급된 지표 중 20세~39세 여성 인구비율과 65세 이상 고령 인구의 상대비를 지역별로 산출하여 그 수치가 0.5 미만인 79개 지역을 제시한 것이 사회적으로 큰 파장을 일으켰다. <한국의 지방소멸에 관한 7가지 분석>에서 이상호는 이 지역들을 '소멸위험 지자체'로 호명했다. 이후 한국고용정보원은 분석 자료를 추가로 내놓았는데, 그에 따르면 우리나라의 소멸위험 지자체(위 상대비 0.5 미만)는 2000년에 0개였으나 2010년 61개, 2020년 102개로 늘어났고, 2022년에는 113개로 집계되었다.

인구 감소 추이가 지역적으로 고르지 않다는 사실은 학생 수 감소의 지역적 차이를 살펴볼 필요성을 제기하였다. 한국교육개발원 양희준 외(2018)의 <학생 수 감소에 따른 농촌교육 실태 및 대응 방안>은 우리나라 인구 감소의 지역적 차이에 착안하여 2000년부터 2017년까지의 광역 및 기초 지자체별 학생 수의 변동을 살펴보았다. 분석 결과는 예상대로 학생 수 감소에 지역적 편차가 있음을 보여주었다. 대부분의 광역 지자체에서 초, 중, 고 순으로 감소율이 낮았으나 제주도는 고등학생 감소율이 중학생보다 높았고, 경기도의 경우에는 예외적으로 중학생과 고등학생 수의 증가를 보였다.

░ 시·도별 학생 수 증감(%): 2000~2017

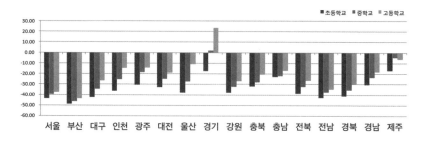

양희준 외(2018), p.45.

양희준 외(2018)는 광역시가 없는 도 지역 내 기초 지자체의 학생 수 변동도 살펴보았는데, 1~3개의 지자체에 학생 수가 많고, 그 외 대부분 지역에는 학생 수가 적게 분포하는 패턴이 나타났다. 충북의 경우 청주, 충남의 경우 천안, 전북의 경우 전주 등이 도 지역 내에서 학생 수가 많은 지역이었다.

한편, 이 연구에서는 '인구 15만 이하의 군 또는 도농복합시' 99개 지역을 '농촌'으로 규정하고 농촌 지역의 학생 수 변동도 살펴보았는데 대부분의 지역이 2000년대 초반부터 이미 학생 수 1만 명 이하를 기록하고 있었다. 지역에서의 '학생 수 감소' 현상은 '진행형'이라기 보다는 '완료형'에 가까웠던 것이다.

이 연구는 농촌 지역 학생 수 감소의 원인이 학령인구의 이동과 관계있다고 주장했다. 2017년 한 해 동안의 5세~14세 인구의 시·도별 전출입을 살펴보았을 때, 대부분의 도 지역에서는 전출자 수가 더 컸으나 경기도, 충남, 경남 등 일부 지역은 전입자 수가 더 컸다. 전북이나 충남, 충북 등 도 지역 내에서도 전주나 천안 등지로의 학령인구 이동이 확인되었다.

우리나라의 학생 수 감소에 관한 몇 가지 사실이 밝혀져 있지만, 지역별 차이나 학생 인구의 이동 양상, 원인 등 아직도 밝혀지지 않은 부분이 많다. 어떤 점에서 이러한 현실은 학생 수 감소 문제가 정책적 문제로서 적극적으로 다루어지지 않았던 것과 관련된다. 적지 않은 지역에서 학생 수의 문제는 교육 문제의 시작이자 끝이 되어버렸지만 정책 당국의 관심은 다른 문제들에 가 있는 것처럼 보인다. 일부 시·도교육청을 중심으로 이 문제에 대한 관심도가 높은 것은 그나마 다행이다.

학생 수 전망: 감소와 불균형

한국교육개발원의 교육기본통계 자료에 의하면, 2022년 하반기 기준 우리나라의 초·중·고 학생 수는 모두 524만 명이다. 1970년대 후반 정점을 찍은 이래로 하향곡선을 그려온 추세를 반영한다면 학생 수는 앞으로도 계속 줄 것으로 보인다.

한국교육개발원의 학생 수 추계(2022)에 따르면, 2029년에 초·중·고 학생 수는 425만 명까지 감소한다. 초등학생 수가 가장 많이 감소하는데, 2023년 258만 명에서 2029년 170만 명 수준으로 약 34% 감소한다.

한국교육과정평가원 김현미 외(2022)의 연구는 2040년의 학생 수를 초·중·고 모두 합쳐 328만 명으로 예상하였다. 그에 따르면, 초·중·고 학령인구가 전체 인구 중 차지하는 비중은 2040년에 6.6% 수준이 될 가능성이 높은데, 이는 1970년 32.2%의 5분의 1수준이고, 2020년 10.6%와 비교했을 때도 매우 낮은 수준이다.

보다 더 먼 미래를 내다보아도 학생 수가 늘어날 조짐은 안보인다. 지속적으로 출생아 수가 줄어왔고, 합계출산율 역시 지속적으로 낮아졌기 때문이다. 조영태(2021)는 특정 연도의 출생아 수를 활용하여 그로부터 30년 뒤의 출생아 수를 가늠해 볼 수 있다고 하였다. 특정 연도의 출생아 수 절반을 여성으로 가정하고 임의의 합계출산율을 곱하여 출생아 수를 산출하는 방식이다. 예를 들어 1975년 출생아 수 87만 명 중 여성을 그 절반가량인 43만 명이라고 가정하고 임의의 합계출산율 1.0을 곱하는 것이다. 실제로 2005년에는 약 43만 명의 아이가 태어났다. 이 같은 방식으로 2021년의 출생아 수를 활용하여 2051년의 출생아 수를 예측해 볼 수 있다. 2021년 출생아 수는 26만 명인데, 그 절반인 13만 명을 여성으로 가정하고 합계출산율을 1.0 정도로 가정한다면 2051년에는 대략 13만

명 정도의 아이가 태어날 것으로 예측해 볼 수 있다. 2051년부터 12년간 매년 같은 수의 아이들이 태어나고 이들이 모두 취학한다고 해도 2063년의 초·중·고 학생 수는 156만 명에 불과하다. 이는 2022년 학생 수의 1/3도 안 되는 수준이다. 학생 수의 변화에는 많은 변수가 있지만 지금 이대로 간다면 피할 수 없는 미래의 모습이다.

학생 수의 급감 속에서 학생 분포의 도·농 간 격차도 더욱 심해질 것으로 예상된다. 앞서 말한 바와 같이 농촌 지역의 학생 수는 이미 줄어들 대로 줄어들었지만 현재에도 여전히 감소세가 유지되고 있다. 2000년부터 2020년까지의 농촌 지역 학생 수는 초등학생의 경우 45만7천 명에서 23만7천 명으로 22만여 명 (-48%) 감소했다. 이러한 감소율은 같은 기간 전국 초등학교 학생 수의 감소율인 33%와 비교했을 때 15%p나 높은 수치다.[2]

미래의 학생 수와 관련된 또 하나의 분명한 경향은 학생 수의 지역적 불균형이다. 전국적인 수준에서 학생 수의 분포를 살펴볼 때 드러나는 특징 중 하나는 수도권 즉, 서울과 경기에 학생들이 몰려 있다는 것이다. 이는 2000년대 초반에도 그러했고 최근에도 확인된다. 서울과 경기를 제외한 모든 광역 시·도의 초등학생 수는 2017년 기준 20만 명 이하를 기록하고 있다.

▓ 광역단위 초등학교 학생 수 변화(2000~2017)

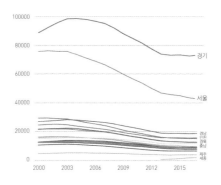

양희준 외(2018), p.47.

---

2) 양희준 외(2021). 지방소멸시대의 농촌교육, 우리가 몰랐던 진실들. 서울: 학이시습. p.27.

홍미로운 것은 전국 수준에서 볼 수 있는 학생 수의 이러한 불균형이 1개 광역 도 단위에서도 유사한 형태로 나타난다는 것이다. 대부분의 도 지역 내에서도 1~3개 기초단위 지역의 학생 수가 월등히 많고 그 외 대부분 지역의 학생 수는 매우 적다. 아래 그림에서 보다시피 전라북도의 경우, 전주와 익산, 군산 등 3개 지역의 학생 수가 기타 지역에 비해 월등히 많다. 충청북도의 경우에는 청주의 학생 수가 12만 명 정도로 월등히 많고 그 외 지역의 학생 수는 모두 2만 명 내외를 기록하고 있다.

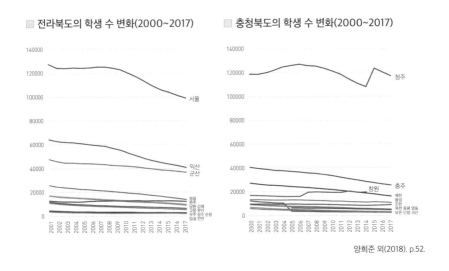

양희준 외(2018). p.52.

1개 기초지자체 내에서도 학생 수의 불균형이 유사한 형태로 나타난다는 것은 매우 놀라운 사실이다. 군 지역을 예로 들어본다면 읍 지역에 학생들이 많고 면 지역에는 학생들이 매우 적다. 아래 표는 충북 영동의 2022년 초등학교 학생 수를 학교별로 집계한 것이다. 학생 수를 기준으로 내림차순으로 정리한 것이다. 영동군에는 1개 읍, 10개 면이 있고, 초등학교는 모두 14개가 있는데, 학생 수 상위 3개 초등학교가 모두 영동읍에 소재한다. 읍 소재 3개 학교 학생 수의 총합이 전체의 71.3%에 달한다. 전국 수준, 광역 도 수준에서 볼 수 있었던 학생 수 불균형이 기초지자체 단위에서도 마찬가지 형태로 나타나는 것이다.

▨ 2022년 충북 영동군 내 초등학교 소재지와 학생 수

연번	학교명	소재지	학생 수(명)	비율
1	영동초	영동읍	598	39.4%
2	이수초	영동읍	349	23.0%
3	부용초	영동읍	136	9.0%
4	황간초	황간면	123	8.1%
5	구룡초	용산면	54	3.6%
6	상촌초	상촌면	43	2.8%
7	양강초	양강면	35	2.3%
8	학산초	학산면	32	2.1%
9	추풍령초	추풍령면	29	1.9%
10	양산초	양산면	27	1.8%
11	초강초	심천면	25	1.6%
12	매곡초	매곡면	23	1.5%
13	용화초	용화면	23	1.5%
14	심천초	심천면	21	1.4%
합계			1,518	100%

영동교육지원청 자료

감소에 더해 불균형까지 학생 수 구조의 변화에 직격탄을 맞고 있는 곳은 면 지역의 학교들이다. 충청북도 영동군을 예로 들어보면, 통상 읍·면 지역의 소규모 학교로 분류되는 학생 수 60명 이하의 학교가 14개교 중 10개교이다. 2020년 기준 우리나라 행정구역 상 면은 1,178개(행안부, 2021년 기준)인데, 면 지역과 도서벽지에 소재한 소규모 초등학교(학생 수 60명 이하)는 모두 1,103개(2018년 기준)이다. 해방 이후 1면 1초교 기조가 유지되어 왔다고 보면 대략 '면' 지역에 소재하는 초등학교는 거의 모두 60명 이하의 '소규모학교'라고 보아도 무방할 것이다.

김현미 외(2022)에 따르면 2000년 이후 학령인구의 수도권 비중은 지속적으로 높아지고 있다. 2000년 기준 학령인구의 수도권 비중은 46.1%였다. 이 수치는

지속적으로 증가하여 2040년에는 52.8%, 2050년에는 54.7%가 될 것으로 전망되었다. 그는 시·군·구 수준에서의 학령인구 공간집중도 살펴보았는데, 이 역시 2040년까지 지속적으로 커져 학령인구의 지역적 편중이 심화할 것으로 예상하였다. 현재까지의 추세가 계속될 것으로 가정한다면 우리나라의 학생 수는 지속적으로 감소하면서 지역적 불균형이 심화될 것으로 전망된다.

지금 이대로 간다면

학생 수가 줄어든다는 현실에 흔히 학교의 소규모화를 떠올린다. 소규모학교 통폐합(적정규모학교 육성) 정책은 학교의 소규모화를 생각할 때 자연스레 떠오르는 쟁점이다. 한편에서는 그간 학생 수 감소의 정도가 도시보다는 농·산·어촌 지역이 더 심했기 때문인지 도·농 간의 교육격차 문제를 떠올리는 사람도 많다. 담론의 영향력은 고스란히 정책적 상상력으로도 이어져 그동안의 정책적 대응은 대부분 이 두 범주에 머물러 있었던 것으로 보인다.

그러나 작금의 학생 수 감소 경향은 그 범위와 심도에 있어서 과거 그 어느 때보다 훨씬 넓고 깊다. 이 변화는 인구 증가기에 설계된 학교 제도의 근간을 흔들고 있다. 소규모학교를 없애는 것만으로, 농촌 지역의 학교에 예산을 투입하는 것만으로 학생 수 감소 현상 속에 내재된 복잡한 교육 문제들이 풀리리라고 낙관해서는 안 된다.

현재까지의 추세가 지속되고 학생 수의 증가를 이끌만한 특별한 계기가 마련되지 않는다면 우리나라의 교육은 어떻게 변화할 것인가? 막연히 상황이 나아질 것이라는 희망을 배제한 냉철한 전망이 필요한 때다.

첫째, 초·중등교육의 규모 축소를 예상해 볼 수 있다. 학생 수 감소에 따라 예산, 인력, 조직 등 모든 부분에서 축소가 예상된다. 우선 교육 예산 총액이 줄어들 것이다. 현재 내국세의 20.79%를 확보하도록 되어 있는 지방교육재정교부금은 그 비율 자체의 축소가 논의될 수 있을 것이다. 근래 정부가 고등·평생교육특별회계를 설치하고 지방교육재정의 일부를 이관한 것은 이러한 변화의 시발점으로 볼 수 있다.

예산 규모의 축소와 더불어 교사 수도 줄어들 것이다. 2023년 발표된 교육부의 '중장기(2024~2027) 교원수급계획'에 따르면 향후 5년간 신규 교사 선발 정원이 매년 줄 계획이다. 당장 2024~2025년만 해도 초등의 경우, 2023년 대비 300~600명가량 줄어든 2,900~3,200명 정도를 선발할 예정이다. 교육부의 예상에 따르면 2027년까지 매년 초등 3,800명, 중등 4,500~5,500명의 교사가 퇴직할 예정[3]인데, 신규 교사를 적게 뽑으면 교사 수는 당연히 줄게 된다.

▨ 2024~2027년 공립 교원 신규 채용 규모(안)

구분	2023	2024	2025	2026	2027
신규채용 교원 수 (초등)	3,561	3,200~2,900명 내외		2,900~2,600명 내외	
신규채용 교원 수 (중등)	4,898	4,500~4,000명 내외		4,000~3,500명 내외	

교육부 중장기(2024~2027) 교원수급계획

소규모학교들은 다수 폐교될 것이다. 교육부의 '적정 규모, 분교장 개편 기준'에 따르면 면, 도서벽지 소재 학교의 경우 60명 이하, 읍 지역 학교의 경우 초등 120명, 중등 180명 이하, 도시지역의 경우 초등 240명, 중등 300명 이하의 학교가 통폐합의 대상이 될 수 있다. 이 기준에 따른 소규모학교 수는 2,789개교(2018년 통계 기준)이다. 이는 전국 초·중등교의 23.4%에 달한다. YTN의 보도에 따르면,

---

3) 2027년 신규 교사 최대 2300명 줄어든다…중장기 교원수급계획 발표. 경향신문. 2023.04.24.

신입생이 10명 미만인 초등학교는 모두 1,587개교인데, 이 학교들은 6년 뒤 모두 학생 수 60명 이하의 소규모학교가 될 가능성이 높다.[4]

　교육지원 조직의 축소도 예상된다. 교육지원청은 현재 176개인데, 한 보도에 따르면, 교육지원청 직원 1인당 학생 수가 100명 이하인 교육지원청은 모두 71개에 달한다.[5] 과거 교육행정 조직의 축소 시도가 반대에 부딪힌 적이 있지만, 복지 수요의 증가 추세 속에서 교육 지원 조직의 축소 요구도 더욱 거세질 것이다.

　둘째, 교육 규모의 축소와 함께 예상해 볼 수 있는 것은 지방교육의 쇠퇴와 황폐화이다. 앞서 살펴본 것처럼 학생 수 감소의 여파는 모든 지방에 균등하게 미치지 않는다. 도시지역보다는 농촌 등 지방에 더욱 큰 변화가 나타날 것이다. 이미 지방 중소도시의 학생 수는 줄어들 대로 줄었지만, 시간이 흐를수록 저출산과 학생 유출의 기울기는 가팔라질 것이다. 지역 내에 교육기관의 수가 '0'이 되는 '지방교육의 소멸[6]' 상태에 이르기까지는 어느 정도 시간이 걸릴 것이지만 학교가 없는 행정구역의 수는 빠르게 증가할 것이다. 2018년 기준으로 보았을 때 초등학교가 없는 면은 31개, 중학교가 없는 면은 428개이다. 소규모학교 통폐합이 확대되면 학교가 없는 지역(면)의 개수는 빠르게 늘어날 것이다. 나아가, 머지않은 미래에 고등학교가 없는 '군'이 출현할 것이다. 2022년 기준 고등학교가 2개 이하인 기초지자체는 모두 10개이다. 이 중 고등학교 1교 당 학생 수가 100명 이하인 기초지자체는 모두 8개이다.

　지방 학교 수의 감소는 교육의 황폐화로 이어질 것이다. 지금도 학생 수가 적은 지역의 교육은 활력이 매우 저하되어 있다. 무엇보다 교원들의 사기가 저하

---

4)　올해 신입생 0명 초등학교, 전국 145곳…. ¼이 '신입생 10명 미만'. YTN. 2023.04.11.

5)　비효율 극치 교육지원청, 176개 아닌 45개면 족하다. 교육플러스. 2022.05.12.

6)　교육기관의 소멸이 곧 학생 수 '0'을 의미하는 것은 아니므로 그것이 교육의 소멸을 의미하는 것인지에 대해서는 논란이 있을 수 있다. 그러나 공적 제도로서의 교육을 이야기할 때 학교의 유무는 해당 지역에서의 공교육의 유무와 등치 될 수 있다.

되어 있다.

공립학교의 교사들은 농촌 지역 근무를 기피하고 있으며, 농촌 지역의 학교에 근무하더라도 거주지는 인근의 도시에 둔 채 원거리 출퇴근을 하는 경우가 많다. 사립학교는 학생 수 감소에 따른 폐교의 우려 속에 신입생 유치를 위한 실적 경쟁(대입, 취업 등)에 목을 매거나 변형된 형태의 우열반 운영 등 퇴행적 교육과정 운영을 지속하는 경우가 적지 않다.

학생들은 초등학교 저학년 때부터 도시로 떠날 준비를 하고, 지방의 고등학교에 '남은 학생들'은 상대적으로 낮은 동기와 경쟁 압력 속에서 열패감과 무기력에 고통받는 경우가 많다. 학생들의 학업 성취도가 전반적으로 하락하는 가운데 인구 감소가 가져온 지역 사회 전반의 사회경제적 지위 하락으로 복지 대상 학생 비율의 증가도 예상된다.

넷째, 학생 수가 적은 지역을 중심으로 교사가 부족해질 것이다. 최근 초등교원 임용시험의 경쟁률을 살펴보면 교직 지원자의 도시 선호 현상이 뚜렷하다. 2020년 초등교사 임용시험의 경우 서울, 대전, 광주 등 대도시의 경쟁률은 3.0~6.9에 달한다. 반면에 도 지역의 경쟁률은 1.0 수준에 머물고 있다. 충북은 1.3, 강원은 1.2, 경북은 1.1 수준이다. 신규 교원 채용 인원의 축소와 맞물려 교직에 대한 선호가 더욱 떨어진다면 도 지역 교원 임용시험의 경쟁률은 더 하락하게 될 것이다. 최근 사회적으로 문제가 되는 교원 근무 여건의 악화로 조기 퇴직자 증가까지 겹친다면 지방 교원의 부족 사태는 앞당겨질 것이다.

요컨대, 전국적인 수준에서의 학생 수 감소 여파로 교육 규모의 전반적인 축소가 진행되는 가운데 학생 수, 학교 수, 학교 규모, 교사의 수, 교직 선호도 등 교육의 여러 측면에서 지역별 불균형이 심화될 것이다. 도시의 학교들은 중규모의 적정한 학생 수를 얼마간 유지할 수 있을지 모르지만, 도 지역 내의 중소도시와 군 지역의 학교들은 소규모화 혹은 폐교를 피하기 어려울 것이다. 도 지역의 경우, 도청소재지나 도 내 1~2개의 산업도시 등을 제외하고는 고등학교 교육

의 축소 심화, 심한 경우 고교 교육 소멸에 맞닥뜨리게 될 터인데, 이는 학령인구
도시 유출의 가속화, 정주 여건의 악화와 지역 내 정주 인구 감소, 지방소멸 위험
증가로 이어질 것이다. 결국, 수도권과 대도시를 제외하고는 교육 환경이 크게
악화하고 학교 교육과정은 다양성과 풍부함을 잃게 될 것이다. 기후위기와 환경
파괴가 생태계의 다양성과 회복력을 저하시켜 정체불명 바이러스의 대유행을
유발했듯이 교육 다양성의 손실은 미증유의 사회 위기로 이어질 수도 있다.

미래교육과 '교육적 지역'

　미래는 정해져 있지 않다. 과거는 현재와 미래를 어느 정도 구속하지만 전부
를 결정짓지 않는다. 현재의 행위자가 만드는 역동이 현재와 미래를 결정짓는데
적잖은 영향을 끼친다. 위기를 인지한 시점에 어떤 미래를 그리고 구체적인 노
력을 시작하느냐, 그리고 그러한 노력을 어느 정도의 힘으로 지속하는가에 따라
미래의 모습은 달라질 수 있다. 세계금융위기의 여파 속에서도 출산 장려 정책
을 포기하지 않아 2010년대 초반 합계출산율을 1.9까지 높였던 프랑스의 사례
는 오늘날 우리 현실에도 시사하는 바가 있다.

　흔히 미래 교육을 얘기할 때 '교육의 디지털 전환'을 그 방향으로 제시하곤 한
다. 미래 사회를 살아갈 학생들을 고도화된 기술 환경에 적응시키는 동시에(디지
털 기술 교육), 정보 기술을 활용하여 각기 다른 개인의 요구와 성장 속도에 맞추어
언제, 어디서든 가능한 교육을 제공(디지털 활용 교육)하자는 것이다.

　이러한 미래 교육의 방향이 100% 잘못된 것이라고는 할 수 없으나 현재의 교
육 현실을 규정하는 중요 변수key factor인 '학생 수' 문제를 간과하고 있다는 점은

분명하다. 아니 '간과'를 지나 '외면'하고 있다는 것이 정확한 진단일 것이다. 학생의 존재 없이는 교육이라는 공적 행위 자체가 성립할 수 없음에도 불구하고 현재의 지배적인 미래교육 담론은 학생 수 감소 현상을 직접적인 문제로 다루고 있지 않다. 학생이 있어야 교육이 있을 수 있다는 전제에 기반한다면 미래 교육이 취해야 할 제1의 방향은 '학생 수 방어'이어야 하지 않을까?

'학생 수 감소' 현상은 논리적으로 '교육의 목적'에 대한 근원적인 성찰을 요구한다. 이는 '인구 감소'나 '저출생'이 한국사회에 대한 근본적인 성찰을 필요로 하는 성격의 문제인 것과 같다. '학생 수 감소'를 문제로 인식한다면 그 답을 찾는 과정의 출발점은 우리 사회가 '교육'을 왜 시키는지에 대한 반성적 성찰이어야 한다. 이와 관련하여 김진경 전 국가교육회의 의장의 다음 발언을 깊이 음미해 볼 필요가 있다.

> "세계의 중심이 자기가 사는 농촌이 아니라 도시, 서울, 서구의 대도시라고 믿게 하고, 자기가 사는 곳에 남는 아이들을 패배자, 낙오자로 믿게 한 것이 어제까지의 우리 교육"[7]

중심부 도시를 지향하는 것은 근대가 시작된 이래 우리 사회와 개인 모두가 추구해 온 주요한 가치 중 하나였다. 그러나 앞으로도 교육의 목적이 여전히 지식과 기술을 쌓아 중심부로 나아가기 위한 것에 머문다면 현재의 학생 수 감소 현상은 개선되지 못할 것이다.[8]

무엇보다도 앞서 교육의 목적을 '중심부로 나아가기 위한 교육'에서 '지역의 삶을 풍부히 하는 교육'으로 다시금 정립해야 한다. 이는 새로운 교육 목적의 정초를 필요로 하기보다는 우리 사회가 이미 세워 놓은 교육 목적의 재인식을 통

---

7) [아시아초대석] 자기가 살던 지역에 남으면 낙오자로 믿게 한 교육, 사회적 부작용 낳아. 아시아경제. 2020.10.05.

8) 이와 관련하여 추창훈(2021)이 '국가의 국민을 기르는 교육'에서 '지역의 시민을 기르는 교육'으로 나아가자고 주장한 것은 곱씹어볼 만하다.

해 가능하다. 우리나라 교육기본법은 교육의 목적을 '인격의 도야', '자주적 생활
능력과 민주시민으로서의 기본자질 함양' 등으로 밝히고 있다. 교육 목적에 관
한 국가의 어느 문서에도 상급학교 진학이나 취업에서의 성공을 교육의 목적으
로 밝히고 있지 않다. 그럼에도 많은 학교 교육에서 '인격의 도야'나 '자주적 생활
능력', '민주시민으로서의 기본 자질' 함양은 부차적인 문제로 취급되어 왔다. 상
급학교 진학이나 취업의 성패는 학교교육의 목적을 충실히 추구한 결과로 기대
할 수 있는 '결과'임에도 불구하고 교육의 목적으로 추구되어 온 것이다. 근래 고
등학교 교육 단계에서 대학 입시의 유불리를 따져 자퇴하는 학생이 증가하고 있
는 현실은 교육 목적 전도의 일단을 보여준다.

'인격의 도야', '자주적 생활능력과 민주시민으로서의 기본 자질 함양'이라는
교육의 기본 목적을 분명히 하는 가운데 우리 사회가 직면한 학생 수 감소의 현
실을 극복해 나가기 위한 정책의 지향점으로는 '교육적 지역'을 제시할 수 있다.
앞서 살펴보았듯이 '학생 수 감소' 문제는 현행 교육 제도의 전망을 어둡게 하지
만 이 문제의 해결은 학교 교육의 변화만으로는 가능하지 않다. 저출생과 학생
인구의 이동이라는 문제의 기저에는 학교 교육을 넘어서는 다양한 요인들이 작
용하고 있기 때문이다.

학생 수 감소를 극복하고 학교 교육의 새로운 미래를 열어가기 위해서는 '지
역' 차원의 접근이 필요하다. '교육적 지역'이란 교육에 대한 지역적 차원의 접근
과 모색을 강조한다. '교육적 지역'은 지금까지와는 다른 지역을 의미한다. 서울
이나 대도시와는 다른 지역이다. 추구하는 가치가 다른 지역, 가치가 다르기에
현실적인 삶의 양태도 다른 지역을 말한다.

인구학자 조영태는 우리나라의 인구 감소 위기를 극복하기 위해서는 '분산'이
필요하다고 하면서 지난 10여 년에 걸친 '혁신도시'의 실험을 실패로 평가했는
데, 실패의 이유로 '혁신도시를 서울처럼 만들고자 했던 것'을 든 바 있다. 인구
의 분산을 위해 새로운 도시를 건설하려고 했으나 서울과 유사한 형태의 도시로

건설한 탓에 되려 서울과 비교되는 '열악한 도시'가 되고 말았다는 것이다. 그 결과 사람들은 혁신도시로의 이주를 선택하지 않았고 주변 지역의 쇠락만 야기되었다는 것이다.

이와 마찬가지로, 그동안의 교육 개혁이나 혁신 노력이 지방을 가릴 것 없이 모두 도시의 교육을 향한 것은 아니었는지 비판적으로 돌아볼 필요가 있다. 짧지 않은 기간 동안 지속되었던 소규모학교 통폐합 정책은 교육 운영에 있어서 경제적 효율성을 추구해 온 정책이었고, 도농 격차를 줄인다는 취지에서 시행된 여러 정책도 농촌의 교육을 도시의 기준으로 끌어올리기 위한 도시 중심의 정책이었을지 모른다.

교육의 측면에서 보자면 '교육적 지역'은 지금껏 다른 도시들이 추구했던 교육 목적과는 다른 교육 목적을 추구하는 지역, 새로운 교육 과정 즉, 새로운 목표를 지향하며 이를 위해 교육 내용을 채택하고 그에 걸맞은 새로운 교육 방식을 추구하는 지역을 말한다. 여태까지의 교육 개혁이나 학교 혁신이 종국적으로는 대도시의 가치와 기준을 추구하는 것이었다면 '교육적 지역'의 교육 혁신은 대도시의 그것과는 다른 교육에 초점을 맞춘다. 도시와 중심부의 가치(예. 성장, 소비)보다는 지역의 가치(예. 지속가능성, 공존 등)를 추구하는 교육이 이루어지는 지역을 말한다.

'교육적 지역'의 교육 체제는 지금까지 여느 지역에서 볼 수 있었던 교육 체제와는 다른 것이어야 한다. 교육이 추구하는 가치와 목적의 차이만큼 그를 구현하기 위한 거버넌스, 학제, 교육과정의 운영방식, 교육 조직의 구성 원리와 운영 등도 지금까지와는 다른 것이어야 할 것이다. 교육행정과 일반행정은 기계적이고 단절적으로 구분되기보다는 각각 독립적이고 자주적이면서도 상호 협응적 행정 체제이어야 한다. 교육 내용은 보편적이면서도 지역의 생생한 현실을 반영한 것이어야 하고, 교육 방식 역시 맹목적인 테크놀로지 흡수가 아니라 지역과 학생들의 필요에 조응하는 적정선에서 고안되어야 할 것이다.

이것부터 시작하자

'학생 수 감소'의 현실은 인구 증가기의 대규모 학교 교육 체제(혹자는 이를 '공장식 교육 체제'라고 하기도 한다.)의 관점에서 보자면 의심할 바 없는 위기적 현실이다. 그러나 교육 본연의 관점에서 보자면 새로운 교육 체제를 설계할 수 있는 절호의 기회이기도 하다. 그동안의 교육 개혁이 수없이 좌초될 수밖에 없었던 이유 중 하나는 대량 생산 자본주의 체제하에서 교육이 노동력의 재생산과 사회경제적 지위의 재분배라는 기능에 충실할 것을 요구받아왔기 때문이었다. 그러한 강력한 사회적 요구의 자장 속에서 교육 과정을 다양화하기 위한 교원의 자율성은 보장될 수 없었고, 자아를 실현하기 위한 학생의 학습 욕구도 충족시킬 수 없었다.

팬데믹에 맞닥뜨려 많은 이들이 '삶의 재구조화'를 떠올렸던 것처럼, 학생 수 감소의 현실에 맞닥뜨려 우리는 조금씩 진정한 교육이란 어떠해야 하는지를 고민하고 있다. 이러한 견지에서 지금 당장 우리가 실행할 수 있고 또 실행해야 하는 몇 가지 과제를 제시하면 다음과 같다.

첫째, 소위 '명문대', '인서울' 대학 진학 압력을 해소하기 위한 정책을 추진해야 한다. 초등학교 고학년 즈음부터 시작되는 도시로의 학생 유출은 궁극적으로는 더 높은 직업 지위를 획득하기 위한 개인 차원의 노력에서 비롯되는 것이지만, 학교급 체계 내로 국한하여 보자면 직업 세계로의 진출 직전 단계인 대학 교육의 단계에서 우위에 오르기 위한 노력의 과정이라고 볼 수 있다. 학업 성적이라는 단일한 기준이 주요 변수가 되는 현재의 대학 입학 체제에서는 그 단일한 기준을 단기간에 높이는데 유리한 지역 즉, 강력한 경쟁 압력이 작용하며, 응시 기술을 전달해주는 서비스가 풍부한, 높은 인구 밀도의 지역으로의 이주 욕구가 자극될 수밖에 없다. 과거에 고등학교 교육의 여건을 평준화함으로써 중학교 단계에서의 과열 경쟁을 완화시켰듯이 일정한 수준 이상의 대학 문호를 대폭 확대하거나 대학 입학 허용 여부를 판단하는 기준을 변화시켜 입시 준비를 위한 도시로의 이주 욕구를 완화시켜야 한다.

둘째, 도시로의 진학을 독려하는 지역의 정책 프로그램들을 재고할 필요가 있다. 일부 지역에서 시작되어 확산되어 온 이른바 공립학원이나 대도시 진학 학생을 위한 장학금 제도, 재경기숙사, 특수목적고 유치 정책 등은 단기적으로 지역의 학생 유출을 막을 수 있을지 모르나 장기적으로는 오히려 지역의 인재 유출을 구조화하는 정책들이라고 할 수 있다. 지역의 공적 자금을 사용한다면 학교 졸업 이후 지역에 정주할 학생이나 일정 기간 타지역에서의 수학 이후 지역으로 복귀할 학생을 적극적으로 육성하는 정책 프로그램 마련이 필요하다.

마지막으로, 지역의 회생 전략과 지역 초·중·고 교육의 전략적 연계를 강화하고, 국가적으로는 이를 뒷받침하기 위한 초·중·고 교육 규제의 혁신(행정적 지원)과 재정적 지원책을 마련해야 한다. 달리 말해, 지역의 산업 정책, 정주 여건 개선 등이 교육 개혁과 맞물려서 추진되어야 한다. 이를 위해서 일반 지자체는 경제, 산업, 문화, 복지 등 정책의 추진이 교육에 미칠 영향을 세심히 고려해야 하고, 교육 지자체는 교육정책이 지역의 회생 전략과 맞물려 시너지를 낼 수 있도록 정책을 설계할 필요가 있다. 중앙 정부는 지역에서 새로운 정책적 시도가 효과를 낼 수 있도록 자치의 영역을 더 넓혀줘야 할 것이다.

미래를 위한 교육,
생태전환교육

정 대 수
경상남도교육청 미래교육원 교육정책연구소 교육연구사 / ㈜환경교육학회 이사

지구 열대화 시대,
지구 온난화 시대는 끝났다[1]

"지구 온난화 시대는 끝났습니다. 지구가 끓어오르는 시대(지구 열대화 시대)가 도래했습니다. 기후변화가 현재 진행 중입니다. 끔찍합니다. 하지만 단지 시작에 불과합니다." 안토니우 구테흐스 유엔 사무총장은 공식적으로 '지구 열대(탕)화 시대 the era of global boiling'를 선언했다. 기후위기 대응 생태전환교육은 미래세대를 위한 가장 절실한 교육이 되었다.

---

[1] The UN warns 'an era of global boiling' has started. What does that mean? The Washington Post, July 29, 2023

"The era of global warming has ended; the era of global boiling has arrived," António Guterres declared in a news briefing "Climate change is here. It is terrifying. And it is just the beginning"

기후변화에서 기후위기 비상사태[2)]

영국 일간지 가디언은 "UN과 기상청, 기후 과학자까지 '기후변화climate change' 대신 '기후위기climate crisis'라는 말로 바꾸고 있다. 기후변화는 다소 수동적이고 온화하게 들린다."며 인류가 직면한 위험성을 더 정확하게 표현하기 위해 '기후 변화' 대신 '기후위기'와 '비상사태emergency'라는 말을 쓰기 시작했다. 이제 '기후 변화'는 법률과 행정 용어로만 남아있고, '기후위기'를 더 많이 사용하고 있다.

프랑스 헌법 제1조 ('국가는 기후변화와 맞서 싸운다.' 하원 통과, 상원 부결)

2021년 프랑스는 헌법 제1조 개정안을 하원에서 압도적으로 통과시켰다. 아쉽게도 상원에서 부결되어 프랑스 국민투표에 올라가지 못했지만 '제대로 된 선진국은 헌법 제1조를 바꿀 때가 되었다.'는 신호탄을 쏘아 올렸다. 우리 상식으로는 이해하기 쉽지 않은 프랑스 헌법 제1조 개정 운동은 우리 학교교육에 어떤 영향을 주게 될까?

> AFP통신 등 외신들에 따르면 프랑스 하원은 **헌법 제1조에 "국가는 생물 다양성과 환경 보전을 보장하고 기후변화와 맞서 싸운다."**는 조항을 추가하는 안건을 찬성 391표, 반대 47표로 전날 가결했다.

> 하원은 헌법 제1조에 "국가는 생물 다양성과 환경 보전을 보장(garantir)하고 기후변화와 맞서 싸운다(lutter)."는 문구를 추가하기를 원했으나 상원의 입장은 달랐다. 상원은 여기에 "2004년 환경 헌장이 규정하는 조건 아래"라는 문구를 추가하고, "보장"이라는 단어를 삭제하며, '맞서 싸운다' 대신 '대응한다(agir)'는 표현으로 대체하기를 원했다.

---

2) Why the Guardian is changing the language it uses about the environment, The Guardian, 17 May 2019
   https://www.theguardian.com/environment/2019/may/17/why-the-guardian-is-changing-the-language-it-uses-about-the-environment
3) 프랑스 하원 "기후변화와 싸운다" 헌법 제1조 개정안 가결, 연합뉴스, 2021.03.18.
4) 프랑스, 기후변화 대응 위한 헌법 개정 무산, 연합뉴스, 2021.07.10.

대한민국 헌법 제1조 "대한민국은 기후변화와 맞서 싸운다."

대한민국 헌법 제1조 "① 대한민국은 민주공화국이다."도 이제 민주를 넘어 그다음을 생각해야 할 때이다. 대한민국 헌법 제1조에 '대한민국은 기후변화와 맞서 싸운다'를 추가하면 어떨까? 학생회와 지역별 학생의회가 활성화되고 생태전환교육을 받은 대한민국의 청소년들이 대한민국 헌법 제1조 개정 운동과 정부를 대상으로 다양한 기후 소송을 펼칠 것이다. 청소년기후행동 헌법소원이 전국 교육감들의 마음을 움직였듯이, 전 세계 청소년의 기후소송이 줄을 잇고 있다. 학생주도성과 변혁적 역량을 학교교육과정 안에서 만들어가는 것이 진정한 미래교육이고 생태전환교육이다.

IPCC 6차 보고서[5] "앞으로 10년 동안 우리의 행동이 지구의 운명을 결정한다."

IPCC는 전 세계 과학자들이 모여 기후변화의 과학적 근거를 보고서로 발표한다. 6차 보고서(AR6, 2020년)는 "기후변화는 전적으로 인간 활동에 의해 초래되었다."며 과학적 근거를 밝혔다. 제6차 보고서가 분명하게 경고하고 있는 바와 같이 2030년까지 온실가스 배출량을 절반 가까이 줄이는 획기적인 변화가 없다면 인류의 지속가능성을 보장하기 어려운 상황이다. 기후위기 시계는 갈수록 빨라지고 있다. 최근 지구 평균 온도는 1.1℃ 올랐다.[6] 가까운 미래(2021~2040년)에 지구 온도가 1.5℃ 상승에 이를 것이다. 지구 생태계가 회복 불가능한 위험 상황에 빠질 수 있다.

---

5) 기후변화에 관한 정부 간 협의체(IPCC, The Intergovernmental Panel on Climate Change)에서 펴내는 기후변화 보고서는 세계 기후정책을 움직이고 있다. 제1차 보고서(1990)는 1992년 유엔기후변화협약(UNFCCC), 제2차 보고서(1995)는 1997년 교토의정서, 제5차 보고서(2014)는 2015년 파리협정을 이끌었다. 지금 전 세계는 '산업화 대비 지구 평균 기온을 1.5도 이내 혹은 2도보다 훨씬 낮은 수준으로 유지한다.'는 파리협정 목표를 달성하기 위해 국가온실가스 감축목표(NDC)를 설정해 대응하고 있다. 한국도 2030년에 2018년 대비 온실가스 40% 감축, 2050년 탄소중립을 실현하겠다고 공언한 상태다. (기후변화 보고서는 왜 중요할까?, 한겨레신문 2023.03.20.)
6) 세계기상기구(WMO)는 최근 발간한 'WMO 지구기후보고서(2015~2019)'에서 2015~2019년 평균 온도는 산업화 이전보다 1.1도 올랐고 2011~2015년보다는 0.2도 상승하며 5년 단위 기준 가장 따뜻해졌다고 밝혔다.

시간이 갈수록 거꾸로 시간이 늘어날 수 있는 마법의 시계가 있다. 바로 기후 위기 시계다. 기후위기 시계는 지구 온도가 1.5℃ 올라갈 때까지 남은 시간을 표시한다. 한번 검색해 보자. 30년이 남았을까? 50년이 남았을까?[7] 기후위기 시계를 알게 되면 우리 청소년들은 기후 우울을 넘어 분노하며 멸종저항을 할 수밖에 없다. 정말 돌아올 수 없는 다리를 건너는 것일까? 생태전환교육은 마법(?) 공부다. 공부하고 배울수록 기후위기 시계는 거꾸로 돌릴 수 있기 때문이다. 생태전환교육을 공부해서 지구 온도가 내려갔으면 좋겠다.

우리에게는 미래가 없는데, 미래를 위해 공부를 해야 하나요?

국내 생태전환교육은 청소년기후행동의 위헌소송에서 시작해 전국 시·도교육감의 환경교육 비상선언으로 이어졌다.

기후위기 방관은 위헌 [8]

2020년 청소년들이 헌법소원을 냈다. '기후위기 방관은 위헌'이라는 것이다. 현행 법령은 청소년의 생존권, 평등권, 인간답게 살 권리, 직업 선택의 자유 등의

---

7) 기후위기 시계 : 지금부터 5년하고 321일. 지구 온도가 산업화 전보다 1.5도 높아지는 때까지 남았다고 추산된 시간으로 이 시간을 가리키는 시계가 기후위기 시계이다.
   기후위기시계는 지구 평균 표면온도가 산업화 이전과 비교해 1.5도 높아지는 순간까지 남은 시간을 보여준다. 이 시간은 유엔 '기후변화에 관한 정부 간 협의체(IPCC)' 제6차 평가보고서를 토대로 산출된다.
   미국 뉴욕에 본부를 둔 '클라이밋 클록'의 시계는 2018년 IPCC '지구온난화 1.5도 특별보고서' 등을 토대로 지구 온도 상승 폭 1.5도까지 현재 약 5년 320일 남았다고 표시하고 있다. 연합뉴스. 2023.09.05.
8) 청소년기후행동 https://www.youth4climateaction.org/

기본권을 침해한다는 것이다. '온실가스 감축 목표를 소극적으로 규정한 현행 법령은 청소년의 생명권과 환경권 등 기본권을 침해한다.'는 것이다. 이 위헌소송은 나비의 날갯짓이 되어 학교 환경교육 활성화와 생태전환교육의 씨앗이 되었다. 청소년들의 위헌소송은 ① 「환경교육 활성화 및 지원에 관한 법률」 개정을 통한 환경교육 의무화, ② 「기후위기 대응을 위한 탄소중립·녹색성장 기본법」 제정, ③ 기후변화 환경교육과 생태전환교육(교육기본법 22조 2항) 법제화로 연결된다. 청소년의 기후 소송은 2022 개정 교육과정과 학교교육에 큰 울림을 주었다.

청소년기후행동의 헌법소원과 편지

2020년 6월 25일 청소년기후행동은 전국 17개 시·도교육감에게 보낸 편지[9]에서 "기후위기에 대응하기 위해 교육시스템의 생태적 전환이 필요함에 공감하고 이를 위한 교육청 내부의 기후위기 대응 방안 그리고 교육시스템이 스스로 기후위기 대응을 할 수 있기 위한 지원방안을 마련해 달라"고 요청했다.[10]

전국시도교육감협의회의 환경교육 비상선언

학생들의 기후행동은 2020년 7월 전국 교육감 기후위기 비상선언으로 연결된다. '지속가능한 미래를 위한 기후위기 환경재난 시대 학교환경교육 비상선언문'을 보면 교육감들은 "인류에게 지속가능한 미래가 존재할 것인지?" 미래세대 교육을 책임지고 있는 교육감들이 답을 해야 할 책임이 있다며 지속가능하고 안전한 삶을 준비하기 위해 교육을 대전환하고자 한다고 밝혔다.

---

9) 전국시도교육감협의회 정책제안 게시판에 올려진 이 제안(전국 교육청들의 공동 기후위기비상선언을 요청드립니다.)은 23년 9월 현재 600만 조회 수를 기록하며 생태전환교육의 역사로 남아있다. 그때는 파격적인 제안이었지만 지금은 서울시교육청이 교육시스템을 대전환하고 있고, 경남교육청은 모든 기관과 부서에서 생태전환교육 예산을 편성하고 담당자를 지정하려고 하고 있다.
    http://www.ncge.or.kr/bbs/board.php?bo_table=pbs1&wr_id=88#c_343
10) 윤상혁, 기후변화교육의 방법론으로서 교육과정의 자율과 분권, 기후변화학회 기후변화교육위원회 기획세션 발표 원고

전국 교육감 비상선언의 핵심은 다음과 같다. [11]

> 1. 기후위기 대응교육을 통해 우리 아이들의 행복한 미래를 위한 환경학습권을 보장하고, 미래세대가 함께 살아가는 관계를 배우는 「생태문명의 핵심 학교」를 만들어가겠습니다.
> 1. **자연과 더불어 살아가는 공존의 지혜를, 학교를 넘어 마을과 지역에서** 함께 찾아 미래세대의 건강권과 안전권을 확보하기 위해 노력하겠습니다.
> 1. **'지속 가능한 미래를 위한 교육'**으로 전환하기 위한 노력으로 학교와 교육청에서 시작할 수 있는 온실가스 감축 방안을 모색하겠습니다.
> 1. 기후위기·환경재난 시대를 극복하기 위한 실천을 통해 다(多)가치(민주, 인권, 평화, 다문화, 환경 등)를 내면화하면서 **지구공동체의 생태시민**으로서 성장하도록 공동의 노력을 기울이겠습니다. (2020.7.9.)

교육감들의 선언 이후 탈석탄 금고나 채식급식, 생태전환교육은 급물살을 타기 시작했다. 전국 시·도교육청에 환경교육 업무를 전담하는 부서가 생겼다. 학교환경교육은 교육감 비상선언 전과 후로 그 역사를 나눌 수 있다.

지구생태시민 출현

전국 교육감들은 환경교육 정책연구단을 구성하여 학교환경교육 활성화 방안을 모색했다. 정책연구단 연구 중 추구하는 인간상으로 '지구생태시민'을 설정한 것이 가장 인상적이다. 비전을 '기후위기와 환경재난의 시대, 지속 가능한 미래를 위한 지구생태시민 양성'으로 설정하였다. '지구생태시민'이란 자신을 둘러싼 지역적, 지구적 환경의 변화를 이해하고 지구공동체의 시민으로서 기후변화와 환경재난 등의 위기 상황을 극복하는 과정에 능동적, 주체적으로 참여할 수

---

11) 전국시도교육감협의회 학교환경교육 정책연구단, 기후위기 환경재난시대 학교환경교육 활성화 방안 연구, 2020 정책연구 보고서.

있는 시민이라고 정의했다. 지구생태시민을 처음 이야기했을 때는 지구를 지키는 독수리 5형제 같은 느낌이었지만 지금 상황에서 가장 적절한 말로 자리매김하고 있다.

환경교육을 넘어 생태전환교육

전국 교육감의 비상선언을 이어받아 1년 뒤 2021년엔 교육부-환경부-전국시도교육감협의회가 함께 '차기 교육과정에서의 환경교육 및 생태전환교육 확대 약속'을 하고 2022 개정 교육과정 총론 주요사항을 발표했다. 서울시교육청이 처음 제안한 생태전환교육은 교육기본법 제22조 2항이 신설되면서 법제화된다. 법제화와 동시에 2022 개정 교육과정에 들어가면서 환경교육이 생태전환교육으로 진화하기 시작했다.

2022 개정 교육과정 총론(최종 고시)

2022 개정 교육과정(교육부 고시 제2022-33호, 초·중등학교교육과정 총론)에 기후와 생태환경 변화가 반영되었다. 교육과정 구성의 배경과 구성 중점에 기후·생태환경교육이 반영되었으며 인간상과 핵심 역량에 지속가능한 공동체 역량이 명시되었다.

첫째, 인공지능 기술 발전에 따른 디지털 전환, 감염병 대유행 및 **기후·생태환경 변화**, 인구 구조 변화 등에 의해 사회의 불확실성이 증가하고 있다. (**총론 1-1. 교육과정 구성의 중점, 4쪽**)

가. 디지털 전환, **기후·생태환경 변화** 등에 따른 미래사회의 불확실성에 능동적으로 대응할 수 있는 능력과 자신의 삶과 학습을 스스로 이끌어가는 주도성을 함양한다. (**총론 1-1. 교육과정 구성의 중점, 4쪽**)

바. 지역·국가·세계 공동체의 구성원에게 요구되는 개방적·포용적 가치와 태도로 **지속가능한 인류공동체 발전**에 적극적이고 책임감 있게 참여하는 공동체 역량(총론 1-2. 추구하는 인간상과 핵심역량, 6쪽)

고등학교에는 융합 선택과목이 2개 신설되었다. 사회 교과에 '기후변화와 지속가능한 세계', 과학 교과에 '기후변화와 환경생태' 과목이 신설되었다. 범교과는 2015 개정 교육과정과 같은 환경·지속가능발전 교육을 교과와 창의적 체험활동 등 교육 활동 전반에 걸쳐 통합적으로 다루도록 하고, 지역사회 및 가정과 연계하여 지도하도록 하였다.

학교부터 기후정의! 전교조 기후정의위원회 출범

생태전환교육이 교육감 주도로 진행되면서 교사들의 자발성이 조직화하는 데는 시간이 걸렸다. 2023년 전국교직원노동조합에서 기후정의위원회가 상설위원회로 출범한다. "학교부터 기후정의", "학교부터 에너지 자립", "교육기관부터 탄소중립을 실행하고 생태전환 교육과정을 마련하라."는 전교조 기후정의위원회는 기후재난에 이대로 살 수 없다고 주장하는 교사들의 마음이 모여 만들어졌다. 각 시·도 지부에도 기후정의위원회가 활동하면서 머지않아 한국교원단체총연맹이나 전국교사노조연맹 등 교직단체에 더 확대될 것으로 예상된다.

국가기관의 기후인권선언과 기후소송 승리

2022년 12월엔 국가기관인 국가인권위원회(이하 '인권위')에서 '기후위기는 인권 문제'라고 선언했다. 인권위는 생명권, 식량권, 건강권, 주거권 등의 기본권이 기후위기로 침해되었다고 밝혔다. 이제 기후위기는 미래세대 우리 아이들의 생존 문제다. 가장 기본적인 생명권, 생존권이라는 인식이 공식 인정을 받은 것이다. 미국에서도 2023년 8월 몬태나주 청소년들이 주정부를 상대로 제기한 기후 소송에서 미국 역사상 처음으로 기후 소송에서 이겼다. [12] 이는 세계 기후변화 소송에 큰 영향을 미칠 것이다.

기후변화·환경교육, 생태전환교육의 법적 근거

헌법에 보장된 환경권

> **헌법 제35조** ① 모든 국민은 건강하고 쾌적한 환경에서 생활할 권리를 가지며, 국가와 국민은 환경보전을 위하여 노력하여야 한다.

헌법에 환경권이 보장되어 있지만, 학교교육에서 공부할 수 있는 환경학습권은 법률 어디에도 없었다. 2021년이 되어서야 「교육기본법」 제22조 2(기후변화 환경교육)이 신설되면서 법률에서 환경학습권을 보장할 수 있었다. 「교육기본법」 이전에 「환경교육법」이 있었다.

> **환경교육의 활성화 및 지원에 관한 법률 (약칭: 환경교육법)**
> 제2조(정의) "환경교육"이란 국민이 환경의 중요성을 이해하고, 환경을 보전하고 개선하는 데 필요한 지식·기능·태도·가치관 등을 갖추어 환경의 보전 및 개선을 실천하도록 하는 교육을 말한다.

2007년 「환경교육법」이 생기면서 학교 환경교육이 더 활성화될 것이라고 예상했지만 그 결과는 의외였다. 「환경교육법」은 환경부 소관 법령이다. 환경교육은 법적으로 교육부가 아닌 환경부 업무가 되었다. 이때부터 환경교육은 시·도교육

---

12) 계란으로 바위 깼다···미국 청소년들 기후 소송 '역사적 첫 승리', 경향신문, 2023.08.15.

청 업무가 아닌 공식적으로 시청과 도청의 업무가 되었다. 지금도 환경교육 관련 예산과 인력은 교육청보다 시·도청이 더 많다. 「환경교육법」 이후 환경교육은 법적으로 잘게 나누어진다. 산림청은 환경교육이란 이름을 못 쓰고 대신 「산림교육의 활성화에 관한 법률(약칭: 산림교육법)」을 만들었다. 우리가 흔히 하는 숲해설가와 숲체험 교육은 산림청 소관이고, 예산과 조직이 산림청과 지자체에 있다. 갯벌체험교육은 「해양교육 및 해양문화의 활성화에 관한 법률」(약칭: 「해양교육문화법」)에 따라 해양수산부와 지자체에서 업무를 수행한다. 산림청과 해양수산부가 「산림교육법」과 「해양교육문화법」을 만들었지만 교육부는 근거 법률이 없었다.

교육기본법 제22조의2(기후변화환경교육) 국가와 지방자치단체는 모든 국민이 기후변화 등에 대응하기 위하여 **생태전환교육**을 받을 수 있도록 필요한 시책을 수립·실시하여야 한다. [신설 2021. 9. 24.]

「교육기본법」 제22조 2의 기후변화환경교육 의무화 조항은 미래세대가 생존할 수 있는 기본권을 보장하는 가장 최소한의 법적 장치이다. 교육계의 헌법 역할을 하는 「교육기본법」 제22조 2가 2021년에 신설되었지만 「초중등교육법」이나 시행령, 시행 규칙으로 연결되지 못하고 있다. 헌법에 보장된 환경권을 학교교육에 반영할 「교육기본법」이 어렵게 만들어졌지만, 구체적인 실행 지침을 담은 후속 작업이 왜 이루어지고 있지 않은 것일까?

2024년 4월 총선 결과에 따라 다수당의 입장이 반영된 후속 법령 작업이 윤곽을 나타낼 것으로 예상된다. 「교육기본법」은 교육부 소관 법령이다. 현 정부에서 환경부 학교 환경교육 예산이 대폭 삭감되고, 교육부 관련 예산도 줄이는 상황에서 「교육기본법」 후속 법령과 시행령, 시행규칙을 다듬는 일은 쉽지 않아 보인다. 장기적으로 「산림교육법」, 「해양교육문화법」, 「환경교육법」을 「교육기본법」과 통합하는 생태전환교육 종합 법령이 교육 관련 법령에 명시될 필요가 있다.

이를 위해 국회나 교육부 주도가 아닌 풀뿌리에서 교사와 학생의 힘으로 통합되고 조정되는 씨앗을 키울 것이다.

학교 환경교육 의무화

「교육기본법」제22조 2가 신설되었지만, 후속 법령과 시행령을 만들지 못하는 사이 환경부는 2022년 학교 환경교육 의무화를 강제할 수 있는 법률을 개정하게 된다.

> **환경교육의 활성화 및 지원에 관한 법률 (약칭:「환경교육법」)**
> 환경교육법 제4조(책무 등) ① 국가 및 지방자치단체는 환경교육의 활성화를 위한 시책을 수립·시행하여야 하며, 이와 관련된 민간의 활동을 지원할 책무를 진다.
> ② 제2조 제2호 나목에 따른 **학교의 장은 학교의 교육 여건에 적합한 범위에서 환경교육 교과과정 운영의 활성화를 위하여 노력하여야 한다.**
> 제10조의2(학교환경교육의 실시)「초·중등교육법」제2조에 따른 초등학교와 중학교의 장은 학생을 대상으로 **학교환경교육을 실시하여야 한다.** [본조신설 2022. 6. 10.]

2023년부터 학교는 환경교육 의무화가 되어 있지만 이미 학교는 안전교육부터 통일교육, 독도교육, 학교폭력예방교육 등 의무 필수 이수 시간이 서울의 경우 187시간이나 된다. 교육과정이 아니라 법령으로 의무화하는 필수 이수 교육은 정규 교육과정 운영에 비해 형식적으로 운영되는 것이 현실이다. 환경교육이 형식적이고 서류상으로만 의무화가 되지 않도록 하려면, 정규 교육과정에 충분히 포함되어야 한다. 동시에 학교 자율화, 지역 특색화, 분권화가 되어야 할 것이다. 그렇지 못한 의무화는 학교교육과정에 폭력적일 수 있기 때문이다. 충북의 초록교육, 경남의 습지교육, 부산의 해양환경교육, 서울 생태전환교육처럼 지역별로 차별화하는 것도 좋은 지역화 전략이 될 것이다.

환경부 소관의 「환경교육법」에 이어 「탄소중립기본법」도 학교 환경교육의 근거가 된다.

> **기후위기 대응을 위한 탄소중립·녹색성장 기본법 (약칭: 탄소중립기본법)**
> 제67조(녹색생활 운동 지원 및 교육·홍보) ⑤ 정부는 녹색생활 실천이 모든 세대에 걸쳐 확대될 수 있도록 **교과용 도서를 포함한 교재 개발 및 교원 연수 등 학교교육을 강화**하고, **일반 교양교육, 직업교육, 기초평생교육 과정 등과 통합·연계한 교육을 강화**하여야 하며, 탄소중립 사회로의 이행과 녹색성장에 관련된 전문인력의 육성과 지원에 관한 사업을 추진하여야 한다. [2022.3.25. 시행]

이제 각 시·도교육청에서 교장 자격연수, 교감 자격연수, 1정 자격연수 등에 생태전환교육을 의무화할 수 있는 근거 법률이 3개나 되었다. 2024년부터는 전국 교육연수원들이 운영하는 각종 자격연수 교육과정에 기후환경과 탄소중립, 생태전환교육이 편성되어야 할 것이다.

생태전환교육 지우기

2022 개정 교육과정 공청회에서 보수진영과 진보진영이 '생태전환교육'을 쟁점으로 크게 충돌했다. 정권을 잡은 보수진영은 생태전환교육을 2022 개정 교육과정 총론에서 축소했다. 2021년 11월 발표된 총론 주요사항에 환경, 생태, 생태전환, 기후, 지속 5개 주요 단어가 76회 나왔으나, 현 정부 출범 후 확정된 총론 내용에는 5개 주요 단어가 겨우 5회 나온다. 현 정부의 생태전환교육에 대한 인식을 잘 보여주는 상징적인 사건이라고 할 수 있다. 최종 고시된 2022 개정 교육과정 총론에는 생태전환교육은 흔적만 남아 겨우 명맥을 유지하고 있는 것이다.

「환경교육법」, 「교육기본법」, 「탄소중립기본법」도 소용없는 예산 삭감

개정 교육과정의 충격이 채 가시기도 전에 전국 환경교육계는 한 번 더 큰 충격에 빠진다. 환경교육 3법이 있어 환경교육과 생태전환교육을 제대로 하는가 했는데, 환경교육 관련 정부 예산이 대부분 삭감된다는 것이다. 국내 환경교육(생태전환교육, 지속가능교육)은 큰 위기를 맞았다.

2024년 국가 예산에서 환경부의 학교환경교육 예산과 교육부의 생태전환교육, 탄소중립교육 예산이 전년 대비 얼마나 삭감이 될지 비교해 보면 2024년의 정부 방향을 잘 알 수 있을 것이다.

윤석열 정부 이후 2022 개정 교육과정 공청회에서 시작된 '생태전환교육 지우기'는 민주시민교육, 노동인권교육, 성평등교육과 함께 서리를 맞기 시작했다. 생태전환교육 근거 법령이 3개나 있지만, 예산 담당 부서의 벽에 부딪혀 2024년 예산 편성이 불투명하다. 2024년 학교환경교육 관련 예산 대폭 삭감의 벽을 어떻게 넘을지 많은 전문가가 우려하고 있다.

생태전환교육을 위한 국외 사례

기후행동에 관한 학교용 지침서[13]

유네스코는 2017년에 이미 '기후행동에 관한 학교용 지침서'를 만들었다. 기후변화에 대처하기 위해 2015년에 영문으로 만들어진 '기후행동 Climate Action'을 2017년에 한국어로 번역했고, 2022 개정 교육과정에 기후행동이 환경교과에 정식으로 들어가게 되었다. 기후행동이 우리에게는 집회와 시위의 부정적 이미지

---

13) UNESCO, 기후변화에 대처하기: 기후행동에 관한 학교용 지침서, 유네스코 한국위원회, 2017

가 일부 있지만, 유네스코와 선진국에서는 가장 기본적인 실천과 참여로 자리매김하고 있다. 우리나라는 헌법의 환경권을 보장하기 위해 2021년 「교육기본법」 제22조 2에 생태전환교육을 신설하였고, 국제적으로는 유엔기후변화협약과 파리협정에 따라 이미 많은 나라가 기후행동을 함께 하고 있다. 아래 내용은 유엔과 유네스코가 유엔기후변화협약과 파리협정에 따라 만든 것이다.

기후 역량을 위한 행동(ACE: Action for Climate Empowerment, 이하 '기후행동')

기후행동 ACE 은 유엔 기후변화협약 6조[14]와 파리협정 12조[15]에 따라 채택되었다. ACE는 기후변화교육, 대중인식 증진, 훈련, 대중 참여, 정보 접근, 국제 협력 6가지 요소로 이루어져 있다.

지속가능발전교육 2030(ESD for 2030)[16]

"ESD for 2030"은 UNESCO 지속가능발전교육 Education for Sustainable Development, ESD의 새 프레임워크다. (교육 2030 실행계획 Education 2030 Framework for Action) "지속가능발전교육 2030"에서 거대한 사회 변혁을 견인하는 것으로 변혁적 실행 Trnasfomative action, 구조적 변혁 Structural changes, 기술발

---

14) https://unfccc.int/ace

15) 역사적인 기후변화에 관한 파리협정은 금세기 지구 기온 상승을 섭씨 2도 이하로 유지하고, 기온 상승을 섭씨 1.5도로 제한하기 위한 노력을 추진함으로써 국가들이 기후변화 위협에 대한 세계적 대응을 강화할 수 있는 기회를 제공한다. 2016년 11월 4일부터 발효되었다.

16) 지속가능발전교육 2030 계획과 세계 동향, 김변원정, 녹색교육연구소 화요공부모임 자료

전과 미래^{Technical advancement}가 가장 눈에 띤다. 특히 변혁적 실행은 기후행동과 연결된 내용이다.

UN 지속가능목표(13번)[17]

UN의 지속가능발전목표^{SDGs: Sustainable Development Goals} 17개 목표 중 13번이 기후행동(CLIMATE ACTION: 기후변화와 그 영향에 대처하기 위한 긴급 조치 취하기)이다. UN과 UNESCO가 미래사회를 위한 미래교육으로 변혁^{Transformative}과 행동^{Action}을 기본으로 이야기하는 것이 바로 기후행동을 의미한다.

미국 주 정부 차원의 교육과정 채택

한국교육개발원에서 주관하는 교육정책네트워크는 미국 뉴저지주가 미국 최초로 기후변화에 관한 주 정부 차원의 의무교육과정을 채택하고 실행했다고 해외교육동향 제436호(2022.11.23)에 소개했다. 기후변화에 대한 수업은 과학 수업에 가장 손쉽게 접목될 수 있지만 다른 교과에도 모두 접목될 수 있다는 의견도 밝혔다. 뉴저지주의 학생들은 앞으로 기후변화에 대한 지식뿐 아니라 관련 직업에 대해서도 배우게 된다.

> **[미국] 뉴저지주, 미 최초로 기후변화에 대한 주(州) 교육과정 채택**
>
> 최근 뉴저지 주가 미국 내에서 최초로 기후변화에 관한 주 정부 차원의 의무 교육과정을 채택 및 실행하였음. 전문가들은 이러한 변화가 환경변화에 대한 학생의 탄력성을

---

17) https://www.un.org/sustainabledevelopment/climate-change/
   Goal 13: Take urgent action to combat climate change and its impacts

길러줄 뿐 아니라 빠르게 성장 중인 녹색경제(green economy, 환경친화적 경제 및 산업구조)에서의 취업 기회를 확대할 것이라고 전망함. 에릭 파일(Eric Pyle) 전(前) 전미과학교원협회(National Science Teaching Association) 회장은 "오늘날 학생들은 자신의 개인적 커리어에만 신경을 쓰기보다는 미래사회에 미치는 영향력을 중시한다"라고 말하면서 학생들이 자신들의 미래를 함께 준비해 나가는 과정에서 참고할 수 있는 표준이 필요하다고 강조하였음.

해외교육동향 제436호(2022.11.23)

시애틀 공립학교 탄소중립선언 교육구

시애틀 공립학교 재생가능에너지 목표 결의안[18]은 공립학교에 탄소중립을 선언하였다.(김남수, 2023) 2040년 이전에 학교에서 화석 연료를 쓰지 않고 탄소 제로에너지와 재생가능한 에너지원을 쓰겠다는 지역 단위 탄소중립 사례이다. 이러한 사례들은 경남의 환경교육특구, 서울의 탄소중립 2050처럼 각 시·도교육청이나 교육지원청에서 제로에너지 에코스쿨, 탄소중립학교처럼 우리나라에서도 다양하게 적용해 볼 수 있다. 단위 학교 탄소 배출량 진단 틀을 만들고 온실가스 배출량을 줄일 수 있도록 진단과 모니터링 도구와 플랫폼을 만드는 과정도 필요하다. 앞으로 시민과학으로 접근하고 학교교육과정 안에서 학교 탄소발자국을 계산하는 지침과 툴이 만들어질 것으로 기대한다.

UNESCO 교육 2050 보고서[19]

UNESCO [우리의 미래를 함께 다시 생각하기, 교육을 위한 새로운 사회계약] 2050 보고서는 "인류의 생존과 인권, 그리고 살아있는 지구가 위험에 처해

---

18) Resolution 2020/21-18, Transitioning Seattle Public Schools to 100% Clean and Renewable Energy: February 10, 2021
19) 유네스코 한국위원회 홈페이지 - 자료 - 단행본 보고서에서 원문을 받을 수 있다.
https://www.unesco.or.kr/assets/data/report/egqwyEfzE9THkSmHb9lmZPp5ssGdkx_1639726410_2.pdf

있다", "우리가 원하는 미래를 형성하기 위해서는 교육 자체가 변혁되어야 합니다."(서론) "세상을 변혁하기 위해, 신뢰 속에서 함께 일할 수 있는 학생과 교사의 능력을 구축해야 합니다."(3장)라고 밝히며 교육의 목적을 재정립해야 한다고 했다. '손상된 지구를 위한 교육과정'에서 "기후변화교육을 특별히 강조해야 한다."라고 말한다.[20]

> **원칙 1**. 교육의 방식은 협력과 공동 작업, 연대의 원칙을 기반으로 조직해야 한다.
>
> **원칙 2**. 교육과정은 학생들이 지식을 얻고 생성하면서 동시에 이를 비판하고 활용할 역량을 기를 수 있도록 돕는 생태적·다문화적·다학제적 학습에 중점을 두어야 한다.
>
> **원칙 3**. 교수 행위(Teaching)는 교사들이 지식 생산자이자 교육 및 사회 변혁의 핵심 주체로 참여하는 공동의 노력으로서 보다 전문화해야 한다.
>
> **원칙 4**. 학교는 포용과 공정, 개인 및 집단의 웰빙을 지원하는 교육 장소로서 보호해야 하며, 정의롭고 공정하며 지속가능한 미래를 만들기 위한 변화를 촉진하도록 그 모습을 다시 구상해야 한다.
>
> **원칙 5**. 우리는 전 생애에 걸쳐, 그리고 다양한 문화적·사회적 공간에서 교육 기회를 향유하고 확대해야 한다.

지구적으로 생각하고 교실에서 실천하기

"지구적으로 생각하고 지역에서 행동하라. Think Globally Act Locally" 이 문구는 '하나뿐인 지구'와 함께 오래전부터 많이 쓰이던 환경 캠페인 문구이지만 지역화 분권화에 아주 중요한 원칙이다. 지구 전체를 환경적으로 생각하지만 내가 사는 마을과 학교 그리고 일상에서부터 시작하여야 한다. 그래야 교실에서 이루어지는 다양한 생태전환교육 프로그램은 내 삶과 지역이 연결될 것이다.

---

20) 천보선, 대전환 시대, 미래를 열어가는 새로운 교육, 유네스코 2050 깊이 읽기

교육시스템의 생태적 전환

지속가능한 삶을 위한 교육시스템의 생태적 전환[21]

서울시교육청은 기후위기 비상시대, 인간과 자연의 공존과 지속가능한 삶을 위해 개인의 생각과 행동 양식뿐만 아니라 조직문화 및 교육시스템까지 총체적인 전환을 추진하고 있다. 한 팀이나 한 개의 부서가 아니라 교육청 여러 부서가 함께 협업한다는 것에 의미를 둘 수 있다. 특히 '학교 전체적 접근'을 통해 학교 생태전환을 공식적으로 시작했다는 점에서 의미가 크다. 서울시교육청의 추진 내용을 요약하면 다음과 같다.

세부과제 1	학교교육과정의 생태적 전환	· 생태적 전환을 위해 교과 통합 및 지식-기능-태도의 통합 추구 · 지속가능발전목표(SDGs)를 **교육과정 전반에 반영** · 앎과 삶을 연결하는 생태전환교육에 기반한 **학교교육과정을 통해 생태시민으로 성장** · 지역과 국제사회와 협력하여 생태전환교육 추진
세부과제 2	교육행정과 조직문화의 생태적 전환	· 탄소배출 제로를 위한 **조직문화 전환** · 그린 급식(먹거리 생태전환교육) 모든 교육기관 확대 · **모든 학교 탄소중립학교 전환(2050년까지)**
세부과제 3	생태적 전환을 위한 협력적 네트워크 구축	· 기후행동 365 실천 네트워크 활동 활성화 · 지역사회와 앎과 삶이 일치하는 생태시민 성장 지원 · 외연 확대를 위한 연계 시스템 구축, 연대 협력 · **지역순환경제** 형성 및 자족성 강화
세부과제 4	서울교육공동체의 생태전환역량 강화	· 서울교육공동체 생태전환 성과 공유, 역량 강화 · **'학교 전체적 접근법'**을 통해 학교의 생태적 전화 활동 활성화 · 학부모 역량 강화로 학교 가정 연계 생태적 전환

---

21) 서울교육 중기발전계획, 2023.

교육청 모든 기관 부서 생태전환교육 예산 편성하고 담당자 지정

경남교육청은 전국 시·도교육감 기후위기 비상 선언(2020년 6월)을 이끌어냈다. 기후환경추진단이라는 독립된 부서(2021년 3월)를 만들어 기후환경교육을 학교교육과정 안으로 가지고 오는 역할을 하고 있다. 2024년에는 경남교육청 모든 기관에서 생태전환교육 예산을 편성하고, 부서별로 생태전환교육 업무 담당자를 지정하도록 하여 조직문화를 바꾸고 있다. 부서와 부서 간의 지속적인 협업 체계를 구축·운영하여 도교육청의 모든 부서, 교육지원청, 직속 기관까지 생태전환교육을 어떻게 만들어나갈지 기대된다.

서울과 경남만이 아니라 모든 시·도교육청 각 부서와 기관에서 전환해야 할 것을 정리하여 제안하면 다음과 같다.

업무 영역	생태전환 업무
교육과정, 장학	· 지속가능한 삶을 위한 지구생태시민교육을 교육과정 설계의 기본 원칙으로 · 학교교육과정의 생태적 전환 · 지구생태시민교육으로 학교교육과정 지역화 분권화 모범 사례 만들기 · 학교교육과정 편성 운영을 위한 컨설팅과 연수 확대
교육연수	교사 역량 강화를 위한 맞춤형 연수 확대
혁신학교, 마을학교	· 마을공동체와 협력하여 지역 순환경제 체제 활성화 · 지역사회 협력 상생 플랫폼 구축으로 학교 안팎으로 탄소 중립 · 마을학교와 혁신학교에 생태전환교육
조직운영, 학교시설	· 2030 탄소배출 제로를 위한 조직문화 전환 · 학교 RE100, 학교 탄소중립구 선언 · 2030 제로에너지 에코스쿨
민주시민교육, 학생참여	· 학생 기후 행동 · 학생의회를 통한 채식 급식,
인권교육	· 미래세대 기후 선언, 기후 소송
급식	· 채식급식, 급식
재정	· 탈석탄 금고
미래교육	· 생태전환교육 플랫폼 구축

최근 '유네스코'는 기후행동이란 말에 주목하고 있다. '기후행동'이 제기하는 '행동'과 '변혁적 역량'은 학교교육과정에서 중요한 핵심 단어로, 많은 나라에서 미래세대를 위해 중요하게 제기하고 있다.

기후행동에 대한 학교 전체적 접근법

기후행동에 대한 '학교 전체적 접근법'이란 학교교육과정(교육과 학습)을 넘어 지역사회 여러 공동체와 협력을 통해 학교 운영, 시설과 관리 까지 변화시키는 것을 의미한다. 학교 기후행동 이 성공하기 위해서는 학교 공동체 모두가 동참 하는 학교 전체적 접근법이 필요하다. 자세한 내용은 2017년 유네스코 한국위원회에서 발간

된 「기후변화에 대처하기: 기후행동에 관한 학교용 지침서」를 참고할 수 있다.

2022 개정 교육과정이 학교에 적용되기 시작하는 2024년에는 각 시·도교육청 에서 학교가 생태전환교육을 학교 전체적 접근법으로 실현할 수 있도록 안내하 고, 교사 수준에서도 교실에서 학생들과 실천할 수 있도록 구체적으로 안내하는 노력이 활성화되기를 기대한다.

교육연수원의 대전환

교육부와 시·도교육청은 [교육부 고시 제2019-179호, 2019.04.01., 전부개정] 에 따라 '교(원)장·교(원)감·수석교사·정교사 자격연수 표준교육과정'에 따라 각종 자격연수를 운영하고 있다. 많은 교육청이 교(원)장, 교(원)감, 수석교사, 정 교사 자격연수에 생태전환교육을 반영하고 있다. 하지만 아직 자격연수에 생태 전환교육이 포함되어 있지 않은 곳이 있다. 2021년부터 관련 법령이 3개나 개정 이 되어서 교육부나 시·도교육청도 2024년부터 환경교육(「환경교육법」 제4조)과 생태

전환교육(「교육기본법」제22조 2항), 녹색생활 실천교육(「탄소중립기본법」제67조) 등을 담은 교원 연수를 강화해야 한다. 리더십 영역에 미래사회와 기후변화 환경교육이 들어갈 수 있고, 교육 기획에 생태전환교육과 녹색생활 실천교육을 넣을 수 있다.

생태전환교육을 위한 과제와 제언

학교 생태운동장 재구조화 법제화

학교 운동장이 생태운동장으로 바뀌고 있다. 학교숲가꾸기 운동으로 학교 둘레에 큰 숲을 만드는 차원을 넘어서 학교 전체를 숲학교로 만들고 조회장, 축구장 구조보다는 종합 놀이터와 숲체험장이 결합된 형태로 진화하고 있다. 하지만 넘어야 할 산이 있다.

초중등교육법 제4조(학교의 설립 등) ① 학교를 설립하려는 자는 시설·설비 등 대통령령으로 정하는 설립 기준을 갖추어야 한다.
초중등교육법 시행령 제2조(학교의 설립 기준) 「초·중등교육법」(이하 "법"이라 한다) 제4조 제1항의 규정에 의하여 학교를 설립하고자 하는 자가 갖추어야 하는 시설·설비 등 학교의 설립 기준에 관한 사항은 따로 대통령령으로 정한다.

고등학교 이하 각급 학교 설립·운영규정(대통령령)
제5조(체육장) ① 각급 학교의 체육장(옥외체육장을 말한다. 이하 같다)은 배수가 잘되거나 배수시설을 갖춘 곳에 위치하여야 한다.
② 제1항의 규정에 의한 체육장의 기준면적은 별표 2와 같다.

위 규정을 보면 600명 이하 초등학교는 3,000㎡ 이상의 옥외체육장(운동장)이 있어야 한다. 이제는 위의 법령들이 개정되어 학교가 필요시 옥외체육장에 학교숲(생태환경 시설 포함)을 포함할 수 있도록 하여야 한다. 그래서 그린스마트미래학교와 학교생태운동장 만들기로 전국의 많은 학교가 생태운동장으로 새로 태어날 수 있게 해야 한다. 하지만 기존의 운동장 기능 상실을 우려하는 체육부서와 이견을 조율하기는 쉽지 않다. 특히 「학교체육진흥법」 제7조 및 제8조에 따라 학생건강체력평가(PAPS)[22]를 위한 50M 달리기와 오래달리기(걷기) 같은 운동장 트랙은 계속 유지할 수 있는 묘안이 필요하다.

학교 옥외 공간 재구조화를 위해서는 학교숲, 학교텃밭, 자연놀이터 등 야외학습장과 체육장의 재구조화가 필요하다. 사례 발굴을 위해 우선 시범 운영한 뒤 그 결과를 바탕으로 전국시도교육감협의회와 교육부에서 성안하여 국회에 제안하는 법령 개정 작업이 필요하다.

수련활동 기관의 재구조화를 위한 법령 개정

각 시·도교육청에는 1박 2일, 2박 3일 수련활동을 하는 수련원이 많이 있다. 기존의 군사문화, 극기운동 등으로 대표되는 심신 단련 중심의 수련원이 레포츠와 체험중심으로 재편되고 있다. 경남교육청은 '경남의 자연과 지역을 학교교육과 연계하여 자립, 공존, 실천의 배움으로 이어지는 생태전환 중심의 종합적 수련 체험교육'으로 재구조화하고 있다.[23]

이런 생태전환 중심의 종합적 수련 체험교육을 활성화하기 위해서는 우선 숲 체험교육과 해양문화교육부터 관련 기관의 지원을 받을 필요가 있다. 산림청과

---

22) 학생들의 기초체력을 평가하는 체력장 제도의 후신으로서 2009년 초등학교부터 실시되어 2010년 중학교, 2012년 고등학교까지 전면 확대되어 시행한다. 영어로는 PAPS(Physical Activity Promotion System)이므로 [phæps]라고 읽거나 혹은 철자를 하나씩 읽어야 하지만 한국어로는 '팝스'라고 많이 불린다.
'학교보건법'의 하위법인 학교건강검사규칙(교육부령)에 의거하여 실시되고 있다(신체능력검사).

23) 경남교육청, 생태전환교육 중심 학생 수련기관 재구조화 종합 추진계획(PPT), 2023.9.

해양수산부의 관련 법령들(「산림교육법」, 「해양문화교육법」)을 개정하여 이들 기관이 학교나 교육청을 적극 지원하도록 해야 한다.

많은 농어촌 폐교는 학교 텃밭 교육원으로 기능을 조정하고, 학교 토종 종자 보급과 학교 교직원 텃밭교육 역량 강화를 위한 센터로 만들 수 있다. 학교 채식 급식을 위해 '그린 급식바'를 운영하는 지역별 센터 역할도 큰 기대가 된다. 교육청이 운영하는 학생수련활동 기관은 앞으로 환경부, 해양수산부, 산림청, 농촌진흥청 등과 협력하여 환경교육, 해양문화교육, 산림교육, 학교텃밭교육 등을 활성화하고, 이런 교육들이 결국 학교교육과정으로 자리잡아야 할 것이다.

지역별 환경교육센터 설립 근거 법령 정비

지역별로 교육청이 운영하는 학교환경교육센터를 규모 있게 설립할 필요가 있다. 이를 위해서는 관련 법령과 근거가 있어야 한다. 근거 법령이 있어야 300억 원 이상의 큰 예산이 필요한 신규 투자 사업은 교육부 중투(중앙투자심사위원회)에 올릴 수 있다.

가장 최근에 설립한 충북교육청 환경교육센터(와우)[24]처럼 각 시·도교육청 환경교육센터 설립을 위해 법률 검토가 필요하다. 먼저 「교육기본법」 제22조 2를 근거로 「초·중등교육법」에 학교 환경교육센터 설립 근거 법령을 명시하는 것이 필요하다. 지금의 환경교육센터는 환경부가 국가환경교육센터를 운영하고, 시·도가 광역환경교육센터를 운영하며, 시·군·구가 기초환경교육센터를 운영하고 있다. 하지만 정작 학교교육을 집중적으로 지원하는 학교환경교육지원센터는 없다. 그렇기에 법령을 개정해서라도 각 교육청에서 운영하는 규모 있는 학교환경교육지원센터가 이제는 반드시 필요하다. 이 센터의 명칭을 학교생태전환교육지원센터라고 할 수도 있을 것이다.

---

24) https://www.cbnse.go.kr/eecwow/

나부터? 무엇을?

기후 우울이란?

　최근 세계를 휩쓰는 홍수와 가뭄, 태풍, 산불 등 기후위기로 인한 기후이상과 함께 기후 열대화 시대에 대한 이야기를 들으면 특히 젊은 세대들을 비롯하여 우리는 미래에 대해 불안감과 걱정이 깊숙이 스며들게 된다. 이를 '생태 불안eco-anxiety', '기후 불안climate anxiety', '기후 우울climate depression'이라는 말로 표현하며 이런 불안에 빠지는 사람들이 늘고 있다.[25] '기후 우울'이란 기후위기를 겪으면서 느끼는 불안, 무력감, 스트레스를 포괄하는 말로 2017년 미국 심리학회에서 정의한 말이다. 세계보건기구WHO는 이미 2019년에 기후변화와 기후 우울증의 심각성을 경고한 바 있다. 어떻게 우리는 기후 우울을 이겨낼 것인가?

실천으로 이겨내야

　기후 행동가인 그레타 툰베리도 기후 우울증을 심하게 앓았다. 기후위기의 심각성을 알면서도 어찌하지 못하는 세상을 보고 심한 기후 우울증을 앓은 것이다. 하지만 우울증에 머무르지 않고 기후행동에 적극적으로 참여하면서 기후 우울을 이겨내게 된다. 나아가 기후 문제로 자기실현을 한 대표적인 사례이기도 하다. 기후 우울은 바로 그레타 툰베리같이 기후행동에 적극적으로 참여함으로써 극복할 수 있다. 우리는 학생들에게 기후행동에 나설 것을 교육하면서 불안을 분노로 키우지 말고 실천을 통해 미래를 스스로 만들어나가는 긍정적이고 주체적 인간으로 성장시켜야 할 것이다.

---

25) More Koreans to suffer from 'climate depression', The Korea Herald, 2023.08.17.

마음을 바꾸기

지난 산업화 시대에 우리 모두는 경제성장을 목표로 부단히 일하고 부단히 소비하는 것들만 배웠다. 늘 경제적으로 성장·발전해야 하고, 그래서 더 많이 벌고 더 많이 쓰는 것이 미덕이었다. 하지만 이제는 '경제는 먹고 사는 문제이고, 기후위기는 죽고 사는 문제'라는 사실을 깨달아야 한다. 모든 행위의 판단과 실천에 있어 기준이 되는 것이 성장과 발전이 아니라 기후문제가 해결되어야 한다. 바로 전환이 이루어져야 하는 것이다. 마음을 바꾸어 먹어야 한다.

이런 전환의 시대에 'OECD 경제협력개발기구 EDUCATION 2030 프로젝트'에서 나온 '행위 주체성 Student agency 과 변혁적 역량 Transformative competencies'은 미래세대를 위한 교육에 있어 가장 중요하게 다루어야 할 핵심 역량이다. 지속가능한 삶을 위한 지구생태시민교육을 교육과정 설계의 기본 원칙으로 하고, 학교교육과정의 생태적 전환을 위해서는 그동안 익숙했던 것들에 대해 마음을 바꾸어 먹을 필요가 있다.

"기후위기로 대멸종의 시대로 들어섰는데, 당신들은 돈과 영원한 경제성장이라는 동화 같은 이야기만 하는군요. 어떻게 그럴 수가 있나요?" 툰베리 이야기는 우리 모두에게 큰 울림을 주고 있다.

'생태 감수성'에서 '생태 감응력'[26]으로

기존 생태환경교육은 자연에서 오감을 찾으며 생태 감수성 Ecological sensitivity 을 기르는 체험환경교육이 중심이었다. 하지만 앞으로는 생태 감수성 교육을 바탕에 두면서 나아가 생태 감응력 Ecological Affect 을 기르는 교육으로 한 발 나아가야

---

26) 환경교육표준에서는 생태 감응력을 "인간이 자연과 타인에게 의존해야 살 수 있는 관계적 존재라는 점을 인식하고 환경 변화를 민감하게 포착하면서 다른 사람이나 생명과 공감·교감하고 다양한 외부 충격과 불안에 대응하는데 필요한 심리적, 정서적 에너지를 만들어내고 발휘하는 능력(이재영 외, 2023)"이라 정의하고 있다.
조아라는 박사 학위 논문에서 생태 감응력이란 "기후변화 문제 등 세계의 변화를 민감하게 느끼고 이로 인한 항상성 작용으로 형성된 정서(affect) 에너지를 자기(self), 타자(others), 세계(the environment)와 소통하여 연결하면서 자기를 개방하고 자기 실현으로 나아가는 능력(조아라, 2023)"이라고 정의하고 있다.

한다. 학생 스스로 자신의 삶을 변화시켜 채식주의자가 되거나 각종 기후행동에 직접 나서는 생태 감응력을 길러야 한다. 생태 감응력이란, 인간이 자연과 타인에게 의존해야 살 수 있는 관계적 존재라는 점을 인식하고 환경 변화를 민감하게 포착하면서 다른 사람이나 생명과 공감·교감하고 다양한 외부 충격과 불안에 대응하는데 필요한 심리적, 정서적 에너지를 만들어내고 발휘하는 능력을 말한다.

2021년 거제 국산초등학교 5학년 학생들은 기후위기에 대한 걱정을 교육부총리와 경남교육감에게 직접 편지로 썼다.[27] 그리고 교육부총리는 다음과 같이 학생들에게 답장을 주었다.

> "여러분이 관심을 갖고 기후변화를 막기 위해 행동에 나서는 것을 보니 기후문제를 해결해갈 수 있을 것이라는 믿음이 생기고, 교육부도 더 적극적으로 기후환경교육을 해야겠다는 생각이 듭니다."

학생 스스로 단계적으로라도 채식을 실천하고, 기후 문제에 책임 있는 어른들에게 문제를 제기하는 구체적인 기후행동까지 이미 많은 학교에서 이러한 교육들이 진행되고 있다. 그린워싱 Green Washing [28] 하는 회사에 항의하는 편지쓰기, 공직자와 정치인에게 기후위기에 대한 정책 제안하기, 청소년 기후 소송 등 청소년들이 생태전환교육을 통한 실천으로 변혁적 역량을 키워나가는 교육이 우리 미래교육의 대세가 되어가야 한다. 이제 우리의 교육적 실천으로 우리 지구와 우리 학생들의 미래를 살려내고, 그 과정에서 우리 학생들이 자신들의 삶의 주인공으로 당당하게 살 수 있도록 해야 하기 때문이다.

---

27) 유은혜 장관, '기후위기 걱정' 초등생 편지에 직접 답장, 오마이 뉴스, 2021.08.24.
28) 그린워싱: 환경을 뜻하는 '그린(Green)'과 씻는다는 뜻의 '워싱(Washing)'을 합친 말로 '환경과 관련된 기업의 실천, 또는 제품이나 서비스의 환경적 이점에 관하여 소비자를 오도하는 행위'로 정의함.

02.
지금
교실 현장

2024,
대한민국 아이들 진단

김 현 수
명지병원 정신건강의학과 임상교수 / 별의친구들 대표

2023년을 살아가는 아이들의 현주소

대한민국 아이들의 삶은 위독하다. 증가한 자살률, 증가한 아동학대와 학교폭력, 가정과 학교의 불안정성 증가, 악화되는 사회 환경과 거꾸로 가는 복지와 교육 환경은 대한민국 아이들의 삶이 얼마나 위태로운지 말해주고 있다.

이런 진단에 대해 대한민국 교육부의 반응은 없다. 교육부는 2023년을 디지털 교육의 원년이라는 세계에 유례없는 엉뚱한 선포를 했다.[1] 코로나 이후 수많은 나라가 아이들의 정신 건강이나 교사들의 정신 건강을 회복하고 학교 공동체의 치유와 회복을 이야기하는 흐름[2]과 동떨어진 선언을 하며 교육 관련 회사 및

---

[1] 이주호 "대한민국 만의 디지털교육 모델 구축, 글로컬 대학 육성". 뉴스원. 2023.01.05

[2] Education recovery after COVID-19: Better, stronger & collaborative. OECD Education Today. 2022.07.01

디지털 관련 회사들의 충실한 종이 되었다. 그리고 이 과정에 교사들을 동원하고 있다.

세계적인 교육철학자 거트 비에스타^{Gert Biesta}는 "코로나 팬데믹을 통과하며 비대해진 국가 권력은 교육의 아젠다를 제안하며 교사들을 동원하고 있다"고 했는데, 필자의 생각으로는 그 현실이 가장 잘 드러나는 곳이 한국이 아닌가 한다.[3] 아이들의 상태에 아랑곳하지 않는다. 교사들의 요구를 들어주는 척하지만 실제적 지원과 예산 확보는 없다. 교육부의 정책은 아이들의 삶, 교사들의 요구를 외면하고 있다. 더군다나 청소년 정책을 담당해오던 여성가족부를 폐지하고 기존의 업무를 여기저기 분산한다고 하니 정책의 대혼란이 예견되어 있는 데다가, 2024년 국가 예산에서 청소년 활동 예산을 상당 부분 삭감하는 것으로 알려졌다.[4] 교육부, 여성가족부, 보건복지부 모두 정책은 표류하고 아동, 청소년의 삶은 여러 환경이 악화될 예정이라, 교육은 어렵고, 학교도 혼란에 빠질 가능성이 크다.

대한민국 아동·청소년 삶의 질 지표 발표 결과(2023.1)[5]

우리나라에서도 최초로 아동·청소년 삶의 질 보고서가 발간되기 시작하였다. 〈2022년 아동·청소년 삶의 질 보고서〉가 통계청 통계개발원 이름으로 발행되었다. 이는 경제인문사회연구회에서 지난 2019년부터 3년 동안 협동연구과제로 진행된 「한국 아동·청소년 삶의 질 지표 구축 방안 연구」 결과를 토대로 작성되었다고 한다. 한국청소년정책연구원과의 협업으로 발행될 수 있다고 한다.

이 과제의 연구진은 '삶의 질' 개념에 대해, 첫째, '삶을 가치 있게 만드는 모든 요소를 포함하는 개념으로 객관적 생활조건과 이에 대한 주관적 인지 및 평가로 구성되는 것'으로, 둘째, '개인적이면서도 사회와 관계되어 있고, 상태와 변화를

---

3) 김현수 등 지음, 『학생을 깨우는 교사, 세상을 바꾸는 학생』, 별의친구들, 2023
4) 여가부 내년 청소년활동 예산 전액 삭감, 왜. 서울신문. 2023.09.03.
5) 아동·청소년 삶의 질. 통계개발원. 2022,

동시에 반영하는 개념'이며, 셋째, '다차원적인 특성과 규범적인 특성'을 지닌 포괄적 개념이라고 소개했다.

아동·청소년의 삶의 질에 해당하는 영어의 용어는 해외에서는 삶의 질quality of life과 웰빙well-being이 거의 유사한 의미로 사용되고 있는 것으로 파악된다.

아동과 청소년 삶의 질은 성인과는 다른 차이가 있는데, 첫째, 아동·청소년의 삶은 성인의 삶과 차이가 있어 생활반경이 주로 가족-학교-지역사회이며, 주요한 관계도 부모, 교사, 친구 등으로 성인보다 범위가 좁다. 둘째, 아동·청소년기는 자립보다는 양육 및 보호가 더 중요시되고, 성장과 발달적인 측면은 성인기와 구분되는 핵심적인 차이로 삶의 질을 측정하는 차원과 영역 또한 성인과는 구분될 필요가 있다. 셋째, 아동·청소년의 삶의 질이란 현재를 건강하고 행복하게 살아가는 동시에 미래를 위한 역량을 개발하는 바람직한 상태를 의미한다. 삶의 질은 객관적인 환경뿐 아니라 주관적 인식과 감정을 동시에 포함하는 개념으로 정의할 수 있으며, 사회경제적 발전에 따라 함께 변화할 수 있다고 했다.

아동·청소년 삶의 질 영역

연구자들은 아동과 청소년 삶의 질을 반영하는 영역을 사회배경지표와 삶의 질 지표 7대 영역으로 나누었다.

1. **물질적 상황 및 주거환경**: 아동·청소년이 물질적인 재화를 누리고, 안전한 지역사회 내에서 적절한 주거를 보장받고 있는지를 보여주는 영역
2. **건강**: 아동·청소년이 태아 시기에서부터 출산, 양육까지 안전하고 예방적인 의료서비스를 받고, 건강하게 성장하고 있는지를 보여주는 영역
3. **학습·역량**: 아동·청소년이 교육을 잘 받으며 성장하고, 민주시민으로서의 역량을 기르면서 자라나고 있는지를 보여주는 영역
4. **여가·활동·참여**: 아동·청소년이 일상생활 속에서 여가를 즐기며 휴식하고, 원하는 활동에 참여하고 있는지를 보여주는 영역

5. **안전·위험 행동**: 아동·청소년이 안전한 환경 속에서 위험과 폭력에 노출되지 않으며, 위험한 행동을 하지 않고 성장하고 있는지를 보여주는 영역

6. **관계**: 아동·청소년이 가정, 학교, 동네 등 일상생활에서 타인들과 긍정적 관계를 맺으며 살아가고 있는지를 보여주는 영역

7. **주관적 웰빙**: 아동·청소년이 주관적으로 일상생활 속에서 자신의 생활에 만족하고 의미 있게 살아가고 있다고 생각하는지를 보여주는 영역

▨ 아동·청소년 중심의 삶의 질 지표   ▨ 사회적 배경 지표

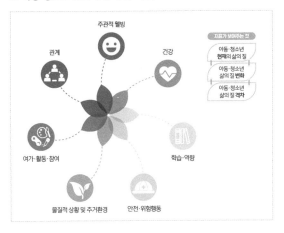

통계청 통계개발원.
아동·청소년 삶의 질. 2022

아동·청소년 삶의 질 결과 요약

"자살률 늘고, 아동학대도 늘고, 청소년 5명 중 1명은 영양결핍이고, 아동·청소년 75.5%가 사교육을 하고 있고, 삶의 만족도는 OECD 국가 중 최하위권이다."

연구자들이 영역에 따른 타당성 높은 지표를 선정해서 삶의 질 결과를 살펴보는 작업을 여러 통계를 활용해 적용해보았고, 그중 일부 중요결과를 전하려고 한다. 이미 예견하다시피, 지표의 결과들을 보면 우리나라 아동·청소년 삶의 질은 척박하다.

- 지속적 인구 감소 예상: 만 0~17세 아동·청소년 인구는 2022년 725만 6천 명으로 전체 인구의 14.1%이다. 2000년 25.7%에서 지속적으로 감소추세이며 2040년 에는 10.2%로 예상된다.

- 물질적 결핍지수: 2018년 아동·청소년의 31.5%가 물질적으로 결핍되어 있다.

- 가구소득을 기준으로 할 때 상대적 빈곤선 아래에 있는 아동·청소년의 비율은 2019년 10.6%에서 2020년 9.8%로 감소하였다.

- 아동·청소년의 정신 건강을 보여주는 지표 중 0세에서 17세 사이의 청소년 자살률 은 2020년 10만 명당 2.5명에서 2021년 2.7명으로 증가했다. 스트레스 인지율은 같은 기간 34.2%에서 38.8%로 증가하였다.

- 신체 건강을 보면 비만율은 2019년 15.1%에서 2021년 19.0%로 급격히 증가하였 으며, 주관적 건강 인지율 또한 2020년 69.6%에서 2021년 64.7%로 감소하였다.

- 영양 결핍률은 2019년에서 2020년 사이 1~9세는 3.4%에서 6.9%로, 10~18세는 16.7%에서 23.4%로 급격히 상승하였다. 코로나19를 지나며 아동·청소년들의 건 강이 악화되었음을 짐작할 수 있다.

- 아동·청소년들의 평일 학습시간은 2014년에 비해 감소하여 2019년 초등학생은 5 시간 9분, 중학생은 7시간 10분, 고등학생은 8시간 2분으로 나타났으며, 2021년 학생들의 75.5%는 사교육에 참여하고 있다.

- 방과후 아동·청소년들이 주로 하는 활동은 '학원이나 과외'가 가장 높게 나타나 2018년 47.3%로 2013년 40.6%에서 증가하였다. 그다음으로는 '스마트폰 이용' 이 14.1%로 높고, '친구들과 놀기'는 5.0% 정도로 나타났다.

- 아동학대 피해 경험률은 2019년 10만 명 당 380.3건에서 2020년 401.6건, 2021 년 502.2건으로 크게 증가하였다.

- 아동·청소년들의 위험 행동을 보면 스마트폰 과의존 위험률은 만 3~9세는 2019년 22.9%에서 2020년 27.3%로, 만 10~19세는 같은 기간 30.2%에서 35.8%로 크 게 증가하였다.

- 전반적인 삶의 만족도는 2020년 6.80점으로 2017년에 비해 소폭 감소하였다. 마 찬가지로 긍정 정서 또한 2020년에 소폭 감소하였고, 부정 정서는 2017년 2.67점 에서 2020년 2.94점으로 증가하였다. 코로나19로 인한 사회의 전반적인 변화가 아동·청소년의 삶에 영향을 미쳤음을 짐작할 수 있다.

지표만 놓고 보면, 아동과 청소년에게 한국 사회는 가혹하다. 놀지 못하고, 제대로 먹지 못하는 아이가 아직도 있는가 하면 비만층도 늘어나고 있고, 인구는 갈수록 줄어들어서 저출생, 소멸 사회로 가고 있다. 그럼에도 불구하고, 아동학대는 늘고, 자살로 인해 삶을 중단하는 청소년의 숫자도 늘고 있다. 분명 사회에 깊은 병리가 있음을 알려주는 온갖 지표의 예고에도 불구하고 효과적 대응을 하지 못하고 있다. 신음하는 아동·청소년들의 삶을 어떻게 할 것인가? 이에 대한 답이 청소년 예산 삭감과 디지털 교육에 대한 과잉대응이라는 현실이 안타까울 지경이다.

아이들의 정신 건강과 사회적 흐름에 주목해야 할, 새로운 대책을 예고하는 4가지 중요 사건

내 선생님의 죽음, 국민들 마음의 상처, 학교 및 학급 공동체의 상처, 회복과 논란, 애도의 시대

1. 교사 자살 - 학교 및 학급 공동체 모두의 상처

2023년 국민 모두에게도 충격적이었던 교육계 일대의 역사적 사건은 교사의 죽음이다. 서이초 교사의 자살은 사회에 큰 충격이고 뒤를 이어 알려지게 된, 과밀 학급, 악성 민원과 괴물 부모, 관리자 지원 부재, 정서 위기 학생의 증가 및 대책 부재, 아동학대법 운영의 병폐, 학교폭력의 증가 속에서 국민 모두가 아픔을 겪고 있다. 공교육 멈춤이라는 2023년 9월 4일 교사들의 제안에 일부 여론이 77%의 국민이 긍정했다는 것은 지금 교육 위기의 정서를 말하고 있는 것으로 생

각한다.[6]

초유의 대교사 집단행동에 대한 긍정적 여론이 거의 최초로 조성되고 있지만, 그 과정과 결과는 모두 안타까움의 연속인데, 그것은 연속된 자살이 이어졌기 때문이고 그 자살을 전후한 학부모들의 교사 괴롭힘, 학교 공동체 훼손 및 파괴, 관리자 및 교육 당국의 소홀과 정책 부재가 모두의 마음을 아프게 하기 때문이다.

많은 교사가 우울감을 호소하고, 학부모들은 교육 공동체의 혼란에 대한 우려를 낳고 아이들은 학교의 불안정함이 불안하고, 선생님들의 죽음에 대한 애도가 어렵기 때문에 힘들어하는 아이들이 많다.

2. 학교 및 학급 공동체의 회복과 애도를 어떻게 할 것인가?

교사의 자살은 담임 반 학생들에게도 큰 영향을 미친다. 초등학교 저학년, 고학년 학생들에게 담임 선생님의 자살이 어떻게 설명되고 애도 과정을 지원받고 돌봄을 받았을까? 학부모들은 어떻게 이 과정에 함께 참여했을까? 학교 전체가 애도 과정을 교육적으로, 정신 건강상의 위험을 다시 불러일으키지 않을 정도로 했을까 우려가 된다.

갑작스러운 죽음이고, 학생들과 연관되어 있고, 학부모들과 연관되어 있어서 해당 학교의 학년, 학급, 자살한 교사와 특별한 관계에 있었던 교사, 학생, 학부모에 대한 세심한 배려와 지원이 제공되었을까 우려된다. 이런 회복과 애도에 관한 과정과 지원이 제대로 공개되고 공유되지 않기에 더 안타까움을 더한다. 교육 당국은 단지 단기적 장례지원을 넘어선 국민과 교사들, 학부모들과 학생들이 애도의 과정을 제대로 치르도록 하는 정책을 펼치고 회복을 위한 지원을 아낌없이 해야 한다.

---

6) '공교육 멈춤의 날' 교사 단체 행동에 대한 '긍정' 응답이 77%. 시사인, 2023.09.14.

현재 언론에 비치는 내용은 교사들의 심리지원을 제공한다는 내용이 보도되고 있는데, 이 과정은 교사들을 환자로 만드는 것으로 오해를 살 수도 있으며, 개별화된 상담 지원책만으로 교사의 회복에 큰 효과를 거두지 못할 수도 있다. 교사 집단에 대한 애도와 회복을 위한 시간, 맞춤형 지원, 예산이 특별히 제공되어야 한다.

3. 새로운 교육 공동체의 구성과 회복

과밀 학급의 조정, 악성 민원의 근절 및 괴물 부모에 대한 건강한 학부모와 협력적 대응, 부당 아동학대 신고 체계의 개정, 업무의 경감, 교사 훈련 및 연수의 지원, 학교 리더인 관리자 제도의 변화, 담임 제도의 변천 등 이번 서이초 사건을 계기로 밝혀진 학교 현실에서의 새로운 교육 공동체에 대한 요구는 전방위적이며, 학교에서 교육이 가능하게 만들 기본 요건의 구성과 관련되어 있다. 그리고 이 오래된 과제들은 이미 OECD와 함께 하는 연구인 TALIS^{Teacher And Learning International Survey} 보고서에도 국제적으로 지적되고 있다. 2018년 조사 보고서에 따르면 다음 5가지는 이미 OECD와 비교하여 현저히 떨어지는 한국 교육의 현실로 지적되고 있었다.[7]

첫째, 한국의 교장제도는 가장 많은 나이의 교장을 갖게 해서 적극성과 개혁성이 부족하며, 여성 교장이 현저히 적고, 교장의 해당 학교 근무연한이 OECD 다른 나라에 비해 짧다. 교장제도에 대한 개혁이 필요하다.

둘째, 한국의 교사들은 OECD 국가들의 평균에 비해 신규 교사에 대한 멘토링 비율이 낮으며, 신규교사들을 멘토링한 경험을 가진 경력교사도 부족하다. 신규교사 지원에 대한 개혁이 필요하다.

셋째, 한국의 교사들은 수업에 신경 쓸 수 있는 시간이 부족하며, 교육의 전문

---

7) 교원 및 교직 환경 국제 비교 연구: TALIS 2018 결과를 중심으로(I)(RR2019-22), 이동엽 등, 한국교육개발원, 2019

성을 개발하기 위한 과정에서 과다한 업무와 학교와 당국의 지원 부족으로 전문성 개발이 어렵다. 업무경감과 교사의 전문성 개발에 대한 지원이 절실하다.

넷째, 한국의 교사들은 OECD 다른 국가들에 비해 조용히 하라는 말을 더 많이 하고 있으며, 학급관리에 대한 지도나 연수가 부족하다고 느끼고 있다. 학생의 지도와 학급관리에 대한 연수나 지원이 더 필요하다.

다섯째, 한국의 교사들은 업무환경에 대한 만족도가 낮다. 직업만족도는 초기에 높았지만 갈수록 업무 만족도가 낮아진다. 교사의 업무 만족도를 높일 학교 환경의 구성이 시급하다.

트라우마 치료에서 원인 사건에 대한 진상규명과 관련자 처벌이 치료의 전제조건이다. 학교 공동체의 회복과 애도는 교사들의 죽음과 관련된 원인에 대한 변화가 시작될 때 함께 시도될 수 있다. 그래야만 교사의 죽음이 외치고 있는 것이 교권의 회복에 그치는 것이 아니라 학생과 학부모 모두가 포함된 학교 공동체의 회복에 대한 염원이라는 본질적 방향을 우리가 함께할 수 있다. 그렇지 않으면 학생들은 우울하고 무기력한 교사, 행정업무로 인해 수업을 준비하기에도 벅차 과로하는 교사, 악성 민원에 시달려서 잠도 못 자며 불안에 떠는 교사들과 만나야 한다. 그리고 악순환이 재연된다. 교사의 죽음은 학생들의 삶과 깊은 관련이 있다. 교사가 죽은 학교의 학생 1명을 만난 적이 있는데, 학생들도 교사들의 염원을 지지하고 있다는 말에 깜짝 놀랐다. 학교 당국과 교육부를 통한 제도 개선은 학생들과도 깊은 연결이 있다는 것을 이 기회에 초등 고학년 이상의 아이들은 어렴풋이 알게 된 것 같다. 행복한 선생님을 아이들도 원한다.

자살률 증가, 그리고 인스타 라이브로 자살을 생중계한 사건과 모방 자살의 증가 [8]

자살 양상의 변화와 자살의 증가를 예고한 한 해였다. 그리고 교육부와 교육청의 대책은 없다는 것을 다시 알게 된 한 해였다. 청소년 자살의 최근 실태와 동향을 공유하고 이에 대한 일부 분석을 통해 현실을 나누고자 한다.

1. 청소년 사망원인 1위 자살

한국 청소년들의 사망원인 1위는 자살이다. 그리고 청소년들의 자살률이 증가일로에 있다. 지난 2010년 이후 세월호 참사가 있었던 해를 제외하고는 모두 사망원인 1위가 자살이었으며, 2020년에서 2022년까지도 그렇다.

▨ 최근 10년 간 청소년 사망원인 현황

(단위: 인구 10만 명당, 명)

	2010	2011	2012	2013	2014	2015	2016	2017	2018	2019
1위	자살 (5.2)	자살 (5.5)	자살 (5.1)	자살 (4.9)	운수 사고 (4.8)	자살 (4.2)	자살 4.9	자살 (4.7)	자살 (5.8)	자살 (5.9)
2위	운수 사고 (4.8)	운수 사고 (4.7)	운수 사고 (3.8)	운수 사고 (3.3)	자살 (4.5)	운수 사고 (3.3)	운수 사고 (3.0)	운수 사고 (2.7)	운수 사고 (2.3)	암 (2.2)
3위	암 (3.0)	암 (3.0)	암 (3.2)	암 (2.7)	암 (2.6)	암 (2.4)	암 (2.6)	암 (2.3)	암 (2.3)	운수 사고 (1.8)

2021. 청소년 자살예방을 위한 연구용역 과제보고서

2. 여학생 자살률 증가

성인 자살의 경우 남성이 더 높은 비율을 차지하는 반면 청소년 자살의 경우 여학생의 비율이 상당히 높다. 그리고 최근에 늘어난 증가 폭도 여자 청소년에게 크게 나타나고 있다. 코로나의 영향으로 자살률이 10대 후반의 남자 청소년에게도 증가하였는데, 그 증가 폭은 여자 청소년에게서 더 컸다.

그리고 아주 중요한 사항 중 하나는 우리나라 남자 청소년의 자살률은 OECD

---

8) 강민정 의원실, 청소년 자살예방을 위한 연구, 2021의 연구 결과들 인용해 정리함.

가입 국가의 중간 정도에 해당하지만, 여자 청소년의 자살률은 3위권에 해당하는 상태로 여학생들의 사살률은 국제적 비교에서는 더 높은 상태라 여학생들의 자살률에 대한 더 집중적인 연구와 예방, 개입 대책이 필요하다고 할 수 있다.

▨ 자살 사망 학생의 성별 비교

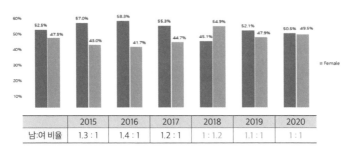

자살과학생정신건강연구소 연구보고서. 2016~2020.

▨ 2010년 이후 OECD 회원국 10~19세 남자 청소년 자살률

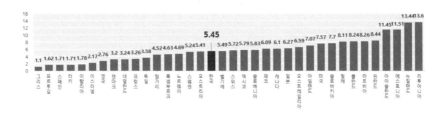

▨ 2010년 이후 OECD 회원국 10~19세 여자 청소년 자살률

자살과학생정신건강연구소. 2020; 원자료 WHO. 2019. OECD. 2019.

청소년 시기별로 구분해 보면 초기와 중기 청소년(초등 고학년부터 고등학교 1학년)은 여자의 자살률이 남자보다 높다. 그러나 후기 청소년(고2~고3, 대학 초년기)은 남자가 더 높은 경향을 보인다. 또한, 연령대가 증가할수록 남자 청소년과 여자 청소년 간의 자살률 차이가 커지는 것으로 볼 때 초기 및 중기 여자 청소년의 자살 경향성에 영향을 주는 요인의 발굴과 대처가 중대한 의미가 있다.

성별 비교에서 국내 학생 자살의 경우, 남학생 자살이 더 많은 추세를 보였지만, 남녀 비율 차이는 외국의 경우에 비해 적었다. 외국의 경우는 흔히 남학생이 2~3배 더 많다.

3. 투신과 치명성

자살방법은 투신이 학생 자살에서 70% 정도로 가장 많은 비율을 차지하고 그 뒤로 목맴이 약 25%로 두 번째로 높게 나타났다. 한편, 20대로 연령이 증가할수록 목맴이 늘어나는 것으로 보인다. 10대 청소년에서는 투신이 특징적인 자살방법이라고 할 수 있다. 아파트 거주가 많고, 고층 건물이 많은 주거환경의 영향으로 자살방법으로 흔히 투신을 선택한다. 그리고 청소년의 자살 시도가 주로 가정에서 많이 일어나고 있다. 안타깝게도 투신은 매우 치명적인 방법이므로 학생 사망자의 약 70%는 첫 번째 자살 시도로 사망하는 것과 투신 빈도가 높은 것은 깊은 관련이 있을 것으로 보인다.

4. 침묵군의 자살

자살한 청소년의 교사 면접에 기반한 심리부검 실시 결과에 따르면 고위험군으로 학교에서 파악되지 않은 뜻밖의 청소년인 경우가 적지 않은데, 심리부검 연구진들의 파악 유형에 따르면 우울군, 환경위험군, 침묵군으로 나눌 수 있으며 침묵군에서 발생한 자살자가 50%에 이른다. 이것은 자살위험자 파악의 어려움을 말해주고 있다. 자살한 가족들의 심리부검 자료를 보았을 때도 자살한 학

생들의 심리 유형이 회피, 순응, 복종적 태도인 것으로 나타나 그 발견의 어려움
이 성인군에 비해 클 것으로 예상된다.

5. 자살 전염의 효과가 가장 큰 집단, 청소년

청소년 자살의 증가는 모방 자살 혹은 자살 전염의 효과가 크다. 베르테르 효
과로 부르기도 하는 자살 전염으로 인한 영향을 많이 받는다고 한다. 2023년에
는 흔히 유명 연예인에 따른 자살 전염과는 다른 방식의 사건이 발생했다. 2023
년 4월의 테헤란에서의 인스타를 통한 자살 중계는 사회적으로 큰 충격을 주었
고, 이 사건 이후 연속적 자살 혹은 자살 시도의 예고로 크게 사회적으로 긴장을
한 적이 있었다. 2023년 상반기 전국에서 청소년들의 투신자살 및 자살 중계의
시도가 있었다.[9]

- 테헤란로 생중계 여학생 자살 사건이 있은 하루 뒤 같은 서울특별시 강남구 도
  곡동에서 어느 남중생이 같은 학교 여중생을 흉기로 찌른 뒤 곧바로 인근 아파
  트로 가서 투신한 사건이 발생해 이 사건의 충격이 가시지 않은 와중에 또 다른
  충격을 주었다. 투신한 남중생은 사망했으나 여중생의 생명엔 지장이 없다고
  한다.

- 이 사건 닷새 뒤 같은 서울특별시 강남구 압구정동의 한 아파트에서 여중생이
  투신한 사건이 발생했다. 주민들의 신고로 소방당국이 도착하였지만 이미 사
  망한 상태라고 한다.

- 이 사건이 일어난 지 몇 주 뒤이자 어린이날인 5월 5일에는 이 사건과 같은 지
  역인 서울특별시 강남구에 있는 한남대교에서 디시인사이드 우울중 갤러리에
  서 만난 10대 2명이 SNS 라이브 방송을 켜고 극단적 선택을 시도하다가 경찰
  당국에 의해 구조되었다.

---

9) 디시인사이드 우울증 갤러리 여고생 추락사 사건. 나무위키.

- 이 사건이 발생한 지 2개월 후인 2023년 6월 11일에 이 사건과 유사한 방법으로 극단적 선택 시도 후 사망한 임블리 극단선택 생중계 사건[10]이 발생하였다.

- 강남에서 여중생이 극단선택을 한 후 자살 관련 신고가 평소보다 30% 이상 늘었다.

일련의 청소년 자살과 모방 자살에 대한 긴급한 대책이 필요했지만, 보건복지부, 교육부에서의 특별한 대책은 없었다. 교사 교육과 상담을 강화하겠다는 공허한 대책 외에는 더 새로운 전환을 위한 대책은 없었다. 자살이 발생하면 주변 사람들에게 미치는 영향은 아주 크다. 자살유가족은 또 다른 고위험군이 되고, 충격적인 자살은 정신적 트라우마가 된다. 자살 학생으로 인한 학교에서의 애도와 학생 트라우마에 대한 프로그램 실행이 이전보다는 늘었지만, 여전히 이 모든 트라우마를 개인적으로 처리해야 하는 현실 속에서 학생을 맡았던 교사들의 정신 건강, 또래 학생들에 대한 정신 건강은 위험한 상태에 처하게 된다.

학교 내 흉기 사건, 폭발적 공격적 행동을 하는 정서 위기 학생의 증가
교권만의 문제가 아니다. 학생들의 문제이며, 학교의 무대책이 학교 공동체를 파괴한다.

서울 신림동, 경기도 성남 분당 등에서 '묻지마 범죄'라고 하는 불특정, 무연고 상태의 대상에게 범죄를 저지른 사건이 발생하였고 연이어 대전의 한 고등학교에 흉기를 든 졸업생이 찾아와서 선생님에게 상해를 입힌 사건이 발생하였다.[11]

그리고 학교 내 흉기를 들고 다니는 학생에 대한 보도도 뉴스를 통해 나왔다.[12] 학교에서의 안전, 아이들의 안전, 사회의 안전에 대한 새로운 경각심이 사

---

10) 2023년 6월 11일 오후 10시 27~28분경[1] 인터넷 방송인 임블리(본명 임ㅈㅎ)가 유튜브 스트리밍이 켜진 상태로 자택 화장실에서 자살 시도를 온라인 방송으로 생중계하고 병원에 이송됐으나 의식을 회복하지 못하고 일주일 뒤인 6월 18일에 사망한 사건이다.

11) 대전 고교 교사 흉기로 찌른 20대, 옛 제자였다. 경향신문. 2023.08.04

12) 흉기난동 모방하는 10代… 교실도 안전지대 아니다. 2023.08.31.

람들에게 제기되었지만 거기서 그쳤다. 구조적 개선이나 공격적 행동을 위한 대책은 없다. 교사들의 아동학대 관련 사건도 폭발적·공격적 행동을 하는 아동이나 청소년을 지도하는 과정에서 발생한 경우도 적지 않다. 이 학생들의 교사 지시 거부나 분리에 대한 교권 차원에서 지도 고시가 논의되고 있지만, 그 핵심과 대비책의 실효성에 대해서는 교육부의 예산지원이 없는 대책에 의문이 들게 된다.

1. 학교는 안전한가? 학생과 교사의 안전에 대한 대비책이 있는가?

출입도 여전히 자유로운 편인 '학교에서 외부인, 혹은 학생이 흉기를 들고 난동을 피우면 학생들과 교사들은 어떻게 대처해야 하는가?'에 대한 답은 무엇일까? 현재는 '담임이 해결한다'이다. 우리는 '전능한 담임 교사의 신화'를 교사 개인도, 학교 당국과 교육부도 오랫동안 사랑해왔다. 이 구조 속에서 교사들은 상처 입고 소진되고, 아이들도 마찬가지로 트라우마를 경험하며 학교가 안전하지 않은 곳이라는 두려움을 갖게 되었다.

무수한 영화에서 나오는 학교의 일진이 군림하는 장면, 조폭 같은 학생들이 학교에서 폭력을 행사하는데 그것이 버젓이 현실로 인정되는 장면은 영화나 드라마에서만 그래야 했다. '도구를 든 폭력, 다수의 학생이 한 아이에게 행해지는 의도적 폭력은 모두 경찰이 개입해야 하고, 안전한 학교, 안전한 학급에 대한 철저한 대응'이 학교와 교사를 학생들이 신뢰하게 한다. 그런데 현재 교사들은 경찰을 부르기도 주저하고 있다. 그런 교사를 일부 반사회적인 학생들과 부모들은 충분히 괴롭힐 수 있는 존재로 보게 되고, 그렇게 당하는 교사를 보는 학생들도 교사를 무시하게 된다. 결국, 교사들이 학생을 보호할 수 없는 존재라고 인식하게 될 때 학교는 무정부 상태와 유사하게 된다. 현재 우리 학교들이 처한 현실이 그렇다.

학교의 안전에 개입할 수 있는 권한이 있는 학교 연계 경찰 혹은 안전 요원, 혹은 행동 중재 전문가 등의 인력지원 없이 안전확보가 가능할 것인가? 그리고 안전과 회복을 위한 학생들의 공간, 교사들의 공간 없이 실효성 있는 접근이 가능할까도 걱정이다. 분리의 공간은 어떻게 관리되고 운영되어야 할 것인가도 예산의 지원 없이 가능할까 싶다.

2. 폭발적·공격적 행동에 대한 대처와 이에 대한 3주체 계약의 이행 [13)]

정서위기 학생의 폭발적 공격 행동 혹은 지시 거부, 불이행은 학생들에게 영향을 미친다. 정서위기 학생의 행동에 대한 학교 공동체의 방침이 명료하고 또 이해되고 사전에 충분한 논의가 있지 않으면 학교 공동체는 붕괴되고 무법천지가 된다. 힘의 공간이 되고 만다. 학생들은 다음 네 가지 영향을 호소한다.

첫째, 폭발적 공격 행동에 대한 불안 그리고 안전하지 않은 공간이라는 불안이 커지면서 학생들의 긴장도가 높아지고, 조절하지 못하는 학생에 대한 미움이나 혐오가 커진다.

둘째, 폭발적 공격 행동을 하는 학생을 잘 다루지 못하는 교사를 불신하게 된다. 보호해주지 못하는 교사들에 대한 원망이 자라게 된다.

셋째, 폭발적 공격 행동이 제대로 대처되지 않고 이에 대한 이해나 혹은 협의가 부족하고 그에 대한 사후 과정도 분명하지 않으면 규칙의 가치가 무너진다. 학교라는 공동체에 대한 신뢰가 깨지고 때로는 본인도 그런 행동에 대한 충동을 느낀다고 한다.

넷째, 공동체에 대한 보호가 없으므로 각자도생의 행동이 강화되고 학교 활동이나 학급 활동에 개입되기보다 빨리 학교를 이탈하고 싶어진다고 한다. 학급에 관여하고 싶어 하지 않는다. 그 결과로 학급 공동체가 붕괴되어간다.

---

13) 〈폭발하는 공격적 아이〉 세미나 자료, 김현수, 2018.

학교에서는 폭발적, 공격적 행동을 하는 학생들을 포함해 학생들의 여러 행동에 대한 명료한 규칙과 계약이 있어야 한다. 그리고 학교 당국, 학부모, 학생들과 그런 행동이 있을 때 어떻게 대처가 되는지에 대한 과정을 미리 이해할 필요가 있으며 설명이 되어야 한다.

폭발적, 공격적 행동의 과정은 크게 5단계로 연속된다. 학생이 폭발적, 공격적 행동이 일어나게 되면 개입의 단계는 다음과 같다.

첫째, 진정시키는 과정,
둘째, 분리되는 과정,
셋째, 평온을 되찾는 과정,
넷째, 다시 복귀하는 과정
다섯째, 규칙의 적용 그리고 3자 회의를 통한 계약의 수정

이 다섯 단계에서의 대처나 대응에 대한 과정이 모두 상세히 협의가 되어야 아동학대 등의 적용이나 오해, 갈등이 사라지게 된다. 진정, 분리, 평온의 유지, 복귀를 위한 과정에 모두 세심한 약속이 필요하다. 아주 꼼꼼한 규칙과 위반 시 대처 방안, Plan B의 준비까지 논의가 되어야 한다.

폭력적이고 공격적인, 정서위기 학생에 대한 대처는 절대 교권의 문제와 교사 안전만의 문제가 아니다. 학생의 안전, 학급 공동체의 트라우마, 학교 전체의 안전에 대한 이슈이다. 이에 대한 전폭적인 교육부의 지원이 마련되어야 학교는 자신의 공동체를 지키는 공간이 될 수 있다. 그렇지 않으면 여교사가 대부분인 수많은 학교에서 몇몇 조절되지 않거나, 반사회적인 아이들의 행동이 공동체의 규칙을 무너뜨리는 순간, 무법천지가 되어버린다.

청소년 중독의 증가
기존의 스마트폰, 게임 중독을 넘어 도박과 마약 중독의 세계에 빠지는 청소년

코로나 이전부터 심각성 문제가 제기되고 있었지만, 코로나 이후 더 심각해진 청소년계의 주요 이슈는 청소년들 사이에서의 다양한 중독이 증가되고 있는 현실이다. 게임 중독, 스마트폰 중독으로 워낙 20여 년간 회자되던 문제와 다른 차원에서 도박과 마약에 손을 대기 시작한 청소년들이 늘어났다. 그렇다고 게임 중독이나 스마트폰 중독이 덜 하다는 것은 결코 아니다.

1. 여전한 인터넷 게임 사용 장애와 스마트폰 중독 증가

이제 뉴스도 되지 않는 게임 관련 청소년 강력 범죄는 여전히 끊이질 않는다. 2023년 한 해 상반기에도 2건의 청소년 살인사건은 게임과 연결되어 있었다. 게임하기 위한 돈을 갖기 위해 노인을 죽이거나,[14] 게임을 하지 말라는 고모를 살해하는 사건이었다.[15]

코로나 시기, 청소년들의 스마트폰 사용과 인터넷 사용시간은 모두 2배 이상 늘었으며, 다시 전면 등교와 코로나 팬데믹 후기부터 조금씩 줄었다고 하나 아직 사용시간은 여전히 많은 상태라고 여러 언론이 전하고 있다. 스마트폰 사용으로 더 외로워지고 고립되고 있고, 스마트폰 사용에서도 인스타그램과 장시간 OTT 시청으로 인한 생활 감각 상실은 새로운 문제로 대두되고 있다.

특히 인스타그램은 여학생들의 자해 및 자살 시도, 우울 등과 깊은 관련이 있다는 연구 결과들이 발표되면서 인스타그램을 통해 보게 되는 사진과 영상이 사회적 비교, 상대적 박탈감을 강화시키고, 이 소셜 미디어에 의한 우울감이 최근 늘어난 여학생 자해 및 자살 시도와 관련이 있다는 보고도 자주 발표되고 있다.[16]

---

14) "게임 아이템 사려고" 70대 노인 살해한 중학생... 징역 15년 확정. 2023.05.30.

15) 게임 못하게 했다고... 고모를 흉기 살해한 중학생 조선일보, 2023.03.28

16) 급격히 증가한 10대 여성 자살… SNS 상관관계 주목. 중앙일보, 2023.05.04

2. 새로운 중독자, 청소년 마약 중독자의 급증

2018년 마약으로 검거된 청소년은 전국적으로 150여 명에 불과했는데, 4년 뒤인 2022년에는 500여 명으로, 보통 검거된 인원의 100배를 마약 사용자로 추산한다고 한다. 1만 명 규모에서 지금은 5만 명 규모일 것으로 예상한다고 하는데, 청소년들은 주로 온라인 등을 통해 신종마약에 빠져든다고 보고하고 있다.[17] 외국 영화에서 보았던 장면처럼 간밤에 마약을 하다가 약간 덜 취해서 학교에 와있는 아이들도 더 자주 만나게 될 예정이다. 학교를 못나오거나 나와서 잠만 자고 갈 수도 있다.

최근 5년 간 마약사범 현황

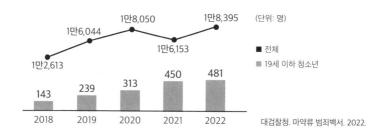

대검찰청. 마약류 범죄백서. 2022.

또한 불법 마약이 아니지만 정신자극제, 감기약, 진통제를 모아서 환각 효과나 기타 부작용과 연관된 정신 관련 효과를 보는 청소년들도 늘고, 진료 중에 모은 약물로 자해 시도를 시도하는 청소년들도 적지 않다.

3. 또다른 중독자, 온라인 도박에 빠진 청소년들의 증가

청소년 도박 중독자도 코로나 시기부터 더욱 늘었다. 무료하고 지루한 코로나 시기 동안 도박 중독에 빠져든 청소년이 늘었다. 도박 중독이 심각해져 사회

---

17) 마약 중독 100만 명 시대, 아이들이 위험하다. 한국일보. 2023.04.15.

적 사건으로 번지는 경우도 늘었다.

올해 3월 도박 중독으로 사채를 사용한 후 돈을 갚지 못해 자살한 청소년의 사연이 뉴스에 방영되었다. [18] 또 도박과 관련된 비용을 마련하기 위해 절도, 사기, 성매매와 관련된 2차 범죄나 다른 강력사건들과 연관되기도 한다. 코로나 이전보다 3배 이상 늘어난 청소년 도박 중독자들은 도박으로 인해 상담이 시작되기보다 2차적 사건들로 인해 상담이 시작되는 경우도 많다고 한다. [19]

도박 경험의 비율은 현재 100명 중 5명으로 알려졌으며, 코로나 시기 더 급증했고, 오프라인보다 온라인 도박을 훨씬 더 많이 하는 것으로 알려졌다. [20] 온라인 도박은 접속이 쉽고, 언제나 할 수 있고 익명화되어 있어 노출 위험이 적다고 생각해 빠져들기 쉽지만, 현실적인 감각을 더 쉽게 상실할 수 있고 이차적 범죄에 연관되기 쉽다. 혼자 하는 경우도 있지만 학교에서 선후배 집단이 함께 하거나 소집단이 함께 도박에 빠져들기도 한다. 지금 도박 중독이 온라인화하면서 청소년이 대폭 늘어난 것에 대한 사회적 문제로의 인식이 시급하다고 관련자들은 주장하고 있다.

지금, 아이들을 위해서 필요한 것은 무엇인가?

세계 청소년들의 축제라고 할 수 있는 새만금 잼버리의 운영은 지금 현 정부의 운영상황을 적나라하게 보여주었다. 전세계 청소년들에게 큰 실망을 안겼던 잼버리의 실패보다 지금 더 우려되는 것은 여전히 현 정부는 아동, 청소년을 외

---

18) 쉽게 시작했다 한 달 만에…"완전히 매장한다"는 청소년 도박. KBS. 2023.03.01.
19) 청소년 '도박 중독', 온라인이 오프라인보다 3배. 서울 경제. 2023.05.16.
20) 온라인 도박 즐기는 청소년들, 오프라인보다 3배 더 중독'. 2023.05.16.

면하고 있다는 사실이다.

하지만 지금이라도 아이들을 위해 또 부모를 포함한 모두를 위해 해야 할 중대한 일들이 있다. 코로나의 영향이 미친 폭력, 중독을 포함한 관계와 공동체의 위기에 대한 조사와 평가가 반드시 있어야 한다. 코로나 이후 교육회복에 대한 우리의 평가와 재검토는 재앙을 초래할 준비를 한 것과 다름없다. 왜냐하면 재검토, 평가, 개선책 마련, 차후 대책 수립 없이 그냥 지나쳐서 엉뚱한 길에 와있기 때문이다. 최근 세계적 팬데믹이 아니더라도 대 감염에 육박하는 집단감염이 4~5년 주기로 발생하고 있다. 코로나의 교훈을 예시 삼아 더 안전한 사회적 대비를 하려면 지금 최선을 다해 성찰하고 정리를 해야 한다. 아니면 다음 기회의 팬데믹에서 우리는 같은 실수를 반복할 것이 틀림없다.

코로나 팬데믹의 영향은 아직 계속되고 있다.
코로나 팬데믹의 정리, 분석, 사후 영향과 이에 대한 지원을 꼭 해야 한다.

원래 팬데믹이 끝나면, 팬데믹의 후폭풍이 거칠게 뒤끝을 부린다는 과거 역사의 교훈들이 있었다. 스페인 독감 때도 그랬고, 사스 팬데믹도 그랬다. 즉 팬데믹 이후에는 자살, 정신 건강의 악화, 심리적 소진, 폭력과 중독의 증가가 네 번째 파도라고 부르기도 하는 팬데믹 후 사회적 현상이었다.[21] 이 네 번째 파도가 지금 한국 학교를 완전히 잠식했다. 학교폭력 증가, 자해 및 자살 증가, 그리고 소진과 교사들의 죽음과 괴물 부모들의 광풍을 코로나 팬데믹과 무관하다고 볼 수가 없다.

그래서 첫째 코로나 팬데믹 이후의 정신 건강 상태를 평가하는 일을 종합적으로 해야 한다.

그리고 둘째로 코로나 자체의 후유증인 롱코비드[22]의 영향에 대해서도 평가

---

21) 김현수 지음, 코로나가 아이들에게 남긴 상처들, 해냄출판사, 2022
22) 롱코비드 : 코로나19 장기 후유증. 세계보건기구가 의학적으로 정의한 명칭은 '포스트 코로나'이다. 롱코비드의 대

를 해야 한다. 코로나에 걸렸던 아이들의 발달과 그 과정에서의 후유증이 추적 관찰되어야 한다. 코로나 감염이 성장 후 어떤 결과를 낳을지 아무도 모른다. 우리는 롱코비드와 코로나 후유증에 대한 아동과 청소년들의 데이터는 지금 거의 정비를 하지 않고 지나가는 듯하다.

셋째로 코로나 시기의 영유아들의 언어 지체, 발달지체에 대한 국가 차원에서의 연구, 평가를 해서 지능을 포함한 발달적 결핍에 대한 조사도 필요하다. 그리고 이에 따른 지원도 필요하다. 과학잡지 〈Nature〉에 실린 논문에 따르면 코로나 시기 영유아의 지능이 지능지수로 20 내외가 저하되었다고 한다.[23] 과연 우리 아이들의 영향은 어떠한지에 대한 연구와 함께 이들에 대한 지원책이 마련되어야 한다. 재난에 의한 국민 다수의 피해에 대해 국가와 사회는 지원해야 할 의무가 있다.

관계의 실패, 폭력의 증가, 정신 건강 악화에 따른
관계 기반 교육, 사회정서학습이 절실하다.

코로나 이후 다시 전면 등교를 시작한 시점부터 학교폭력 증가는 폭발적이었다고 현장에서는 전하고 있다. 2022년 2학기 초 학교폭력은 학교폭력 조사 이래 두 번째로 많은 학교폭력이 있었다고 한다. 그래서 학교에서는 폭력 사안을 다 처리도 하지 못한 채 한 학기를 끝내기도 했다고 한다.[24]

낯설어진 학교를 등교한 이후 친구 관계에 대한 활동이나 수업 그리고 다시 공동체를 이루어가는 활동이나 수업 없이, 거침없이 진격하는 진도에 기반한 수업들은 아이들을 더욱 힘들게 했다고 생각하게 되었다.

표적 증상은 브레인 포그(갑자기 머리가 멍해지는 증상), 피로, 호흡곤란, 가슴 통증, 건망증, 수면장애, 탈모, 근육통, 우울증 등이다.
23) "코로나 시대 영유아, 뇌 발달 더뎌" 원인은 마스크?. SBS. 2022.01.30.
24) 정상 등교 뒤 학폭 늘었다…피해 응답 9년 만에 최고. 한겨레신문. 2022.09.06.

현재, 관계와 공동체를 재구성하는 활동과 수업이 활발히 일어나고 있는 현장들이 많지만 더욱더 친구 사귀기, 자기 알기, 협력적으로 의사결정 하기, 자기 관리하기 등의 사회정서학습적 요소의 활동과 수업을 통해 사회정서 역량을 키우는 것이 한편으로 필요하고 또 한편으로는 학업에 대한 지원도 필요하다.

정서 위기 학생에 대한 예산 및 제도적 지원이 시급하다.

정서위기 학생이 늘었다고 모두 난리이다. 주의력결핍과잉행동장애, 우울증 등을 앓고 있어 정신건강의학과를 다니는 아동, 청소년 환자도 늘었고, 이런 진단과 점검이 필요하지만 부모와 학생의 비협조로 치료적 연계가 어려운 아이들도 많다. 한마디로 얼마나 어떻게 늘어서 지금 우리 학교 현장에 곤란함을 주는지를 제대로 알 수가 없다. 다만 지금의 학급 정원으로 그 다양한 어려움을 지닌 수많은 아이와 함께 지내는 것이 절대로 쉽지 않다.

다중 위기, 다중 문제를 가진 복합적 어려움의 학생과 그 가족을 돕고 지원할 수 있는 돌봄의 체계, 랩어라운드[25] 서비스 등의 제도를 만드는 대책이 필요하다. 만일 당장 그런 정서위기 학생 지원체계를 운영하는 것이 어려울 때는 정서위기 학생이 있을 때 필요한 인력지원, 프로그램 지원, 자문 활동 지원이 원활하게 되는 것이 절실하다. 그것은 예산 없이는 불가능하다. 주의력 결핍 장애가 있는 학생이 학급에 있으면 협력교사가 바로 지원되고, 폭력이 조절되지 않거나 간헐적 폭력의 폭발이 예견되는 학생이 있으면 한 사람의 교사가 진정하기에는 역부족이다. 이 교실에도 협력교사가 필요하다.

---

25) 랩어라운드(wraparound) : 지역사회에서 가족을 중심으로 기관 간 협력하는 것. 최근에는 학교를 중심으로 기관 간 협력하는 것으로도 사용된다.

기업이 필요한 것이 아닌,
학생과 교사, 학부모가 필요하다고 하는 것을 지원하라!

현재 상황에서 교육부 행태보다 더 충격적인 것은 현 정부가 청소년 예산을 거의 삭감했다는 사실이다. 수많은 청소년 단체가 현재 대책위원회를 구성해서 대응하고 있지만 많은 청소년 활동이 사라질 위기에 처했다. 국가가 청소년 활동에 대한 예산을 이렇게 임의로 삭감할 수 있다는 사실에 놀라울 뿐이다. 현 정부는 청소년 활동을 포기할 정도로 '활동'을 혐오하거나 혹은 공부나 기업에 기반한 에듀테크에 혈안이 되어 기업을 살찌울 계획만 있는 것은 아닌지 의구심을 갖게 한다. 얼마나 더 많은 아이들이 신음과 비명을 질러야 그들이 알아들을까?

온갖 지표들이 전하는 이 불행한 현장과 여건 속에서 그들은 아이들이 어떻게 자라나야 한다고 생각하는 것인지 우려된다. 자해하는 아이들은 넘쳐나고 있고, 자살하는 여학생은 거의 세계 1위에 가까워지고 있다. 여학생들의 안전, 복지, 정서적 회복을 위한 지원도 긴급하다. 특수교육 대상자들은 제대로 된 지원의 가장 마지막 줄에 서 있다고 해도 과언이 아닐 정도로 우리 교육에서는 소외되어 있다. 가장 어려움이 큰 사람에게 우선 기회와 돌봄을 제공하는 기본적 인도주의도 현 정부는 실천하지 않고 있다. 그래서 모두들 희망을 어디에서 찾아야 하나 배회하고 있다. 아동, 청소년과 함께 희망을 만드는 교사들을 감축하고 청소년들의 활동 예산을 삭감하는 시대에 희망은 어떻게 만들어질까? 학생과 교사, 학부모들의 이야기를 듣고 그들이 필요하다는 것을 지원하기를 다시 한번 외쳐본다.

교육이 두려운 교사,
교사 책임주의 ?

한 희 정
서울삼양초등학교 교사 / 전 실천교육교사모임 회장

#

2023년, 그 어느 때보다 뜨겁고 아팠던.

2023년 3월 7일 〈PD수첩〉에서 아동학대 혐의로 피소된 교사들의 이야기를 다룰 때만 해도 찻잔 속의 태풍에 불과했다. '아동학대' 신고를 당한 동료교사들의 이야기가 공포에 가까운 괴담으로 흘러 다니고 있던 학교 현장과 달리 사회의 반응은 '정말?'이라는 물음표를 던지는 듯했다. 아동학대 신고로 병가 중이었던 고(故) 김은정(가명) 교사가 자살이라는 극단적인 선택을 했다는 소문은 사실이었다.

2023년 1월 14일, 서울역 인근의 회의실에서 교육부 주관 교원단체, 시·도교육청, 전문가, 학부모 등이 참여한 '아동학대 예방 및 대처요령'에 관한 회의가 열렸다. 이 자리에서 쟁점이 되었던 것은 아동학대 신고만으로 병가나 연가를 강요받거나 직위해제가 되는 아동학대 대처요령의 문제였다. 이 자리에 참석한 교원단체는 이구동성으로 이 대처요령의 부적절함을 따져 물었다.[1] 고故 김은정 교사의 사안을 담당했던 교육청 담당자도 참여하여 매뉴얼의 부당함을 지적하였으나 교육부의 입장은 변하지 않았다.

2023년 7월 18일 서울서이초등학교 1학년 6반, 2년차 교사의 극단적 선택은 대한민국을 뒤흔들었다.[2] 서울서이초등학교를 둘러싼 근조화환의 무게만큼이나 무거웠던 교사들의 마음은 서이초로 몰려들었다.

2023년 7월 22일, 서울의 종로 보신각 앞에는 검은 옷을 입은 교사들이 '교사 생존권 보장'이라는 손피켓을 들고 한 교사의 죽음을 추모하며 교육할 수 있는 학교 환경 조성을 외쳤다. 한 개인이 '인디스쿨'이라는 초등교사 온라인 커뮤니티에 '일단 모이자'고 제안하면서 만들어진 역사적 사건이었다. 주최 측 추산 오천여 명이 참석했다. 이 집회를 이끈 굳잡맨[3]은 '정치'와는 무관한 교사들의 집회임을 몇 차례나 강조하면서 정치 속으로 들어와 버렸다.

뒤이은 광화문 2차 집회(7.29)는 주최 측 추산 4만여 명이, 3차 집회(8.5) 5만여 명, 종각 일대에서 진행된 4차 집회(8.12) 5만여 명, 여의도 국회의사당 앞에서 진행된 5차 집회(8.19) 5만여 명, 6차 집회(8.26) 6만여 명, 7차 집회(9.2) 20만여 명, 8차 집회(9.4) 2만여 명, 9차 집회(9.16) 4만여 명이 참석했다. 뜨거운 아스팔트도, 추적추적 내리는 비도 교사들의 분노와 열기를 식히지 못했다.

현재까지 진행된 모든 집회는 어떤 교원단체나 조직이 주도한 것이 아니다. 교사 커뮤니티를 중심으로 홍보하며 집회 운영진을 매주 새롭게 꾸리고 집회 신

---

1) 의심 신고만으로 교사를 교실에서 분리시키고, 병가나 연가를 강요하거나 직위해제하는 현실, 교사에게는 그 어떤 변호의 기회도 제공하지 않는 부당함, 아동학대전담공무원이나 아동보호전문기관이 판정하는 아동학대 판정의 전문성 문제 등이었다.

2) 「서울 서초구 초등학교 교사 극단적 선택… "학부모 민원 시달려" 주장 퍼져」, 아시아경제, 2023.07.20.

3) 굳잡맨은 경기도에 근무하는 초등교사 박교순이다. 굳잡맨은 초등교사 온라인 커뮤니티인 인디스쿨에서 사용하는 닉네임이다. 「1차 교사집회 뒤 사라진 '굳잡맨', 그가 입을 열었다」, 교육언론 창, 2023.08.14.

고를 하고 음향 장비를 섭외하고, 지역에서 올라오는 이들을 위해 전세버스를 준비하여 한 번의 집회를 운영하고 해산하는 방식이었다. 하나의 점이 모여 큰 외침의 물결을 이루다 흩어지는 흡사 플래시몹과 같은 연출이 두 달 가까이 이어졌다.

9월 4일, 서이초 교사 49재를 '공교육 멈춤의 날'로 추모하며 국회의 조속한 입법을 압박했던 교사들의 단체행동은 6개 교원단체[4]의 공동행동을 견인했다. 법률 개정에 대한 공동요구안 발표(8.22), 보건복지위원장 면담(9.7), 더불어민주당대표 면담(9.10), 국민의힘당대표 면담(9.13), 169개 교직단체와 함께한 교권 보호 4법과 아동학대 관련 법 개정 요구(9.13), 국회의장 비서실장 면담(9.14) 등으로 이어졌다. 이런 검은 점들의 물결은 9월 21일, 교권 보호 4법이 국회 본회의 1~4호 안건으로 통과되는 성과를 만들어냈다.

교사 책임주의는 어떻게 강화되었나?

교육은 정치다. '정치'의 의미를 어떻게 규정하든 정치 아닌 교육은 없다. 일본 제국주의 시대는 물론, 군부독재 정권 시절에도 그랬고, 87년 6월 항쟁 이후 민주화되었다는 지난 30여 년도 그랬다. 교육 의제가 정치 쟁점화되면서, 국가·사회적 요구라는 이름으로 정략적 이해에 따라 수많은 법 조항이 양산되고 교육 현장에 투입되었다.

정치가 교육현장에 영향력을 행사하는 방식은 크게 두 가지로 볼 수 있다. 법

---

4) 6개 교원단체는 교사노조연맹, 새로운학교네트워크, 실천교육교사모임, 전국교직원노동조합, 좋은교사운동, 한국교원단체총연합회이다.(가나다순)

령과 예산이다. 법령에 근거하여 예산이 편성된다는 측면에서 법령에 예산이 포괄될 수 있지만, 그 비중을 어떻게 조정하느냐는 정치의 문제다. 그 정치적 논의의 과정에서, 정치적 중립성을 강제당하며 교사들은 철저히 소외되었다. 정치기본권이 없는 교사들이 정치기본권을 요구하려니 국제노동기구[10]에 기대어 문제 해결을 촉구하게 되고 정치권에서는 선거 때만 등장하는 공허한 구호로 전락했다. 그러나 지금처럼 교사의 정치기본권, 노동기본권 보장이 절실했던 때가 있었을까?

지난 30년간 국가·사회적 요구라는 명분으로 제·개정된 여러 법령으로 인해 학교는 엄청난 갈등과 혼란이 지속되고 있다. 물론 국가·사회적 맥락과 유리된 교육행위는 존재하기 어렵다. 무수한 맥락으로 얽혀 있는 사회에서 다양한 요구들 사이의 갈등은 또한 필연적이다. 문제는 그 갈등을 해결하는 방식이 '정치적 수사를 동원하는 정략적 접근'에 머물러, 갈등을 해결하는 것이 아니라 미봉책으로 또 다른 갈등을 파생시키고 있다는 것이다.

학교로 떨어진 각종 정책과 비정규직의 급증

학교에 양산된 비정규직, 여성 저임금 노동자의 문제다. 1997년부터 모든 학교에서 학교급식을 시행하게 됨에 따라 저임금 여성 노동자가 양산되었다. 1992년 김영삼 대통령의 대선공약으로 초등학교 전면 급식을 내세운 것이 그 시작이다.[5] '주부들의 자녀 도시락 문제 해결'이 주요 목적이었다. 사교육비를 절감한다는 이유로 특기적성 프로그램으로 운영되던 것을 노무현 정부에서는 '방과후 학교'로 전면화했다.[6] 외부 강사를 채용하고 이에 따른 각종 부수 업무를 학교가 맡게 되었지만 어떤 추가 인력도 지원하지 않았다. 몇몇 취약 지역에서 운

---

5) "정부와 신한국당은 주부들의 자녀도시락 문제 해결과 학생들의 건강을 위해 초등학교의 학교급식을 97년 말까지 전면 실시할 방침이다." 「초등학교 학교급식 '97년 말까지 전면 실시'」, 매일경제, 1996.02.16.
6) 「'방과후 학교' 정부가 직접 챙긴다」, 경향신문, 2005.05.04.

영되던 보육교실을 박근혜 정부는 '초등 돌봄교실'로 전국화하고, 문재인 정부는 '온종일 돌봄교실'로 확대하였다.[7] 학부모의 노동시간 보장을 내세우면서 학교에는 여성 저임금 노동자를 양산하고 정치적 명분만 강조되었다. 이렇게 새로운 정책과 제도가 시행될 때마다 학교 비정규직 노동자는 양산되었고, 관련 업무는 전례가 없었기에 교사들에게는 기피 업무 1순위가 되고 학교 내 갈등의 원인이 되었다.

법령 강제 필수 이수 교육

국가교육과정의 정해진 학년별 이수시간을 초과하는 수준의 '법령 강제 필수 이수 교육'의 문제다.[8] 이는 이미 여러 가지 방식으로 오랜 기간 논의되었고, 2022년 10월 18일 「초·중등 교육법」 개정으로 제23조의2 교육과정 영향 사전협의 조항이 신설되었다.[9] 그러나 교원단체나 교사들이 요구했던 것에 비하면 매우 느슨한 조항이다. 기존 법령으로 강제되는 것만으로도 학교 교육과정으로 소화하기 어려운데 이를 조정할 여지가 전혀 없고, 새로이 만들어진 법령만 영향평가를 하겠다는 것이기 때문이다. 기존 법안 중 학교교육과정 운영에 가장 심각한 영향을 끼치는 것이 바로 「아동복지법」이다.

1962년 제정된 「아동복리법」은 1981년 「아동복지법」으로 전면 개정된다. 이에 따라 시행령도 1982년 전면 개정되지만, 당시만 해도 안전교육 기준이라는 조항은 없었다. 2000년 다시 전부개정을 거치면서 '안전교육 기준'이 신설된다. 현재 시행 중인 법안(2022.6.21. 개정)과 비교해 보면 다음과 같다.

---

7) 「박 대통령 "돌봄교실 1석 3조"… "경력단절 없도록"」, 연합뉴스, 2016.06.23.

8) 한희정 외, 「교육과정 필수 이수 규정 법률 제정이 학교 현장에 미치는 영향 및 실태조사」, 서울시의회 정책연구보고서, 2020.

9) 제23조의2(교육과정 영향 사전협의) ① 중앙행정기관의 장은 제23조에 따른 교육과정에 소관 법령에 따라 교육 실시, 교육횟수, 교육시간, 결과보고 등이 의무적으로 부과되는 법정교육을 반영하는 내용의 법령을 제정하거나 개정하려는 경우에는 사전에 국가교육위원회와 협의하여야 한다.
② 제1항에 따른 사전협의 범위 및 방법 등에 필요한 사항은 대통령령으로 정한다.

[별표 3] 아동복지법 시행령(2000.7.27. 개정)

안전교육 기준(제4조 제1항 관련)

구분	교통안전교육	약물 오남용 교육	재난대비 교육
실시 주기 (총 시간)	2개월 1회 이상 (연간 12시간 이상)	3개월 1회 이상 (연간 10시간 이상)	6개월 1회 이상 (연간 6시간 이상)

▨ 2022년 개정된 아동복지법 시행령 별표6의 내용

[별표 6] 아동복지법 시행령(2022.6.21. 개정)

교육 기준(제28조 제1항 관련)

구분	성폭력 예방 교육	아동학대 예방 교육	실종·유괴의 예방·방지 교육	감염병 및 약물의 오남용 예방 등 보건위생관리 교육	재난대비 안전교육	교통 안전교육
실시 주기 (총 시간)	6개월에 1회 이상 (연간 4시간 이상)	6개월에 1회 이상 (연간 4시간 이상)	3개월에 1회 이상 (연간 10시간 이상)	3개월에 1회 이상 (연간 10시간 이상)	6개월에 1회 이상 (연간 6시간 이상)	2개월에 1회 이상 (연간 10시간 이상)

① 교육부 소속인 유·초·중·고등학교의 장은 교육부 장관이 정하는 안전교육계획에 따라 교육해야 하던 것을 아동복지법령에 따라 하도록 함.

② 교육 내용이 교통안전, 약물 오남용, 재난대비 3개에서 6개로 늘어났고, 최소 교육시간이 28시간에서 44시간으로 두 배 가까이 늘어남.

③ 교육계획 및 실시 결과에 대한 보고의 의무가 추가됨.

④ 초등학교 취학 전, 초등학교, 중·고등학교로 교육내용, 교육방법 등이 심화되고 세분화 됨.

그럼에도 어린이집, 유치원, 초·중·고등학교까지 모두 동일한 교육시간을 필수화한 것이나 시기를 몇 개월에 몇 회 이상으로 명시하는 방식은 변하지 않았다. 아동복지법 시행령에서 제시하는 안전교육만 매년 44시간이면 초등의 경우 도덕 교과 34시간보다 많은 양이고, 중·고등의 경우 1단위보다 많은 시수임에도 교육부는 타 부처 법안이라는 이유로 개정 요구에 난색을 표명했다. 정치권은 안전교육 기준을 줄이라고 요구했다가 관련 문제가 발생하면 정치적 책임에서 자유로울 수 없어서인지 소극적이었다. 결국, 학교만 관련 공문에 의거 계획 수립, 교육과정에 반영, 시행, 결과 보고를 매년 되풀이한다. 그 결과 창의적 체험 활동 시간 등은 본래 취지를 살리지 못하고 있다.

법령으로 강제되는 업무 총량의 무한 증가

각종 법령으로 강제되는 업무는 무한 증가하고 있다. 모든 교사가 '잡무'에 시달린다고 하소연하지만 사실 '잡무'가 아니라 법령에 근거한 일들이다. '교육'의 눈으로 볼 때 잡무로 보일 뿐이다. 다음의 〈표〉는 서울의 한 초등학교 안전생활부 담당 업무이다. 교직 경력 20년이 훌쩍 넘은 교사에게도 어느 것 하나 만만한 게 없을 정도다. 이 업무들을 수업도 하면서 기획하고 총괄 보고하는 책임을 맡아야 한다니, 교사가 이런 업무들까지 하고 있다는 걸 아는 국민이 얼마나 될까. '안전생활부'만 특이한 것이 아니다. 7개의 특수부 업무마다 꽉꽉 들어찬 항목에 질식할 정도다. 초등교사들의 보직 기피, 중등 교사들의 담임 기피 현상은 학교만의 특수한 현상이 아니라 법화사회[10]가 만들어낸 교직 사회의 현주소일 뿐이다.

---

10) '법화사회'는 한 사회에서 법이 발전해 온 여러 단계 중 한 국면에서 나타나는 현상으로 위기적이라고 할 만큼 법 규범이 늘어나고 복잡해지는 현상, 분쟁 해결 과정에 법 절차가 과도하게 개입하면서 사회적 맥락이 거세되는 현상, 정치적 도구로 개입주의적 규제 입법을 만들면서 법이 특수화되고 실제 목적이나 결과에서 변질되는 현상을 포괄한다. 김용, 「법화사회의 진전과 학교 생활세계의 변용」, 교육행정학연구, 35(1), 2017.

안 전 생 활 부	기획 및 총괄	000	• 안전생활부 총괄, 인성교육·안전교육·학교폭력예방교육·생명존중 및 자살예방 교육 • 아동학대 및 가정폭력예방교육 등 법정의무예방교육 총괄, 교권보호위원회 • 학교폭력업무, 학교폭력전담기구 운영, 학생생활규정, 교원안심번호 • 학교보안관 업무, 학교재난대피 훈련, 민방위 훈련, 안전강사 채용·관리, 방역 도우미 채용·관리
	학생 안전 인권	000	• 노인교통 및 하교도우미, 녹색어머니회, 학생 인권교육 • 안전점검의 날 안전교육, 안전체험관 관리

	전문
	상담사
		000	• Wee 클래스 운영, 학생상담 및 행정업무, 학생 정서·행동특성검사, 인터넷스마트폰
			  이용습관 진단조사
			• 외부상담기관 연계, 학교폭력 관련 업무지원(즉시분리, 조치결과 상담교육) 또래상담,
			  상담관련 업무

	보건	000	• 감염병 예방(코로나19 방역활동, 건강상태자가진단), 보건교육·보건수업(5G 17차시),
			  보건교육실 관리
			• 양성평등교육, 성교육, 비만 및 흡연 예방교육, 약물 오남용 예방교육, 성고충위원회
			  운영
			• 대기오염(미세먼지, 오존, 실내공기 질 측정 공문 및 보고), 아리수(물) 관리, 교내소독
			  및 위생관리, 심폐소생술 교육, 교직원 건강검진 안내
			• 학생 신체발달상황, neis 건강기록부(자가진단) 관리, 학생 건강(구강) 검사 및 별도
			  검사

	영양	000	• 식생활 및 영양교육, 영양 상담 운영, 급식실 운영 및 관리업무 전반, 학생 식당 관리, 위생·안전 관련 교육, 급식모니터링회 운영

다원화된 요구를 법령으로만 규제하는 사회

법과 원칙에 따른 사회의 공정성 주장은 현재 시행 중인 법령 밖의 세상을 바라볼 수 없게 하고 있다. 새로운 요구를 담은 정책을 추진하면서 '적극 행정'을 장려하고 포상하겠다고 해도, 흔히 말하는 '복지부동'이 나타나는 것은 많은 일이 학교 안에서 해결되지 못하고 '쟁송'의 대상이 되고 있는 현실에 따른 것이다. 이런 상황을 부채질하고 있는 법령 등을 보면 다음과 같다. 공무원 성과상여금 지급 규정 도입, 「학교폭력예방 및 대책에 관한 법률」, 「아동복지법」과 「아동학대처벌법」에 따른 교육부의 대응 매뉴얼 등이다.

「국가공무원법」과 「공무원 수당 규정」에 따른 성과상여금 제도의 변화에 대해서는 생략하고, 현재 상황만 보면 다음과 같다. 성과급이 도입된 초기에는 전체 교원 연봉 총액의 일정 비율을 떼어 성과급을 주는 것이니 호봉에 따라 등급을 산정하자는 것이 학교 현장에서 적용된 논리였다. 그럼에도 이를 반대하고, 거대한 반납 투쟁을 하면서 몇백억 원의 장학기금이 마련되기도 했다. 그러나 이명박 정부에서는 '호봉에 따른 성과급 지급'을 전면 금지하고 그런 지급 기준을 만든 학교에 대해 감사를 벌이며 학교 현장을 압박했다. 그에 따라 학교 현장은 지급된 성과급을 다시 균등 분배해서 똑같이 나누거나, 돌아가며 성과급을 받는 순환 등급제 같은 묘안으로 대응했다. 박근혜 정부는 균등 분배를 부정한 방법이라고 법령을 바꾸고 최대 해임까지 가능하도록 교원 징계 양정표에 반영하였다.[11]

열심히 하면 더 주겠다 → 받은 만큼만 일하겠다 → 더 받으니 더 많이 일해라

그 후 학교 현장의 성과급은 완전히 다른 기류를 타고 흘러갔다. 성과급이 없던 시기를 겪었던 거부 투쟁 세대와 이후 교직에 입문한 세대는 확연히 달랐다. 받은 만큼만 일한다는 것이다. 학교의 '교육행정 업무'를 많이 하는 보직교사들과, 초등의 경우 기피 학년인 6학년을 담임하는 교사들에게 높은 등급을 주는 것으로 정량평가 지표들이 만들어졌다. 그렇게 성과급 정량평가 지표가 만들어지니 그럼 어떤 업무에 보다 높은 점수를 주어야 하는지, 6학년 말고 다른 학년 점수는 어떻게 되는지, 특수·보건·영양 교사들의 점수는 어떻게 배정해야 하는지

---

11) 한희정. 「저항인가, 권력인가? 교원성과상여금 제도에 관한 자서전적 방법의 연구」. 교육문제연구. 32(4). 고려대학교 교육문제연구소. 2019.

등으로 논란과 갈등의 원인이 되었다. 학년 말이면 대부분 학교에서 논의되는 '인사 규정'안에는 그런 정량평가 지표에 대한 합의도 포함되어 있다.

호봉에 따라 성과급을 주던 방식이 교육행정 업무를 많이 하는 교사에게 주는 것으로 바뀌자 누군가 힘든 업무를 하면 '그래서 성과급 S등급 받잖아'로 변질되었다. 돈을 받은 만큼만 일하겠다는 주장은 돈을 더 많이 받는 만큼 일을 더 해야 한다는 논리로 변질되었고, 한 번 도입된 업무는 갈수록 늘어나고 줄지는 않았다. 그러니 교사들은 보직교사를 기피하게 되고 결국 '인사 규정'에 따른 점수로 학년을 배정하고, 보직교사를 배정한다. 그게 학교 안의 공정이 되었다. 이런 현실은 지난 20년 동안 온갖 법령이 만들어 낸 과도한 업무를 성과급을 통해 해결하려고 했던 교육 당국과 정치권의 무관심에서 기인한 것이다.

규정이 낳은 소외 현상, 기피 학년

교사들에게 업무를 배정할 때 희망 업무를 1순위에 놓되 경합인 경우 점수에 따라 학년을 배정하게 되면 '기피 학년'에는 전입 교사나 학년 점수가 낮은 교사가 배정된다. '기피 학년'은 거의 모든 초등학교에 있는데 이유는 그 학교 내에서 상대적인 기준이 작동하기 때문이다. 과거에는 가르치기 힘든 학년이 기피 학년이었다면 요즘은 소통하기 힘든 학부모가 있는 학년으로 바뀌고 있다.

문제는 그런 학년일수록 대화와 소통, 협력과 참여를 중심에 두고 학생과 학부모를 만나야 하는데 '점수에 따라 억지 배정'된 교사들은 그럴 여유나 여력이 없어진다는 것이다. 자녀의 문제나 어려움을 인정하지 않으면서 상습적으로 민원을 넣거나 불만을 터트리는 경우가 대부분이라 설령 그런 노력을 하려고 해도 쉽지 않다. 최근 10년의 경향은 '담임 교체' 요구를 넘어 '아동학대' 신고로 또 다른 변곡점을 만들어내고 있다.

90년대 말부터 시작된 학부모들의 '담임 교체' 요구는 담임교사의 폭언이나 폭력에 대한 다수 학부모의 정당한 대응이었다. 학교에 남아 있던 권위주의 시대의 잔재가 학부모의 요구로 정리되었던 측면이 있음을 부정할 수 없다. 현재는 집단적인 '담임 교체' 요구는 거의 사라지고 개별적인 '아동학대' 신고가 늘고 있다. 물리적·신체적 '학대'를 넘어 정서적 학대에 대한 사회적 경각심이 학교 현상에 투사된다는 측면에서 긍정적일 수는 있지만, 이에 관한 미흡한 법령과 매뉴얼은 '무고'에 의한 아동학대 신고를 방치하며 다수의 피해자를 양산하고 있다.

전 세계적으로 유래 없는 법, 학교폭력예방법

「학교폭력예방법」은 2004년 1월 29일 공포되어, 2004년 7월 30일부터 시행되었다. 제정 초기에 학교폭력은 '학교 내외에서 학생 간에 발생한 폭행·협박·따돌림 등에 의하여 신체·정신 또는 재산상의 피해를 수반하는 행위로서 대통령령이 정하는 행위'로 정의되었다. 그러나 2012년 1월 26일 일부 개정으로 학교폭력은 '학교 내외에서 학생을 대상으로 발생한 상해, 폭행, 감금, 협박, 약취·유인, 명예훼손·모욕, 공갈, 강요·강제적인 심부름 및 성폭력, 따돌림, 사이버 따돌림, 정보통신망을 이용한 음란·폭력 정보 등에 의하여 신체·정신 또는 재산상의 피해를 수반하는 행위'로 확대되었다.

기는 학폭법 위에 나는 학폭 전문 변호사

'학교 내외에서 학생 간에 발생한 사안'에서 '학교 내외에서 학생을 대상으로 발생한 사안'으로 확대되면서 학교는 학교폭력을 둘러싼 쟁투의 현장이 되었다. 무엇보다 학생을 대상으로 발생한 사안을 모두 학교폭력으로 적용하면서 그 범위는 무한 확장되었고, 학교 내외라는 규정은 아파트 놀이터에서 일어난 일도, 학원에서 일어난 일도 모두 학교폭력으로 신고가 들어왔다. 경미한 사안도 CCTV 열람을 요구하는 학부모가 늘었고, 가해 학생 보호자의 인정과 사과를 받아내기는 점점 더 어려워졌다. 게다가 학교폭력대책위원회의 처분 결과를 학생의 학교생활기록부에 기록하도록 교육부가 '학생생활기록 작성 및 관리지침' 훈령을 개정한 2012년 이후 학교를 둘러싼 행정심판청구는 2011년 0건에서 2012년 175건, 2019년 893건까지 폭증한다.[12]

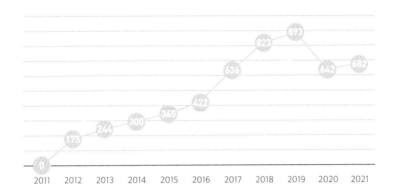

▨ 2011년 이후 학교폭력 가해 학생 측의 행정심판 청구 현황

상담과 화해, 권고 등 교육적으로 문제를 해결하고자 했던 교사들은 피해 학생 보호자와 법률 대리인을 통해 오히려 피소당했고, 새로운 문제가 발생할 때마다 내용이 추가되고 수정되면서 교육부의 대응 매뉴얼은 매년 개정되어 이를 미처 숙지하지 못한 업무 담당자들은 그 실책으로 학교를 행정심판의 대상으로 만들었다. '기는 학폭법 위에 나는 학폭 전문 변호사'들이 있기에, 할 수 없이 학교는 교육부 매뉴얼을 철저히 숙지하고 그 규정에 따라 기계적으로 절차를 수행하는 것이 최선임을 학습하게 되었다. 그리고 학교폭력 관련 업무는 누구도 원하지 않는 기피 업무 1순위가 되었다.

---

12) 「학폭 행심 5배 폭증... 교권 침해까지 기재하면 "학교는 소송판"」, 오마이뉴스, 2023.07.27.

누구도 원하지 않는 기피 업무 1순위, 누구도 만족하지 못하는 결과

미국, 영국, 프랑스, 독일 어느 나라도 학생을 대상으로 하는 학교 내외의 폭력을 '학교폭력'으로 정의하지 않는다. 학교에서의 괴롭힘^{Bullying}에 대해 교육하고 예방하지 이를 법적 다툼의 대상으로 만들지 않는다. 여타의 다른 형법에 따른 기소와 민사가 있을 뿐이다.

학교폭력을 둘러싼 담론의 지형이 매우 복잡하지만, 누구나 동의하는 것은 현재의 방식으로 학교폭력은 예방되지도 줄어들지도 못할 것이라는 점이다. 무엇보다 '학교폭력'이라는 명칭 자체가 품고 있는 학교에 대한 부정적 이미지, 어디에서 발생하든 학생을 대상으로 하는 모든 것을 포괄함으로써 과잉 해석의 가능성을 현실화하는 방식, 조기 예방만이 최선인 상황에서 법적 쟁송만 남게 된 불완전한 대책이라는 오명 등은 이 법률의 존재 의미를 다시 묻게 한다.

본말전도!
'아동복지법'과 '아동학대처벌법'에 대한 교육부 대응 매뉴얼

부모에 의한 영아 살해, 코로나 팬데믹으로 인한 거리두기로 고립된 가정의 아동학대 문제가 사회적 이슈로 부각되면서 이 문제에 대한 사회적 경각심이 높아졌다. 그러나 무엇보다 아동의 안위와 안녕을 염두에 두어야 할 학교 현장에서는 이 법에 대한 공포에 가까운 두려움이 일반화되어 버렸다. 초기에는 아동학대 신고 의무자로서 의무를 다하다가 피소를 당하거나 괴롭힘을 당하는 동료의 사례를 보고 들으면서 가졌던 막연한 걱정이 현재는 나도 언제든 아동학대 교사로 피소당할 수 있다는 현실 인식으로 확대되었다. 대부분 교사는 '지금 우리 교실에는 녹음기가 돌아가고 있다'는 자기 검열을 일상화하고 있다.

▨ 아동학대 예방 및 대처요령 교육 부문 가이드북 협의 자료(교육부, 2023.1.14.)

(가이드북) 교사 등이 아동학대 행위자로 신고된 경우 학교와 교육(지원)청의 대응

- **학교장**은 사안에 따라 **2차 피해 예방이 필요하다고 판단되는 때**에는 교육(지원)청 아동학대 및 교원업무 담당자 등과 협의한 후, 사안의 경중과 피해 아동 및 그 보호자의 의사 등을 **종합적으로 고려**하여 해당 교사 등을 **피해 아동으로부터 분리하는 등의 조치 가능.**

  ※ **분리의 예시:** 동선 분리, 수업 배제, 업무 배제, (임시)담임 교체, 연가 등의 승인 등

  ※「교육공무원법」개정(2021.12.25. 시행)으로 아동학대 혐의로 수사 개시된 교원의 비위의 정도가 중대하고 이로 인하여 정상적인 업무 수행을 기대하기 현저히 어려운 경우 교사에 대한 직위해제 가능(「교육공무원법」 제44조의 2 제1항 제4호 마목)

  - 이때, 학교나 교육(지원)청은 지자체·아동보호전문기관 등 **아동학대 대응 주관 기관의 의견을 청취**할 수 있으며, **필요시 지자체 정보연계협의체 등을 통해 기관 간 협조 요청 가능.**

- 아동학대전담공무원 또는 수사기관에서 **현장조사를 실시**(교육지원청의 업무 담당자가 동행하는 경우도 있음) 할 때, **아동의 평소 생활이나 특이사항 등을 파악**하기 위하여 **아동학대범죄신고자나 담임교사·상담교사 등이 조사 또는 면담 대상으로 포함**될 수 있음

- **교육(지원)청은 피해 학생 대상 지속적 모니터링 및 관리.** 이후 피해 아동의 회복 지원을 위한 관련 기관 연계 등 **적극적인 사후관리 진행.**

가장 핵심적인 문제는 교육부의 '아동학대 대응 매뉴얼'이다. 「아동복지법」과 「아동학대처벌법」을 공개적인 교실 현장에도 기계적으로 적용하면서 교사에 대한 아동학대 신고가 남발되도록 조장하는 것이다. 다음 〈표〉에 따르면 교사 등 교직원이 아동학대 행위자로 신고가 들어오면 학교장은 아동학대 신고의무자로 곧바로 교육지원청에 신고해야 한다. '사안의 경중과 피해 아동 및 그 보호자의 의사 등을 종합적으로 고려'하여 '교사 등을 피해 아동으로부터 분리' 등의 조치를 취해야 하는데 여기에 신고 대상자인 교사에 대한 의견 청취는 배제된다. 신

고만으로도 아동학대 교사에 대한 즉시 분리가 진행되는 상황이다. 「학교폭력예 방법」도 신고만으로도 가해 추정 학생과 즉시 분리를 시행하지만 기한은 3일로 명시되어있다. [13]

학부모나 학생의 주장만으로도 학교관리자에 의해 지방자치단체, 경찰서에 신고가 진행된다. '의심이 있는 경우'는 최소한의 '사실 확인 과정'이 필요하지만 인지한 즉시 신고하지 않으면 과태료가 부과된다는 규정에 대부분 기계적으로 신고한다. 누구든지 의심만 되어도 신고할 수 있다는 「아동학대처벌법」 제10조 제1항, 신고의무자로 정당한 사유 없이 아동학대 범죄 미신고시 천만 원 이하의 과태료를 부과한다는 「아동학대처벌법」 제63조의 조항은 '아동학대신고 의무자 교육'에서 빠지지 않고 강조된다.

「아동학대 예방 및 대처요령 가이드북」 교육부. 2023. 91쪽.

- 누구든지 아동학대범죄를 알게 된 경우나 그 의심이 있는 경우에는 시·도, 시·군·구 또는 수사기관에 신고할 수 있음. 「아동학대처벌법」 제10조 제1항

- 교육현장 직무수행 중 신고의무자로서 아동학대범죄를 알게 된 경우나 그 의심이 있는 경우에는 시·도, 시·군·구 또는 수사기관에 즉시 신고하여야 함. 「아동학대처 벌법」 제10조 제2항

- 신고의무자는 직무상 알게 된 비밀을 누설하여서는 아니 됨. 「아동학대처벌법」 제 35조 제1항

- 신고의무자의 아동학대범죄 미신고 시 과태료 부과. 「아동학대처벌법」 제63조

- 신고의무자는 아동학대범죄를 알게 되었거나 '의심만 되어도' 신고

- 정당한 사유 없이 신고하지 않을 경우 1천만 원 이하의 과태료 부과

- 과태료는 기관 단위가 아닌 사람 단위로 부과

---

13) 최근 이슈에 따른 대응으로 교육부는 2023년 4월 12일 발표한 「학교폭력근절 종합대책」을 통해 즉시 분리 기 한을 3일에서 7일로 확대하였다. 「내달부터 학폭 가해-피해 학생 즉시 분리 기간 3→7일로 확대」. 머니투데이. 2023.8.27.

신고 다음 이어지는 처분은 담임 배제이다. 학교장은 담임 배제를 위해 연가나 병가, 휴직을 강권하고 교육청은 직위 해제한다. 이 과정을 겪은 교사들은 '소명할 기회'조차 보장받지 못하고 아동학대 교사로 신고되었다는 충격에 경황없이 '병가'를 받아들이게 된다. 그것이 학급의 다른 아이들을 위한 배려라는 이유와 함께. 하지만 교육부의 이런 매뉴얼은 「교육공부원법」 제44조의2(직위해제) 규정, 무죄 추정의 원칙에도 위배 된다. 의심 신고만으로도 '비위의 정도가 중대하고 이로 인하여 정상적인 업무 수행을 기대하기 현저히 어려운 자'가 되어 대부분 직위해제가 되는 것이다.

교사 100명 중 2명 아동학대행위자로 등록, 그중 약 1.5%만 기소

2022년 10월 전국교직원노동조합이 교사 6,243명을 대상으로 한 설문조사에서 자신도 아동학대로 의심받아 신고될 수 있다고 생각하는 교사가 10명 중 9명(92.9%)에 달한다는 결과를 발표한 바 있다. 실제 아동학대 신고나 민원을 직접 받거나 그런 동료교사를 본 적이 있다는 응답은 61.7%였다. 아동학대 신고 내용은 정서학대가 61%로 가장 높았지만, 특수학교의 경우는 신체학대가 가장 높게 나왔다.[14]

아동학대 신고나 민원을 받은 적이 있다는 응답자 중 무혐의 처분을 받았다고 밝힌 비율은 61.4%, 유죄가 확정된 사례는 1.5%였다. 신고 건수에 비해 실제 처벌 비율이 낮은 데 대해 교사들은 신고 처리 과정에 문제가 있다고 응답했다. 응답자의 96.7%는 '오해로 인한 신고가 있다'고 했고, '교육부의 아동학대 예방 가이드북이 현장 실정에 맞지 않다'(95.2%), '소명 기회나 진상조사 없이 신고나

---

14) "2014년 「아동학대처벌법」이 제정된 후 2021년까지 아동보호전문기관 또는 지방자치단체로부터 '아동학대 사례'로 판단되어 '아동학대 행위자'로 국가가 관리하는 시스템에 등록된 유·초·중·고등학교의 교직원은 9,910명이다. 교직원으로 분류되었지만 대부분 아동을 직접 교육하는 교원으로 추정된다. 한국교육개발원 교육통계 자료에 따르면 2021년도 유·초·중등 교원 수는 500,859명으로 9,910명은 전체의 1.98%이다. 2014년 이후 8년간 100명 중 약 2명의 교사가 아동학대행위자로 판정받은 것이다." (「교육활동 보호를 넘어 온전한 교육권을 보장하라」, 김민석, 교육활동보호 국회 포럼 자료집, 2023.5, p.134)

민원만으로 교육청·관리자가 수사기관에 신고한다'(91.6%)고 응답했다.

실제로 아동학대 신고 접수는 꾸준히 늘고 있다. 가슴 아픈 아동학대 사건이 언론에 보도되다보니 사회적 경각심이 커진 것도 사실이다. 더불어 같은 시기에 아동보호전문기관(2017~2019년) 또는 지방자치단체(2020년~2021년)가 '아동학대 사례'로 판정한 경우가 신고 접수 대비 60~70%에 이른다.

▨ 최근 5년간 전체 아동학대 신고와 학대로 판정되는 사례 수(보건복지부, 2022)

	2017년	2018년	2019년	2020년	2021년
아동학대 신고 접수(명)	34,169	36,417	41,389	42,251	53,932
아동학대 의심 사례(명)	30,923	33,532	38,380	38,929	52,083
아동학대 사례(명)	22,367	24,604	30,045	30,905	37,605
신고접수 대비 학대 판정	65.46%	67.56%	72.59%	73.15%	69.73%

보건복지부와 아동권리보장원이 2022년 발표한 자료에 따르면 2017년부터 2021년까지 '아동학대행위자'로 등록된 유·초·중·고등학교 교직원의 수는 8,413명에 이른다. 해마다 1,683명의 교사가 아동학대행위자로 등록되는 셈이다. 아동학대행위자로 등록된 교직원들이 실제 형사 소송에서 「아동복지법」 위반으로 처벌받은 사례는 얼마나 될까? 주무 부처인 보건복지부나 교육부 어느 곳도 이런 통계를 내지 않고 있다. 교육부에 자료를 요청하면 보건복지부에 정보공개청구를 통해 받으라는 답변을 하고 있다고 한다. 결국 국가통계포털KOSIS에 등록된 공무원의 범죄자 통계를 활용했다. 공무원 중 아동복지법 위반자의 사법처리 결과와 아동학대행위자로 등록된 교직원 수를 대비해보니 전교조의 보도자료처럼 평균 1.48%의 기소율이 나왔다.

기소되는 비율이 1.48%일 뿐이고, 이중에도 무죄가 되는 사례도 있다. 또한,

아동학대행위자로 등록되는 교직원에 대한 기소 비율이 1.48%라면 아동학대로 신고된 교사 수 대비 기소 비율은 얼마나 될까? 교사 중 93%가 나도 아동학대로 신고될 수 있다고 생각한다는 응답이 부풀려진 통계가 아님을 알 수 있다.

▨ 아동학대행위자로 등록된 교직원 수, 형사 처분 결과

	아동학대 행위자 등록 교직원 수(a)	기소		보호 처분		불기소, 기소중지 등		보완 수사 요구	아동복지법 위반 공무원 수(e)	형사소송 비율 (e/a)
		수(b)	비율(b/a)	수(c)	비율(c/a)	수(d)	비율(d/a)			
2017	1,626	18	1.1%	42	2.6%	67	4.1%	-	127	7.8%
2018	2,249	28	1.2%	52	2.3%	78	3.5%	-	158	7.0%
2019	2,309	35	1.5%	86	3.7%	99	4.3%	-	220	9.5%
2020	1,000	20	2.0%	66	6.6%	98	9.8%	1	185	18.5%
2021	1,229	20	1.6%	131	10.7%	170	12.6%	13	334	27.2%
평균	1,683	24	1.48%	75	5.2%	102	6.7%		205	14.0%

코로나 영향으로 아동학대행위자로 등록된 교사의 절대 수는 절반 이하로 급감했지만 신고 건수에 대한 형사 소송은 급증했다는 것을 알 수 있다. 그 결과 기소되는 비율은 오히려 줄고 불기소나 기소 유예, 각종 보호 처분은 늘어나고 있다는 것도 확인할 수 있다. 물론 아동학대행위자로 등록된 교직원이 「아동복지법」 위반 공무원과 등치 되는지에 대한 것은 관련 자료를 발표하지 않은 상황에서 구체적으로 확인할 수는 없지만, 변화의 추세를 살펴볼 수 있는 자료는 될 것이다. 더불어 전교조의 설문조사 결과가 결코 과장되거나 허황된 것이 아니라는 것도 확인할 수 있다.

법화사회의 무한루프:
교직을 떠나는 교사와 상처받는 아이들

2010년부터 2022년까지 초등학교 교사 수는 지속적으로 줄고 있지만 명예퇴직 비율은 2015년 급격히 늘었다가 특히 2015년에는 2%를 넘었고, 최근에는 약 1.28%를 유지하고 있다. 의원면직(사직) 비율은 2010년 0.023%였다가 2014년 즈음 0.098%까지 치솟았다. 이후 0.1%를 넘지 않다가 갑자기 최근 2021년과 2022년에 0.2%를 넘어가고 있다. 질병휴직 비율 역시 2010년 0.149%에서 2019년 0.855%까지 치솟는다. 최근인 2021년과 2022년은 약 0.5% 정도에 머무르고 있다. 의원면직과 질병휴직은 시기마다 변곡점이 있긴 하지만 명예퇴직의 흐름과는 다르게 전반적으로 증가하는 추세라는 것은 분명하다. 의원면직을 선택하는 교사들은 대부분 명예퇴직하기에는 경력이 부족한, 20~40대 교사라는 것 역시 추측해 볼 수 있다.

2010년부터 2022년까지 초등교사의 명예퇴직, 의원면직, 질병휴직 변화 추이

	초등교사 수 (명)	명예퇴직		의원면직		질병휴직	
		수	비율	수	비율	수	비율
2010	120,089	1,006	0.838%	28	0.023%	179	0.149%
2011	120,667	1,216	1.008%	12	0.010%	320	0.265%
2012	116,539	1,140	0.978%	22	0.019%	384	0.330%
2013	117,696	1,511	1.284%	38	0.032%	421	0.358%
2014	114,304	1,061	0.928%	112	0.098%	473	0.414%
2015	114,104	2,460	2.156%	37	0.032%	535	0.469%

2016	114,789	1,202	1.047%	113	0.098%	658	0.573%
2017	114,404	1,116	0.975%	70	0.061%	644	0.563%
2018	114,494	1,195	1.044%	39	0.034%	842	0.735%
2019	113,868	1,409	1.237%	24	0.021%	974	0.855%
2020	113,529	1,628	1.434%	19	0.017%	783	0.690%
2021	113,385	1,458	1.286%	268	0.236%	571	0.504%
2022	113,267	1,454	1.284%	298	0.263%	638	0.563%
평균	115,472	1,374	1.19%	83	0.07%	571	0.50%

물론 이런 통계가 교사의 아동학대 신고와 직접적인 연관성이 있다는 연구나 조사 결과는 없다. 다만, 아동학대로 신고당한 교사들 대부분이 병가와 직위해제의 과정을 겪는다는 것, 아동학대가 아님이라는 판정을 받아도, 형사사건으로 피소되어 무죄, 무혐의, 불기소, 기소유예 등의 처분을 받아도 그 과정에서 일상이 대부분 망가지고 심신이 지친다는 것 등을 고려할 때 상관관계가 없다고 보기도 힘들다.

교권 침해라고 다를까?

'아동학대 피소'는 아동학대행위자로 고소 혹은 고발을 당했다는 의미다. '교권 침해'는 법적으로 보장된 교권을 침해당했다는 의미다. 전혀 다른 것 같은 두 사안은 또다시 '학교폭력'과 그물처럼 얽혀 있다. 필자가 당사자에게 직접 들었던 아주 구체적인 사례를 보면 이렇다.

① 학교폭력 가해자로 처분을 받을 상황에 처한다. → 학부모가 교사를 아동학대로 신고한다.
② 자녀의 말만 듣고 학부모가 교사를 아동학대, 또는 성폭력 교사로 신고하고 SNS에 확정적인 것처럼 퍼트린다. → 긴 고통의 시간 끝에 교사는 무혐의 처분을 받는다.

→ 교사는 교권 침해, 무고 등으로 고소하지 않는다.[15]

③ 교사가 학부모를 아동학대로 신고한다. → 학부모도 교사를 아동학대로 신고한다.

④ 특정 학생과 보호자에 의해 교권 침해를 받고 있음에도 교사는 교권 침해 신고를 하지 않는다. → 학년이 올라갈수록 더 심각해진다.[16]

⑤ 관리자를 교권 침해(갑질)로 교사가 신고한다. → 사안 조사를 하러 내려오지만, 조사자는 곧 교장이 될 지역청 장학사이고, 관리자 징계가 아닌 피해교사에게 특별연수나 전출을 권고한다. → 교사가 교육청에 감사 청구를 한다. → 교육청으로부터 아무런 연락이 없다.

이 모든 사안이 교권 침해와 관련되어 있지만, 드러나지 않고 있는 이면의 개인화된 고통으로 여기저기 떠다니고 있다.

무엇이 쟁점인가!

2023년 7월부터 토요일마다 광장으로 모여드는 교사들은 안전한 교육환경 조성을 외치며, 「유아교육법」, 「초중등교육법」, 「교원지위법」, 「아동학대처벌법」, 「아동복지법」, 「학교폭력예방법」, 「특수교육법」 등의 개정을 요구하고 있다. 이에 따라 교육부와 시·도교육청은 조속한 입법 추진에 힘을 보태겠다고 밝힌 바 있고 국회 역시 교권보호 4법을 9월 21일 본회의 1호 안건으로 통과시키

---

15) 「아동학대처벌법」에 근거한 「아동학대 예방 및 대처요령 교육부문 가이드북」에 따르면 의심만으로도 신고할 수 있기 때문에 무고를 입증하는 것은 거의 불가능하다.(「아동학대 신고당하면 검경 조사만 수개월...위축되는 교사들」, 연합뉴스, 2023.07.22.) 교권 침해를 당한 대부분의 교사들은 명예훼손이나 허위사실 유포 등으로 민형사상 소송을 제기하는 것 자체를 꺼린다. 학생과 학부모를 대상으로 하는 것에 대한 심리적 부담이 크기도 하고, 악몽 같은 경험을 소송을 하면서 다시 떠올리게 되는 것 자체가 두렵기 때문이다.

16) 교사들의 교권 침해, 아동학대 신고 등을 담당해온 변호사 등에 따르면 "교육청도 학교도 문제가 커지는 걸 싫어한다. 당연히 조용히 마무리길 원한다. 교사들에게 조금만 참으라고, 참으라고 하는 게 전부다....교권보호위원회가 잘 열리지 않는 것도 마찬가지다. 학교 측이 원치 않는다는 무언의 압력을 넣는다. 심지어 지역 장학사들조차 말린다. 마치 그 지역만 문제가 있어 보이니까."라고 진단한다. 더불어 "조기 치료가 절실한데 학부모가 거부하는 게 아동방임이다. 요즘 사회적으로 큰 문제가 되고 있는 묻지마 폭력, 이상동기 범죄의 원인 중 하나가 정신질환 치료를 제대로 받지 못해서라고 하지 않나. 국가적 차원에서라도 꼭 필요한 조치"라고 강조하고 있다. 조기에 발견하고 적기에 지원해야 하는데 그런 시스템이 작동되지 않아 학년이 올라갈수록 수업 방해 행동의 양상이 심각해진다.(「훈육이 학대가 되는 교실... 머지않아 교사 구인 전단지 돌리겠지요」, 한국일보, 2023.08.09.)

며 공교육 정상화에 대한 국민의 염원에 화답하였다.

그러나 교권보호 4법이 통과되었다고 교사들이 아동학대 신고로부터 자유로워지는 것은 아니다. 교육부가 고시한 「학생 생활지도 고시」나 「교권 회복 및 보호 강화 종합방안」도 마찬가지다. 실질적인 인력 지원 없이 학교 안에서 기존의 인력으로 해결하라는 것과 교권 침해 사안을 학교생활기록부에 기재하겠다는 것, 정서·행동위기 학생에 대한 지원 대책이 없다는 것 등은 현재 전국의 유·초·중·고등학교에 또 다른 갈등을 만들어내고 있다.[17]

지방자치단체의 아동학대전담공무원이나 사례판정위원회에서 아동학대행위로 판정된 사례의 약 1.5%만이 형사절차에서 기소되는 이 현실은 아동학대 신고가 오남용되고 있음을 단적으로 보여주고 있다. 무고성 아동학대 신고로 인해 고통받는 교사들과 위축되는 교사들을 보호하기 위해서 「아동학대처벌법」, 「아동복지법」, 「학교폭력예방법」, 「특수교육법」 등의 추가 개정이 반드시 필요하다.

교사의 교육행위를 아동학대의 범위에 넣을 것인가?

「아동복지법」과 「아동학대처벌법」 개정 관련 논의는 시작되었다. 여러 건의 개정안이 발의되었다. 「아동복지법」에서는 법령에 따른 교사의 교육활동은 아동학대로 보지 않는다는 단서 조항을 신설하는 안, 「아동학대처벌법」에서는 학교 내에서 발생한 아동학대 신고는 지방자치단체가 아닌 시·도교육청에서 이원화하여 처리하도록 하는 안으로 갈음된다.[18]

이런 개정안에 대해 교사들은 「아동복지법」이나 「아동학대처벌법」 자체가 외부의 시선이나 조력을 받지 못하고 사적인 공간에서 이루어지는 학대 행위에서 아동을 보호하기 위한 목적이므로, 학교에서의 교육활동은 이 법에 해당하지 않음을 주장하고 있다. 즉, 「아동복지법」 제3조3항 '보호자의 정의'에서 교사를 제외

---

17) 「교육부 교권 회복 및 보호 강화 종합방안 관련 논평」, 전교조 보도자료, 2023.8.23.
18) 「'정서적 학대 금지' 아동복지법 개정 요구 분출… 교사면책 쟁점」, 연합뉴스, 2023.09.11.

할 것을 요구하는 것이다. 이런 요구는 현재 논의되고 있는 두 법의 개정안이 교사에 대한 무분별한 아동학대 신고를 막을 근본적인 장치가 되지 못한다는 것[19], 지난 10여 년간 지방자치단체와 아동보호전문기관이 교사의 교육적인 행위들을 아동학대 행위로 정의하면서 어떤 기관의 아동학대 사례판정도 교사를 보호하지 않고 있다는 불신에서 나온 것이다.[20]

학생 수는 줄고 있지만 역으로 늘어나고 있는 수치는?

한국교육개발원이 매년 실시하는 교육통계에 따르면 초등학교에 재학 중인 학생 중 특수교육대상자의 비율은 지속적으로 증가하고 있다. 초등학교에 재학 중인 학생 수는 2000년 약 400만 명에서 2022년 260만 명으로 급감했지만, 특수학급 배치 학생 수는 2000년 약 2만 명에서, 2023년 3만3천 명으로 오히려 늘었다. 초등학교에 재학 중인 학생 수 대비 특수학급 배치 학생 비율은 0.51%에서 1.27%로 급증했다.

▨ 초등학생 수 대비 특수교육대상 학생의 비율 추이[21]

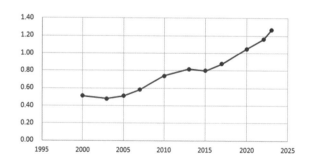

19) 「죄 없는 교사, 학부모 타깃 되면… '아동학대 누명' 2년 시달린다」, 중앙일보, 2023.08.14.
20) 「아동학대처벌법은 학교에서 어떻게 '괴물'이 됐나」, 오마이뉴스, 2023.08.01.
21) 한희정, 「코로나 이후에 나타난 초등 아이들의 발달지연」, 민들레 148호, 2023, p.85.

교육부가 매년 발표하는 '특수교육 연차보고서' 2023년 자료에 따르면 장애 영역별 특수교육대상자 현황을 볼 수 있다. 시각 장애, 청각 장애, 지적 장애, 지체 장애가 차지하는 비율은 점차 줄어드는 반면, 자폐성 장애와 발달 지체의 비율은 급증하고 있음을 확인할 수 있다. 발달 지체는 2015년 4.9%에서 2022년 11.8%로 두 배 넘게 증가했다.[22] 그럼에도 특수교육대상 학생에 대한 지원인력이나 특수학교 신설은 제자리걸음이다. 이를 위한 「특수교육법」 개정이 절실한 상황이다.

또한, 현재의 아동학대 신고가 학교폭력과 전혀 무관하지 않다는 점을 고려할 때 '학교 내외에서 학생을 대상으로 한 거의 모든 폭력'을 학교폭력으로 규정하는 현행 「학교폭력예방법」 역시 새로운 관점에서 다시 논의해야 한다.

안전한 교실을 위해 진짜 필요한 것 = 포괄적 지원 체제

초등학교 교사로 25년 교단에 서며 언제나 느끼게 되는 점은 이 세상에는 매우 다양한 아동들이 있으며 그의 가족이나 아동 모두 독특한 배경 속에서 자신들의 삶을 살고 있다는 것이다. 정량화된 통계로서의 숫자보다 그들과 하루하루 교실에서 부대끼며 지내는 일상의 파노라마는 어느 한 해도 똑같다 할 수 없을 정도로 다양하다. 별의별 희귀한 사례와 사연들을 만나면서 학교나 교사가 근원

---

22) 물론 장애나 발달에 대한 사회적 인식이 바뀌고 보호자들의 관심이 커짐에 따라 진단을 받는 대상 학생 수가 늘어난 측면도 무시할 수는 없을 것이다. 그럼에도 발달 지체나 자폐성 장애 진단을 받은 학생의 절대수가 늘어나고 있는 이 추세에 대한 면밀한 연구와 대책이 필요하다는 것을 부인하기는 어려울 것이다.

적인 개입과 도움을 줄 수 있는 존재인가를 끊임없이 묻게 된다. 근래에는 부모에 의한 아동학대와 살해가 주요 이슈가 될 정도로 위기 가정 증가와 가정의 양육 기능 상실이 부각되고 있다. 주로 어렵고 힘든 지역이 근무지였던 탓에 이런 사례를 해마다 접했지만, 법적으로 보호자의 동의 없이 학교나 교사가 개입할 여지가 없다는 것이 가장 큰 어려움이었다. 이런 문제는 점점 더 보편화되어 사회적 취약 계층에서만 아동학대나 방임, 왜곡된 양육이 일어나는 것은 아니라는 점을 대다수의 교사가 경험하고 있다. 보편복지의 확대, 선별복지를 통한 지원 등이 이루어지고 있지만, 사각지대가 너무 많고 그런 지원이 매우 파편적으로 이루어지고 있다는 것이 문제다.

문제 해결을 위한 몇 가지 제언

첫째, 무엇보다 치료와 지원이 필요한 학생을 조기에 발견하고 맞춤형으로 지원할 수 있는 시스템을 구축해야 한다. ① 어린이집이나 유치원 교사, 초등학교 1학년 담당 교사들을 통해 치료와 지원이 필요한 학생에 대한 정보를 모니터링하여 수시로 보고할 수 있는 온라인 시스템을 구축한다. ② 보고된 사례에 대해 전문가나 전문의가 학교에 방문하여 교실에서의 수업 장면이나 쉬는 시간 등을 참여관찰하고, 담당 교사와 면담 등을 통해 심층적인 진단과 치료가 필요한지 정보를 수집한다.[23] ③ 지자체와 지역교육청의 통합지원위원회(가칭)를 통해 전문가의 진단에 대해 사례 판단을 하고 그 결과에 따라 해당 학생의 종합심리검사 등 심층 검사 및 치료를 권고한다. ④심층 검사 결과에 따라 치료 지원, 학교에서의 학습 지원 등 맞춤형 지원책을 마련하고 정기적으로 모니터링한다. 이를 통해 가정과 보호자의 무관심이나 거부로 조기에 지원을 받지 못하고 발달지

---

23) 현재 학교보건법 제15조 ①항에 따르면 "학교에는 대통령령으로 정하는 바에 따라 학생과 교직원의 건강관리를 지원하는 「의료법」 제2조 제1항에 따른 의료인과 「약사법」 제2조 제2호에 따른 약사를 둘 수 있다." 동법 시행령 제23조 ④항은 학교에 두는 의사를 "학교 의사"라고 하며, 그 직무를 학교보건계획의 수립에 관한 자문, 학생과 교직원의 건강진단과 건강평가, 학생과 교직원의 건강상담, 그 밖에 학교보건 관리에 관한 지도 등으로 명시하고 있다.

연이나 학습 결손으로 이어지는 사례를 최소화해야 한다.[24] 이를 도표로 나타내면 다음 그림과 같다.

░ 조기 발견 및 지원을 위한 모니터링 시스템

유아교육 및 1학년 담당교사	전문가(의) 교실 참여관찰	통합지원 위원회의 사례 판단	치료 지원 및 맞춤형 교육
인지적, 사회적, 정서적 발달 지연 및 정서행동위기 학생 모니터링 결과 수시 보고	지자체 및 지역청 소속 전문가의 학교 방문 및 참여관찰, 진단	전문가(의) 진단에 대한 사례 판단 후 종합심리검사 등 심층 검사 및 치료 권고	심층 검사 결과에 따른 치료 지원, 학교와 연계한 맞춤형 교육 지원

둘째, 보호자의 양육권을 넘어서는 교육적 지원과 사회적 개입을 적극적으로 논의하고 법제화해야 한다. 아동이 마땅히 누려야 할 권리를 보호자가 오히려 침해하고 있을 때, 가정의 양육 기능이 상실되었다고 판단될 때, 민주사회의 시민으로 성장하는데 필요한 교육적 지원이 필요하다고 판단할 때에는 보호자의 동의 없이 필요한 교육적 조치를 할 수 있도록 해야 한다. 우리 교육의 모든 지원시스템은 보호자의 동의 없이는 불가능한 상황이다. 지적 장애가 의심되어도, 과잉행동장애가 의심되어도, 난독이나 학습장애가 의심되어도 보호자가 검사에 동의하지 않는 한 진단 자체도 받을 수 없을 뿐 아니라 진단을 받았다 하더라도 특수교육대상자가 되기까지 보호자의 동의가 필수적이다. 특수교육대상임에도 학급의 누구에게도 밝히지 않을 것을 강요하며 어떤 지원인력이나 지원 프로

---

24) 현재 교육부는 전국의 모든 초등학교 1, 4학년 학생에 대한 '학생 정서·행동 특성검사'를 통해 정서·행동위기 학생을 찾아내고 지원하고 있다. 그러나 교사들은 실효성이 거의 없는 검사라고 한다. 그 이유는 이 검사가 보호자의 자기 보고식 설문에 근거하고 있기 때문이다. 조기 발견과 적기 지원을 위해서는 1학년 담당 교사들이 정서·행동위기 혹은 발달지연 학생을 모니터링해서 보고하면 전문가가 학교에 직접 방문에 참여관찰을 하고 심각한 상황일 경우 종합심리검사 등의 정확한 진단과 치료를 권고하는 시스템을 구축해야 한다. 학부모 상담을 하면서 학생의 정서·행동이나 학업성취 등의 문제를 언급하면 부정적인 반응으로 돌아오는 현실을 생각할 때 전문기관 혹은 전문의 개입이 무엇보다 필요하다.

그램도 거부하고 담임교사만 지도하라고 압박하는 보호자도 있다. 학교복지 프로그램이나 기초학력지원 프로그램 역시 마찬가지다. 보호자가 신청서나 동의서를 제출하지 않으면 아무리 좋은 프로그램이라도 참여할 수 없는 현실은 선별복지 시스템이 비정상적으로 운영될 수밖에 없는 원인이다.

셋째, 이런 교육적 지원을 위해 무엇보다 필요한 것은 전문적 지원인력이다. 우리 사회는 아직도 인지적 발달이 늦거나 경계선 장애에 있는 아동, 사회정서적 결핍이 심각한 아동 등을 가르쳐야 할 책임을 교사에게만 전가하고 있다. 한국에서 태어나 어린이집과 유치원을 3년 넘게 다녔음에도 한국말을 하지 못하고, '필통, 다리, 교실, 사물함' 같은 기본적인 어휘도 학습하지 못한 학생이 그대로 1학년에 입학한다. 조손 가정으로 문화적 자극이 너무나 편향되어(TV, 스마트폰) 기본적인 의사소통이 어려운 아동 역시 마찬가지다. 사회성이나 정서 발달 지체로 절대 자신의 잘못을 인정하지 않으며 과잉행동을 하거나 폭력적 행위로 대응하는 경우도 마찬가지다. 이런 학생들이 교실에 한두 명씩 있고, 심지어 어떤 경우에는 1/3을 넘어서는 경우가 있는데도 이 모든 것을 담임교사 홀로 감당하라는 것은 무책임한 처사다. 해당 학생의 권리뿐 아니라 학급의 나머지 학생들의 권리도 보장하지 못하고 있다. 발달장애아 통합학급의 경우 예산과 인력부족으로 특수교육 보조인력의 지원을 받지 못하는 경우가 대부분이다. 이 모든 상황이 교육이 불가능한 교실을 만들어온 원인이다.

넷째, 부처 간 쪼개기 지원과 중복 지원을 넘어서는 통합적 지원 방안을 마련해야 한다. 한부모 가정, 조손 가정, 다문화 가정, 기초생활수급 가정에 대한 지원이 중복되어 넘쳐나지만 정작 꼭 맞는 지원책은 부족하기만 하다. 심지어 복지폭탄이라 불릴 만큼 여러 프로그램에 참여하느라 정작 아동의 기본적인 생활을 챙기는 것을 소홀히 하는 경우가 발생할 정도다. 부서별로 분산되어 지원되는 방식이 아직도 유지되는 까닭은 해당 부서의 실적을 만들기 위한 측면도 있지만, 이런 아동에 대한 지원법 역시 쪼개기로 만들어져 있기 때문이다.[25] 새로운 사안만 발생하면 법률을 제정하니 복지 지원 역시 누더기가 되어 있다. 복지를 사업과 프로그램으로 보지 말고, 한 아동에 대한 전면적 맞춤형 지원으로 개편해야 한다.

다섯째, 한 아동에 대한 전면적 맞춤형 지원을 위한 사례로 핀란드 등 해외 사례를 참고할 필요가 있다. 예방적 차원의 보편복지로 접근, 특별한 상황이 있을 때마다 시간제 특수교육을 통해서 위기 상황을 관리해가는 핀란드의 사례는 많이 언급되었고 알려져 있다. 핀란드 종합학교(초1~중3 과정)에서 빠뜨릴 수 없는 요소는 특수교육이 필요한 학생에 대한 체계적인 보살핌이다.

학습장애나 사회성 결핍, 문제 행동을 조기에 인지해 개개인에게 최대한 일찍, 적절한 전문적 지원을 제공한다는 것이 핀란드 특수교육의 기본 개념이다. 학습장애나 발달장애 가능성이 있는 개개인을 유아 발달 기간에 진단하고 아이들이 초등학교에 입학하기 전에 치료하는 것이다. 상태가 심각하든 경미하든, 특수교육이 필요한 모든 학생은 초등학교 저학년 때 주로 읽기, 쓰기, 산수에 대한 특별 지원을 받는다. 그러니 핀란드에서 초등학교 저학년 때 특수교육을 받는 학생의 비율은 대다수 다른 국가보다 비교적 높은 편이다. 핀란드에서 특수교육을 받는 학생 수는 초등학교 말에 감소했다가 교재 중심으로 수업하는 중학교 과정으로 올라갈 때 조금 증가한다. 중학교 때 특수교육에 대한 요구가 증가하는 이유는 학생들의 능력이나 선행학습 여부에 상관없이 모든 학생에게 특정

---

25) 「다문화가족 지원법」, 「한부모가족지원법」, 「가정폭력방지 및 피해자보호 등에 관한 법률」, 「건강가정기본법」, 「아동·청소년 성보호에 관한 법률」, 「아이돌봄 지원법」, 「청소년 보호법」, 「청소년활동 진흥법」 등은 여성가족부에서, 「장애인 등에 대한 특수교육법」, 「기초학력보장법」, 「도서·벽지 교육진흥법」 등은 교육부에서, 「영유아보육법」, 「국민기초생활 보장법」, 「아동복지법」, 「아동의 빈곤예방 및 지원 등에 관한 법률」, 「긴급복지지원법」, 「장애아동 복지지원법」, 「사회보장기본법」 등은 보건복지부에서 소관하고 있는 법률이다. 다문화가족에, 국민기초생활 지원대상자이면서, 기초학력 미달인 학생에 대한 지원은 해당 학생을 중심에 두고 설계되는 것이 아니라 기존의 지원 프로그램을 비계열적으로 나열하며 신청하라고 하는 방식이다. '사례관리' 중심으로 복지지원 시스템을 개편하고 있기는 하지만 모든 학교에 이를 담당할 사회복지사나 지역사회전문가가 배치되지 않아 담임교사의 정보력에 의존하고 있는 상황이다.

한 학습 목표를 설정하는 통일된 교육과정 때문이다. 따라서 핀란드에서는 16세에 의무교육을 마친 학생 중 절반가량이 학교에 다니는 동안 어느 시점에 시간제 특수교육을 받는다는 결과가 나오게 된다.[26] 핀란드는 학교에서 학생을 실패자로 만드는 구조적 요인을 제거하는 것을 초등교육의 중요한 원칙으로 삼아왔다.[27]

미국의 포괄적 학습자 지원체제 Comprehensive Student Support System 에 따르면 다양한 학습자의 상황을 5가지 수준으로 구분하고 그에 맞는 지원대상과 지원유형을 정해놓고 있다. 초기 담임교사를 중심으로 이루어지던 지원은 지원 요구 수준이나 상황에 따라 지원의 방법이 달라진다. 첫 번째 수준은 모든 학생을 대상으로 한 기본적 지원으로 담임교사 선에서 해결 가능한 것들이다. 두 번째 수준은 위기 행동을 보이는 학생들을 대상으로 한 정보제공 차원의 지원으로 교실을 넘어선 학교 차원의 지원이다. 세 번째 수준은 학습자 개인의 특성이나 학습 과정상 곤란을 겪고 있는 학생들을 대상으로 하는 개별화된 지원으로 학교와 지방자치단체가 함께 협력한다. 네 번째 수준은 문제를 가지고 있는 학생들을 대상으로 한 특성화된 지원으로 교육부와 관련 기관이 담당한다. 다섯 번째 수준은 심각하고 복잡한 문제를 가진 학생들을 대상으로 한 집중적 지원으로 매우 다양한 기관의 강력한 서비스를 받게 된다.

---

26) 종합학교 개혁 초창기에 핀란드는 특수교육이 필요한 학생을 돕는 조기 개입 및 예방 전략을 채택했다. 학습장애나 발달장애 가능성이 있는 개개인을 유아 발달 기간에 진단하고 아이들이 입학하기 전에 치료하여 출발선 평등을 지원하고 있다. 여기서 말하는 시간제 특수교육은 일반 학급에서 통합교육을 받으면서 정해진 시간에는 특수교육을 받는 경우를 말한다. 한국에서는 이를 '부분통합'이라고 한다. 방과 후에 별도로 이루어지는 기초학력 지원 프로그램도 일종의 시간제 특수교육이라고 볼 수 있는데 한국과의 차이점은 '장애' 진단에 있어 보호자의 의견이 절대시되어 기초학력 미달 학생이 학습장애인지, 경계선 지능인지, 발달지연인지 진단도 제대로 하지 않고 있으며 특수교육 전문가가 아닌 담임교사나 시간제 강사에 의한 보충 수업만 강제하고 있다는 점이다.

27) 파시 살베리(Pasi Sahlberg), 『핀란드, 끝없는 도전』, 푸른숲, 2016.

지원 수준	1수준 모든 학생에 대한 기본 지원	2수준 협력을 통한 비형식적 추가 지원	3수준 학교와 지역공동체 후원 프로그램	4수준 교육부, 유관 기관의 특성화된 지원	5수준 다양한 기관의 강력한 지원
정의	교실에서 이루어지는 다양한 학생 지원	교실에서 교사가 제공하는 것 이상의 추가 지원	승인 기준에 기초한 심화 지원	특별 평가나 법적 기준에 기초한 높은 수준의 지원	여러 기관의 강력한 지원, 학교 안팎의 치료 및 교정 등
핵심 대상	모든 학생	위기 행동의 징후를 보이는 학생	가벼운 혹은 상황적 곤란을 겪는 학생	일반적이고 일상적인 문제를 겪는 학생	심각한, 혹은 복잡한 문제를 겪는 학생

지원
유형
	- 수업 개입
	- 보편적/학교
	  전체의
	  프로그램
		- 상담 지원
		- 간헐적 지원
		- 행동지원 계획
			- 초기개입 서비스
			- 목표가 분명한 학교
			  프로그램
			- 국어가 제2외국어인
			  학생들
			- 영재, 특수아동
			- 초등학교 적응 프로젝트
			- 소외되거나 위기에 있는
			  학생
			- 임신, 10대 부모
			- 상담 지원
			- 학생, 학부모의 권리 안내
			- 장기 입원 지원
			- 지역공동체 프로그램
				- 특별한
				  지역공동체 기반
				  서비스
				- 대안학습센터
				- 조기 대학 입학
				  허용
				- 직업훈련
				- 중도 중복 장애
				  학생
				- 기타
					- 강력한 프로그램
					- 다양한 기관이
					  연계된 서비스
					- 지역공동체 기반
					  교육
					- 체류 및 처치
					  프로그램

    2023년 교육현장을 뜨겁게 달구고 있는 아동학대와 교사의 소외 현상에 대한 실질적이고 근본적인 해결책은 한 아이를 중심에 둔 맞춤형 지원체제에 있다. 위기 학생 뒤에는 위기 가정이 있고, 위기 가정 뒤에는 위기 사회가 있다. 아니, 거꾸로 위기 사회에서 위기 가정이, 위기 가정에 위기 학생이 있다. 조기에 발견

---

28) State of Hawaii, Comprehensive Student Support System Guide, Department of Education(Revision of RS 00-0294/04-0395), 2009, p.9.
(https://smhp.psych.ucla.edu/pdfdocs/wheresithappening/hawaii.pdf)

하고 지원할 수 있는 방안들을 마련해야 악순환의 고리를 끊을 수 있다. 초등학교 1학년 교실에서의 철저한 모니터링, 학교 의사 도입 등을 통한 권위 있는 진단, 학생의 필요에 맞는 지원 설계 등을 법제화하고 실행하기 위한 실천이 무엇보다 절실하다.

대한민국 학부모의
현주소

이 윤 경
참교육을위한전국학부모회 회장

끊임없이 지속된 교육 논쟁

시기별 교육 이슈

2022년 8월 만 5세 초등 조기취학 정책 불발 이후 취임한 이주호 교육부 장관 체제의 대한민국 교육계는 연일 이슈가 끊이지 않았다. 이전 정부에서 해결하지 못한 과제와 2022년 새롭게 불거진 쟁점들이 2023년에도 계속 이어졌다.

특히, S초 교사 사건으로 촉발된 교권 침해 문제는 가장 뜨거웠던 이슈다. 관리자의 책임도 협업도 없이 온전히 담당자에게 떠넘겨지는 학교의 열악한 노동 여건 개선과 일부 학부모의 부당한 요구에 대응할 수 있는 교육활동 보호 대책이 필요하다는 여론이 형성되었고 교육부 고시가 시행됐으며 법령 개정도 추진 중이다. 하지만 국민의 1/5을 차지하는 학부모를 일반화해 민원인으로 '배제하는 정책'은 실효성도 없고 불가능하다. 사적으로 개별화된 학부모를 책임과 의무를 함께 지는 협력자, 공적 학부모로 견인하는 것이 무엇보다 필요하며 이 글이 조금이나마 도움이 되길 바란다.

올해 사회적으로 이슈화되었던 각종 쟁점을 순서대로 살펴보면 다음과 같다. 1월에 2022 개정 교육과정과 지방교육재정교부금, 3월에 '아동학대 교사'를 주제로 한 방송으로 촉발된 교권 침해, 정순신 변호사 아들 사건으로 불거진 학교폭력, 5월 국회의원이 발의한 아동학대 면책 법안(초·중등교육법 개정안), 6월 대통령이 지적한 수능 킬러문항, 공교육 강화 방안 및 사교육 경감 대책, 7월 S초 교사 사건의 악성 민원 대책과 아동복지법 개정, 8월 후쿠시마 핵 오염수 방류 관련 학교급식, 13세 미만 어린이 대상 '노란 버스법', 학생생활지도 고시, 학교폭력 사안처리 가이드북 개정 등이 8월까지의 쟁점들이다. 여기에 유보통합, 늘봄학교, 고교학점제, 학생인권조례, 기초학력, 학업성취도평가, 특목고 존치 등은 시기와 관계없이 교육부와 시·도교육청 단위에서 연중 이슈로 논쟁이 지속됐다.

학부모 의견수렴의 현주소

쟁점별로 학부모들의 의견을 찾아보면 언론 기사 정도만 검색될 뿐 유의미한 설문조사 결과와 통계 자료를 찾기가 힘들다. 전국 단위 학부모지원센터인 '학부모 온누리' 홈페이지에도 교육부 보도자료만 게시되어 있을 뿐 교육 정책에 대한 학부모 의견수렴 채널은 찾을 수 없다. 이는 각 시·도교육청의 학부모지원센터도 마찬가지다. 학부모의 개인 정보는 교원능력개발평가 시기에만 사용할 것이 아니라 중요한 교육 정책을 결정할 때 의견수렴 용도로 활용해 소통해야 한다. 교육 주체라고 하면서 각 학교 학부모회장이나 학교운영위원장을 대상으로 한 통계 자료도 없는 현실은 교육 당국의 학부모에 대한 인식과 행정 기관에서 학부모 업무가 차지하는 비중을 그대로 보여주고 있는 것이다.

상황이 이렇다 보니 교육 이슈가 불거질 때마다 언론은 기사 작성을 위해 학부모 찾기가 최대 과제다. 주요 학부모 단체에 전화하거나 인맥을 동원해 학부모 1인의 생각을 학부모들의 의견인 것처럼 기사화한다. 학부모 단체는 해당 단체가 지향하는 철학과 방향이 정해져 있어서 언론사도 어느 정도 답변을 예측하고 연락한다. 그런데 단체 입장과 무관한 일반 학부모 의견을 듣고 싶다고 할 때도 구체적으로 조건을 덧붙인다. 강남이나 목동에서 수능 킬러 문항을 대비해 학원을 보내는 고등학교 학부모, 자사고에 재학 중인 학생이나 학부모, 코로나19로 인해 돌봄을 대체하느라 학원비 부담이 증가한 초등학교 학부모, 영어 유치원을 보내고 있는 유아 학부모, 학교폭력 피해 학생의 학부모, 핵 오염수 방류로 학교급식을 불안해하는 학부모 등 이미 의도가 정해진 답정너식 섭외다. 그러므로 언론 기사를 객관적 지표로 활용하는 것은 무리가 있다. 교육부, 교육청이 대표성이 없는 학부모 몇 명과의 간담회로 학부모들의 의견을 수렴했다고 발표하는 것 역시 마찬가지다.

주요 이슈별 학부모 입장

교육 이슈에 대해 학부모 단체와 시민 단체들도 이슈별로 연대체를 구성해 대응하고 있다. 학부모 단체들의 연대체 의견을 중심으로 정리해 보았다. 유보통합, 지방교육재정교부금, 늘봄학교, 안전한 학교급식은 학부모들의 의견이 일치하는 쟁점들이다.

유보통합은 2022년 대통령 선거 때 양쪽 후보 모두의 공약이었고 현 정부도 국정과제로 선정해 적극 추진 중이다. 학부모 입장에서는 어린이집이나 유치원이나 차별 없이 똑같은 교육을 받는 것을 반대할 이유가 없다. 저출생 시대에 줄폐원하는 기관들이 속출하고 하루아침에 아이를 보낼 곳이 사라지는 현실에서는 더욱 시급한 과제다. 그래서 이에 동의하는 진보와 보수 성향의 학부모 단체들이 함께 연대체를 구성했다. 진보와 보수의 대표 주자로 불리는 '참교육을위한전국학부모회'와 '학교를사랑하는학부모모임'이 포함된 '교육부 중심 유보통합

추진을 위한 학부모 연대'에는 '전국혁신학교학부모네트워크', '전국장애영유아 학부모회'를 비롯해 시민단체인 '교육희망네트워크', '사교육걱정없는세상', '수도권생태유아공동체', '아이들이행복한세상', '장애영유아보육교육정상화추진연대'의 9개 단체가 함께 하고 있다. '만 5세 초등 조기취학 저지' 운동에 결합했던 주체들이 중심이 되어 연대체를 구성했고, 영유아 교육과 관련된 이익 집단(유치원, 어린이집, 종사자, 양성 기관 등)이 아닌, 영유아의 권익을 중심으로 추진하는 유보통합을 조속히 실현할 것을 요구하고 있다.

2022년 11월, 교육부가 지방교육재정교부금을 고등교육 예산으로 이관한다고 했을 때는 유·초·중·고 학부모들이 대부분 반대했다.[1] 이것 역시 단체의 성향과 무관하게 의견에 일치를 보였다. 학령인구가 줄었어도 여전히 노후화된 학교 시설, 엘리베이터가 없어서 장애 학생 입학이 불가능하고 다친 학생 이동권이 보장되지 않는 학교, 교육활동 중 학부모가 부담하는 경비 부분 등을 이유로 유·초·중·고 교육을 위한 지방교육재정교부금 확보에 목소리를 보탰다. 2022년 11월 24일 국회에서 열린 토론회에서 발표된 내용은 다음과 같다. 첫째, 학부모 부담 경비를 줄이고 의무교육을 제대로 이행하라. 둘째, 유·초·중·고 학생들의 교육 환경 개선이 우선이다. 셋째, 공립이든 사립이든 안전하고 쾌적한 환경을 보장해야 한다. 넷째, 학생들에게 사용되는 예산 비중을 늘려야 한다.

하지만 2023년 6월 1일, 전국시도교육감협의회가 발표한 '유보통합 재정 계획 요구 입장문'에서 조희연 회장이 발표한 "자신들을 위해 사용해야 할 귀중한 예산 1조 5천억 원을 작년에 이미 대학생 형과 언니들에게 양보했던 초·중등 학생들에게 이번에는 또 유치원 동생에게까지 양보하라고 하는 것은 너무 가혹한 일로서, 사회적 발언권이 미약한 청소년들에게 어른들이 가하는 횡포와도 같은 것이다. 그러므로 질 높은 유아교육을 위한 유보통합 예산은 우리 사회가 합심

---

1) 유·초·중·고등학교 교육예산 보장을 위한 지방교육재정 개편 논의와 향후 대응 전략 토론회, 국회토론회, 2022.11.24.

하여 지혜를 모아 별도로 조성해야 하며, 작년에 이어 다시 한번 초·중등 학생들에게 양보를 강요하는 일은 절대 있어서는 안 될 것이다."라는 내용은 지방교육재정교부금에 유치원생 예산도 포함되어 있음을 간과한 잘못된 예시라며 유보통합 추진 학부모 연대체의 반감을 샀다.

늘봄학교 정책에 대해서는 별도의 학부모 단체들의 연대체가 구성되어 있진 않다. 하지만 이전 정부 시절 '온종일 돌봄 정책' 때부터 교육부 담당 부서가 초등 돌봄 정책에 대한 주체별 간담회를 수시로 마련했었고 학부모들은 한목소리로 하루라도 빨리 시행할 것을 촉구했다. 여전히 돌봄교실은 수요보다 공급이 턱없이 부족하고 현재의 돌봄교실 체제에 대한 학부모 만족도도 높지 않다.[2] 학부모들은 학생의 동선을 최소화하고 안전한 장소인 학교를 선호한다. 돌봄의 주체는 학교든 지자체든 협력적으로 운영하고, 단순히 시간을 보내는 것이 아니라 질 높은 교육적 돌봄이 이루어지기를 바란다. 범부처 간, 교육청과 지자체 간 협력이 강화되고 아이들의 발달 단계와 개별 특성에 맞는 다양한 활동과 안전한 돌봄이 이루어진다면 돌봄 대체용 사교육비가 감소하고 저출생 해소에도 이바지할 것이라는 의견이다.

교권 침해, 학교폭력, 수능 킬러문항, 공교육 강화 방안 및 사교육 경감 대책, 아동학대, 현장 체험학습, 학생생활지도, 고교학점제, 학생인권조례, 기초학력, 학업성취도평가, 특목고 관련 의견은 학부모들 간에도 서로 다를 수밖에 없다. 심지어 한 단체 안에서도 의견이 분분하다. 특히 이러한 쟁점들은 각자의 종교, 경제적 상황, 개인적 경험, 지역 여건 등에서 기인한 신념과 같아 간격이 좁혀지지 않는다. 2022 교육과정을 개정할 때 국민참여형 교육과정을 만들기 위해 10만 명 이상의 설문조사, 권역별 공청회, 주체별 토론 등의 의견수렴 과정을 충분히 거쳤지만 결국 숙의 민주주의가 실패했던 선례가 이를 증명해 준다.

---

2) "엄마, 나 낳은 거 후회해?" 워킹맘은 대답하지 못했다. CBS 노컷뉴스. 2023.03.20.

공교육과 사교육

1980년대생 학부모

학부모는 가르침과 배움이 시작된 시간부터 존재했다. 전쟁 중에도 자식 교육은 해야 한다는 부모의 열성이 치맛바람으로 앞에 나서기도, 후원자, 자원봉사자로 도움을 주기도 하며 교육현장에 당연한 존재로 버텨왔다.

학부모로 통칭되지만 각기 다른 천만 명의 개별적 특성을 제대로 분석한다는 것은 불가능하다. 내로라하는 마케팅 업체들에게도 쉽지 않은 프로젝트다.

학부모에 대한 자료 중 현장을 바탕으로 기술한 『1980년대생, 학부모가 되다』 책은 학부모로서 많은 공감이 간다. 1980년대생 학부모를 설명한 『1980년대생, 학부모가 되다』[3]는 초등학생 학부모의 주를 이루는 30~40대 학부모에 주목하고 있다. 공동 저자인 경기도교육연구원의 김기수 전 연구원은 1980년대생의 특성에 대해 이렇게 정리했다.[4]

> "1980년대생은 개인과 조직을 '거래적 계약'으로 보고, 디지털 문화에 익숙하고 그것을 통한 정보 소통과 공유를 좋아하며, 개인주의 성향이 강한 한편 상호 협력 욕구도 강하다. 이들이 학부모가 되자 갖게 된 특성은 다음과 같다. 1. 학교의 주된 역할을 학습지도보다 인성 지도와 공동체 생활, 창의력 신장으로 보고, 2. 자녀가 '학교폭력'에 연루되는 걸 가장 두려워하며, 3. 교사와 전화, 카톡, 문자메시지, 앱 등을 통해 부담감 없이 소통하고, 4. 자녀의 학교생활에 관한 관심은 매우 크지만, 학교의 공식 학부모 프로그램에 참여하기는 꺼린다."

---

3) '1980년대생, 학부모가 되다'. 김기수·오재길·변영임. 학이시습. 2021. 2020년 경기도교육연구원에서 발간한 연구보고서 '1980년대생 초등학교 학부모의 특성'을 기초로 집필.

4) '학부모는 어쩌다 공공의 적이 되었나'. 변진경 기자. 시사인. 2023.08.23.

실제로 학교 학부모회가 주관하는 교육에서 학부모들을 대상으로 강의하면 이런 특징을 그대로 확인할 수 있다. 학교는 '좋은 부모 되기', '자녀 이해하기' 등의 주제로 학부모 연수를 계획하지만, 학부모들이 원하는 강의는 학교폭력, 안전공제회, 학교생활과 관련된 정책 등이다. 하지만 정작 학부모회 활동을 하겠다고 나서지는 않는다. 전체 학부모의 10% 정족수를 채우지 못해 학부모총회 위임 참석 방안까지 마련하고, 임원을 하겠다는 사람이 없어 학부모회 담당교사가 애를 먹는 경우가 부지기수다.

6년 동안 서울시교육청 학부모회 컨설팅위원 활동을 하면서 만났던 단위학교의 학부모회 임원들이 호소하는 가장 큰 고충은 학부모들의 저조한 참여였다.

'2022 경기교육방향 정책 토론회'에서 학부모 토론자가 발표한 경기도 학부모 대상 설문조사도 비슷한 결과를 보인다.[5] 학교 활동에 참여하는 사람도, 참여하지 않는 사람도 모두가 불만인 상황이다.

1. 학부모회와 학교가 소통이 안 되는 이유

서로의 입장 차이와 행정상의 문제 등으로 갈등 발생, 학부모들이 학교를 위한 일에 어떻게 다가가야 하는지 모름, 임원의 자질이 부족해 목에 힘주고만 있고 화합이 아닌 분열을 일으킴, 학부모회 임원이나 운영위원회 임원들의 학부모 교육 부족, 학부모 당사자들의 관심도가 낮음, 학교 측의 학부모회 활동에 대해 인정하는 정도가 초·중·고등학교별로 차이가 남, 학부모들이 의견 전달 시 서로 의견이 모아지지 않고 상충됨, 학부모회 요구사항이 학교교육에 잘 반영되지 않는 경우가 많음, 코로나로 인한 소통 부재의 원인

2. 학부모회가 학교 활동에 가장 힘든 점

학교 일에 관심이 없는 학부모들을 참여시키기 어렵고 소통하기도 어려움, 맨날 참여하는 사람만 하다 보니 일손도 부족하고 하는 사람만 너무 힘듦, 개인 시간을 너무 많이 써야 함, 학부모회와 직장생활의 병행으로 참여하지 못할 때 마음이 무거움, 일정 잡

---

5) '학부모자치 현장의 이야기'. 2022 경기교육방향 정책 토론회 자료집. 2021.11.01.

기가 힘듦, 학교 설문지 의견을 제출하면 결국은 교육청 지침 범위에 의해 결정 나는 경우가 다반사여서 학부모 의견은 참고용인 것 같음, 학부모회 활동이 어려울 것 같이 느껴져서 학부모회 활동을 안 하게 됨, 직장인이어서 학교 활동과 시간이 맞지 않음

3. 학부모자치의 걸림돌

학부모들의 저조한 참여, 공동체 의식의 차이, 학교장의 의지 부족, 학교 일에 적극적이지 않은 교사, 참여 저조로 참여하는 소수 인원에게 업무가 가중, 교육청-학교-학부모 간의 소통 부재, 학부모 임원들의 태도와 자질, 일반 학부모들은 정보 공유가 되지 않아 가입이 어려움

달라진 교육 환경

올해 3월 7일 통계청 발표에 따르면 지난해 가구당 월평균 교육 지출은 20만 4천 원으로 전년 18만 2천 원 대비 12.2% 증가했다. 교육 지출은 정규교육 지출과 학원·보습교육 지출로 나뉘는데 정규교육 지출은 4만 2천 원으로 전년과 같았지만, 학원·보습교육 지출은 15만 7천 원으로 전년 대비 15.5% 늘었다. 최근 3년간 학원·보습교육 지출은 2020년 11만 2천 원, 2021년 13만 6천 원, 2022년 15만 7천 원으로 계속 증가하고 있다.

같은 날 참여연대가 주관한 '코로나19 팬데믹 3년 정책진단 좌담회'에서 박민아 정치하는엄마들 공동대표는 "사교육을 보낼 수 있는 가정들은 팬데믹이 아니라면 학교에 있어야 할 시간까지 모두 사교육으로 채웠고, 사교육을 보낼 수 없는 가정들은 가정 안에서 미디어 시청만 늘어났다"고 토로했다.

그러면서 "팬데믹으로 문을 닫은 학교는 불평등한 돌봄과 학습 격차를 유발했고 아동들의 정서적 발달까지도 막았다."며 "하지만 현재까지 아이들의 정서 발달 회복을 위한 뚜렷한 정책은 나오지 않고 있다."고 지적했다.[6]

코로나 팬데믹으로 인해 공교육이 담당할 영역과 시간을 사교육이 대신했고

---

6) 코로나가 부추긴 '사교육 시장'···. 정규교육은 제자리걸음. 뉴스토마토. 2023.03.07.

이러한 변화는 학교 수업이 정상화된 이후에도 회복이 되지 않고 있다. 교육에서 사교육의 비중이 점점 증가한다는 것은 공교육의 비중이 그만큼 축소된다는 얘기다. 학부모들이 공교육보다 사교육 의존도가 높다는 것은 어제, 오늘의 얘기가 아니지만, 코로나19로 인해 공교육 영역에 있던 학부모도 사교육 시장으로 이동했다는 것은 공교육을 위협하는 신호다. 다르게 말하면 공교육에 거는 기대가 그만큼 줄고 있다는 얘기다.

공교육에 거는 기대

학부모들은 초·중·고 교사에게 어떤 역량이 필요하다고 생각할까? 2022년 만 19세 이상 75세 미만의 전국 성인 남녀 4,000명을 대상으로 실시한 한국교육개발원 교육여론조사(KEDI POLL)에 따른 인식조사 결과는 다음과 같다.[7]

초·중·고등학교 교사는 학습지도 역량(35.7%)이 우선으로 필요하다는 의견이 가장 많았고, 그다음으로는 생활지도 역량(31.6%), 진로·진학 지도 역량(13.5%), 학생 및 학부모와의 소통 역량(11.4%), 학급 경영 역량(7.5%) 등의 순으로 높은 응답률을 보였다. 초·중·고 학부모 응답자 대상 조사 결과에서도 학습지도 역량(36.5%), 생활지도 역량(31.1%), 진로·진학 지도 역량(16.7%) 순으로 나타났다.

▒ 초중고 교사들에게 우선적으로 필요한 역량

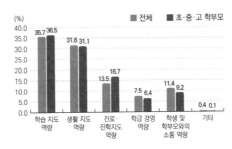

한국교육개발원 교육여론조사
(KEDI POLL 2022)

---

7) 권순형 외. 한국교육개발원 교육여론조사(KEDI POLL 2022). 한국교육개발.

초·중·고등학교 학교급별로 필요한 교사 역량에 대한 우선순위는 차이가 있었다. 초등학교 교사에게 우선으로 필요한 역량에 대해서 국민은 생활지도 역량 (47.1%), 학생 및 학부모와의 소통 역량(16.9%), 학습지도 역량(16.6%) 순으로 선택했다. 초등학생 학부모 대상 조사 결과나 초·중·고 학부모 전체 대상 조사 결과에서도 초등학교 교사에게는 생활지도 역량(42.9%, 45.7%)이 가장 필요하다고 인식하고 있고, 그다음으로는 학습지도 역량(18.1%, 17.3%), 학생 및 학부모와의 소통 역량(15.7%, 15.9%) 등의 순으로 나타났다.

◩ 초등학교 교사들에게 우선적으로 필요한 역량

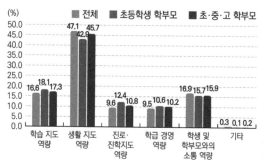

한국교육개발원 교육여론조사
(KEDI POLL 2022)

중학교 교사에게 필요한 역량은 학습지도 역량(32.7%), 생활지도 역량(23.8%), 진로·진학 지도 역량(18.7%) 등의 순서로 나타났다. 중학생 학부모 대상 조사 결과나 초·중·고 학부모 전체 대상 조사 결과에서도 중학교 교사에게 필요한 역량은 학습지도 역량(38.3%, 34.6%), 생활지도 역량(21.6%, 22.3%), 진로·진학 지도 역량 (17.1%, 17.8%) 순서로 나타났다.

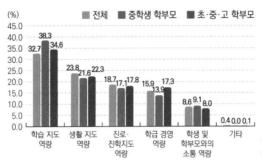

한국교육개발원 교육여론조사
(KEDI POLL 2022)

고등학교 교사에게 우선으로 필요한 역량에 대해 국민은 진로·진학 지도 역량(49.1%), 학습지도 역량(19.8%), 학급 경영 역량(11.5%) 등의 순으로 응답했다. 고등학생 학부모 대상 조사 결과나 초·중·고 학부모 전체 대상 조사 결과에서도 고등학교 교사에게 필요한 역량은 진로·진학 지도 역량(42.4%, 41.2%), 학습지도 역량(25.3%, 24.3%), 학급 경영 역량(13.5%, 14.1%) 등의 순서로 인식하고 있었다.

■ 고등학교 교사들에게 우선적으로 필요한 역량

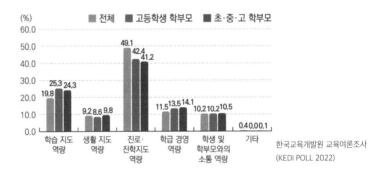

한국교육개발원 교육여론조사
(KEDI POLL 2022)

이러한 인식조사 결과는 교대와 사범대의 교원양성 커리큘럼에도 반영이 되어야 할 것이다. 특히 코로나 시기에 교대, 사대생들의 교육실습도 비대면으로 진행된 교사들은 학생과 학부모와 관계 맺기가 어려울 수밖에 없다. 학생 생활지도 역량과 학부모와의 소통 역량을 키우기 위한 교사 연수 및 지원 대책이 시급하다.

학부모들은 코로나 시기를 겪으며 공교육을 대체할 사교육과 대안교육 정보를 많이 접했다. 8월 16일 자 동아일보 기사에 따르면 영어 유치원으로 시작해 초등학교 입학을 안 하거나 중퇴하고, 초·중·고 과정을 비인가 국제학교에 다닌 후 검정고시를 거쳐 수능으로 국내 대학에 입학하든지 유학을 가는 사례가 늘고 있다고 한다.[8] 현재 이런 비인가 국제학교가 서울 강남, 경기 분당과 판교 등에 50곳 정도 운영되고 있다. 교육 전문가들은 공교육과 현행 입시제도에 대한 불신이 이런 기형적 형태의 교육기관을 낳았다고 지적했고, 서울대 김경범 교수는 "학부모의 다양한 자녀교육 욕망을 공교육이 충족시키지 못하고 있다."고 봤다.

시대의 변화는 불가항력이다. 공교육만이 가진 특장점을 강화하고 국민이 교사에게 요구하는 역량에 초점을 맞춰 시대 변화에 최대한 발맞춰야만 공교육을 살릴 수 있다.

교육 주체로서 학부모

법으로 보장하는 공적 학부모

학부모는 자녀를 교육기관에 보내는 순간부터 교육의 장에 소환된다. 학부모의 교육권을 포함한 기본적인 권리와 의무는 교육기본법과 초·중등교육법, 관련 시행령과 조례에 보장되어 있다.

대한민국 학부모는 대구광역시를 제외한 16개 시·도교육청에 제정된 학부모

---

8) '영어 선행학습' 초교도 안 보내고… 영유 → '비인가 국제학교'로, 동아일보, 2023.08.16.

회 조례에 따라 자녀가 학교에 입학하는 날부터 졸업하는 날까지 해당 학교의 '학부모회 회원'이 된다. 하지만 여전히 '나는 학부모회가 아니다'라고 생각하는 학부모가 대부분이다. 학부모는 학교교육에 '참여하는' 학부모와 '참여하지 않는' 학부모로 구분된다.

학부모회 조례에는 학교와 지역의 공교육에서 학부모가 어떤 위상과 기능을 가졌는지를 규정하고 있다. 학부모회 조례가 제정된 16개 시·도교육청 중 5곳(경기, 경남, 세종, 전남, 제주)은 '학교'의 정의에 유치원까지 포함하고 있고 그 외 11개 지역은 초·중·고만 규정하고 있다. 이에 따라 '학부모'와 '학부모회'의 범위도 달라진다. 16개 지역의 조례 중 유일하게 경남만 '학생'의 정의를 별도 조항으로 두어 학부모를 정의하고 있고, 나머지 15곳은 학부모의 정의를 '부모, 후견인 또는 다른 법령의 규정에 따라 보호·감독자 등의 지위에서 취학하여야 할 아동 또는 학교의 학생에 대하여 실질적인 교육의 책임을 지고 있는 사람'으로 규정했다. 다음은 전국 16개 조례의 주요 조항을 구체적으로 비교한 것이다.[9]

- 학부모회 지원 조례 목적 : 대부분의 교육청이 학부모회 설치·운영 조례의 목적을 '효율적인 학부모회 운영을 도모하고, 학부모들이 교육공동체의 일원으로 교육활동에 참여하여 학교교육 발전에 이바지함'에 두고 있다. 교육활동에 '참여'가 아닌 '지원'으로 명시하고 있는 교육청은 광주, 세종, 제주이고, 부산은 교육활동 문구 없이 '효율적인 학부모회 운영을 도모하고 학부모의 학교참여 문화 확산에 이바지함'을 목적으로 두고 있다. 2016년에 조례가 제정된 서울은 2020년에 조례 목적 중 교육활동 '지원'을 '참여'로 개정했다.

- 학부모회의 설치 : 세종을 제외하고 학부모회 설치에 관한 조항은 '교육감이 관할하는 공립학교에 학부모회를 두고, 사립학교의 경우에는 학교법인의 정관 또는 해당 학교 규칙으로 정한다.'고 되어있다. 세종은 공립·사립 모두 학부모회를 '둔다'가 아닌 '둘 수 있다'로 명시되어 있어 학부모회 구성이 의무가 아닌 선택이다.

---

9) 교육자치의 새 방향: 형식적 민주주의에서 실질적 민주주의로, 경기도교육연구원 심포지엄. 2021

• **학부모회 기능** : 학부모회의 역할을 규정한 학부모회 '기능'은 공통적으로 학교 운영에 대한 의견제시 및 학교교육 모니터링, 학부모 자원봉사 등 학교교육 활동 참여·지원, 자녀교육 역량강화를 위한 학부모교육, 그 밖에 학교교육 발전에 이바지할 수 있는 사업으로서 학부모회 규정으로 정하는 네 가지 영역이다. 이 외에 지역사회와 연계한 비영리 교육사업 규정은 11개 교육청이 추가했고, 5개 교육청(경기, 울산, 전북, 충남, 충북) 조례에는 빠져있다. '학부모 자원봉사' 문구를 삭제한 곳은 서울, 울산, 경기, 경남, 세종 5곳이다. 충남 조례에는 '학생들의 인권 및 안전에 관한 의견제시'가 학부모회 첫 번째 기능으로 강조되어 있다.

• **임원 등의 구성** : 공통적으로 학부모회의 임원은 회장 1명, 부회장과 감사로 구성하되, 임원의 정수는 학부모회 규정으로 정한다. 임원은 총회에서 민주적인 절차에 따라 선출하고 학부모회의 회원 중에서 간사를 둘 수 있다. 경북은 이에 추가로 '다만, 임원을 선출할 수 없는 사유가 있는 경우에는 해당 연도 학부모회 구성을 유예할 수 있다.'라는 규정을 두었다. 세종은 간사가 아닌 '총무'를 둘 수 있다고 규정했다. 전북은 '임원은 총회에서 민주적으로 선출하며, 균형적인 구성이 이루어질 수 있도록 노력한다.'고 추가했다.

• **임원의 임기** : 학부모회 임원의 임기는 1년이다. 회장은 1회 연임(경기, 경북, 대전, 부산, 울산, 인천, 제주, 충북), 또는 1회 중임(경남, 광주, 서울, 세종, 전남)으로 제한한다. 회장을 포함한 임원의 연임 규정을 해당 학교 학부모회 규정으로 정하는 지역(강원, 전북, 충남)도 있다. 회장의 장기 집권은 학부모회 개선 사항으로 가장 많이 지적되는 부분이다. 건강한 학부모회 조직문화 조성을 위해 연임 1회를 중임 1회로 개정하는 것이 바람직하다.

• **학부모회의 조직** : 학부모회는 총회를 둔다. 학교 학부모회 규정에 따라 대의원회, 학년별 학부모회, 학급별 학부모회, 기능별 학부모회는 필수가 아닌 '둘 수 있다.'고 명시한다. 경기와 전북은 대의원회가 필수이나 학생 수 100명 미만 학교는 선택으로 두었다. 세종은 '필요한 경우 학부모회 규정에 따라 대의원회, 학년별·학급별·기능별 학부모회를 둘 수 있다.'고 명시했다. 경북은 공통 사항 외에 '학부모회는 학부모회 회원들이 자율적으로 조직·운영하여야 한다.'는 규정을 추가했다. 전북은 '학부모회 산하에 필요한 경우 해당 학교 학부모회 규정이 정하는 바에 따라 학년별 학부모회, 학급별 학부모회, 아버지회, 어머니회 등 기능별 학부모회를 둘 수 있다.'고 규정해 학부모회와 아버지회, 어머니회를 왜 구분했는지 의아하다.

- 총회 : 전국 조례 모두 총회는 '개최할 수 있다'가 아닌 '개최한다'로 규정되어 있다. 단, 코로나19 상황에 따라 서신, 문자, 전자투표로 가능하다는 규정을 추가한 지역도 있다.

- 총회 의결사항 : 학부모회 최고 의결 기구인 총회에서는 ① 학부모회 활동 계획 수립, ② 해당 학교 학부모회 규정의 제·개정, ③ 학부모회 임원 선출, ④ 학교운영에 있어서 학부모들과 직접 관련 있는 사항으로서 학부모들의 의견수렴이 필요한 사항, ⑤ 그 밖에 회장이 총회의 의결을 거치는 것이 필요하다고 인정하는 사항을 안건으로 논의한다.

대부분 지역에 학부모회 조례가 제정되었지만 각 학교 학부모회는 큰 변화를 느끼지 못한다고 말한다. 대도시가 아닌 경우 더 그렇다. 학부모는 학교가 조례 내용도 모르고 조례 제정을 달가워하지 않는다고 하고, 학교에서는 학부모회 활동을 하려는 학부모가 없어서 조례대로 진행할 수 없다고 한다. 그러나 학부모들 얘기는 다르다. 교육청은 조례에 대해 홍보하지 않고, 학교는 학부모회 규정이 있다는 것도 알려주지 않는다고 호소한다. 시·도교육청에서 진행하는 학부모 강좌도 대부분 부모 교육 주제이고 학교참여를 주제로 한 강좌는 드물다. 매년 새로 입학하고 선출되는 학부모들을 고려해, 모든 교육청이 해마다 학부모회 조례 교육을 필수로 진행하고 학부모회 활성화, 학부모 학교참여 활동을 지원해야 한다.

학부모회를 교장이 임의대로 해산시킬 수 있던 시절이 불과 얼마 전이다. 조례를 제정하기까지 많은 수고와 시의회 설득 과정 등이 있었다. 학부모회 조례는 학생들이 행복한 학교교육공동체를 만들기 위해 학부모, 학생, 교사가 교육 주체로서 협력하며 변화를 가능하게 하는 제도적 기반이다. 초·중등교육법에 학부모회, 학생회, 교직원회를 구성하는 법률안이 하루빨리 통과되어 전국에서 학부모회가 통일된 형태의 공적 기구로 안착돼야 한다.

학부모의 공적 활동, 학교참여 위원회

학교운영위원회(이하 학운위)를 비롯해 학교에는 학부모가 구성원으로 참여하는 위원회가 많다. 지역별, 학교별로 생소한 위원회도 있고 학부모위원의 구성 여부도 제각각이다.

매년 3월이면 학운위의 학부모위원 구성에 대한 문의나 잘못된 관행을 제보하는 상담 전화가 많이 접수된다. 법령과 조례에 규정된 절차를 제대로 지키지 않고 학교에서 임의로 학운위원을 선출하는 사례는 여전하다. 가장 개선이 안 되는 관행이 선거 개입이다. 학교에 호의적인 학부모위원을 미리 내정하고 이미 정수 이내로 입후보했으니 더 이상 후보 등록을 하지 말라고 유도하는 사례가 부지기수다. 조례에 제한된 임기를 넘겨 계속 연임하거나, 학부모 본인 기준인 임기를 자녀 기준으로 해석해 둘째, 셋째 자녀의 학부모 자격으로 장기 집권하는 사례도 있다. 이런 경우 학교 측의 해명은 늘 똑같다. 할 사람이 없어서 어쩔 수 없다는 게 이유다. 학생 수가 적은 농·산·어촌의 경우라면 이해가 되지만 그렇지 않은 지역도 같은 이유를 댄다. 학운위 학부모위원 선출에 대해 홍보와 노력이 부족한 것으로 해석할 수밖에 없다.

필수로 두어야 하는 급식소위원회뿐만 아니라 예·결산소위원회, 학교교육과정위원회, 교원능력개발평가관리위원회, 학교규정 제·개정위원회, 학교자체평가위원회, 공모교장심사위원회, 방과후학교위원회, 교과서선정위원회 등은 교육과정을 포함해 학교의 전반적인 운영에 참여하는 중요한 위원회다. 하지만 이들 위원회를 구성할 때 학부모는 이름만 올리면 된다는 얘기 외에 어떤 역할을 해야 하는지 제대로 안내를 받지 못하는 경우가 많다. 회의에 참여할 때도 미리 안건에 대한 충분한 안내나 교육 없이 찬반 질문에 손을 드는 거수기 역할만 할 뿐이다.

각 위원회에 학생 위원을 포함하는 학교도 드물다. 학운위 심의 시 학생과 관련된 사항은 학생들의 의견을 '들을 수 있다'는 현행 초·중등교육법시행령 제59

조의 4항을 '들어야 한다'로 개정하는 것이 필요하다. 또한, 참여 주체들을 대상으로 위원회 문해력을 신장하는 교육(온라인 교육 포함)을 필수로 진행해야 한다.

학부모 학교참여 위원회 종류

학교운영위원회에는 안건에 대한 사전 조사, 자료 수집, 검토 등을 통해 안건 심사의 전문성과 효율성을 제고하기 위해 소위원회를 둘 수 있다.

소위원회의 구성 및 운영에 필요한 사항을 국립학교는 학칙, 공·사립학교는 조례(사립은 정관) 및 단위학교 학운위 규정으로 정한다. 소위원회는 학교급식소위원회(필수), 예·결산소위원회와 그 밖에 분야별 소위원회를 둘 수 있다.[10] 주요 소위위원회를 소개하면 다음과 같다.

- 학교급식소위원회 : 학교급식법에 따라 필수 설치·운영해야 하며 학운위·학부모회·학생회·교사로 위원 구성이 가능하다. 급식모니터링단과 연계해 의견을 수렴하고 매년 교육청이 수립하는 '학교급식기본방향'을 참고, 학생들의 급식을 개선하기 위한 제반 활동을 한다.

- 예·결산소위원회 : 시·도교육청에 따라 학생 수가 적으면 구성하지 않는 경우도 있다. 학교회계의 투명성과 민주성을 위해 예산의 편성·확정·집행·결산은 학교장이, 예산·결산의 심의는 학운위가 담당한다. 예·결산소위원회는 본회의 시작 전에 예·결산 관련 안건을 검토한다.

- 학교폭력대책전담기구 : 2020년 3월부터 학교 내 학교폭력 대책 자치위원회가 교육지원청의 학교폭력 대책 심의위원회로 이관되면서 기존에 교사만으로 구성되었던 전담기구에 학부모위원을 구성원의 1/3 이상 포함하도록 했다. 학교폭력 대책 전담기구에서는 사안이 학교장 자체해결에 해당하는지 여부를 심의하고 피해 학생과 보호자의 학교폭력 대책 심의위원회 개최 요구 의사를 확인한다.

- 학교교육과정위원회 : 학교교육과정이 해당 학교의 교육 목표와 교육 철학, 전통, 특

---

10) 학부모회 임원 연수 자료. 서울학부모지원센터. 경기평생교육학습관. 2022

성 등을 제대로 반영했는지, 교육 내용 및 운영 방식·운영 계획이 적절하게 편성되었
는지 등을 심의한다.

· 교원능력개발평가관리위원회 : 학교 교원에 대한 교원능력개발평가의 시행 계획, 평
가 대상자, 평가자, 평가내용, 방법, 절차, 시기 등을 검토하고 평가 결과에 따른 소속
교원의 능력개발 지원계획 및 연수 대상자 선정 등을 검토한다.

· 학교규정 제·개정위원회 : 학교의 제반 규정을 제정 또는 개정할 때 학교 구성원의 의
견수렴 과정을 거쳤는지, 규정안이 적합한지 등을 학운위 심의 전에 검토한다.

· 교복(체육복)선정위원회 : 교복(체육복)의 선정에 필요한 제반 사항을 검토한다. 구매
계획, 디자인이나 재질 등의 변경 시 의견수렴 여부 및 결과, 업체 선정 등을 담당한
다. 검토한 결과는 학운위에서 심의한다.

· 졸업앨범(소)위원회 : 졸업앨범 제작 시 경비 부담의 주체인 학부모의 의견을 반영해
야 한다. 졸업앨범 제작 과정의 신뢰도 제고 및 투명성 확보를 위해 가격, 사양, 계약
방법, 제작 부수 등을 결정한다.

· 현장체험학습(소규모테마여행)위원회 : 현장체험학습 관련 제반 사항을 심의한다.
시기, 장소, 프로그램, 경비, 식단, 업체 선정, 안전성 등의 적정 여부를 심의하고 필요
시 현장 실사를 한다.

· 방과후학교위원회 : 방과후학교 강좌 개설, 운영 시간, 강사 선정, 강사료, 학생 부담
수강료 등 운영 전반에 대한 내용을 심의한다. 다른 프로그램과의 형평성 및 수강료
가 적정한지, 안전 대책을 수립했는지 등을 검토한다.

· 공모교장심사위원회 : 교장공모제 실시 여부, 의견수렴 방법, 공모교장 자격요건 등
을 심의하고 공모교장 지원자 1차 심사를 담당한다. 전체 학부모를 대상으로 지원자
별 학교경영 계획 설명회가 실시될 수 있도록 안내한다.

· 학교자체평가위원회 : 한 해 동안 학교에서 이루어진 교육을 평가한다. 학교 구성원
들이 함께 참여해 평가 계획을 수립하고 그에 따라 평가를 진행한 후 결과를 공유하
며 개선 방안을 모색하는 위원회다.

· 학교도서관운영위원회, 도서선정위원회 : 학생, 교사, 학부모로부터 희망도서와 자료
신청을 받아 도서를 구입하고, 학교도서관의 연간 운영계획, 자료 수집계획, 자료 관

리 방안, 예산 책정, 자료의 폐기, 도서관의 행사와 활동에 관한 내용 협의 등 학교도서관 운영 관련 사항을 심의·결정한다.

- 물품선정위원회 : 학교 구입 물품의 1회 구매 총액 추정가격이 1천만 원 초과 시 개최한다. 물품(교구, 기자재 등) 규격 선정, 업체 선정, 제품 선정 등의 투명성 제고 및 객관성을 확보하기 위한 위원회이다.

- 기숙사운영위원회 : 기숙사가 민주적·합리적으로 운영될 수 있도록 학생 선발 기준, 기숙사비 징수 및 반환 기준, 그 밖에 기숙사 운영에 필요한 사항들을 심의하고 기숙사 운영규정을 제·개정한다.

- 교권보호위원회 : 교육활동 침해 기준 마련, 예방대책 수립, 교육활동 침해 학생에 대한 선도 조치, 교원의 교육활동과 관련된 분쟁 조정 등을 심의한다.

학교 예산부터 학교급식, 교과서 채택, 교장공모까지 심의하는 중요한 권한을 가진 것이 위원회 활동이다. 그런데 위원의 선정 과정에서부터 업무를 담당한 교사가 학급회장 학부모에게 호소하거나 학부모회장에게 명단을 채워달라는 식의 형식적인 구색 갖추기가 되어 버렸다. 각 위원회에서 학생과 학부모의 의견이 제대로 반영되는 것이야말로 민주적 학교문화 구축의 출발점이다.

공적 학부모와 사적 학부모

현재 유·초·중등 학생 578만 명의 보호자인 1천만 명 가량의 학부모가 법에 의해 학교의 구성원으로 소속되어 있다.[11] 학교 체육대회나 공사 기간에 소음 등의 민원을 접수하는 외부의 민원인과는 엄연히 구별되는, 학교에 재학 중인 학생의 보호자이자 학교의 구성원인 것이다. 학부모를 어떤 존재로 볼 것인가에 따라 학부모 역시 학교를 대하는 위치가 달라진다. 학교 공동체 구성원, 학교교육의 주체, 교육 가족 등의 호칭이 글로만 존재한다면 학부모는 소속감과 책임

---

11) 2023 교육 기본통계. 한국교육개발원. 2023.

감이 필요 없는 사적 영역의 한 개인의 입장을 취할 것이다.

서울시교육청 '학부모회 학교참여 공모사업 계획서'처럼 학교장 명의로 교육청에 제출하는 학부모회 서류에는 학부모회 재적 인원을 학생 수와 동일하게 기재하도록 지침이 정해져 있다. 그러므로, 학교 홈페이지에 학생 수와 교직원 수와 함께 학부모 수도 기재하고 학부모회 카테고리도 추가하는 것이 바람직하다. 하지만 대부분의 학교 홈페이지에는 학부모회가 빠져있다. 그해의 학부모회 구성이나 활동 현황, 회의록, 게시판 등을 두어 공식적인 소통 창구로 양성화하는 것이 현재 교육부와 교육청이 추진하려는 학부모 민원 시스템보다 효율적일 것이다.

▨ 학부모회 학교참여 활동 계획서

【서식1】 활동계획서[학부모회]

OO학교 학부모회
학교참여 활동계획서

접수번호	※ 교육청에서 기재		신청일	2023년 월 일	
학부모회명/학교명	OO학교 학부모회 / OO학교				
학부모회 대표	직 위	성 명	휴대폰	Email	
	회장				
	부회장				
	감사				
학부모회원수/학생수	829명 / 829명		학부모회신 신청여부		
활동주제명					

본인은 OO학교 학부모회를 대표하여 '학부모회 학교참여 공모사업' 응모신청서를 제출합니다.

OO학교 학부모회장 (OOO)

위 내용을 확인함   OO학교장   ※ 직인생략

서울특별시교육감 귀하

코로나 팬데믹 3년의 공백기는 학부모를 더욱 '각자도생'의 길로 몰고 갔다. 2019년까지는 개인에 따라 관심의 차이는 있어도 학부모들이 학부모회의 존재와 활동 정도는 인지하고 있었다. 적극적으로 참여하지 않더라도 필요할 때는 단체 카톡방이나 학부모회 밴드 등 소통 창구를 통해 학교생활에 대한 간단한 질문 등은 같은 반이나 선배 학부모들의 도움을 받아 해결했다. 학교 학부모회가 예산을 받아 학부모교육, 행사, 모임 등 학부모회 자체 사업을 진행했었다.

하지만 코로나 공백 이후 학부모회는 코로나 이전이 아닌 학부모회 조례 제정 이전으로 후퇴했다. 외부인 출입금지 대상에 학부모가 포함되어 학교 교문도 들어가 보지 못한 채 3년이 지나자 학부모들은 학년을 불문하고 모두가 신입생 학부모와 다를 바 없었다. 학교 교육과정, 학교생활 규칙, 교사를 대하는 방법, 심지어 학부모와 소통하는 방법마저 아는 것이 하나도 없기 때문이다. 이는 초등 저학년이든 고학년이든, 중학생이든 고등학생이든 마찬가지다. 학생만 3년씩 어려진 것이 아니라 학부모도 똑같이 퇴행했다.

그런데도 코로나 시기 학교와 학부모 간 거리두기는 등교수업이 정상화 된 이후에도 그 이전으로 돌아가지 못하고 유지되거나 더디게 복구되었다. 학부모 상담도 대면 상담이 아닌 비대면 방법을 병행해 진행하는 학교가 늘었고, 학교 참여 활동도 코로나 이전보다 더 형식적으로 이름만 올려놓는 경우가 대부분이다. 어떤 일을 하는 건지 모르다 보니 학부모는 학교 활동에 관심을 덜 가지게 되고, 학교는 학부모 참여가 저조하니 학부모가 불출석해도 형식적으로 진행할 수밖에 없는 악순환이 반복되는 현실이다.

이제는 기준을 바꿔야 할 때다. 원래는, 예전에는, 원칙적으로, 규정대로… 식의 고정관념을 탈피해 모든 눈높이를 낮추거나 기준을 과감히 버려야 한다. 일방적으로 가르치고 습득하는 것이 아닌, 함께 배움이 일어나는 과정 자체가 교육이다. 학교는 사람들의 관계 속에 발생하는 모든 활동이 이루어지는 곳이고,

교사는 지식 전달자가 아닌 학생의 건강한 성장을 돕는 조력자이자 상담자이다. 학부모는 소비자나 민원인이 아닌 협력자로 다시 정의를 내리는 것부터 필요하다. 그래야 학교라는 배움의 공동체에서 각자의 역할에 충실하며 모두가 함께 성장하는 신나는 경험을 할 수 있을 것이다. 우리 모두 아무리 힘들어도 학교를 그만두지 않고 버티는 이유가 학교 안 어딘가에 반드시 존재하지 않을까.

학교폭력의 현실과 학교폭력예방법,
그리고 학교가 가야 할 방향

이 상 우

금암초등학교 교사 / 오산화성교육지원청 화해중재지원단 팀장

학교폭력의 현실

70년대 영화 〈말죽거리 잔혹사〉와 80년대 초반을 그린 영화 〈친구〉를 보더라도 중·고등학생 사이의 집단 패싸움이 있었고, 교내에서 크고 작은 물리적인 싸움들이 있었다. 80년대 후반 중학생이었다면, 학교에는 소위 '노는 애'들 무리가 있었고, 오토바이를 타고 학교를 오거나 소위 '본드'를 불고, 중2~3학년 화장실이 자욱한 담배연기로 휩싸였던 경험이 있다. 반 친구 사이에서 서열을 정하기 위한 싸움도 종종 있었고, 보통의 중학생이라면 1년에 몇 번 정도는 같은 반의 힘 있는 학생이나 모르는 선배들에게 돈을 빼앗기는 경험을 하곤 했다.

신체폭력의 감소와 관계적인 폭력의 증가

　지금의 학교폭력 상황은 그때보다 심각할까? 심각하지 않을까? 어떤 사람들은 학교폭력 문제가 예전보다 나아졌다고 하고, 어떤 사람들은 학교폭력이 저연령화되고 흉포화되는 등 더 심각해졌다고 한다. 어떤 사람들은 예전에 비해 물리적인 폭력은 줄어들었지만, 관계적 폭력과 SNS 등을 통한 사이버폭력은 더 심각해졌다고 한다. 성별에서도 남학생들은 주로 물리적인 폭력이 더 많고, 여학생들은 관계적 폭력이 비교적 더 많이 발생한다. 분명한 것은 과거의 학교폭력에 비해 양상이 변화했다는 것이다. 적어도 학생들이 서로 싸우거나 일방적으로 물리적인 폭력을 행사하는 경우는 학교 안에서는 매우 드문 일이 되었다. 2013년 학교폭력 실태조사 통계[1]를 보더라도 당시에는 신체적인 폭력 응답비율이 66.9%로 가장 높았는데, 2021년에는 신체폭력이 35.9%, 언어폭력 25.9%, 사이버폭력 11.8%로 시간이 흐를수록 신체적인 폭력의 비율은 절반 가량으로 줄고, 언어폭력은 4배 이상, 사이버폭력은 2배 이상 증가하여 신체적인 폭력은 감소하고 있지만, 관계적인 폭력이 증가하는 양상이다.

▨ 학교폭력 피해 응답률 추이

단위: %

	2012	2013	2014	2015	2017	2018	2019	2020	2021	2022
피해응답률	8.5	2.2	1.4	1.0	0.9	1.3	1.6	0.9	1.1	1.7

설문대상: 전국 초등학교 4학년~고등학교 3학년. 교육부

▨ 전국 학교폭력 실태조사

단위: %

	2012	2013	2014	2015	2017	2018	2019	2021	2022	2023
피해응답률	12	6.3	3.8	4.6	6.5	6.6	11.2	6.7	7.0	6.8
설문표본(명)	5,530	6,153	6,489	7,531	6,675	5,890	1,984	6,230	6,004	7,242

설문대상 : 초등학교 2학년~고등학교 3학년. 푸른나무재단

---

1)　교육부 학교폭력 근절 종합대책. 교육부 보도자료 2023.04.12.

교육부의 학교폭력 실태조사의 추이를 보면 학교폭력 피해응답률은 전국적인 실태조사 첫해에 8.5%, 2013년 2.2%로 가장 높았고, 코로나 시기였던 2020년이 0.9%로 가장 낮았다. 일상생활이 회복되는 2022년에는 1.7%를 기록해서 코로나 이전과 큰 차이를 보이지 않는다. 표본과 설문조사 방식의 차이가 있으나 푸른나무재단의 학교폭력 피해응답률은 교육부에 비해 3~5배 정도 높다. 두 기관의 연도별 피해 응답률[2]의 변화를 살펴보면 상승과 하강 등 발생 빈도 추이는 전체적으로 비슷하다.

■ 연도별 학교폭력 발생 건수

	2013년	2015년	2018년	2019년	2020년	2022년
심의 건수	17,749	19,968	32,832	31,130	8,357	23,602
학교장 자체해결 건수				11,576	17,546	38,450
합계	위의 심의건수와 동일함			42,706	25,903	62,052

교육부

연도별 학교폭력 발생 건수도 2013년 1.8만 건에서 2017년 3만여 건, 2019년부터 4만 건 이상으로 급증했다. 2013년 학령인구가 6,529,196명에서 2018년 5,633,725명으로 13.7% 줄어들었음에도 학교폭력은 85% 증가했다. 2019년 9월부터는 학교장 자체해결제가 도입되었고, 2020년 전체 학교폭력 신고 대비 67.7%가 자체해결 건수였고, 22.3%가 학교폭력대책심의위원회의 심의 건수였다. 2021년도에는 64.7%가 자체해결 건수였고, 2022년도에는 학교장 자체해결 건수가 61.9%로 나타났다. 점차 자체해결제 비율이 조금씩 낮아지고 있으나 전체 학교폭력 접수 건수의 증가로 자체해결 건수는 매년 증가추세다.

교육지원청의 학교폭력대책심의위원회의 심의에 불복하는 행정심판 청구 건수는 2012년 175건에서 2020년 480건, 2022년 750건, 22년 889건으로 매년 급

---

2) 푸른나무재단 공식 블로그 - 실태조사 https://blog.naver.com/bakbht/185850015

중하고 있다. 행정소송 건수 또한 2020년 111건, 2021년 211건, 2022년 265건으로 최근 3년간 증가추세다. 특히 학교폭력대책심의위원회의 조치에 불복한 가해학생 학부모가 제기한 행정심판·소송의 집행정지 인용률(3년 평균 53.9%와 63%)은, 본안심판·소송의 최종 인용률(3년 평균 14.6%와 9.8%)을 훨씬 상회하여 학교폭력 조치의 실효성을 저하시켰다.

▨ **가해학생의 행정심판·소송 및 집행정지 인용률**

단위 %

연도	행정심판			행정소송		
	2020	2021	2022	2020	2021	2022
집행정지 인용률	59.3	49.9	52.4	67.1	61.6	60.0
본안 인용률	17.7	14.5	11.7	11.7	12.8	4.9

교육부

학교폭력예방법과 대응 정책의 변화

대한민국에는 3대 전문가가 있다고 한다. 정치 전문가, 축구 전문가, 마지막으로 교육전문가다. 사실 정치나 스포츠, 교육 모두 인간 집단의 변화 양상을 다루기 때문에 복잡한 현상을 이해하기 쉽지 않지만, 그만큼 국민의 관심이 많고 특히 교육은 적어도 초중고 12년, 대학 4년 등 16년 동안 학교를 다닌 만큼 국민 누구나 나름의 교육경험과 교육관을 갖고 있다. 그러다보니 교육문제에 대해 해답은 몰라도 자신의 생각을 주저없이 표현하고, 학교폭력에 대해서도 나름의 해결책을 제시하기도 한다. 그런데 정작 학교폭력예방법에 대해 물어보면 쉽게 말하지 못한다. 제정된 지 만 20년이 되어 가고, 수십 차례의 개정이 이뤄졌고, 내용도 복잡하고 조문에 대한 해석도 쉽지 않아서 몇 년 동안 학교폭력 업무를 맡았던 사람도 헷갈리는 것이 학교폭력예방법이다.

학교폭력 발생시 사안처리 절차

현재의 학교폭력예방법의 주된 형태는 2019년 7월에 개정되었다. 2019년 9월부터 학교장 자체해결제가 시행되었고, 2020년 3월부터 기존의 학교 내에 있던 학교폭력대책자치위원회가 교육지원청으로 옮겨져서 학교폭력대책심의위원회가 되었다.

▨ 학교폭력 사안처리 흐름도

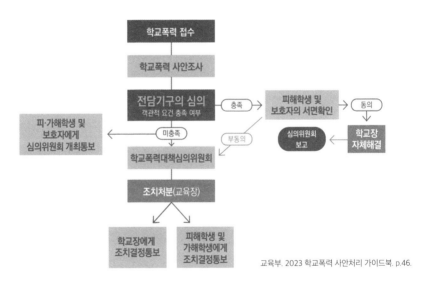

교육부. 2023 학교폭력 사안처리 가이드북. p.46.

학교폭력이 발생했을 때 어떤 과정을 거치는지 진행 과정을 살펴보자. 학교폭력예방법에 따라 학교폭력 사실을 알게 된 사람에게는 학교폭력 신고의무가 있다. 교사가 이를 알게 되었다면, 부모에게 알리고 학교장에게 보고해야 한다.

학교폭력이 신고되면 학교폭력 전담기구에서는 사안처리를 위한 협의를 하고 역할분담을 한다. 학교폭력 업무 담당교사(책임교사)는 학생들을 조사한다. 담임교사나 책임교사가 학부모에게도 이 사실을 알린다.

학교에서는 학생들을 조사한 내용을 바탕으로 사실 확인을 하고, 경우에 따라서는 이번 일을 어떻게 생각하고, 어떻게 해결되기를 원하는지 학부모 확인서도 받는다. 학교 안의 학교폭력 전담기구에서는 심의를 한다. 전담기구 구성원은 주로 교감, 담당교사, 인성부장, 보건교사, 상담교사, 학부모(구성원 총수의 1/3 이상)로 되어 있다. 심의 안건은 이 사안이 학교장 자체해결제의 객관적인 요건에 해당하는지 여부이다. ① 2주 이상의 신체적·정신적 치료가 필요한 진단서를 발급받지 않은 경우, ② 재산상 피해가 없거나 즉각 복구된 경우, ③ 학교폭력이 지속적이지 않은 경우, ④ 학교폭력에 대한 신고, 진술, 자료제공 등에 대한 보복행위가 아닌 경우인지 심의한다. 그리고 피해학생 및 그 보호자가 교육지원청의 학교폭력대책심의위원회 개최를 원하지 않으면 학교장 자체해결제로 다룬다. 학교장 자체해결제로 다루는 경우 보통은 진심어린 사과와 더불어 신체적, 정신적 피해 발생 시 합리적인 범위 내에서 치료비를 보상하고 가해학생을 교육하는 선에서 마무리된다.

학교폭력으로 신고된 사안이 학교장 자체해결제의 객관적 요건에 해당하지 않거나, 객관적 요건에 해당하더라도 피해 학부모가 학교폭력대책심의위원회(이하 심의위원회)의 심의를 원하면 지역의 교육지원청의 심의위원회에서 심의를 받는다. 심의위원회의 위원은 지원청 생활지도 업무 공무원, 생활지도 경력이 있는 교원, 변호사, 경찰, 청소년 선도활동 전문가 등으로 구성된다. 규정상 학교폭력 심의는 심의위원회 심의를 신청한지 3주, 연장사유가 있을 경우 4주 내에 해야 하지만, 코로나 비상 상황 이후 학교폭력 신고사례가 급증하여 인구가 많은 지방도시나 대도시의 경우 2달 이상 기다려야 하기도 한다.

심의위원회에서 해당사안을 심의하면, 관련학생(피해학생과 가해학생)과 학부모들이 참석한다. 회의 전 피해학생과 가해학생의 동선을 분리하여 서로 마주치지는 않게 별도의 공간에서 대기하고 있다가 피해학생 쪽이 먼저 입장해서 위원들의 질의·응답을 받고 진술을 한 뒤 퇴장한다. 이어서 가해학생 쪽이 입장해서 질의·응답과 진술을 한다.

위원들은 〈학교폭력 가해학생 조치별 적용 세부기준〉[3]에 따라 가해학생에게 심각성, 지속성, 고의성, 가해학생의 반성의 정도, 화해의 정도 등에 따라 0~4점까지 부여하고 합산한다. 이어 피해학생의 장애학생 여부, 가해학생의 선도가능성을 종합적으로 고려하여 1호 서면사과, 2호 접촉, 협박, 보복행위 금지, 3호 교내봉사, 4호 사회봉사, 5호 특별교육 및 심리치료, 6호 출석정지, 7호 학급교체, 8호 전학, 9호 퇴학(고등학교만 해당함)의 조치 중 필요하다고 판단하는 조치를 1개 또는 그 이상을 내릴 수 있다. 2호 이상의 조치를 받으면 학생과 학부모에게 특별교육을 추가로 부가할 수 있다. 피해학생에게는 1호 심리조언 및 상담, 2호 일시보호, 3호 요양 및 치료 중에서 적절한 조치를 내린다.

학교폭력 가해사실은 교육부의 생활기록부 기재요령에 따라 1, 2, 3호는 조치를 이행하면 1회에 한하여 기재를 유보한다. 4호 이상은 1회로도 생활기록부에 기재된다. 기재 후 졸업 전에 교내의 학업성적관리위원회의 심의를 통해 삭제되기도 하고 졸업 후 일정 기간이 지나 삭제되기도 한다. 원칙은 이러하나 생활기록부 기재요령의 세부내용에는 여러 가지 예외 및 단서조항이 있기 때문에 담당교사와 협의가 필요하다. 교육부 생활기록부 기재요령의 해당 부분을 살펴보고, 의문이 생길 시 담당 장학사에게도 문의하는 것이 좋다.

---

3) 학교폭력 가해학생 조치별 적용 세부기준 고시, 국가법령센터(https://www.law.go.kr/)

2004년에 학교폭력예방법이 처음 시행되었지만, 2005년 학교폭력 가해집단인 일진회의 실상이 언론에 보도되고 사회적으로 이슈가 되면서 학교폭력의 실체가 알려졌다. 교육부는 '학교폭력 실태조사 기획위원회'를 구성하여 초등학교 4학년에서 고등학교 3학년 학생 13,000명을 대상으로 학교폭력에 대한 설문조사를 하였다. 또한, 학교 내 CCTV 설치를 통해 학교폭력을 예방하려는 노력을 기울였다.[4] 2005년 제1차 학교폭력의 예방 및 대책에 관한 기본계획(2005~2009년)을 수립하여 시행하였다. 2007년 초·중학생들이 연루된 성폭행 사건과 심각한 학교폭력 사건이 연이어 발생하자 '학교폭력 SOS 지원단'을 구성하고, 전문연구단을 운영하였다. 학교폭력이 자주 일어나는 학교를 중심으로 주변의 3~5개 학교에 1명씩 학교폭력 전담 경찰관을 배치하는 대책도 이때 마련되었다. 2010년에 중학교 중심으로 '졸업식 뒤풀이'가 사회적 이슈로 대두되면서 2차 학교폭력 예방 및 대책 5개년 기본계획(2010~2014)을 시행하고 '배움터 지킴이' 확대 대책을 발표하였다.

비교적 잘 작동되지 않던 「학교폭력예방법」은 2011년 대구 권승민 학생의 학교폭력으로 인한 자살을 기점으로 엄벌주의로 대폭 강화되었고, 학교폭력 가해 사실을 생활기록부에 기재했다. 학교폭력 처리 절차의 공정성 확보를 위해 교내 학교폭력대책자치위원회에 과반수의 학부모위원 참여를 보장했다. 학교폭력 은폐 또는 무마 시도를 막고 적극적으로 대처하기 위해 학교폭력 신고 접수시 학교폭력대책자치위원회 심의를 의무화하였다. 전문상담교사 배치 등의 내용도 포함되었다. 이어서 2012년 2월 '학교폭력근절 종합대책'을 새롭게 발표하여 학교폭력을 범죄라는 인식하에 철저히 대응하게 하였다. 여성가족부와 교육부, 경찰청이 합동으로 전국 17개 지방경찰청에 설치 운영되고 있는 117 학교폭력신

---

4) 학교폭력 예방의 이론과 실제(pp158~164). 학지사. 이규미 외. 2015

고센터도 생겼다. 또래상담활동 등을 포함한 예방교육도 확대되었다. 교육부뿐만 아니라 여러 정부기관들이 협력 혹은 독립적으로 안전한 학교환경을 조성하고 학교폭력 예방 및 근절을 위한 프로그램을 개발하였다. Wee프로젝트를 통해 학교폭력뿐만 아니라 다양한 위기상황에 처한 학생을 위한 지원제도를 운영한다. 교내 Wee클래스, 교육지원청의 Wee센터, 교육청의 Wee스쿨은 학교폭력 가해학생과 피해학생에 대한 교육과 치료의 기능을 수행한다. 전국적으로 연 2회 초등학교 4학년~고등학교 3학년까지 학교폭력 실태전수조사를 시작한 것도 이때였다.

2012년 2월 발표한 범정부 대책으로 학교폭력의 경각심을 높이고 학교폭력이 감소하는 등의 성과는 나타났지만, 학교폭력이 근절되지 않고 심각한 피해가 크게 줄어들지 않았다고 판단한 박근혜 정부는 4대악 근절을 위한 정부의 핵심 국정과제 중 하나로써 2013년 7월 '현장중심 학교폭력 대책'을 발표하여 범부처 협업과제로 추진하였다.

학생들이 안전하고 건강하게 교육받으면서 성장하기 위해서는 학교폭력이 발생하지 않아야 한다는 전제 하에 '사전예방'에 중점을 두고, '어울림 프로그램'을 개발해 정규교육과정에 반영하여 전국의 모든 초·중·고교에서 지속적·체계적으로 실시하였다.

2017년에는 경기도교육청에서 회복적 정의에 입각한 학교폭력 갈등지원단을 운영하였고, 이후 서울과 경남을 비롯한 여러 시도에서 비슷한 형태로 가해자 처벌보다 피해자의 회복과 당사자 학생들과 공동체 구성원의 관계회복에 초점을 맞춘 시도들이 도입되었다.

2019년 학교폭력예방법 개정으로 학교장 자체해결제가 도입됨과 동시에 학교에서는 관계회복 프로그램을 운영할 수 있도록 하였다. 교육부에서도 초등용과 중등용으로 관계회복 프로그램 워크북을 개발해 현장에 보급하였다. 경미한 학교폭력의 생활기록부 기재 완화도 시행되었다.

2021년 초 사설 기숙 교육기관인 서당폭력사건과 성인 운동선수의 과거 학폭 사실이 언론에 이슈화되면서 기숙형 교육시설 운영 실태조사와 시설 내 거주 청소년 대상 폭력 실태조사를 실시하고, 조사결과를 토대로 피·가해학생 조치 등 후속조치를 시행하였다. 학교폭력을 저지른 학생선수는 선수 선발과 참가 등이 제한되고, 피해자에 대한 고려를 중심으로 과거에 발생했던 체육계 학교폭력에 대해 구단 및 협회 등의 처리 기준을 마련하였다. 2021년 2월 '학교운동부 폭력 근절 및 스포츠 인권보호 체계 개선 방안'을 심의·의결하였다.

자녀 학교폭력으로 인한 2023년 정순신 국가수사본부장 후보의 낙마사태와 드라마 '더 글로리'의 영향으로 학교폭력에 대한 국민적 관심과 분노가 끓어오르면서 교육부는 학교폭력 전학 기록을 4년까지 보존하고 대입 정시전형에도 반영하기로 하였다. 또한 피해학생을 최우선으로 보호하기 위하여 학교폭력이 신고가 되면, 기존의 가·피해학생 즉시분리 기간을 3일에서 최대 7일로 연장하였다. 예전에는 전학조치가 내려진 가해학생도 학생선도를 위해 특별교육 등 다른 조치를 이행하기 전에는 전학가지 못하는 것이 원칙이었다. 그러나 이로 인해 피해학생이 같은 공간에서 불편함을 겪으며 2차 가해를 염려해야 하는 부작용이 생겼다. 이에 가해학생이 다른 조치들을 이행하기 전에 피해학생 보호를 위해 가해학생 전학조치를 우선적으로 적용하는 것이 가능해졌다. 한편 가해학생이 조치를 불복할 경우, 그동안은 피해학생에게 통보가 되지 않아서 행정심판에서 피해학생이 진술할 기회가 없었다. 이제는 피해학생에게도 안내하여 행정심판에서 피해학생의 진술권을 보장하였다.

■ 학교폭력예방법과 대응 정책의 주요 변화

	2012년	2019년	2023년
주요 사건	• 심각한 학교폭력으로 인한 대구 권승민 학생의 자살	• 학교폭력신고의 급증, 학교폭력 사안 심의의 전문성 의심 뉴스 증가	• 정순신 국가수사본부장 후보자의 자녀 학교폭력 문제와 드라마 '더 글로리' 열풍
학폭법 주요 변화	• 학교폭력을 학생을 대상으로 한 모든 폭력으로 포괄적으로 정의함 • 학교폭력 신고 시 대책자치위원회 개최 의무화하고, 학부모위원의 과반수 이상 확보 • 학교폭력 가해사실의 생활기록부 기재 의무화 • 학교폭력실태 전수조사 실시	• 학교장 자체해결제 및 관계회복 프로그램 도입 • 경미한 학교폭력 조치는 생활기록부 기재완화 • 학교폭력대책위원회를 교육지원청으로 옮김	• 가해학생 즉시분리 최대 7일 연장 • 전학조치를 받은 가해학생 생활기록부 기재연장과 신속한 전학조치 이행 • 가해학생의 조치 결과 불복 시 행정심판에서 피해학생의 진술권보장함 • 피해학생 지원센터
설명과 해설	• 학교폭력문제를 해결하기 위한 학교의 책임을 강화함 • 2004년 이후 유명무실했던 자치위원회의 역할이 중요해짐 • 가해사실의 학생생활 기록부 기재과정에서 예방효과와 부작용에 대한 사회적 논의가 치열했음	• 경미한 학교폭력은 학교에서 자체해결하고, 심각한 학교폭력은 교육지원청에서 맡도록 유도함 • 과중한 학교폭력 사안처리 업무를 완화하여 학교 교육력 회복을 의도함 • 학교폭력 사안 심의의 전문성 강화함	• 학교폭력 가해학생에 대한 엄정한 조치를 강화하여 피해학생을 보호하려고 함

학교폭력예방교육 의무화와 학교 안전교육 7대 영역 표준안

학교폭력예방법 제정 이전에도 인성교육과 민주시민교육 등 학교폭력예방을 위한 교육을 실시하였다. 그러다가 2004년 학교폭력예방법이 시행되고 매 학기 1회 이상씩 학생을 대상으로 예방교육을 하게 하였고, 이후 교사에게까지 확대되었다가 2012년 개정된 학교폭력예방법부터 매 학기 학생, 교직원, 학부모를 대상으로 실시하였다. 2014년에 교육부가 교육분야 안전종합대책의 후속조치로 학생의 발달단계를 고려한 체계적인 안전교육 7대 영역 표준안을 마련하여 학교에 제공하였다. 매년 학교에서는 학교교육과정에 교육부 표준안을 반영하여 교육하고 있다. 학교 안전교육7대 영역 표준안의 대분류 안에 '폭력과 신변

안전'이 있고, 중분류 안에 '학교폭력', '성폭력', '아동학대', '자살', '가정폭력'이 있다. '학교폭력'의 소분류로는 '학교폭력', '언어·사이버폭력', '물리적 폭력', '집단따돌림'이 있다. 중학교 기준으로 학교폭력 관련 7대 영역 표준안의 내용 체계도를 살펴보면 다음과 같다.

▧ 학교폭력 관련 중학교 내용 체계

중분류	소분류	중학교
학교폭력	학교폭력	• 학교폭력의 위험성 인식 • 학교폭력의 유형 및 현황
	언어/사이버 폭력	• 모바일 메신저를 올바르게 사용하기 • 사이버 언어 폭력에 대하여 알고 예방하기 • 사이버 불링의 문제점을 인식하고 역할극을 통해 예방법을 모색하기

	물리적 폭력	• 신체폭력의 위험성 인식하기
		  - 자신의 경험 또는 목격한 사례발표를 통한 신체폭력의 유형 이해
		  - 신체폭력 원인과 대처방법 이해
		  - 신체폭력 사례와 법적조치 이해
		• 신체폭력의 구체적 사례에 대해 대처 및 예방법 생각하기
		• 사례를 통해 금품갈취의 위험성 인식하기
		  - 뉴스보도에 나타난 금품갈취 유형과 위험성 이해
		  - 자신의 경험이나 목격사례 이야기하고 토론하기
		  - 금품 갈취의 원인과 대책 모색하기
		• 나비효과 이해와 비폭력평화학급 활동으로 예방의지 강화

	집단따돌림	• 집단 따돌림의 유해성 이해하기 • 집단 따돌림의 다양한 유형을 알고 예방하기 • 집단 따돌림 예방하기 • 피해학생 이해하기 • 중재 및 상담 • 갈등해결 조력(토의)
성폭력	성폭력 예방 및 대처 방법	• 성폭력에 대해 이해하고 예방하는 법을 배우기 • 성폭력 사례를 통해 문제점 알기 • 성폭력 사례별 대처 방법 알기 • 성폭력의 대처와 신고에 대해 알기(접수 및 상담)
	성매매	• 성매매의 이해와 실태, 피해 • 원조교제의 위험성 인식 • 신고접수 및 상담 • 성 상품화와 성매매를 알고 성적주체로서 자신을 인식하기(사례) • 성적 의사결정권 이해하기

교육부

'학교 안전교육 7대 영역 표준안'[5]은 학생 발달단계에 맞게 체험중심으로 개발되었고, 통일된 체계를 따라 가르치게 하여 안전 사각지대가 발생하지 않도록 하였다. 교육부는 매년 실시하는 실태조사를 바탕으로 수정·보완하여 2023년 표준안은 학생용 활동자료 중심, 교과수업과 연계를 강화하고 소주제별 수업내용을 상세히 제시하였다.

학교폭력의 현실

학교폭력예방교육의 효과와 학생들의 현실

학교폭력 예방교육을 강화하고, 학교폭력 문제에 대한 직간접적 경험이 늘면서 학교폭력에 대한 경각심이 높아졌고, 확실히 예전보다 물리적인 폭력이 줄어들었다. 2010년대 초반만 해도 일부 초등학교에서는 소위 그 학교 짱이 다른 학교 짱과 '맞짱을 뜨는 일'이 있었지만 지금은 사라졌고, 교실 내에서 친구들이 주먹다짐으로 심하게 싸우는 일도 매우 드물다.

학교폭력 실태조사에서도 드러나듯이 교내에서 금품을 갈취하는 일도 적다. 2010년대 초반만 해도 소위 초등학교 고학년들이 동학년이나 후배들의 돈을 빼앗아 선배들에게 바치는 일들이 종종 있었지만 지금은 대폭 줄어들었다.

다만, 초등 고학년 중에서도 중학생들과 어울리는 학생들은 아직도 극히 일부 남아 있으며, 중학생들의 경우 집에 있으면서 장기간 결석하거나 가출해서 친구들이나 선배들과 어울리며 폭력의 피해자가 되기도 하고 가해자가 되기도

---

5) 학교안전정보센터 홈페이지-커뮤니티-교육부 정책 게시판 122~126번글
   https://schoolsafe.kr/community/eduPolicy/list

한다.

최근에는 소극적 따돌림을 당하는 학생들이 있을 수 있지만, 예전처럼 적극적으로 괴롭힘 당하는 일은 매우 적어진 것이 사실이다. 가해사실이 신고되면 학교폭력대책심의위원회에서 징계조치 같은 불이익이 있다는 것을 학생들도 잘 알고 있어서 조심하는 경향이 있다.

푸른나무재단에서 실시한 '2023년 학교폭력 실태조사'[6]에 따르면 학교폭력 피해경험이 있다고 보고한 학생 중 30% 이상은 피해가 극복되지 않았다고 응답했다(34.5%). 그 이유는 여러 가지가 있지만, '자신의 마음의 상처가 회복되지 않아서 고통스럽다'(21.7%), '가해학생에게 사과받지 못하고 괴롭힘·따돌림을 계속 당하고 있어서 그렇다'(10.8%), '가해학생이 처벌이나 조치 이후에도 변한 것이 없어서 그렇다'(10.8%)는 응답을 주로 했다.

피해 후 가장 필요한 것으로는 '가해학생의 진심어린 반성과 사과'(18.2%), '피해학생이 마음의 상처를 회복할 수 있도록 도와주는 것'(14.7%)이었다. 학교폭력 피해에서 벗어날 수 있었던 이유로 '부모님(19.6%)과 학교 선생님께 도움받아서 (17.6%)'가 비교적 높은 응답률을 보였다.

가해학생들이 학교폭력 신고를 당하면 처벌 받을까봐 불안해하고 인터넷 검색을 통해 어떤 벌을 받게 되는지 찾아보고 나름대로 해결방법을 찾으려 한다. 가해학생들이 처벌 및 조치 불만족의 이유를 살펴보면 자신도 피해를 받은 부분이 있어서 억울해하는 학생들도 있고(28.2%), 진심으로 사과하고 반성하는데 몰라주는 것 같아서가 27.9%, 잘 모르고 한 행동인데 처벌까지 받아서(20.2%)로 나타났다.

그런데 최근 나타난 안타까운 현상 중 하나는 자신이 친구들과 약간 불편한 일을 겪어도 무조건 '학교폭력'으로 신고하는 학생들이 있다는 것이다. 또는 자

---

6) 푸른나무재단 공식 블로그의 글 푸른나무재단, 2023전국 학교폭력·사이버폭력 실태 조사 및 대책 발표 기자회견 열다 https://blog.naver.com/bakbht/223209480536

신이 남한테 하는 것은 장난이고, 남이 자신에게 똑같이 하는 것은 학교폭력이라고 주장한다.

학생 간 힘의 불균형이 뻔히 보이는데도 힘이 센 학생이 힘이 약한 학생을 괴롭히고서 저 학생도 내게 욕을 하거나 몸을 쳤다면서 소위 '물귀신 작전'을 하기도 한다. 때로는 학교폭력을 당한 것이 너무 괴로워서 주변 친구들에게 토로한 것에 대해 가해학생 쪽에서 명예훼손이란 명목으로 학교폭력 맞신고를 하기도 한다.

부모들의 대응

자녀가 학교에서 즐겁고 행복하기를 바라는 부모의 마음은 똑같다. 내 자녀가 학교폭력을 당할지도 모른다는 걱정과 불안에 빠져 있지만, 내 자녀가 학교폭력의 가해자가 될지도 모른다는 생각은 거의 하지 않는다. 내 자녀가 당한 학교폭력의 피해는 매우 심각하다고 생각하고, 내 자녀가 학교폭력을 저질렀다고 하면 놀라기도 하지만, 크게 대수롭지 않게 생각하는 경향이 있다. 내 자녀가 받은 피해는 심각한 것으로, 내 자녀가 준 피해는 심각하지 않은 것으로 여긴다.

학교폭력 문제가 잘 해결되는 경우를 살펴보자. 가해학생 부모도 자녀의 속상한 마음을 공감해준 뒤, 피해학생에 대한 진심어린 사과를 권유한다. 피해학생이 회복되기 위해 어떤 점이 더 필요한지 같이 찾아본다.

피해학생 부모는 자녀가 학교폭력 피해를 당한 것은 속상하지만, 마음을 가다듬고 자녀를 위로하고 공감하며 얘기를 충분히 들어준다. 다시 비슷한 일이 있을 때 어떻게 대처하면 좋을지 같이 얘기를 나누고, 부모로서 너를 지켜주기 위해서 노력할 것을 약속한다.

이렇게 되면 교육지원청의 심의위원회로 갈 필요 없이, 학교장 자체해결제로 부드럽게 해결되는 것이 보통이다. 이미 부모들의 성숙한 자세로 학생들은 배울 것을 배우고 학교에서도 학생들에게 필요한 상담과 후속 생활지도를 할 수 있다.

그런데 현실에서 이렇게 되는 경우는 매우 드물다. 먼저 가해학생 부모는 심의위원회 처벌로 자녀에게 불이익이 생길까 염려하고, 생활기록부 기재를 두려워해서 자녀의 잘못을 부인하거나 축소하고, 혹시 상대학생도 내 자녀에게 잘못한 게 없는지 찾아서 학교폭력 신고로 맞대응하려고 한다.

이처럼 학교폭력 문제를 해결하는 과정에서 부모들은 매우 불안해한다. 가해학생 부모는 자칫 우리 애가 범죄자도 아닌데 학교폭력 가해자로 낙인찍혀서 잘못될 것 같다. 피해학생 부모는 우리 애가 회복이 안되어 더 큰 고통을 당하고 다음에도 이런 일을 또 당할까 염려가 된다.

그리고 제3자로서 학교폭력 사안에 대한 부모의 감정과 막상 내 자녀가 학교폭력에 관련되어 학교폭력 사안처리 절차를 밟을 때의 감정은 비교할 수 없을 정도다. 내 자녀가 학교폭력을 당했다는 것도 놀랍고 두려운 일이지만, 막상 어떻게 대응해야 할지 막막하다. 시야도 좁아진다. 주변 사람들에게 물어보지만 딱히 해결책이 나오질 않는다. 해결책은 둘째치고 부모는 자녀 말을 믿는다지만, 정확히 어떤 일이 있었는지 상황파악도 어렵다. 순간순간마다 여러 가지 의사결정을 해야 하고 어떤 것이 최선인지 확신이 안 든다. 학교폭력 문제로 스트레스를 받으니 정신적으로 예민해지고 자녀에게 쉽게 화를 낸다. 자녀가 왜 이런 일을 당했는지에 대한 양육의 책임소재를 따지고, 어떻게 하는 것이 최선의 선택인지 판단이 안 되어 부부싸움을 하는 경우도 있다. 해결 방향을 잘 잡을 수 없으니 판단이 오락가락한다. 학폭위를 가는 것도 능사가 아닌 것 같고, 학폭위를 안 가면 해결될 것 같지 않다.

이런 상황에서 상대 부모와 감정싸움을 하게 되고, 부모로서 상처를 받으면 이때부터는 학교폭력 문제가 부모들의 자존심 싸움으로 변질된다. 상대에게 들었던 가시 돋친 말들을 잊지 못하고, 어떻게 하면 나를 방어하고 상대를 굴복시킬 수 있을지 방법을 찾게 된다. 학교폭력예방법과 사안처리 절차에 관해 물어볼 곳도 마땅치 않으니 최근에는 변호사의 법률 조력을 받는 경우가 급증하고 형사소송이나 민사소송으로 이어지기도 한다.

학교폭력, 기피업무 1순위

학교폭력업무는 이미 교사들에게 기피업무 1순위다. 학급 내의 학교폭력 사건은 교사들에게도 두려움의 대상이다. 먼저, 갈수록 사실파악이 어려워진다. 그나마 사이버폭력 같은 SNS 메시지는 증거라도 명확히 있어서 사실확인이 되지만, 보통은 조사에 매우 오랜 시간과 노력이 필요하다. 초등학교 저학년의 경우 기억과 망각을 오가고, 사실과 상상이 뒤섞여있다. 초등 고학년 이상만 돼도 증거가 없으면 잘못을 잘 인정하지 않는다. 심지어는 객관적으로 믿을만한 목격자의 진술이 분명해도 부정하는 경우도 있다. 학생 확인서에 관련 사실을 기록하게 하지만 제대로 한 번에 기록하는 경우는 드물다. 여러 번 다시 써야 어느정도 상황 파악이 가능한 문서가 된다. 이 과정에서 교사가 강압적인 조사를 했다면서, 교사를 아동학대로 신고하는 경우도 있다.

사실 교사에게는 가해학생이든 피해학생이든 똑같은 제자다. 교육적으로 접근해서 피해학생은 위로와 공감으로, 가해학생에게는 필요한 교육을 하고 싶지만 그랬다가는 가해학생 부모의 항의가 빗발친다.[7] 또한 학교폭력 사안처리 절차가 수사기관 조사나 형사재판 같은 준사법기구의 절차와 유사하기 때문에 끊임없이 공정성 유지를 요구받는다. 최근에는 피해학생에게 공감을 해줬다가 가해학생 부모가 '피해학생의 주장이 맞다고 선생님이 동의했다는 얘기를 들었다'며 격앙된 목소리로 항의해서 이제는 아예 공감도 하지 말아야겠다는 자조 섞인 목소리가 들린다.

피해학생 부모도 우리 애가 보호받지 못하고 있다면서 무리하게 학교장 긴급조치를 요구하기도 한다. 학교장 입장에서는 필요한 경우 피해학생 보호조치는

---

7) 학교폭력으로부터 학교를 구하라. 왕건환 외. 에듀니티. 2018.

가능하나 가해학생에 대해 오랜 기간의 출석정지 요구는 받아들이기 어렵다. 시행령에 엄격한 기준이 있기도 하고, 중고등학교의 경우 입시 문제가 생긴다. 학부모가 집행정지 가처분 신청을 하게 되면 학교장의 권한이 무력화되고 학교가 소송의 장으로 변하기 때문이다. 실제로 2021년 용인의 한 고등학교에서 두 학생에게 1년 넘게 학교폭력을 당하다가 용기 있게 피해사실을 신고한 학생이 있었다. 이후 비슷한 피해는 없었어도 은근히 이 학생 주변에서 의도적으로 기웃거리는 학생들의 태도에 상처를 입었고 공황장애가 생겼다.[8] 이러한 사실을 이탄희 의원이 알고 국정감사에서 학교장을 질타하니 학교장이 "가해학생들을 긴급 출석정지시켰다간 소송당해서 할 수 있는 것이 없다"고 했다. 그러자 이탄희 의원은 학교폭력예방법에서 학교폭력 신고시 가해학생을 피해학생으로부터 즉시분리할 수 있는 법안을 만들었고, 국회에서 통과되어 2021년 6월 말부터 시행되었다.[9]

수사기관처럼 수사권도 없는 교사들이 조금만 불편해도 끊임없이 민원을 제기하는 학부모를 감당하기는 쉽지 않다. 인지 및 접수, 사안보고, 신고, 긴급조치, 피해학생 조사, 가해학생 조사, 목격자 조사, 현장 조사, 추가 조사, 학부모 확인서 받기, 자체해결제 해당 여부에 대한 전담기구 회의, 학교폭력 사안조사보고서 작성, 가해학생 조치 이행 협조 공문작성 등 작성해야 할 서류들이 십수 가지다. 보고해야 할 공문도 많다.

다른 업무에 비해서 실수할 수밖에 없는 부분들이 너무 많다. 법률에는 '가해학생'이라고 나와 있는데, 가해학생이라고 부르면 부모들이 자녀를 범죄자 취급한다고 교사에게 화를 내며 맹비난한다. '진술서'라고 말하면, '이게 무슨 경찰 조서냐'며 '자녀를 범죄자 취급한다'고 한다. '학교폭력 사안처리 가이드북'은 120쪽

8) [단독] 집단따돌림 우울증 시달려도 '알아서 피해 다녀라'는 학교...방치된 피해자. 민중의 소리. 2020.6.9.
    https://www.vop.co.kr/A00001492782.html
9) 국감서 학폭 피해학생 어머니 호소...이탄희 "긴급 분리조치 의무화해야" 법안 발의. 2020.10.28
    민중의 소리 https://www.vop.co.kr/A00001522903.html

정도지만, 작은 글자 크기를 감안하면 240쪽도 모자란다. 거기다 생활기록부 기재요령은 자주 바뀌고 복잡해서 읽어도 쉽게 이해가 되지 않고 장학사들조차도 간혹 헷갈린다.

사정이 이렇다 보니, 학교폭력 업무는 해당 학교에 있던 기존 교사들은 지원하지 않아서 '전입자', '저경력자', '복직자'가 맡거나, 1년 맡고 바로 다음 해에 그만두는 경우가 증가하고 있다. 이런 상황에서 제대로 된 업무 인수인계는 기대하기 어렵다.

아무리 잘해도 학부모의 비난을 면하기 어렵고, 업무 강도와 스트레스는 높으며, 무분별한 아동학대 신고로 교사의 신분도 위협받고, 교사로서 보람을 찾기 어렵다. 교사들의 입에서 학교폭력 업무는 학교에서 할 일이 아니라 경찰 같은 수사기관에 맡겨야 하며, 학교폭력의 정의를 '학교 안에서 교육활동 중에 벌어지는 폭력적인 사건'으로 한정하자는 목소리가 높아지고 있다.

업무도 문제지만, 학교폭력 민원과 복잡한 처리 절차가 학교폭력 문제의 본질이라는 주장이 설득력을 얻고 있다. 그러니 학교는 최대한 학교폭력 문제가 생기지 않는 방향으로 교육활동이 소극적으로 바뀌고 있다. 어떤 학교는 특정 학생이 분노조절이 잘 안되니 영어시간이나 체육시간에 경쟁 위주의 게임활동을 하지 말라고 한다. 어느 중학교에서는 방과후 운동장에서 축구를 하는 것이 금지되어 있다. 축구하다가 학교폭력 사건이 일어나면 학교가 난처해지고, 아예 집에 가면 친구들끼리 몸을 부대끼며 어울릴 일도 없으니 그렇게 하자는 것이다. 실제로 초등학교에서 점심시간에 운동장에서 싸우는 학년은 운동장 사용을 1주일이나 2주일 동안 금지한 사례도 있다. 학교폭력이라 불리는 사건 그 자체가 무서워서가 아니다. 학교폭력 문제 해결 방법을 사법적 절차와 유사한 법률로 만든 결과 학교의 교육적 역할이 실종되고 학교의 교육활동이 위축되었다.

학교폭력을 해결하기 위한 법적, 제도적 제안

학교폭력예방법 제2조 1호에는 학교폭력의 정의가 나온다.

> "학교폭력"이란 학교 내외에서 학생을 대상으로 발생한 상해, 폭행, 감금, 협박, 약
> 취·유인, 명예훼손·모욕, 공갈, 강요·강제적인 심부름 및 성폭력, 따돌림, 사이버
> 따돌림, 정보통신망을 이용한 음란·폭력 정보 등에 의하여 신체·정신 또는 재산상
> 의 피해를 수반하는 행위를 말한다.

2012년 이전에는 학생 간 발생한 학교폭력이었는데, 2012년부터는 학교폭력의 정의가 넓어졌다. 공간적으로 학교 안팎을 포괄하기 때문에 지방의 피서지나 해외여행에서 당한 폭력, 지역적으로 멀리 떨어진 학생 간의 SNS를 통한 다툼도 학교폭력으로 다뤄진다.

핀란드에서는 정해진 시각 전에는 학교 건물의 문을 학생들에게 개방하지 않으며, 그전의 운동장에서 발생하는 일은 책임지지 않는다. 또 방과 후에 일어나는 일은 개인 대 개인의 문제로 학교의 책임이 아니다. 이에 반해 우리나라는 방과후 학원에서 일어나는 사건마저도 학교폭력 사건으로 다뤄진다. 우리나라는 학생의 모든 행동을 학교가 책임져야 한다는 논리다.

영국에서 학교폭력은 '학생이 특정 학생을 대상으로 반복적, 지속적으로 신체, 심리적으로 고통을 주는 모든 행위'를 의미한다.[10] 그런데 우리나라는 단 1회만으로도 욕설을 하거나 몸을 치는 행위도 학교폭력에 해당하고 교육지원청의 학교폭력대책심의위원회의 심의를 받을 수 있다. 미국에서도 청소년 범죄 수

---

10) 한국청소년정책연구원(2022) 2022 외국의 학교폭력 예방교육 및 활동 사례 연구

준의 학교폭력과 학교에서 교육적으로 '불링^{bullying}'이란 용어를 구분하여 사용한다. 불링은 힘의 불균형을 수반하는 청소년 사이에서 나타나는 타인에 의한 원치 않는 공격적인 행동을 의미한다.

일본에서도 '이지메(따돌림)'는 피해자와 가해자를 학교에 재학 중인 학생 간 관계를 전제로 하면서, 학교에서의 학교폭력을 구체적으로 한정하고 그 안에서 그 정도가 심각할 경우 '중대사태 이지메'로 구분하여 외부 교육청, 경찰 등과 협력하며 대응한다. 만약 괴롭히는 사람이 어른이거나 교사 혹은 학생이라도 피해학생을 처음 보거나 잘 모르는 상대라면 이지메가 아니라 폭력으로 구분된다. 우리나라에서 피해자가 학생이면 그 폭력(괴롭힘) 유형과 정도 및 가해자의 연령 및 인적관계 등과 관계없이 일단 학교폭력이 되는 것과 큰 차이를 보인다.

각 나라의 학교폭력을 의미하는 용어[11]

미국: 협박, 소문 퍼트리기, 신체적이나 언어적으로 공격하기, 의도적으로 집단에서 배제하기

영국 : 또래 간 폭력(사이버 폭력, 편견에 기반한 차별적 폭력 포함), 친밀한 개인적 관계 내 학대(때리기, 발로 차기, 흔들기, 물기, 머리카락 잡아당기기 등의 신체적 학대), 위협, 악의적인 소문, 재산손상, 강요, 그룹에서 제외, 악의적 별명 부르기, 강간, 삽입 폭행, 성폭행 등을 포괄적으로 의미(Department of Education, 2022)한다. 성희롱(성적인 댓글, 발언, 농담 등 온라인 성추행), 폭력, 동의 없이 성행위 유도, 옷을 벗거나, 몸을 만지거나, 굴욕을 주는 행위로 나타날 수도 있다.

독일: Mobbing(괴롭힘)은 사회학적 의미로서 괴롭힘을 의미하고 따돌림, 모욕 등 사소하지만 특정인을 대상으로 힘의 불균형 상태에서 의도적·반복적·지속적으로 가해지는 행위를 뜻한다.

핀란드 : 한 학생이 다른 학생을 고의적, 반복적으로 기분을 상하게 하는 행위, 괴롭힘 당하는 학생은 방어하는 것에 어려움을 느끼는 상태로 정의한다.

---

11) 한국청소년정책연구원(2022) 2022 외국의 학교폭력 예방교육 및 활동 사례연구

외국과 비교해도 우리나라는 전 세계에서 가장 광범위하게 학교폭력의 개념을 정의하고 있다. 이는 학교폭력으로 피해를 입은 학생을 보호할 수 있는 장점이 있지만, 의도성·반복성이 없거나 낮은 수준의 행위까지도 학교폭력으로 분류하게 되는 단점이 있다. 학교에서 수없이 발생하는 학생들 간의 사소한 갈등조차 포괄적인 법적 정의에 의해 학교폭력으로 개념화되면 가해학생과 피해학생으로 갈등과 분쟁의 주체가 분류되어 시시비비를 가리게 된다.[12] 이로 인해 교육기관의 사법화로 이어질 우려가 있고, 가해학생에 대한 징계에만 문제해결의 초점이 맞춰질 위험이 있다. 한편 외국에 비해 우리나라의 학교폭력예방법은 학교폭력의 문제를 사회 전반에 만연한 편견이나 차별과 연관 짓지 않는 경향이 있다. 학교폭력을 개별 학생의 잘못으로 보기보다는 우리 사회의 편견 및 차별과 관련된 사회 문제로 보고 학교폭력 문제에 대한 관점을 바꿀 때, 근본적인 학교폭력 해결책을 마련할 수 있을 것이다.

학교현장에 도움이 되는 입법이 필요

2020년부터 시작된 21대 국회에서도 학교폭력 문제를 해결하기 위한 법안이 지속적으로 제출되었다.[13] 학교폭력예방법에 나오는 관련 용어의 정의를 세밀화하기 위한 법안이 제출되었고, 피해학생을 실질적으로 보호하는 제도를 마련하고, 피해학생을 지원하기 위한 관련 전문가 참여를 보장하려 하였다. 학교폭력업무를 맡은 책임교사 지원을 위한 수업시간 조정, 정당한 학폭업무에 대한 민·형사상 소송비의 교육청 지원 법안도 있었다. 법안 제출 후 폐기된 법안도 있고 아직 계류중인 법안도 있다. 어떤 법안은 국회 본회의 통과로 이어지기도 했다.

다만 학교현장을 제대로 헤아리지 못하는 내용도 눈에 띈다. 교사와 학생, 학부모대상 학교폭력예방교육을 연 2회로 늘리거나, 매월 학교폭력예방교육 횟수

---

12) 한유경, 박주형(2020). 학교폭력 예방 및 대응 대책에 관한 국제 비교 연구 p47~48

13) 국회 의안정보시스템 검색 : 학교폭력 http://likms.assembly.go.kr/bill/main.do

를 1회로 늘리자는 주장과 일정 조치 이상의 학교폭력 가해사실을 생활기록부 기재에서 연장하거나 삭제 불가 시도가 있었다. 이미 학생들은 학교 안전교육 7대 영역 표준안을 통해 학교 교육과정 안에 월평균 1회 정도 학교폭력예방 교육을 받고 있기에 굳이 별도의 법안을 통과시키지 않아도 된다. 또한 학교폭력 가해학생에 대한 생기부 기재 강화는 학부모의 민원을 증가시켜서 학부모와 교사의 갈등을 유발하고, 학교폭력 조치에 대한 불복 시도를 늘릴 뿐이다. 입시위주의 교육적 풍토가 강한 우리나라에서 입시에 막대한 영향을 주는 생활기록부를 학교폭력 문제해결 수단으로 삼는 것은 학교폭력 문제해결에 도움이 되기보다는 더 많은 부작용을 양산하고 학교교육력을 약화시키는 원인이 된다.

지난 10월 국회 본회의를 통과한 일부 개정법률안[14]으로 2024년 3월부터 가해학생에게 보다 엄정한 조치가 내려진다. 학교폭력 사안 발생 시 가해학생은 피해학생과 신고자에 대한 접촉·협박·보복행위가 금지(2호)되고, 이를 위반할 경우 6호 이상의 조치(출석정지, 학급교체, 전학, 퇴학처분)를 받을 수 있다. 또한 학교폭력 업무를 담당하는 교사의 수업시간을 조정하고, 관계 법령 및 학칙을 준수하여 이루어진 정당한 학교폭력 사건 처리 또는 학생생활지도에 대해서는 교원의 민·형사상 책임을 면제한다. 아울러 피해학생을 보다 두텁게 보호하여 가해학생이 학교폭력 조치에 대해 행정심판·소송을 제기한 경우 피해학생은 '가해학생의 불복 사실'과 '심판·소송참가에 관한 사항'을 안내받을 수 있고, 원하는 경우 의견을 진술할 수 있다. 피해학생과 그 보호자는 학교장에게 가해학생의 출석정지(6호) 또는 학급교체(7호)를 요청할 수 있고, 학교장은 전담기구 심의를 거쳐 가해학생에게 긴급조치로 출석정지 또는 학급교체를 조치할 수 있다. 또한, 피해학생은 신설된 피해학생 지원조력인(전담지원관)제도를 통해 법률, 상담, 치유·보호 등의 서비스를 밀착 지원받을 수 있다. 가해학생에 의한 2차 가해를 예방하면서 피해

---

14) 교육부 홈페이지 - 교육부소식 - 보도자료 - 7744번글 - '학교폭력에 대한 경각심은 높이고 피해학생은 두텁게 보호한다'

학생 보호를 강화하고, 학교폭력 담당교사의 업무 부담을 완화하는 이번 입법의 방향은 바람직하다.

학교폭력(법)으로부터 학교 공동체 복원하기

기존 학교폭력예방법의 대폭 개정이 필요하다

대한민국만큼 학교폭력의 정의가 넓고, 형사법적 용어를 그대로 도입한 나라는 없다. 아직 폭력이 무엇인지 제대로 알지도 못하는 초등학교 1~2학년 학생들에게도 학교폭력예방법이 그대로 적용된다. 외국에서는 학교폭력의 범주를 학교에서 다룰 수 있는 bullying(불링)과 수사기관에서 다뤄야 할 영역으로 교사에 의한 학생폭력, 교사를 대상으로 한 폭력, 학교 밖 사람에 의한 폭력, 학교 밖에서의 학생폭력으로 구분한다. 그런데 대한민국의 학교폭력예방법은 학생을 대상으로 한 모든 폭력적인 행위를 학교폭력으로 다루기 때문에 학교에서 모두 감당하기도 어렵고, 학생들 간의 사소한 다툼이나 갈등조차 학교폭력으로 다뤄져서 교육의 공간이 되어야 할 학교가 법적 분쟁이 난무하는 전쟁터가 되어 버렸다. 갈수록 변호사가 학교에 학교폭력 신고를 하고, 정보공개를 청구하고, 심의위원회에 참석하는 횟수가 늘고 있다.

『아이와 세상을 잇는 교사의 말공부』[15]의 저자 천경호 교사는 학교폭력예방법과 학교폭력 예방교육의 가장 큰 문제로 같은 반 학생을 친구로 보기 전에 자신을 해치는 적으로 생각한다는 점을 들고 있다. 학생들은 발달단계에 맞게 서

---

15) 아이와 세상을 잇는 교사의 말공부. 천경호, 우리학교, 2021

로 다투기도 하고 타인의 경계를 넘어서기도 한다. 그 과정에서 교사는 학생의 자유와 권리가 미치는 영역에 대해서 가르쳐주고, 때로는 자신이 할 수 있는 범위가 어디까지인지 친구들과 토의하고 학급회의를 통해서 공동체의 문제를 함께 고민하면서 문제를 해결하게 된다.

교육적으로 접근하기 힘든 학교폭력 문제는 교내 Wee클래스 전문 상담교사에게 상담을 받거나 교사와 부모와의 상담, 소아정신과 진료를 통한 전문적인 심리치료로 이어지는 것이 바람직하다. 학생들 간의 갈등이나 학교폭력 문제는 관련학생의 협조를 받아 일정기간 상담훈련을 받은 학생들의 또래상담, 또래중재를 통해 다룬다. 다툼의 정도가 큰 경우 담임교사가 학생 개별상담과 갈등중재를 하고, 그래도 안되면 동학년 교사협의회나 학교 관리자의 도움을 받도록 한다. 경우에 따라 외국의 경우처럼 사회복지사와 외부 학생심리 전문가가 포함된 학생생활지원팀(교육청, 지자체, 사회적 기업)의 지원을 받는 것이 바람직할 것이다.

교육적 해결을 모색하고, 치료와 상담으로 접근해도 처리하기 힘든 학교폭력 문제는 학생생활교육위원회(舊 학생선도위원회)에 회부하여 적절한 교육적 조치를 취하는 것이 바람직하다. 그리고 심각한 학교폭력은 학교가 아닌, 학교 밖의 수사기관에서 소년법과 형사절차 등 사법적 절차에 따라 다루는 것이 학교가 교육 본연의 기능을 회복하는데 효과적이다. 아울러 학교폭력의 근본적 원인을 해결할 수 있도록 전 사회적 차원에서 비행 학생들을 위한 복지 측면에서의 지원도 병행되어야 할 것이다.

학교폭력 사건에 대한 심의를 학교 밖의 교육지원청에서 다루는 나라가 대한민국 외에 또 있을까? 그렇다고 학교폭력 문제만 별도로 교내에서 다루는, 과거 교내 학교폭력대책자치위원회와 같은 형태를 운영하는 나라는 있을까? 분명 현재 학교폭력예방법에 근거한 학교폭력 문제해결 절차는 상식적으로 납득하기 어려운 부분이 많다. 현행 학교폭력예방법의 전면적인 개정이 필요한 이유다.

최근 들어 외국의 학교폭력 관련 법령에 대한 비교연구, 학교폭력 예방교육 프로그램, 학교와 관련 기관들의 협력에 대한 논문이 나오고 있는 것은 매우 바람직한 일이다. 그런데 안타까운 점은 가장 중요한 부분의 연구가 되지 않고 있다는 점이다.

그것은 바로 학교폭력 문제가 발생했을 때 학교에서 실시할 수 있는 권한은 무엇이고, 외부에서 어떤 구체적인 지원이 있으며, 학교에서 어떤 조치를 내려서 피해학생은 어떻게 보호받는지, 가해학생은 어떤 조치와 교육을 받는지에 대한 것이다. 또한 학교에서 학교폭력 문제 해결을 위한 권한을 잘 수행하는지에 대해 교육청과 교육부가 어떻게 지원하고 지도해야 하는지도 연구가 잘 이루어지고 있지 않다. 학교에서 다룰 수 있는 학교폭력 문제가 어떤 것이고, 어떤 절차로 진행되는지, 그리고 그 결과에 대해 학부모가 불복이 가능한지에 대한 관련 연구도 없다.

학교폭력예방법이 실시된 지가 20년이 넘었고, 이미 학교폭력 관련 분야에 공신력을 갖춘 한국교육개발원, 이화여대학교폭력예방연구소, 푸른나무재단, 한국청소년정책연구원이 있음에도 대부분의 연구가 문헌연구에 그치고 학교폭력문제에서 학교의 역할이 어떠해야 하는지에 대해 구체적으로 비교할만한 연구결과가 없다. 또한 우리나라에 도입되어 잘 알려진 노르웨이의 올베우스 프로그램이나 핀란드의 키바 프로그램, 최근에 핀란드에서 확산되고 있는 VERSO 프로그램은 문서로만 있을 뿐, 직접 해당 국가에 가서 체험하고 연구한 사례는 찾기 어렵다. 마찬가지로 우리나라에서 교육부의 공모사업으로 도입되어 현장에 보급된 다양한 학교폭력예방 프로그램이 있는데 그 효과가 어떤지에 대해서 효과성 검증연구도 잘되고 있지 않다. 어쩌면 교육부가 단편적인 생각으로 학교폭력예방 프로그램 관련 장학자료를 홈페이지에 올리기만 하면 된다고 생각하는 것은 아닐지 의심이 든다. 학교폭력예방과 관련한 동화『친구야, 네가 아프면 나도 아파』도 미취학 및 초등학교 저학년의 학교폭력예방을 위한 매우 재미있는 그림책인데도 잘 알려지지 않았다.

학교폭력으로 훼손된 학교공동체 복원의 핵심은

교사들은 학교폭력의 문제점과 피해의 심각성을 알리기 위해 학교폭력의 뜻은 무엇이고 어떤 유형이 있으며, 잘못하면 어떤 처벌을 받는지에 대해 학생들에게 교육할 때 마음이 참 불편하다. 분명 학생들이 알아야 할 내용인데 폭력에 대해 초점을 맞추고 정작 학생들이 배워야 할 교육적 가치(존중, 평화, 갈등관리, 공감, 배려, 자유와 평등, 권리와 의무, 질서, 평등, 정의, 정보처리, 문제의 발견과 분석, 문제의 해결, 의사소통)가 빠졌기 때문이다.

학교폭력 문제가 비교적 잘 발생하지 않고, 발생하더라도 원활하게 해결하는 학교들은 관리자의 교육적 리더십과 민원 대응능력이 뛰어나고, 교사들을 적절하게 지원한다. 교사 중에서 학생자치에 관심이 많고 학생자치회 운영이 활성화된 학교는 교내의 문제를 학생들 스스로 민주적인 회의 과정을 통해 해결한다. 학교의 지원과 교사의 지도를 바탕으로 다양한 교내 자치 프로그램을 운영한다. 학생자치의 활성화는 학생들이 자율적으로 운영하는 동아리 활성화로 이어지고 학생들이 관심 있어 하는 활동을 한다.

학교마다 스포츠클럽이 형식적으로 운영되는 곳이 많다. 아침과 방과후에 학생들이 좋아하는 피구, 축구, 티볼, 뉴스포츠 등 다양한 스포츠클럽이 운영되는 학교는 학생들이 움직임 욕구를 실현하고 생활 속에서 쌓인 스트레스를 풀 수 있다. 스포츠클럽도 운영 초기에는 아직 익숙하지 않아서 말다툼을 하거나 거친 욕을 하고, 때로는 몸싸움으로 이어지지만, 하면 할수록 학생들이 경기에 익숙해지고 경기 매너도 좋아지고 학생들의 만족도가 높아진다. 아침과 오후에 운동을 충분히 하다보니 수업 집중도도 높고, 쉬는 시간 안전사고도 줄어들고 친구들과 다툴 일도 적다.

회복적 생활교육이나 비폭력대화, 화해중재교육에 익숙한 교사들이 많은 학교는 평소에 학급회의 할 때나 친구와 다툼이 있을 때 둥글게 앉아서 각자가 주제에 맞게 자유롭게 얘기하면서 서로에 대해 알아가고 공동체 구성원으로 상호 신뢰를 쌓아간다. 간혹 다툼이나 학교폭력 문제가 생기면, 피해학생의 회복에 주목하며 피해를 준 학생의 책임 있는 말과 행동을 통해 공동체가 이 문제를 풀어나가는 과정에서 공동체의 회복을 이뤄낸다. 갈등을 인간 삶의 자연스러운 현상으로 보고, 배움과 성장의 기회를 삼고자 '공동체가 둘러앉아 대화하는 장'을 열어 갈등을 관리하며 완화한다.[16] 가해자 엄벌주의에 치우쳐 피해학생의 소외를 낳을 수 있는 학교폭력 문제를 건강하게 풀어낼 수 있는 대안적인 역할을 감당할 수 있다. 회복적 생활교육이 학교폭력문제 해결의 만능키는 아니지만, 회복적 생활교육이 자리 잡은 학교의 분위기는 학교폭력 문제를 엄벌주의로 강화하는 학교보다 학생들의 분위기가 부드럽고, 학교폭력 문제가 발생했을 때 피해학생과 학교 공동체가 회복하는 속도도 빠르다.

교사의 교육권이 존중되어야 학생의 교육도 원활하다. 그리고 그 시작은 교사가 학생을 독립된 인격체로 존중하고, 학생이 잘못했을 때 인격적인 교육방법으로 지도하고, 학습 공동체가 힘을 모아 함께 문제를 풀어가는 것이다. '교원의 학생생활지도에 관한 고시'[17]가 시행되어 교사의 생활지도권을 구체적으로 명시하고 보호하였다. 교사가 다양한 교육상황에서 원활하게 생활지도를 하기 위해선 학생관리 영역에서 학교장의 역할을 강화하면서, 상담인력 배치율이 낮은 초등학교에 전문상담교사를 배치하고, 생활교육 전문교사제도 도입을 비롯한 생활지도 추가인력이 학교에 배치되고, 관련 예산을 확충해야 한다.

또한 교육 핵심 당사자인 학생, 학부모, 교사가 아이들의 배움과 성장을 위해

---

16) 박숙영(2014). 공동체가 새로워지는 회복적 생활교육을 만나다. 좋은교사
17) 교육부 홈페이지 - 정보·법령·번호1912(2023.9.1.)
https://www.moe.go.kr/boardCnts/listRenew.do?boardID=141&renew=D&m=040401&s=moe

모두가 서로 존중하고 지켜야 할 학교공동체 협약을 함께 만들어내고 함께 지켜 나가도록 노력해야 한다.

학교의 평화와 교육공동체의 행복을 위한 길

배움의 전당인 학교를 학교폭력이란 용어로 사용하지 말고, 교내에서 발생한 학생간 폭력으로 학교폭력을 한정하되, 따돌림이란 용어를 대신 사용하자. 외국 사례와 비교연구하면서 우리나라에 적합한 따돌림 해결 시스템을 마련하고 교 사에게 충분한 지도권한을 부여하자. 외부에서 알맞은 지원을 받을 수 있도록 하되, 학교가 적절히 권한을 수행하도록 하고, 필요한 견제 장치를 마련해야 학 교가 진정 평화와 학생 성장의 토대가 될 수 있다.

학교폭력 문제를 풀기 위해서 학교폭력 문제해결에만 집중하는 노력 외에 학 생과 교직원, 학부모 등 학교 공동체가 행복한 교육을 할 수 있도록 그 학교 실 정에 맞는 특색있는 교육과정을 운영하자. 학생자치와 스포츠클럽 활성화, 회복 적 생활교육과 갈등중재를 일상화하자. 교사는 학생의 인격을 존중하며 생활지 도권을 행사하자. 학생생활지도 고시의 정착을 위한 예산을 확충하고 인력을 배 치하자. 학급 내에서 발생하는 문제의 민주적인 해결과정 경험이 쌓이도록 하 자. 마지막으로 학교 공동체 구성원의 교육공동체 협약이 학교에 자리 잡게 하 자. 쉽지 않지만, 이렇게 되도록 노력한다면, 학교폭력은 비록 완전히 사라지지 는 않아도 더이상 우리 교육에서 심각한 논란거리는 아닐 것이다. 교육의 빛이 확장하는 선순환을 이룰 때 어둠의 자리는 사라질테니 말이다.

03.
학교와 정책 진단

유보통합의 진행 상황과 과제

송 대 헌

참교육을위한전국학부모회 자문위원

현실로 다가온 영유아교육·보육 체제의 붕괴

지난 6월 6일 자 부산일보 보도에 따르면 '50년 된 국공립어린이집이 원아 모집이 안 되었다는 이유로 문을 닫았는데, 다니고 있던 영유아들은 해당 지역에 어린이집이 없어서 다른 구로 옮겨서 다니고 있다'고 한다.

이런 어린이집과 유치원의 폐원 기사가 줄을 잇고 있다. "'애들 없다고 어린이집 문 닫는대요.' 학부모 발 동동", "서울 시내 어린이집 저출산 직격탄… 해마

'아이 절벽'에 50년 된 국공립 어린이집도 폐원

입력 : 2023-06-06 16:31:58 수정 : 2023-06-06 18:15:25   나웅기 기자 wonggy@busan.com

금정구 금성어린이집 문 닫아
최근 1년 5개월간 신생아 수 '0'
지역별 소멸 가속화 대책 절실

부산 금정구에서 가장 오래된 공립 어린이집이 원아 수 부족으로 끝내 폐원했다. 그나마 인기 있던 국공립 어린이집마저 폐원하자 지역 소멸 가속화에 대한 우려가 나오면서 이를 막기 위한 대책이 절실하다는 지적이다.

부산 금정구청은 지난 4월 30일 보육 수요 감소로 금정구에서 가장 오래된 공립 금성어린이집을 폐원했다고 6일 밝혔다. 금정구 금성동에 위치한 금성어린이집은 지하 1층 지상 2층 연면적 396.16㎡ 규모로 50년 가까이 자리를 지켜왔다.

다 300~400곳 줄줄이 문 닫아", "3년 새 대구 어린이집 274곳, 유치원 32곳 문 닫아… 아이·부모 '발 동동'", "대전 서구 어린이집도 폐원… 도심도 안심 못 한 다.", "경기도 어린이집 14년 만에 1만 개 아래로… 작년 881곳 폐원", "유치원 줄 폐원, 학부모들 '털썩' 휴원도 속출… 아이·학부모 발 동동". 올해 3월 한 달 동안 포털에 실린 이런 기사만 40건이다. 한국의 영유아교육·보육체계가 무너지고 있다.

실제로 우리나라 영유아의 유치원과 어린이집 이용률은 해마다 높아지고 있 고, 영아의 어린이집 최초 이용 시기도 빨라지고 있다. 이제 우리나라에서는 유 치원과 어린이집이 영유아의 교육과 보육에 필수적인 요소가 되었다. 그런데 이 런 유치원과 어린이집이 폐원되는 상황을 그대로 방치하는 것은 영유아의 교육 과 보육체계의 붕괴를 의미한다.

▨ 영유아(만0~5세) 유치원·어린이집 이용률

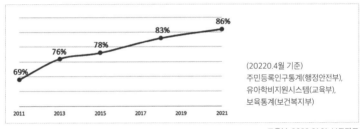

(20220.4월 기준)
주민등록인구통계(행정안전부),
유아학비지원시스템(교육부),
보육통계(보건복지부)

교육부. 2023.01.31. 보도자료

▨ 어린이집 최초 이용 월령

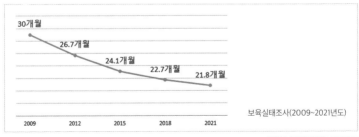

보육실태조사(2009~2021년도)

교육부. 2023.01.31. 보도자료

교육부·보건복지부 등 관계부처는 현장 기반, 수요자 중심의 유보통합 추진을 위해 2022년 9월부터 실무협의체를 구성하고, 전문가 의견 청취, 교사·학부모·기관단체 대표자 간담회, 시·도교육청 협의 등을 진행했다. 그 결과 '유보통합 추진 시 고려되어야 할 공통 의견'으로 ① 영유아·학부모 등 수요자 최우선 고려, ② 교육·돌봄의 질을 높이는 방향으로 추진, ③ 격차 해소 등 시급한 과제는 우선 해결하되, 쟁점은 충분히 논의, ④ 교육 중심의 관리체계 통합으로 안정적 정책 추진을 발표했다.[1]

이 내용은 그동안 학부모단체를 중심으로 꾸준하게 제기된 내용이었다.

첫째, 그동안의 유보통합 논의는 유치원과 어린이집 시설운영자를 중심으로 진행되었으며, 논의 주제 역시 시설운영을 중심에 두고 있었다. 그러나 이제 영유아가 어떻게 교육받고 보호를 받아야 하는지를 중심에 두고 논의를 하자는 제안이다. 이렇게 되어야 모든 논의 참여 주체들이 공통의 목표를 공유할 수 있고, 공통의 평가 기준을 가질 수 있기 때문이다.

둘째, 교육과 돌봄의 질을 높이는 방향으로 추진되어야 한다는 말은, 우선 현재 영유아교육과 보육의 열악한 상황을 개선하기 위한 과제를 발굴하고 먼저 시행해야 한다는 것이다. 초등보다 열악한 학급당 원아 수(교사 대 영유아 비율), 열악한 교사들의 처우, 부족한 시설과 인력 상황을 개선하는 것부터 우선 진행하자는 것이다. 이 역시 앞에서 제시한 영유아 중심의 유보통합이라는 관점에서 나온 제안이다.

---

1) '출생부터 국민안심 책임교육·돌봄' 실현을 위한 유보통합 추진방안 교육부. 2023.01.30.

셋째, 격차 해소 등 시급한 과제는 우선 해결하되 쟁점은 충분히 논의한다는 말은, 과거 유보통합 논의처럼 각 주체의 주장이 부딪치는 쟁점 중심의 논의에 매몰되지 말자는 것이다. 예전에 유보통합이 진행되지 못한 이유는 지금 당장 합의가 가능하고, 모두가 공감하는 격차 해소와 같은 주제는 옆으로 밀어놓고, 쟁점을 놓고 논쟁하는 것에 몰두했기 때문이다. 결국, 몇 가지의 쟁점에서 '합의가 안 되었다'는 이유로 합의 가능한 그 어떠한 내용도 진행하지 않고 논의와 집행을 중단했던 경험이 있다. 이런 식의 논의가 30년간 반복되면서 영유아교육과 보육은 제자리걸음을 했고, 그 피해는 영유아들이 받았다. 이제는 실사구시적 방식, 즉 합의 가능한 격차 해소와 같은 것은 진행하면서 쟁점이 있다면 충분히 논의해가는 방식을 채택하자는 말이다. 유보통합이 '완결된 합의와 이를 바탕으로 하는 판 갈아엎기 방식'이 아니라 격차 해소와 같은 우선과제를 집행하면서 합의되지 않는 부분은 강제적 통합이 아닌 일정 기간 병존하는 방식으로 통합을 향해서 나가자는 말이다. 즉, 유보통합은 과정이라는 것이다.

넷째, 교육 중심 관리체계 통합이란 교육을 전문적으로 담당하고 있는 교육부와 교육청으로 통합하자는 것이다.

요약하자면, 이번에 진행하는 유보통합은 과거처럼 시설운영자 중심의 유보통합이 아니라 영유아의 이익을 중심으로 진행하되, 교육과 보육의 질을 높이는 것을 목적으로 하고, 이를 위해서 합의 가능한 격차 해소 등 우선과제는 집행하면서 합의되지 않는 쟁점들은 유보통합을 진행하면서 해소해나가자는 것이며, 유보통합을 하나의 과정으로 보자는 것이다. 지난 30년간 논쟁만 하다가 깨져버린 유보통합을 이번에는 반드시 한 발짝이라도 나아가자는 것이다.

'유보통합은 과정이다'라는 말의 의미

유보통합은 목표가 아니라 수단이며, 완결된 형태가 아니라 모아가는 과정이다. 통합을 단일화로 이해하지 않아야 한다. 관리행정기관을 하나로 하는 것은 필요한 일이지만, 앞으로 우리나라의 영유아교육·보육 시설을 하나의 모델로 단일화하여야 한다는 것은 아니라는 것이다.

우리는 지금 유보통합의 출발선에서 우리가 딛고 있는 상황을 먼저 보아야 한다. 우리는 지난 수십 년간 유치원과 어린이집, 국공립과 사립, 그리고 민간, 법인 등의 다양한 설립 주체들에 의해서 만들어진 시설들을 운영해왔고, 또 그런 시설에 160만 명의 영유아들이 31만 8천 명의 교원들에게 교육과 보호를 받고 있다. 우리 유보통합의 출발선은 바로 이 지점이다. 지금 영유아를 보호하고 있는 시설을 폐쇄하거나 영유아를 교육하고 있는 교원을 사직시키는 방식은 불가능하다. 법률적으로도 가능한 일이 아니다. 영유아들이 지금 속해있는 교육과 보육체제를 해체하는 방식은 옳지도 가능하지도 않다.

따라서 이후 '통합모델', 즉 유치원과 어린이집의 장점을 모은 통합의 표준모델을 설정한다고 하더라도 신설하는 시설은 그런 모델로 설립하되, 지금 운영 중인 시설은 그 모델을 향해서 수렴해나가는 것을 유보통합의 과정으로 설정해야 한다. 또 통합모델에 적합한 통합자격이 양성기관의 통합을 통해서 정해진다고 하더라도 현재 재직 중인 유치원 교사와 어린이집 교사들을 사직시키면서 자격을 통합할 방법도 없고, 또 그렇게 하는 것이 영유아들에게 도움이 되는 것도 아니다. 교사들에 대한 통합자격이 만들어진다고 하더라도 자격에 대한 통합은 현직 교사들에 대한 보수교육과 신규교사에 대한 통합자격 기준 적용의 두 가지 방식으로 진행될 수밖에 없다.

그러므로 유보통합 이후에도 상당 기간 현재 존재하는 시설과 자격이 병존하는 상태에서 점차 통합모델과 자격으로 통합이 진행되는 긴 과정을 거치게 된다. 그래서 '유보통합은 과정'이라는 것이다. 유보통합추진단에서 내어놓은 비전 10가지 중에 '통합모델 내 기관 운영의 다양성·자율성, 학부모의 선택권을 보장하겠습니다'라는 말은 바로 획일화된 시설로의 강제적인 통합이 아님을 표현한 것이다.

유보통합 추진단 발족과 추진위원회 구성

교육부와 보건복지부는 2023년 1월 31일 「영유아교육·보육통합추진위원회 및 추진단의 설치·운영에 관한 규정」(이하 '설치·운영규정'이라고 함)을 공포하면서 본격적인 유보통합 과정을 시작하였다.

우선 위 규정 공포일인 1월 31일 자로 보건복지부와 교육부 담당자들로 영유아교육·보육 통합추진단을 구성했다. 위 설치·운영 규정에 따르면 "추진단의 단장은 보건복지부 소속 공무원으로 하고, 추진단의 단원은 교육부와 보건복지부 및 관계 중앙행정기관, 지방자치단체 또는 관계 기관·단체에서 파견된 사람"으로 구성하게 되어 있다. 추진단은 제도개선 등 유보통합의 구체적인 집행을 총괄하는 일을 한다. 이 추진단이 하는 임무가 바로 유보통합에서 다뤄야 하는 모든 것을 정리하고 집행하는 것으로 보면 된다. 즉, 관리체계를 일원화하고, 격차를 해소하며, 시스템을 통합하고, 유보통합 재원을 마련하는 일을 하고, 교사 양성체계와 자격체계를 정비하고, 교사 처우를 개선하며, 교육과 보호의 체계를 정비한다. 사실, 이 내용이 바로 유보통합의 과정에서 해결해나갈 과제라고 볼 수 있다.

▨ 유보통합추진위원회 조직도

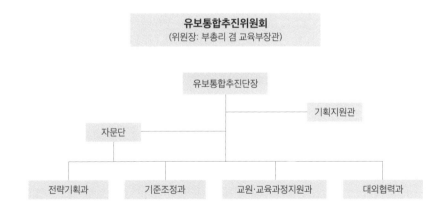

아울러 심의기구로서 영유아교육·보육통합추진위원회를 구성했다. 위원회는 위원장 1명과 당연직 위원 및 위촉 위원을 포함하여 25명 이내로 구성하게 되어 있다. 위원장은 교육부 장관이 맡고, 당연직 위원은 국무조정실 국무1차장, 기획 재정부 제2차관, 교육부 차관, 행정안전부 차관, 보건복지부 제1차관이 맡았다. 위촉 위원은 유아교육 및 보육 기관 연합체의 대표, 유아교육 및 보육 관련 교직 원 단체 대표, 유아교육 및 보육 관련 전문가, 유아교육 및 보육 관련 연구기관에 종사하는 사람, 영유아 학부모 대표 또는 공익단체 등에 종사하는 사람, 전국시 도지사협의회와 전국시도교육감협의회의 실무를 총괄하는 사람 등으로 구성된 다. 이 위원회는 2023년 4월 4일에 출범하여 정기적으로 유보통합이 진행되는 사항에 대해 보고를 받고, 관련 사항에 대해 심의를 하고 있다.

아이행복 연구자문단	대안 권고	유보통합추진단	안건 제출	유보통합추진위원회
(구성) 학계 전문가 12인 (기능) 연구, 의견수렴 등		(구성) 단장-지원관-4과 (기능) 주요 정책 안건화		(구성) 위원장 포함 25인 (기능) 주요 정책 심의·조정

한편 추진위원회와 별도로 연구자문단을 구성해서 각종 의견수렴과 연구활 동을 통해서 추진단에 대안을 권고하도록 하고 있다. 현재 가동 중인 유보통합 추진기구는 연구자문기구로서 '아이행복연구자문단', 유보통합의 추진사무와 집 행을 담당하는 '유보통합추진단', 주요 안건을 심의하는 '유보통합추진위원회'가 있다.

교육부의 유보통합 계획

정부는 유보통합의 1단계로 보건복지부 장관의 권한을 교육부 장관에게 이 관하려고 한다. 이것은 「정부조직법」의 개정을 통하는데, 그 내용은 매우 간단하 다. 「정부조직법」 제39조(보건복지부) 제1항에 "보건복지부 장관은 생활보호·자활

지원·사회보장·아동(영·유아 보육을 포함한다)·노인·장애인·보건위생·의정(醫政) 및 약정(藥政)에 관한 사무를 관장한다"고 되어 있다. 이 조항에서 아동(영·유아 보육을 포함한다)"을 "아동(영·유아 보육은 제외한다)"으로 개정한다.

동시에 교육부 장관의 권한을 정한 제28조(교육부) 제1항에 "교육부 장관은 인적자원개발정책, 학교교육·평생교육, 학술에 관한 사무를 관장한다"라고 되어 있던 것에서 "학교교육·평생교육"을 "영·유아 보육, 학교교육·평생교육"으로 개정한다. 이렇게 되면 각 시·도의 관할하에 있는 보육사무를 교육부 장관이 관할하게 된다. 이 정부조직법은 올해(2023년) 개정해서 내년부터 시행하게 된다. 그러면 각 시·도의 영유아보육담당업무는 교육부 장관이 시·도지사를 통해서 지휘하게 된다.

아울러 이 「정부조직법」 개정법률안의 부칙에 의해서 「영유아보육법」에서 '보건복지부 장관'으로 적혀있는 조항들 대부분이 '교육부 장관'으로 개정되고, 보육업무와 관련된 다양한 법령 내용도 일괄해서 교육부 장관의 업무로 개정된다.

2단계로 시·도와 시·군·구가 담당하던 업무를 교육감에게 이관하는 절차를 거치게 되는데, 이것은 「지방교육자치법」과 「지방교육재정교부금법」을 개정하면서 진행된다. 교육감으로 업무 이관은 2024년 법률개정을 거쳐서 2025년부터 시행한다. 「지방교육자치법」 제18조의 "시·도의 교육·학예에 관한 사무의 집행기관으로 시·도에 교육감을 둔다"는 조항에 '영유아보육'을 새로 삽입하고, 「지방교육재정교부금법」에 '영유아보육'에 대한 지출근거를 마련한다.

아울러 「영유아교육법」 제7조에 설립 근거를 두고 있는 지방육아종합지원센터도 시·도교육청으로 그 관할이 넘어가게 된다. 이처럼 영유아보육법상에 시·도지사나 시·군·구청장이 담당하던 업무를 시·도교육감이나 교원지원청의 교육장에게 넘기는 법령의 근거를 만든다. 또 지자체별로 제정되어 있는 보육조례 등 영유아보육 관련 조례는 모두 개정해서 교육감의 소관 조례로 바꾼다.

1단계(2023년 목표)	2단계(2024년)	3단계 (2025년~)

유보통합 진행 단계. 교육부 유·보 관리체계 일원화 방안. 23년 7.28 발표

교원 정책

교원의 신분과 자격

교원 문제는 두 가지로 나뉜다. 교원의 신분과 교원으로 임용되기 위해서 갖추어야 하는 자격이다. 유치원 교원 중 공립유치원 교원은 공무원의 신분이고, 사립유치원 교원은 「사립학교법」에 규정된 사립학교 교원의 신분을 갖는다.

「교육기본법」[2], 「교육공무원법」[3], 「사립학교법」, 그리고 「교원의 지위향상과 교육활동 보호를 위한 특별법」(약칭 「교원지위법」)[4]에서 규정하는 '교원'은 전문성과 자주성을 존중받으며, 경제적·사회적 지위는 우대되고, 신분은 보장되는 지위를

---

2) 교육기본법 제14조(교원)
    ① 학교교육에서 교원(教員)의 전문성은 존중되며, 교원의 경제적·사회적 지위는 우대되고 그 신분은 보장된다.

3) 교육공무원법 제43조(교권의 존중과 신분보장)
    ① 교권(教權)은 존중되어야 하며, 교원은 그 전문적 지위나 신분에 영향을 미치는 부당한 간섭을 받지 아니한다.
    ② 교육공무원은 형의 선고나 징계처분 또는 이 법에서 정하는 사유에 의하지 아니하고는 본인의 의사에 반하여 강임·휴직 또는 면직을 당하지 아니한다.
    ③ 교육공무원은 권고에 의하여 사직을 당하지 아니한다.

4) 교원의 지위 향상 및 교육활동 보호를 위한 특별법 제6조(교원의 신분보장 등)
    ① 교원은 형(刑)의 선고, 징계처분 또는 법률로 정하는 사유에 의하지 아니하고는 그 의사에 반하여 휴직·강임(降任) 또는 면직을 당하지 아니한다.

갖는다. 신분이 보장되므로 법령에 따른 형의 선고나 징계처분 등이 아니면 본인의 의사에 반하여 휴직이나 면직을 당하지 않는다. 국립, 공립, 사립을 가리지 않고, 교단에서 학생을 직접 교육하는 자는 그 신분을 보장받도록 되어 있다.

사립유치원 교원은 외형상 일반 노동자로 볼 수 있으나, 「사립학교법과」 「교육기본법」, 그리고 「교원지위법」에 의하여 국공립 교원과 동일한 신분상의 보호를 받는 사립학교 교원의 지위를 갖는다.[5] 이렇게 '교원'의 신분을 두텁게 보장하는 이유는 헌법 제31조 4항에서 규정하고 있는 교육의 자주성과 전문성 그리고 정치적 중립성을 확보하기 위함이다.[6] 신분이 보장되지 않는 교원은 외부로부터의 간섭을 배제하고 오로지 교원으로서 전문성과 양심에 따라 가르칠 수 없기 때문이다. 이렇게 헌법이 정한 원칙에 근거해서 대한민국의 '학교 교원'은 타 직종에 종사하는 노동자보다 그 신분을 두텁게 보장받고, 전문성을 존중받으며, 경제적·사회적 지위를 우대받도록 법령에서 규정하고 있다.

현행 법령상 사립유치원 교원의 보수와 복무는 공무원인 국공립 유치원 교원의 보수와 복무를 준용하도록 되어 있다. 근무시간, 휴가 등 복무는 「사립학교법」 제55조[7]에 의하여 공립학교 교원의 복무에 준용하도록 되어 있으므로, 공립학교 교원의 복무를 규정하는 「국가공무원복무규정」을 사립학교 교원에게도 그대로 적용하도록 되어 있다. 사립교원의 보수는 「교원지위법」 제3조2항의 규정

---

5) 사립학교법 제56조(의사에 반한 휴직·면직 등의 금지)
　　① 사립학교 교원은 형(刑)의 선고, 징계처분 또는 이 법에서 정하는 사유에 의하지 아니하고는 본인의 의사에 반하여 휴직이나 면직 등 불리한 처분을 받지 아니한다. 다만, 학급이나 학과의 개편 또는 폐지로 인하여 직책이 없어지거나 정원이 초과된 경우에는 그러하지 아니하다.
　　② 사립학교 교원은 권고에 의하여 사직을 당하지 아니한다.

6) "우리 법은 교육의 자주성과 특수성을 확보하기 위하여 교원에 대하여는 일반 근로자 및 공무원에 비하여 그 지위를 두텁게 보장하고 있다. 즉, 국·공립학교 교원은 국가공무원법과 지방공무원법의 적용을 받는 한편 별도로 제정된 교육공무원법에서 그 자격, 임용, 보수, 연수 및 신분보장에 관하여 일반 공무원과 다른 특례를 규정하여 보호하고 있고, 사립학교 교원에 대하여도 사립학교법에서 자격요건, 복무, 신분보장 및 사회보장 등에 있어서 일반 근로자와 달리 국·공립학교 교원과 동일하게 처우하고 있다." (헌법재판소 판결. 1997.12.24. 95헌바29, 97헌바6(병합) 전원재판부)

7) 사립학교법 제55조(복무)
　　① 사립학교 교원의 복무에 관하여는 국립학교·공립학교 교원에 관한 규정을 준용한다.

에 의하여 공립학교 교원의 보수에 준하여 받게 되어 있다.[8] 이처럼 법령에 따르면 국공립 유치원 교원과 사립유치원 교원은 동일한 신분보장, 동일한 복무규정, 동일한 보수규정에 따라 동일한 처우를 받는 것이 원칙이다.

어린이집 보육교사는 별도의 신분 규정 없이 일반 노동자와 동일한 신분을 갖는다. 근로기준법이 정한 '정당한 이유 없는 해고금지'에 의해서 일정 부분 신분을 보장받을 수 있으나,[9] 그 '정당한 이유'라는 것이 사용자의 임의적 판단인 경우가 많아서 실제로 해당 조항에 따른 신분보호는 두텁지 않다. 아울러「영유아보육법」에서 해당 지자체장은 '보육 교직원의 권익 보장과 근로여건 개선을 위하여 보육 교직원의 임면(任免)과 경력 등에 관한 사항을 관리'하도록 되어 있을 뿐이다.[10]

유보통합 이후 교원정책 방향

유보통합 이후 교원정책은 첫째, 신분에 대한 법령상 정리, 둘째, 법령이 정한 신분과 복무, 보수 등을 현장에 적용하고 실현시키는 문제를 숙제로 안게 된다.

첫째, '신분'에 대하여 살펴보자. 현재 학교 교사들 중에서 국·공립교사는 '공무원'이다. 사립학교 교사들은 비공무원이다. 이들은「사립학교법」에 의하여 '사립학교 교원'이라는 창설된 신분을 갖는다. 그래서 사립학교 교원들은「사립학교법」제56조에 의하여 '신분이 보장되는 교원'의 신분을 갖는다.

---

8) 교원의 지위 향상 및 교육활동 보호를 위한 특별법 제3조(교원 보수의 우대)
   ① 국가와 지방자치단체는 교원의 보수를 특별히 우대하여야 한다.
   ②「사립학교법」제2조에 따른 학교법인과 사립학교 경영자는 그가 설치·경영하는 학교 교원의 보수를 국·공립학교 교원의 보수 수준으로 유지하여야 한다.
9) 근로기준법 제23조(해고 등의 제한)
   ① 사용자는 근로자에게 정당한 이유 없이 해고, 휴직, 정직, 전직, 감봉, 그 밖의 징벌(懲罰)(이하 "부당해고 등"이라 한다)을 하지 못한다.
10) 영유아보육법 제19조(보육 교직원의 임면 등)
   ① 특별자치시장·특별자치도지사·시장·군수·구청장은 보육교직원의 권익 보장과 근로여건 개선을 위하여 보육교직원의 임면(任免)과 경력 등에 관한 사항을 관리하여야 한다.

유보통합 이후 신분에 대한 법령상의 정리를 살펴보면, 공무원 신분인 국·공립유치원 교사의 신분은 그대로 유지하고, 현재 「사립학교법」에 의해서 신분이 규정되는 사립유치원 교사와 특별한 신분상의 규정이 없는 보육교사의 경우에는 「영유아보육법」과 「유아교육법」이 통합되는 통합법률에 의해서 창설되는 새로운 교사 신분을 지니게 된다. 즉, 부처통합 이후 제정하게 될 '영유아학제에 대한 통합법령'에 공무원인 국·공립유치원 교사를 제외한 사립유치원 교사와 어린이집 보육교사는 현재 사립학교 교원 수준의 '통합 영유아학제의 교원'으로 신분을 창설해야 한다.. 이렇게 되면 법령상으로는 국·공립학교 교원인 공무원과 나머지 통합학제 교원으로 구분되고, 이들에 대한 신분보장과 복무, 보수 등에 대한 규정을 법령에서 정할 수 있다.

교원의 신분보장과 보수, 복무를 보장하는 것은 교원이 담당하는 업무, 즉 영유아에 대한 교육과 보육의 질을 높이는데 필수적이다. 여러 측면에서 서술이 가능하지만 사립유치원의 사례를 들어 이를 입증해보자.

현재 사립유치원 교사들은 법령상의 기준과 무관하게 신분이 불안하고, 보수가 낮으며, 복무 또한 「사립학교법」 제55조를 따르지 않고 있다. 이렇게 열악한 신분과 근무여건으로 인해서 경력이 쌓인 교원들이 유치원을 떠나고 있다. 교육통계에 의하면 사립유치원 교원 중 5년 미만 경력자가 전체의 51.5%나 되고, 1급 정교사의 비율은 24%에 지나지 않는다. 이에 반해서 공립유치원은 경력 많은 교사들이 근무하고 있으며, 1급 정교사 역시 월등히 많다. 교육의 질은 교원의 질을 넘지 못한다는 말이 있듯이 현장 경험을 가진 교원들이 떠나고 계속 신규 교원이 충원되는 구조에서는 질 높은 교육은 불가능하다.

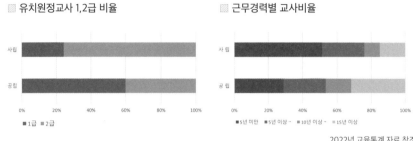

유치원정교사 1,2급 비율 　　　　　　　　근무경력별 교사비율

2022년 교육통계 자료 참조

둘째, 법령에 규정된 기준을 현장에서 적용하고 실현하는 문제는 통합의 주체인 교육부와 교육청이 반드시 해결해야 할 숙제다.

유치원과 어린이집 현장의 근무조건[11]은, 교사들이 수업을 준비하고 건강을 유지하기 위한 필수요소이다. 영유아 한 명, 한 명에게 집중하기 어려운 과밀학급, 다음 날 수업을 준비할 시간도 없이 부여되는 과다한 잡무, 누적된 피로로 건강을 유지하기 어려운 과중한 근무시간의 문제를 해결하지 않고 영유아에게 집중하도록 교사들에게 요구할 수 없다. 최저임금을 보수표의 기준으로 삼고 있는 교사들의 낮은 보수와 열악한 처우 문제로 인해, 많은 수의 교사들이 현재 근무하는 시설에 전념하기보다 공립유치원 임용 시험을 준비하도록 내몰리고 있다. 유보통합의 과정에서 교사들의 신분보장에 관한 문제는 추가 재정 소요가 발생하지 않으므로 각 교육청에서 지도 감독권의 발동을 통해서 우선 살필 필요가 있다. 이후 통합법령의 제정을 통해서 앞에서 말한 바와 같이 신분 문제를 정리하면 된다.

복무에 관해서는 현재 「사립학교법」(사립유치원 교원)과 「근로기준법」(어린이집 교원)에서 규정하고 있는 병가나 연가, 그리고 출산휴가나 육아휴직을 적용되도록 해야 한다. 복무 역시 통합법령 제정을 통해서 정리하면 된다. 근무조건의 개선을 위해서는 추가 교사 배치 등이 필요한데, 휴가 등을 보장하기 위한 대체 교사

---

11) 법령에는 근무조건을 '복무규정'에 정하고 있다. 국공립 교원은 국가공무원복무규정을 적용받고, 사립교원은 사립학교법 제55조에 의해서 국공립 교원을 준용하므로 결국 국가공무원복무규정을 함께 적용받는다.

의 경우, 교육청 단위에서 대체 교사를 배치해서 유치원과 어린이집에서 대체 교사가 필요한 경우 대응하는 방식 등이 가능하다.[12] 보수의 경우에는 당장 공립유치원 교사의 수준으로 높이는 것이 불가능하다 하더라도, 교육청에서 처우개선비 등 교사 인건비 지원을 직접 교사를 대상으로 지급하는 방식을 도입하면서 연차적으로 높여줄 수 있도록 해야 한다.[13]

사립중·고등학교의 경우, 학교의 운영비 거의 전액을 교육청이 지원하고 있다. 원칙적으로는 사학법인이 출연하는 재정을 학교운영에 사용하되, 부족한 재정만을 재정결함보조금의 형태로 교육청이 지급하게 되어 있었다. 그런데 우리나라 사학법인들 대부분은 법에서 규정한 최소한의 경비(교직원의 사학연금부담금과 건강보험료 사용자 부담금)도 부담하지 못해서 결국 거의 모든 시설비와 인건비를 포함한 학교운영비를 교육청이 부담한다.

사립유치원과 민간어린이집의 경우는 법인이 아닌 사인(私人)이 설립하는 경우가 많으므로 사학법인에 지급하는 것처럼 시설비를 포함한 운영비를 지원하기는 어렵지만, 시설비를 제외한 운영비는 사립중·고등학교처럼 지원이 가능하다.[14] 지금처럼 바우처 방식의 지원은 원아 모집 경쟁을 촉발하고, 학급당 원아수의 감축이 불가능하며, 특히 학령인구가 급감하는 시기의 지원방식으로는 적절하지 않다.[15]

유보통합 이후 통합법령 제정을 통해 공무원 보수규정에 의해서 보수를 받는 국·공립유치원 교원을 제외한 나머지 교원의 보수규정은 따로 제정하여 정비할 필요가 있다.

---

12) 지금도 이런 제도를 운영하는 교육청이 있다.

13) 현재 진행되는 원아의 급감은 결국 총교사 수의 감소를 가져올 것이며, 이렇게 감소하는 원아와 교사에 대한 교육비와 인건비는 현재 확보하고 있는 예산에 약간의 추가 재정만 확보된다면 지원의 수준을 높일 수 있다.

14) 국공립 시설의 부족으로 위탁 교육·보육의 형태로 사립. 민간 시설이 운영하고 있으므로 운영비를 시설에 직접 지원하는 방식은 가능하다.

15) 어린이집 중에서 직장어린이집은 직장의 필요에 의해서 운영되고 있고, 근무 직장에서 그 운영비를 부담하고 있으므로, 학교로 보자면 자립형 사립학교 형태다. 따라서 직장어린이집에 대한 지원은 자립형 사립학교처럼 제한적으로 지원하면 된다.

부처통합 이후 교육청별로 연수계획을 세울 필요가 있다. [16] 신규교사의 경우에는 양성과정을 정비하면서 자격문제를 해결할 수 있을 것이다.

국공립어린이집 직영화와 원장 공모제

현재 국·공립어린이집의 대부분을 법인이나 개인에게 위탁해서 운영하고 있는데, [17] 영유아를 위한 공공성 측면에서 바라보면 위탁보다는 교육청 직영이 더 낫다고 볼 수 있다. 과거에는 법인이 위탁을 받는 비율이 대부분이었으나 최근 원아 모집 등 운영난을 겪으면서 법인이 위탁을 신청하지 않고 있어서 개인위탁이 우세하다. 법인이나 개인에게 위탁한 시설의 설립은 국공립이나 운영은 사립인 셈이다. 영유아보육의 공공성은 사립보다는 공립에서 더 잘 발현될 수 있다. 국·공립어린이집을 교육청이 직영으로 운영할 경우, 위탁 기간이 만료되는 어린이집부터 위탁이 아닌 직영으로 전환해야 한다. 이때 원장의 임용이 필요한데, 위탁 기간이 만료되는 어린이집부터 원장은 현재 공모교장 선정과정과 동일한 방법으로 원장을 공모 배치하면 될 것이다.

재정 현황과 통합 방안

교육부는 지난 1월 30일 '유보통합추진방안'을 발표하면서 재정확보 계획을 내어놓았다.

---

16) 예전에 2년제 교육대학을 졸업한 초등교사들을 연차적으로 연수를 통해서 자격을 상향한 바 있다.

17) 영유아보육법 제24조2항

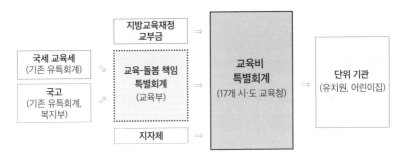

"(가칭)교육-돌봄 책임 특별회계" 지원 구조(검토 예시)

교육부. 2023.01.30

교육부가 발표한 재정통합방안은 보건복지부의 국고예산과 지방자치단체가 부담하던 지방재정을 모두 교육부와 교육청으로 이관해서 통합하도록 한다는 계획이다. 그렇게 되면 지방교육청에서는 ① 유아교육지원 특별회계 교부금과 ② 보건복지부에 교부하던 국고를 합쳐서 교육돌봄책임 특별회계를 만들고, 이 것에 ③ 지방교육재정교부금과 ④ 일반지자체에서 교부하는 전입금으로 교육비 특별회계를 구성해서 시·도교육청이 집행하는 방식이 된다.

과거 유아교육지원 특별회계에서 내려오는 교부금은 교육청을 거쳐서 시·도청으로 전출했지만, 이제는 전출하지 않고 시·도교육청에서 직접 사용한다.

일반지자체에서 들어오는 법정전입금과 비법정전입금

「지방교육재정교부금법」에 의하면 교육·학예에 필요한 경비 중에서 의무교육과 관련된 경비와 공립학교 설치 운영, 교육환경개선에 필요한 경비를 일반지방자치단체가 부담하게 되어 있다. 이 경비는 「지방교육재정교부금법」 제11조 제2항에 항목과 비율을 정하고 있다. 아울러 고등학교 의무교육에 필요한 경비의 일부(「지방교육재정교부금법」 제14조2항), 학교용지부담금 등 몇 가지가 있는데, 이처럼 일반자치단체에 부담 비율 등을 정해서 의무적으로 부담할 것을 정하고 있는 것을 법정전입금이라고 한다. 아울러 기초자치단체가 고등학교 이하 각급학교의 교육에 드는 경비를 보조할 수 있는데, 이것을 교육경비보조금이라고 한다.(『지방교육재정교부금법』 제11조 제8항) 광역자치단체와 기초자치단체에서 위에 정해진 법정전입금이나 교육경비보조금 이외에 교육청으로 전출하는 것을 비법정전입금이라고 하는데, 대표적으로 학교급식비 지원예산이 바로 그것이다.(『지방교육재정교부금법』 제11조 제9항)

유보통합이 진행되는 과정에서 지금 보건복지부와 지자체가 담당하고 있는 어린이집 운영 등 보육예산은 재정통합을 통해서 교육부와 교육청으로 이관하게 되어 있다. 보육비용은 10조 원 정도가 되는데, 이 중 5조 원 정도가 국비로 지원되고, 나머지는 각 시·도교육청에서 넘어오는 유아교육지원 특별회계 재정, 그리고 지자체 자체 재정에서 부담한다.

지방자치단체의 보육재정 현황

수도권 광역자치단체의 보육 관련 재정을 분석한 자료[18]를 인용하여 정리해보자.

지방자치단체의 어린이집 관련 재정은 국고에서 나오는 것과 이것에 대응해서 지자체가 부담하는 것. 여기에 교육청에서 전출해서 주는 것(유아교육지원 특별회계). 그리고 순수하게 지자체가 지출하는 것으로 나눌 수 있다.

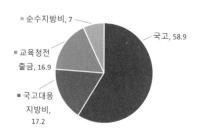

보육비중 비율

- 순수지방비, 7
- 교육청전출금, 16.9
- 국고대응지방비, 17.2
- 국고, 58.9

이 광역시에서 1,697개의 어린이집을 대상으로 2023년 편성한 예산은 6,718억 원이다. 이 보육예산의 각 주체 부담 비율은 국비에서 58.9%를 지출하고, 나

---

18) 홍근석. (2023) 보육현실을 반영한 행·재정통합 방향. 민간보육의 입장에서 바라보는 유보통합의 방향 정책토론회 발제문

머지는 지방비에서 41.1%를 지출하되, 이 지방비에서 지출한 돈 중에서 국고에 대응 투자한 금액은 17.2%, 교육청에서 누리과정 비용으로 지출된 금액은 16.9%, 그리고 순수하게 자치단체에서 지출하는 돈은 7% 수준이다.

수도권의 어느 기초자치단체의 보육예산 사례를 보면, 이 268개의 어린이집이 있는 이 기초자치단체의 2023년 편성 보육예산은 2,223억 원이다. 이중 국비에서 47.2%, 시·도비에서 36.8%, 나머지 16%는 기초자치단체인 시·군·구비로 편성했다. 이 중에서 국비와 함께 지출한 사업비는 36.4%, 국비가 아닌 시·도비와 시·군·구비를 함께 지출한 것이 15.7%이며 순수한 시·군·구비 자체 재정지출은 0.7%다.

보육재정의 이관

계획에 따라 올해 「정부조직법」이 통과되면 2024년부터 보건복지부가 담당하는 국비 재정은 모두 교육부로 넘어와서 각 시·도로 교부된다. 대략 5조 원이 넘는 수준이다. 일반지자체가 어린이집에 사용되던 보육재정은 2024년 「지방교육재정교부금법」을 개정해서 교육청으로 넘어가는 법정전입금으로 편성된다.

이렇게 되면 2025년부터 교육청은 보건복지부에서 교육부로 이관된 국비 보육예산과 지자체에서 법정전입금 형태로 넘어오는 지자체 부담 보육예산, 그리고 유아교육지원 특별회계에서 내려와 교육청을 통해서 시·도로 넘어갔던 재정을 가지고 교육청 관할 어린이집 보육예산으로 집행하게 된다. 이론적으로는 현재 수준을 그대로 유지하는 형태의 유보통합은 교육부나 교육청의 추가 재정부담이 없다.

그런데, 각 지자체가 지자체 나름의 특색사업으로 진행하던 사업비는 법정전입금 형태로 이관되기 어렵다는 점이 있다. 각 시·도나 기초자치단체별로 보육조례 등을 통해서 해당 지자체만의 특별한 지원이 있었다면, 그것을 「지방교육재정교부금법」의 개정 내용에 담기 쉽지 않을 수 있다.

각 시·도와 시·군·구에서 지급하고 있는 보육재정의 현재 수준을 그대로 유지할 필요가 있다. 우선 2024년에 「지방교육재정교부금법」을 개정하여 시·도와 시·군·구의 자체 재정으로 투입하고 있는 보육재정을 법정전입금으로 정하고, 그 금액을

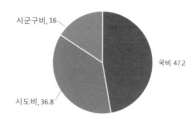

기초자치단체 보육비중 비율

시군구비, 16
국비 47.2
시도비, 36.8

매년 일반자치단체에서 교육청으로 전입하도록 하고, 각 시·도와 시군구별 보육조례에서 규정하고 있는 보조금 지급의 내용과 수준을 3~5년간 유지하도록 「지방교육재정교부금법」과 시행령 또는 부칙에 명시할 필요가 있다.

조례에 근거한 보조금은 일반자치단체에서 교육청으로 전입시키는 전입금으로 하되, 어린이집 운영에 필수적인 경비는 법정전입금으로써 고정하고, 각 시·도나 시·군·구가 지방자치단체의 장이 정하는 특색사업이라면 비법정전입금으로 하되, 그 시한을 최소 3~5년으로 정해서 운영할 수도 있다.

비법정전입금으로 분류된 특색사업비용의 경우, 어린이집에 직접 지원하는 재정이라면 「지방교육재정교부금법」 제11조8항의 '고등학교 이하 각급학교의 교육에 드는 경비'라는 조문을 '고등학교 이하 각급학교와 어린이집에서 교육과 보육에 드는 경비'라고 개정을 하고, 이에 맞추어 대통령령을 개정할 필요가 있다.

현재 대통령령인 '지방자치단체의 교육경비 보조에 관한 규정'에서 '특별시·광역시·도·특별자치도 및 시·군·구가 관할구역 안에 있는 고등학교 이하 각급학교의 교육에 소요되는 경비'를 보조하게 되어 있는데, 여기서 마찬가지로 '고등학교 이하 각급학교와 어린이집의 교육과 보육에 소요되는 경비'로 개정하여 운영하면 된다.

현황(2023)	이관·지원 방향		개편 방향	비고
① 복지부국고	① **교육부로이관** [1단계]	→	①+② 별도 **특별회계* 신설 검토** * 가칭 '교육-돌봄 책임 특별회계'	특별 회계 신설
② 유특회계	② 지속지원(~2025)			
③ 시·도, 시·군·구예산	③ **시·도교육청으로 이관** [2단계]		③ 이관 후 지속 지원	유지
④ 시·도교육청예산	④ 지속 지원		④ 지속 지원	
			⑤ 통합모델 적용에 따라 교부금 등 활용 추진	+α (추가소요)

교육부. 재정통합 방안. 23.07.28.

유보통합 이후 격차해소와 교원처우 개선 등에 필요한 재정

지금 수준의 유치원과 어린이집 운영이라면 추가 재정 없이 유보통합 과정을 진행할 수 있다. 하지만 유보통합의 본래 취지에 맞게 각 시설 간의 격차를 상향 평준화시키고, 사립유치원과 어린이집 교사들의 처우를 개선하기 위한 추가비용이 필요하다.

여기서 영·유아 수의 격감(현재 만 5세 유아 수에 비해서 만 0세 영아 수는 2/3가 됨) 수준으로 전체적인 영유아교육·보육비용 역시 그 정도 줄어든다고 볼 수 있다. 이렇게 줄어드는 영유아 수로 인해서 남는 영유아재정을 격차 해소비용으로 돌릴 경우, 지금 우리가 생각하는 비용보다 훨씬 적은 추가비용이 필요할 것이다.

■ 전국 연령별 영유아 수 현황

	5세	4세	3세	2세	1세	0세
영유아 수	355,390	326,218	298,875	274,240	263,100	239,523
5세 대비 감소 수		29,172	56,515	81,150	92,290	115,867
5세 대비 비율		91.8%	84.1%	77.2%	74.0%	67.4%

2023년 3월 주민등록 수

아울러 영유아뿐 아니라 이미 초등학교 학생 수 역시 격감하는 상황으로 진입했다. 5년 후에는 초등학교 전체 학생 수가 지금의 1/4이 줄어들고, 7년 후에는 40%가 줄어들게 된다.

▨ 초등학교 학생 수 변동 추이

구 분		2023년	2027년	2030년	2033년	2038년
초등	공립 학생 수(천 명)	2,539	1,976	1,551	1,418	1,664
	2023년 대비 증감률	-	△ 22%	△ 39%	△ 44%	△ 34%

교육부 보도자료. 2023.04.23

따라서 지금 교육감들이 걱정하는 '유보통합으로 인한 추가비용문제'는 현재 교육예산 전체와 비교해보면 극히 일부분에 지나지 않는다. 보건복지부와 시·도에서 넘어오고, 이미 확보되어 있는 유아교육발전 특별회계를 포함한 전체 교육예산에서 충분히 감당할 수 있는 수준이다.

재정투자의 우선순위

내년도 국회의원 선거를 앞두고 정치권에서 '무상유아교육'이나 '무상보육'을 내세울 가능성이 크다. 학부모의 부담을 완화한다는 명분은 좋으나, 실제 학부모가 지불하는 비용, 특히 추가 비용(유치원 교육비나 어린이집 보육비가 아닌)을 무상의 대상으로 잡으면서 유치원과 어린이집의 정상적인 교육과정 운영이 흔들릴 가능성이 크다.

무상교육, 무상보육으로 지원하게 될 학부모부담 추가 교육·보육비의 내역을 조사한 자료가 있다. 보건복지부와 육아정책연구소가 실시한 2021년 전국보육 실태조사·가구조사 보고에 다음과 같이 기술되어 있다.

"항목별(어린이집과 유치원) 월평균 추가비용은 특별활동비, 특성화활동비가 3만 7,000원으로 가장 많으며, 방과후과정비 1만 3,700원, 급간식비 1만 2,200원, 교재비 1만 500원, 현장학습비, 행사비 5,900원, 차량이용비 5,500원, 시·도특성화비 2,200원이었다. 어린이집의 특별활동비가 유치원의 특성화활동비보다 높으며, 현장학습비도 어린이집에 다니는 경우 유치원에 비해 높았다."

보건복지부와 육아정책연구소가 실시한 2021년 전국보육실태조사·가구조사 보고. 보고서 209쪽

즉, 무상교육과 무상보육이라는 좋은 취지가 특별활동, 특성화 활동을 강화시키고, 이것이 시설 간 원아 모집 경쟁의 도구로 활용되면서 정상적인 교육과정 운영이 흔들린다는 의미이다.

재정은 영유아들의 교육·보육 환경을 개선하는 곳에 우선 투자해야 한다. 예를 들어 학급당 원아 수의 축소, 교육·보육 질 향상을 위한 교원 추가 배치, 교육·보육에 전념할 수 있도록 교원의 신분보장과 처우개선 등이다.

학급당 학생 수 축소 문제는 교육과 보육의 질 높이기, 교사의 근무 부담 경감뿐 아니라 학령인구 격감으로 인한 교육·보육 체제 붕괴를 연착륙시키기 위해 매우 필수적인 정책이다. 현재 학급당 원아 수가 너무 많다. 세종시의 경우 초등학교 1학년은 학급당 20명을 기준으로 편성하지만, 유치원 만 5세 학급의 편성 기준은 22명이다.[19]

통계상으로 전국 평균 학급당 학생 수는 17.3명이다. 공립은 13.5명, 사립은

---

19) 세종시교육청이 2023년 각 시·도 유치원 학급편성 기준을 조사한 자료는 다음과 같다.

	시·도명	만 3세	만 4세	만 5세	혼합연령		시·도명	만 3세	만 4세	만 5세	혼합연령
1	세종특별자치시	14~15	18~19	21~22	18	10	경상북도	16~18	20~22	24~26	
2	충청남도	14	18	20	16~18	11	경상남도	15	21	23	18
3	대전광역시	15	22	26	22	12	강원도	14	20	22	14~18
4	전라남도	15	19	20	16~18	13	울산광역시	16	21	24	21
5	부산광역시	14~16	22~24	24~26		14	제주특별자치도	15	19	24	15
6	전라북도	14	20	22	16~20	15	광주광역시	16	20	22	20
7	서울특별시	14	20	22	20	16	충청북도	15	20	23	17
8	인천광역시	15	20	22	18	17	경기도	14~18	20~22	24~26	
9	대구광역시	18	24	28	20~26						

19.6명[20]이다. 공립의 경우에는 병설학급을 포함하고 있으므로 공립 단설의 경우 학급당 학생 수가 평균 통계보다 높을 것이다. 세종시도 학급당 평균 15.8명이다. 3세반, 4세반, 5세반 그리고 혼합연령반과 농어촌 지역의 작은 병설학급을 모두 합친 평균이므로 학급당 원아 수가 매우 많은 편이라고 할 수 있다. (2022년 교육통계)

영유아보육과 유아교육 행정의 통합

보육행정에 대한 파악

시·도청이 가지고 있던 보육업무를 이해하고 운영할 수 있는 준비를 교육청이 시작해야 한다.[21] 이를 위해서는 교육감이 현 상황에 대해서 파악하고, 이해하는 일이 중요하다. 아울러 교육감 직속으로 추진 기구를 만들고, 교육감이 직접 지휘하며 교육청의 역할을 만들어가야 한다. 0세에서 5세까지의 6년 영유아 학제는 초등 6년, 중등 6년에 버금가는 것으로서 향후 교육청이 담당해야 할 매우 중요한 업무이다. 교육부와 보건복지부, 교육청과 시청으로 나뉘어 있을 때는 관할 관청이 다르기 때문에 격차 문제가 분산되어 있으나, 유보통합이 진행된 이후, 즉 유치원과 어린이집이 교육청으로 통합된 이후에는 교육부와 교육청에 격차 문제가 집중된다. 같은 교육감 관할의 시설 간 격차에 대해서 개선 요구가 분출할 수 있다. 따라서 교육청에서는 현재 각 시설 간 격차의 상황과 대책에

---

20) 사립유치원이 학급당 학생 수가 높은 이유는 사립유치원에 대한 재정 지원이 원아를 통한 바우처 방식이기 때문에 사립유치원 쪽에서는 학급당 학생 수를 늘려서 비용은 줄이고 수입은 늘리려고 하기 때문이다.

21) 단순히 행정적인 준비뿐 아니라 그 문화를 이해하는 것도 매우 중요하다. 어린이집의 기존 운영방식은 사립학교 운영방식과 유사한 점도 있으나 학교운영 방식과 많이 다르다. 기존의 문화를 이해하지 못하면 운영자나 구성원들과 부딪칠 가능성이 있다.

대한 고민을 시작해야 한다. 각 시설에 수용되어 있는 영유아의 현황부터 시작해서, 영유아들이 받고 있는 교육과 보육의 내용과 수준, 각 시설 종사자들의 자격, 경력, 보수, 복무 현황 등을 살피고 준비할 일들이 많다.

각 시·도교육청에서 현재 유아교육 담당자를 중심으로 통합준비를 해서는 안된다. 유아교육 담당자는 교육과정에 관해서 부분적인 업무를 담당하고, 전반적인 통합준비는 교육감 직속으로 정책기획과 행정단위가 그 중심업무를 담당해야 한다. 각 시·도교육청에 통합준비단을 구성하고, 교육부는 시·도교육청을 지원하는 통합지원단을 구성해서 전문적이고 신속한 지원업무를 담당해야 한다. 시·도교육청의 통합준비단에는 현재 시·도청에서 보육업무를 담당하는 공무원을 파견받아서 시·도청과 시·군·구청의 보육업무에 대한 파악과 이해에 조력을 받을 필요가 있다.

영유아보육 행정인력과 업무의 이관과 통합

교육청에 새로 신설되는 영유아 부서에는 보육 행정직원뿐 아니라 현재 어린이집에서 재직 중인 보육교사 중에서 계약직 공무원[22]으로 공개선발을 거쳐서 유아교육 전문직과 함께 일할 보육전문직을 배치해야 한다. 계약직 공무원으로 채용하는 이유는 어린이집 교사들은 일반 민간인 신분이기 때문에 공직인 전문직에 채용하기 위해서는 계약직 공무원 채용절차가 가장 적당하다. 만일 어린이집을 담당할 전문직에 유치원 출신 교사가 임용된다면 제대로 일을 하지 못할 것이다. 따라서 보육전문성을 지닌 보육교사 중에서 전문직을 채용해서 일을 맡기는 것이 좋다.

시·도청과 시·군·구청에서 근무하던 보육담당 공무원은 그 정원을 시·도교육청과 협의해서 이관받는다. 일반지자체로부터 이관된 공무원 정원은 일반지자

---

22) 계약직 공무원은 연장계약을 포함하면 총 5년간 근무가 가능하다. 어린이집 교원 중에서 선발해서 근무하다가 계약 기간이 끝나면 원직으로 복직하도록 하면 된다.

체에서 업무를 담당하고 있던 공무원 중에 전입을 희망하는 공무원을 우선 배치하고, 나머지 정원은 신규채용으로 메꾸도록 해야 한다. 2025년 업무가 이관되면 시·도청과 시·군·구청에서 근무하던 담당 공무원 중 일정한 숫자는 교육청으로 파견하여 근무하면서 업무의 인수인계가 원활하게 이루어지도록 해야 한다. 시·도청에서 전입되는 공무원이 많다면 몰라도, 아마 그 수가 적을 것이므로 최소 2년은 파견근무를 하도록 해야 할 것이다.

구분	조직			인원(명)		
	시·도	시·군·구	합계	시·도	시·군·구	합계
서울	3과 17팀	29과 61팀	32과 78팀	50	269	319
부산	1과	21과 2팀	22과 2팀	8	70	78
대구	1과 1팀	9과	10과 1팀	14	40	54
인천	4과	14과 22팀	18과 22팀	12	105	117
광주	3과 1팀	7과 2팀	10과 3팀	12	27	39
대전	2과	6과 4팀	8과 4팀	8	34	42
울산	2과	11과	13과	5	44	49
세종	1과	59과 56팀	1과	6	0	6
경기	2과	24과 3팀	61과 56팀	13	386	399
강원	2과 2팀	11과 6팀	26과 5팀	4	53	57
충북	1과	17과 19팀	12과 6팀	1	46	47
충남	2과	13과 7팀	19과 19팀	4	66	70
전북	3과	23과 9팀	16과 7팀	6	44	50
전남	2과	16과 17팀	25과 9팀	3	41	44
경북	1과 1팀	25과 13팀	17과 18팀	4	59	63
경남	1과		26과 13팀	5	111	116
제주	1과		1과	2	0	2
합계				157	1,395	1,552

각 시·도. 시·군·구 보육업무 담당 조직 현황. 홍근석.(2023) 보육현실을 반영한 행·재정통합 방향. 민간보육의 입장에서 바라보는 유보통합의 방향 정책토론회 발제문에서 인용

지금 걱정이 되는 부분은 한 개의 교육지원청 구역에 2개 이상의 기초자치단체가 있는 경우다. 이런 곳에는 2개 이상의 기초자치단체가 담당하던 보육업무를 하나의 교육지원청 업무로 통합해야 한다. 우리나라에는 226개의 기초자치

단체가 있고, 반면 교육지원청은 176곳이다. 복수 기초자치단체가 하나의 교육지원청 관할인 경우는 수도권과 광역시에 많은데, 서울의 경우에는 25개 기초지자체 대비 11개 교육지원청이 있고, 부산은 16개 기초지자체 대비 5개의 교육지원청, 대구는 9개 대비 5개, 인천은 10개 대비 5개, 경기는 31개 대비 25개, 대전, 광주, 울산은 모두 5개의 기초지자체 대비 2개의 교육지원청이 있다. 물론 교육지원청에서 복수의 기초지자체에 소재한 유·초·중·고의 학교를 지원해왔던 경험에 비추어 불가능한 일은 아니나, 영유아보육사무는 읍면동으로 나뉘어 대민접촉을 했던 것이어서 교육지원청에 세밀한 업무가 많이 늘어날 것이다.

찬성과 반대, 그리고 30년 만의 기회

2021년 겨울부터 2022년 봄까지 대통령선거운동 기간 이재명 후보와 윤석열 후보 모두 유보통합을 공약으로 내걸었다. 대통령선거가 끝나고, 새 정부는 만 5세아 초등학교 입학 등 교육정책에서 시행착오를 범했다. 이후 만 5세 유아를 초등학교에 입학시킬 것이 아니라 유보통합을 하라는 요구가 거셌다. 교육부는 2023년 1월 30일 유보통합 추진방안을 발표했다.

교육과 돌봄은 분리 가능한가?

올해 2월 12일 전교조의 공립유치원교사들은 "교육은 없고 돌봄만 남은 유보통합 전면철회"를 내걸고 유보통합 반대 입장을 내어놓았다. 공립유치원교사들은 "정체성조차 불분명한 교육·돌봄기관보다 만 0~2세는 보육기관, 만3~5세는 유아학교로 교육기관을 일원화하고, 만 5세 의무교육으로 유아교육을 강화할 것을 촉구한다"는 입장이다. 이들은 3세 미만의 연령에서는 "안전, 위생, 영양 등 기본적인 욕구를 우선 지원"하고, 3~5세는 '교육활동'이 주가 된다는 주장이고, 따라서 보육교사와 유아교육 교사의 직무능력과 성격이 다르다고 주장한다.

여기서 주목할 점은 '교육과 돌봄은 다르다'는 주장이다. 이들은 교육활동과 돌봄은 분리 가능하고, 유치원 같은 학교체제는 어린이집과는 달리 교육을 하는 기관이고, 유치원교사는 보육교사와 달리 교육전문가라는 주장이다.[23]

그런데 많은 유아교육 전문가들은 영유아기 초등저학년 시기에 교육과 돌봄은 한 덩어리로 움직인다고 말한다. 교육행위가 배제된 돌봄이 가능할까? 돌봄이 없는 교육이 가능할까? 영아기에도 영아들은 스스로 '유능한 학습자'로서 많은 배움이 진행된다. 그래서 영아기에도 전문성을 가진 교육은 존재한다.

> "영유아통합교육과정은 오랫동안 '교육'과 '보육'이라는 이원론에 갇혀 있었고, 지금은 또 '교육'과 '돌봄'이라는 이원론이 우리를 둘러싸고 있는 듯해 보입니다. 그러나 현장에서 유치원과 어린이집은 교육과 돌봄을 이미 분리 불가능한 덩어리로 실행하고 있습니다. 교육과정에서 교육의 내용을 '교육-지식-삶'의 관점으로 들여다보고, 이미 뒤섞여 존재하는 '교육-돌봄-지식-삶-놀이-경험'을 순서나 체계가 아닌 뒤섞인 혼종으로 횡단하는 경험을 하도록 열어주셨습니다. 유보통합은 어른들의 편의상 갈라놓은 구조를 다시 어린 학습자의 행위 주체성으로 되돌리는 과정이고, 이는 영유아-초등학교 교육과정으로 이으며 횡단하고 있음도 알 수 있었습니다."
>
> 임부연(부산대학교 교수). 2023. 한국영유아교육과정학회 연차학술대회 토론문 발췌.

> "0~5세에 해당하는 영유아는 발달 특성상 돌봄과 교육을 분리하여 접근할 수 없다. 세상을 살아가는 가장 기본적인 심리적 토대인 신뢰와 불신, 자율과 수치, 주도와 죄책감은 생후 5년 안에 양육자와의 관계를 통해 형성돼 차후 양육자를 넘어 세계와 소통하는 근본이 된다.
> 그럼에도 영유아교육을 돌봄과 교육으로 구획하는 행위는 철저히 성인의 관점인

---

23) 최근 일부 공립유치원교사들은 보육교사들에게 '교사'라는 칭호를 붙여서는 안 된다는 주장을 하면서 그들의 문건에서 '보육교사'를 '보육사'라고 적고 있다.

셈이고 이러한 이슈를 놓치지 않고 박제화한 것은 이로 인해 이익을 얻을 수 있는 집단의 정치적 선택이 작용한 결과다."

김명하(안산대학교 유아교육과 교수). 2022.4.13. 경인일보 칼럼

유보통합 소요 재정 문제

한편, 유보통합 재정확보와 관련해서 전국시교육감협의회 등 교육단체에서의 우려가 크다.

"현재 정부에서는 유보통합에 소요되는 구체적 예산 규모 및 이를 조달할 방안을 전혀 제시하지 않고 있으며, 최근 「지방교육재정교부금법 시행령」을 개정하여 교부금으로 어린이집을 지원할 근거를 만들어놓겠다는 뜻을 비쳤다. 이는 최대 30조 원에 이를 것으로 추산되는 유보통합 소요비용을 교부금으로 충당하겠다는 속내를 드러낸 것으로서, 정부의 의도대로 유보통합이 추진된다면 과거의 누리과정 사태와는 비교도 할 수 없는 큰 사회적 혼란을 유발하고, 자칫하면 유·초·중등교육을 재정 파탄 상태에 몰아넣을 수도 있을 것이다. 그러므로 전국의 시·도교육감은 교부금으로 유보통합을 추진하는 것을 절대 용납할 수 없다."

윗글은 전국시도교육감협의회가 작성해 교육감들에게 배포한 것을 교육감 중 한 분이 자신에 페이스북에 올린 글이다. 유보통합 재정에 대한 공포를 느낄 수 있다. 계획대로라면 2025년부터 100만 영유아를 품어야 하는 교육감들이 유보통합의 과정에 좀 더 적극적으로 살피고 준비했으면 하는 아쉬움이 있다.

이미 교육부는 2023년 1월 30일과 7월 28일에 각각 '유보통합 추진방안'과 '유보관리체계 일원화방안'을 발표한 바 있다. 여기서 행정통합과 재정통합에 대한 내용을 제시했다. 이 내용을 보면 재원 마련을 이 글의 '재정통합' 부분에서 이야기한 것처럼 재정통합을 통해서 재원을 마련한다고 되어 있다. 위에서 주장하는 것처럼 '교부금으로 유보통합을 추진하지 않으며, 30조에 이르는 유보통합 소요

예산[24]'을 상정하지도 않는다.

앞에서 살핀 것처럼 현재 상태를 그대로 유지한다면 재정통합으로 관리체계 일원화가 가능하고, 현재의 재정 규모를 유지한다고 하면, 영유아 수 격감에 따라 '절약되는 재정'으로도 일정 부분의 재정확보가 가능하므로 유보통합으로 교육재정의 파탄을 우려하는 것은 지나치다.

유치원도 아니고 어린이집도 아닌 통합

학부모들은 유보통합을 지지한다. 여러 차례 유보통합을 촉구해왔다. 국회 관리체계 일원화를 위한 정부조직법이 발의된 것에 대해서 여야의 지지를 호소했다.

> "교육부가 직접 관장하는 공립유치원에 재원 중인 15만 명은 물론 사립유치원과 어린이집에 취원 중인 145만 명의 영유아에 대한 교육·보육 환경을 개선하기 위한 유보통합은 이처럼 절실한 현장의 생존 문제입니다. 학부모단체와 시민단체 연대는 발의된 정부조직법이 조속히 통과될 수 있도록 우선순위로 노력해 주길 다시한번 간절하게 부탁합니다.
>
> 교육부로의 유보통합은 유치원으로의 통합이나 어린이집으로의 통합이 아니라, 유치원과 어린이집의 장점은 최대화하고, 단점은 최소화하여 학부모가 어떤 시설을 선택하더라도 영유아가 최선의 교육적 질이 담보된 환경에서 교육·보육 받을 수 있는 환경을 만드는 것입니다.
>
> 유보통합은 시간을 가지고 완성해가는 하나의 점진적인 과정이기도 합니다. 부처일원화 후 격차 해소를 거치고, 통합할 것과 병존할 것을 정리해 나가는 하나의 과정입니다. 그리하여 영유아들이 집에서 가장 가까운 어떤 시설을 선택해도 만족스러운 상황. 이것이 완전한 유보통합일 것입니다. 그 첫걸음은 바로 교육부로의 일원화입니다."

학부모단체 성명서. 2023. 9. 25. [25]

---

24) 1년 유보예산을 모두 합쳐도 15조 수준이다.

25) 참여단체: 사교육걱정없는세상, 수도권생태유아공동체생활협동조합, 아이들이행복한세상, 시민연대민주주의포럼,

학부모들은 유보통합을 "유치원으로의 통합이나 어린이집으로의 통합이 아니라, 유치원과 어린이집의 장점은 최대화하고, 단점은 최소화하여 학부모가 어떤 시설을 선택하더라도 영유아가 최선의 교육적 질이 담보된 환경에서 교육·보육 받을 수 있는 환경을 만드는 것"으로 주장한다. 공립유치원교사들의 주장과 차이를 보인다.

30년 만의 기회

글의 앞부분에서 유보통합은 과정이라고 말했다. 유보통합의 마지막 단계를 지금부터 상정하고 토론하는 것은 옳지 않다. 첫걸음으로 교육부와 교육청으로 관리 주체를 단일화하고, 아무도 책임지지 않았던 환경개선과 격차 해소의 권한과 책임을 부여하는 것부터 해야 한다. 이것에 걸리는 시간이 결코 짧지 않으리라. 그사이에 우리는 많은 변화를 겪을 것이다. 격차가 해소되고 나면, 우리는 더 많은 것들을 통합할 수 있을 것이며, 획일화보다는 다양화가 더 나은 부분에 대해서는 통합보다는 병존을 택할 수 있다. 이것은 학부모의 선택으로 남기면 된다.

관리 주체를 일원화하는 것은 최악의 지금 상황에서 최소한 한 발짝은 전진하는 것이다. 대한민국에서 30년의 논쟁 끝에 처음으로 유보통합의 법적인 절차에 들어가는 것이다. 이것을 반대할 이유도 근거도 없다. '이러다 다 죽어'에서 벗어나는 유일한 대안이기 때문이다. 정부조직법이 2023년 국회에서 통과되기를 간절하게 기도한다.

장애영유아보육교육정상화추진연대, 전국장애영유아학부모회, 전국혁신학교학부모네트워크, 정치하는 엄마들, 참교육을위한전국학부모회, 학교를사랑하는학부모모임

IB라는 환상,
KB가 답일까?

유 재

정왕중학교 교감 / ㈜새로운학교네트워크 정책위원장

#

IB 확산과 논쟁

안나 카레니나의 법칙

톨스토이의 소설 〈안나 카레니나〉의 첫 구절은 이렇게 시작된다. "행복한 가정은 모두 엇비슷하고, 불행한 가정은 불행한 이유가 제각기 다르다." 이것은 안타 카레니나의 법칙으로 불린다. 행복한 가정은 가족의 건강, 부부의 사랑, 경제적 여건, 자식과의 관계 등 모든 조건이 충족되어야 비로소 행복하기에 행복한 가정은 모두 엇비슷하고, 불행한 가정은 그러한 조건 중에서 어느 하나만이라도 충족되지 않으면 불행할 수 있기에 불행한 이유가 제각기 다르다고 하는 것이다. 정책도 이와 같아서 성공하는 정책은 어느 한 두 가지 요소가 만족된다고 해서 성공할 수 있는 것이 아니며 수 많은 실패의 요인을 피할 수 있을 때 성공하는 것이다.

IB의 도입은 2011년 경기외국어고등학교가 국내 처음으로 인증학교가 되면서 시작되었지만 개별 사립 학교가 아닌 교육청 차원의 도입은 2018년 대구와 제주가 처음이다. 이를 기점으로 여러 교육청에서 IB 도입을 검토했지만 그리 확산되지는 않았다. 하지만 2022년 교육감 선거 이후 이유는 조금씩 다르지만 IB를 도입하겠다는 교육청이 많이 늘어났다.

IB는 크게 교육과정 측면과 정책적(제도적) 측면에서 다룰 수 있는데 이 글은 정책적(제도적) 측면을 중심으로 다룰 것이다. 이를 위해 현재 IB가 우리나라에서 얼마나 도입되었는지와 그 과정에서 정책적으로 어떤 논란이 있었는지를 대략적으로 살피고, IB를 바라보는 인식 속에 어떤 거품이 있고 정책적으로 어떤 실패 요인이 있는지 그리고 결국 어떤 모습으로 대한민국 교육에 발자취를 남기게 될지 살펴보고자 한다.

시·도교육청의 IB 추진 현황

17개 시·도교육청 중에서 IB를 추진 중인 교육청은 8곳이다. 대구와 제주를 시작으로 서울, 경기, 부산, 전북, 전남, 충남이 추진 중이다. 각 시·도교육청의 홈페이지를 통해 확인한 현재의 추진 상황을 간략히 정리하면 다음과 같다.

대구는 2023년 3월 기준 PYP(초)[1] 관심 2교, 후보 3교, 인증 7교, MYP(중)[2] 관심 3교, 후보 7교, 인증 4교, DP(고)[3] 후보 3교, 인증 3교로 총 32교를 운영 중이다. 이와 별도로 IB 프로그램 이해와 수업-평가 실행력 강화를 위한 IB 기초학교

---

1) PYP : IB의 초등학교 교육 프로그램. Primary Years Programme. 원칙적으로는 만 3세부터 만 12세까지의 학생들을 위한 6년제 프로그램임.

2) MYP : IB의 중학교 교육 프로그램. Middle Years Programme. 원칙적으로는 만 11세부터 만 16세까지의 학생들을 위한 5년제의 교육 프로그램임.

3) DP : IB의 고등학교 교육 프로그램. Diploma Programme. 원칙적으로 만 16세부터 만 19세까지의 학생들을 위한 2년제 교육 프로그램임.

60교(초26, 중 24, 고10)를 운영하고 있다. 대구광역시교육청은 IB 도입 이유에 대해 "4차 산업혁명 시대가 요구하는 창의력과 비판적 사고력을 갖춘 창의융합형 미래 글로벌 인재를 양성하기 위해서는 교육 패러다임이 바뀌어야 하며, 이를 위해 세계적으로 인정받은 IB 교육과정을 운영하고자 합니다."라고 밝히고 있다. 대구는 관심학교 포함 운영교는 초등학교 37%, 중학교 44%, 고등학교 19%로 분포되어 있고 인증학교만 따지면 초등학교가 50%로 가장 많다.

제주는 2023년 5월 기준 PYP(초) 관심 4교, 후보 3교, 인증 2교, MYP(중) 후보 1교, 인증 1교, DP(고) 인증 1교로 12교를 운영 중이다. 제주는 대구와 달리 IB 학교를 특정 지역에 지정하고 학교 단위로 도입했다는 특징이 있다. 이는 수업과 평가 방식에 변화를 주기 위해 도입하면서 한 학교 내에 IB를 하는 학급과 하지 않는 학급이 존재하는 모순적 상황을 없애고자 하는 노력으로 보인다. 또한 추진 초기부터 제주에서 상대적으로 열악한 지역에 지정함으로써 교육 불평등 관련 논란을 피하고자 한 것으로 보인다. 특정 지역에 학교 단위 지정으로 IB를 운영 중인 초등학교에 외지에서 많은 학생이 전학을 오는 등의 긍정적 반응도 있지만, 표선고는 IB DP 인증시험과 수능시험 일정이 겹쳐 모든 학생이 수능으로 대학을 갈 수 없는 것에 대한 불만이 존재한다. 이에 제주대에서 약대와 수의대 지역균형 선발 인원 가운데 각 3명씩을 2026학년도부터 수능 최저 없는 학생부종합 전형으로 선발하겠다고 발표하는 등 지역에서 입시에 대한 불만을 해소하기 위해 노력하고 있다.

나머지 서울, 경기, 부산, 전북, 전남, 충남은 IB 도입 논의를 시작한 지 얼마 되지 않아 아직 교육청 차원에서 진행하는 후보학교와 인증학교는 없고 관심학교를 82교(준비학교 포함) 운영 중인 것으로 파악된다. 추후 관심학교 중에서 후보학교와 인증학교가 나올 것으로 예상되지만 여전히 교육청 규모에 비해 매우 적은 학교에서만 도입되고 있다.

■ 시·도교육청 추진 IB 운영 현황(2023.08 기준)

시·도교육청	관심학교(준비학교 포함)			후보학교			인증학교		
	PYP	MYP	DP	PYP	MYP	DP	PYP	MYP	DP
대구	2	3	0	3	7	3	7	4	3
제주	4	0	0	3	1	0	2	1	1
서울	15	15	0	0	0	0	0	0	0
경기	14	11	0	0	0	0	0	0	0
부산	5	2	0	0	0	0	0	0	0
전북	1	1	0	0	0	0	0	0	0
전남	1	1	2	0	0	0	0	0	0
충남	4	4	6	0	0	0	0	0	0

특이한 점은 도입을 진행하고 있는 상당수의 교육청에서 IB 학교의 확대보다는 IB 경험을 바탕으로 지역형 IB 혹은 KB(한국형 바칼로레아)를 만들겠다고 밝히고 있는 점이다. 이와 관련해서는 추후 논의하기로 하고 IB 도입 및 확산 이유와 추진과정에서 나오고 있는 논란을 우선 살펴보자.

IB 도입 및 확산 이유

우리나라에 진보, 보수를 떠나 IB를 도입하는 시·도교육청이 확대되는 이유는 무엇일까? 도입을 추진하는 교육청은 모두 미래교육과 평가의 혁신을 공통적으로 도입의 이유로 들고 있다. IB의 학습자상이 미래교육에서 추구하는 가치 및 역량들과 일치한다는 것이다. 하지만 학습자상과 추구하는 역량에 대해 IB와 2015 개정 교육과정 및 2022 개정 교육과정을 아래 표와 같이 비교했을 때 큰 차이를 보이지 않으며, 특별히 더 미래교육에 부합하는 것으로 볼 수도 없다.

	IB	2015 개정 교육과정	2022 개정 교육과정
학습자상	인류의 공통 과제에 관심을 두고 세계를 함께 지켜나갈 책임을 다하는 청소년들이 국제적 소양을 갖춘 인재로 성장하여, 더 평화롭고 보다 나은 세상을 만들어나갈 수 있도록 돕는 것	자주적인 사람, 창의적인 사람, 교양있는 사람, 더불어 사는 사람	자기주도적인 사람, 창의적인 사람, 교양있는 사람, 더불어 사는사람
핵심 역량	탐구하는 사람, 지식이 풍부한 사람, 사고하는 사람, 소통하는 사람, 원칙을 지키는 사람, 열린 마음을 지닌 사람, 배려하는 사람, 도전하는 사람, 균형잡힌 사람, 성찰하는 사람	자기관리 역량, 지식정보처리 역량, 창의적 사고 역량, 심미적 감성 역량, 의사소통 역량, 공동체 역량	자기관리 역량, 지식정보처리 역량, 창의적 사고 역량, 심미적 감성 역량, 협력적 소통 역량, 공동체 역량

다만 평가 부분은 분명한 차이가 있다. 우리나라의 고질병처럼 여겨지고 있는 객관식 위주의 평가에서 벗어나야 한다는 요구가 IB를 도입하게 한 측면이 있다고 보인다. 이런 이유로 IB 도입을 적극적으로 주장하는 사람들은 논·서술형 시험에서의 채점의 공정성 논란을 극복할 대안으로 채점의 신뢰 문화가 정착될 때까지 IBO와 같은 공신력 있는 기관의 도움이 필요하다고 주장한다. 하지만 이런 주장도 현재 성적의 40% 이상을 차지하고 있는 수행평가에서 진행되고 있는 논·서술형 평가(경기도에서 이처럼 진행. 시·도 마다 그 비율과 내용이 조금씩 상이함)를 애써 외면하고 객관식 위주로 진행되는 지필 평가만을 이야기하는 것은 아닌가 하는 생각이 든다. 또한 IB의 확산은 이러한 표면적 이유만 있는 것은 아니다. IB는 주로 2018년과 2022년 교육감 선거 과정에서 공약으로 등장했다. 이는 국제적으로 공인받고 있는 IB 도입을 통한 교육혁신이라는 선거 메시지로써 의미를 가지고 있는 것으로 보인다.

IB 논쟁

우선 주요 논쟁은 교육철학, 교육사회, 교육정책, 교육평가 측면에서 다뤄지고 있으며 구체적으로 교육과정과의 관계, 교육 양극화, 예산의 형평성, 대입과의 관계 등이 있다. 이와 관련해서 표로 정리하면 아래와 같다.

■ IB의 국내 공교육 도입 쟁점 비교[4]

영역	하위범주	찬성	반대
교육 철학	교육과정 운영	IB를 도입하면 교육과정-수업-평가 일체화를 실현할 수 있음	2015 개정 교육과정의 성공적인 정착과 국내에 맞는 교육과정을 개발하여 운영하는 것이 현실적임
	학생의 학습 측면	긍정적인 학업 정체성, 자기 관리 및 초인지 기술을 발전시켜 대학에서의 학문적 준비도와 평생 학습자로서의 역량을 갖추게 함	높은 수준을 요구하는 IB 교육과정과 과다한 학습량, 빠른 진도에 의해 심각한 심리적 압박과 스트레스를 받고 있음
교육 사회학	교육평등	공교육에 IB 교육과정을 도입하자는 이유가 교육격차, 교육 양극화 해소 등 공교육을 통한 포용 가치 실현을 위해서임	공교육의 공공성과 형평성 문제와 일부 특수 계층의 학생들만이 누릴 수 있는 새로운 특권학교가 발생할 수 있음
	사교육	IB는 사교육을 받을 필요가 없으며, 우리나라에서 사교육은 대학 입학 준비 과정에서 흔히 일어나는 현상임	일부 명문대만 IB 선발 전형을 운영할 경우 이를 이수한 학생만 특혜를 보게 되고, 사교육 경쟁이 심화될 것으로 보임
교육 정책학	학교 자율화 및 교육 거버넌스	국가 수준 교육과정의 대강화로 학교 자율화, 교사 자율권이 보장되며 주권 침해, 지역 이해 및 국가 정체성 등에 문제없음	IBO의 학교 인증 평가 기준에 의한 중앙집권식학교 관리와 통제를 받아야 하므로 이에 따른 단위학교의 교육과정 운영의 자율성이 침해될 수 있음
	교육예산 배분의 형평성	혁신학교와 비슷한 예산이 필요하므로 희망하는 학교에 지원하여 IB의 파급 효과를 보는 것이 중요	IB 학교에 막대한 예산과 행정 지원할 경우 교육예산 배분의 형평성 문제를 가져올 수 있음
	교원 수급	우리나라 교사의 교과 전문성으로 보아 교사 수급에 큰 문제가 없을 것으로 보고 있음	교사 자격, 교원 수급, 기존 교사와의 형평성 등의 문제가 발생할 수 있음
교육 평가	대입제도 관련	고질적인 국내 대입제도 개혁에 도움이 될 수 있음	현재의 수능 체제에서 IB학교를 확산시키면 새로운 부작용이 생길 수 있음
	평가의 공정성과 신뢰성	IB평가의 공정성은 국제적으로 인정받으므로 내신 절대평가 부풀리기 문제와 학종의 부작용 문제 등을 해결할 수 있음	IB가 공정성을 해결해 줄 수 없음

---

4) 이기명, 「IB의 국내 공교육 도입 추진 쟁점 분석」, 학습자중심교과교육연구 제21권 10호, 2021

이외에도 교사의 자율성과 전문성을 보장하는가에 대한 논쟁도 있다. 긍정하는 측에서는 IB가 목표로 하는 역량을 함양할 수만 있다면 교사에게는 내용, 교수 방법, 속도, 평가에 재량권이 있음을 강조한다. 부정하는 측에서는 IBO[5]가 인증학교의 선정과 유지를 심사하고 학교 개설 교과목을 검토 및 심사하며, 교원 자격증을 부여하고 학생 평가를 관리하고 있어 학교 전반의 운영권을 IBO가 갖게 되는 문제점을 지적한다.[6] 이에 따라 교과서, 대입, 평가, 교원 양성 등 공교육에 큰 변화를 가져올 뿐 아니라, 교육정책 수립에 여러 제약이 따를 수 있다. 또한 IB 프로그램의 경우 예술 그룹을 다른 그룹의 과목으로 대체할 수 있도록 하기에 IB 학교들이 예술 영역을 소홀히 할 수 있다는 지적도 있다.[7] 특히 많은 학부모가 관심을 갖는 IB DP의 이수가 세계 명문 대학으로 진학하는데 유리한 지 여부는 아직 분명하지 않다. 다만 IB DP를 이수하면 우리나라에서 유학을 준비할 때 미국의 SAT[8]나 AP[9] 등 별도의 시험을 준비하지 않아도 되는 이점이 있다.

IB가 환상인 이유

우선 IB 학교라 말하지만 실제로는 일부 학생만을 대상으로 운영하고 있어 엄밀히 말하면 '희망 학생 대상 IB 프로그램 운영 학교'라고 할 수 있다. 또한 IB를 도입하는 시·도교육청이 늘어나고 운영하는 학교가 몇 개 더 늘어났다고 지역교육이나 국가 차원에서 달라질 것이 별로 없다. IB의 특성상 지역 내에 IB 학교가

---

5) IBO : International Baccalaureate Organization. IB 교육재단. IB를 운영하는 국제기구

6) 엄수정 외 4인, 「경기도교육연구원 경기도교육청 IB 프로그램 도입 방향」, 현안보고 2022-16, 경기도교육연구원, 2022

7) 홍원표, 「IB 디플로마 프로그램(DP)의 공교육 도입 담론에 대한 비판적 검토」, 교육과정연구 제37권 제3호, 한국교육과정학회, 2019

8) SAT : 대부분의 미국 대학에 지원하는데 쓰이는 표준화 시험, 한마디로 학생이 대학교에서 배울 학문에 접근할 능력이 있는지를 판가름하는 시험이라고 볼 수 있다. 1900년대 초부터 Scholarstic Aptitude Test의 준말이었으나 1990년부터 Scholarstic Assessment Test로 바뀐 다음 1993년부터 그냥 SAT라는 이름으로 고유명사가 되었다. 따라서 현재 SAT는 약자가 아니다.

9) AP : 미국 대학위원회가 제공하는 교육과정으로 학생들은 흥미있는 분야와 관련하여 고등학교 때 미리 대학 수준의 공부를 할 수 있다. 대학들은 해당 학생이 대학 진학 후 학점으로 인정해준다.

있다고 해서 주변 학교에 자연스레 확산될 수 없기 때문이다. 하지만 사람들은 마치 IB를 도입하면 수업과 평가에서 대한민국의 교육이 근본적으로 바뀌고 교육에 대한 신뢰 자본이 축적될 것이라 생각하는 것 같다. 이는 교육부나 교육청의 수많은 연구학교와 시범학교의 결과가 주변 학교에 영향을 주지 않았던 수십 년의 대한민국 교육 역사가 증명하고 있다.

IB가 환상인 또 다른 이유는 추진 방식에서 찾아볼 수 있다. IB를 추진하고 있는 일부 교육청에서 IB는 위로부터의 추진이 아니라 아래로부터의 요구에 의한 것이라 강조하지만 그렇게 항변할수록 위로부터 추진되고 있다는 점을 반증할 뿐이며 이는 해당 교육청에서 IB 추진을 희망하는 학교가 꾸준하게 증가하고 있지 않은 것과 IB의 성공적 확산을 위해서는 교육공동체의 공감대 확산이 중요한 과제라는 것이 연구결과로도 나타나고 있다.[10]

물론 IB가 환상이라고 하는 것이 현재 운영되고 있는 학교에 대한 폄훼가 아니라는 점을 명백히 밝힌다. IB 프로그램을 운영하고 있는 학교의 노력과 성과, 그리고 그 속에서 선생님들의 열정은 높이 평가받아야 마땅하다. 단지 이 글에서 논하는 것은 IB를 도입한 개별 학교의 성과나 노력이 아닌 교육청 차원 혹은 국가 차원의 정책에 대한 평가와 예견일 뿐이다. 그럼 IB가 왜 환상일 수밖에 없는지 정책적으로 세밀하게 살펴보고자 한다.

---

10) 엄수정 외 4인, 「경기도교육연구원 경기도교육청 IB 프로그램 도입 방향」, 현안보고 2022-16, 경기도교육연구원, 2022

정책으로 바라본 IB

앞서 추진한 나라들의 시사점

　IB는 국제적으로도 많이 확산되고 있다. 국제기구 주재원이나 외교관 및 상사원의 자녀 교육을 위해 시작한 IB가 세계적으로 확산되는 이유는 무엇일까?

　IB의 확산은 IB 프로그램의 우수성만으로 설명할 수는 없다. 세계화의 확산, 자녀를 외국의 주요 대학에 진학시키기 위한 부모의 열망, 국제 경쟁력을 강화시키고자 하는 정부의 의지, 소외된 지역의 학교를 개선하고자 하는 노력 등 도입하여 운영하는 나라마다 그 이유가 다양하다. 특히 최근에는 국제경쟁에서 우위를 점하기 위한 일종의 교육 상품으로 인식되기도 한다. [11]

　영어권 나라인 미국, 캐나다, 호주의 경우 IB 프로그램을 운영하는데 언어의 장벽이 없고 정부 차원의 국가 교육과정이 존재하지 않거나 영향력이 크지 않아 IB 도입에 거부감이 크지도 않았다. 이는 교육 체제가 비교적 중앙화되어 있는 프랑스나 뉴질랜드에서는 IB 학교들의 비중이 낮고 영국이 1989년에 국가교육과정이 도입된 후 IB학교의 숫자가 감소하는 것으로도 확인할 수 있다. [12]

　영국은 16세 이상 학생들의 교육에 특정 교육과정을 실시하는 것이 의무화되어 있지 않으며 교육기관이 학생들에게 적합하다고 판단한 교육과정을 자유롭게 선택하고 있다. IB DP도 교과별로 세부적인 학습 내용에 대한 심사를 받아서 교육과정으로 인정을 받은 것이다. 이렇게 영국의 경우 다양한 교육과정이 운영

---

11)　홍원표, 「IB 디플로마 프로그램(DP)의 공교육 도입 담론에 대한 비판적 검토」, 교육과정연구 제37권 제3호, 한국교육과정학회, 2019

12)　김천홍, 「인터내셔널 바칼로레아 디플로마 프로그램 (International Baccalaureate Diploma Programme)의 국내 공교육 도입에 대한 비판적 고찰」, 학습자중심교과교육연구 제18권, 제12호, 2018

되어 IB 도입에 대한 논란이 적었다. 또한 대학 입학에서는 A-level[13]을 비롯하여 국내·외에서 인정된 수십 종의 평가 결과를 변환하여 대학 입시에 반영하고 있기에 IB DP 자격과 성적을 가진 대상만으로 한 특별전형으로 선발하지는 않는다.[14]

미국은 한국과 달리 중앙정부가 아닌 주정부가 교육에 대한 권한을 가지고 교육행정을 운영하는 지방분권형 시스템을 가지고 있다. 시와 카운티County의 교육위원회는 공립학교의 운영과 교육과정의 선택 및 교원의 채용에 대한 사항을 담당한다. 따라서 국가가 학교의 교육을 위하여 지정한 공통의 교육과정이 없으며 민간기관이 개발한 교육과정 중에서 학교의 특색과 지역의 교육환경 및 교육의 목적에 적합한 교육과정과 교과서를 선택하여 교육한다. 이런 시스템 속에서 1970년대 소외되고 가난한 지역의 학교를 개선하기 위한 목적으로 마그넷 학교[15]들이 IB DP를 도입하여 개설하였다. 대부분 그나마 경제 형편이 나은 교외의 중산층 지역 학교에서 IB를 운영하고 그중에서도 경제 형편이 나은 학생들로 구성된 하나의 반으로 운영되고 있다. 버지니아주(州) 패어팩스카운티의 경우 IB DP를 운영하는 공립학교에 모든 비용을 지원하고 있으며 공립학교 교원의 채용 시 IB DP 과정을 우수한 성적으로 이수한 교원을 채용하기도 했다. 이 과정에서 예산의 제약으로 IBO가 주관하는 공식 워크숍에 모든 교원이 참석하지 못해 IB DP 교육자격이 부여되지 않은 교원을 대상으로 교육내용을 자체 워크숍을 통하여 공유하는 방식으로 운영하기도 했다. 미국에서는 IB DP 도입이 공립학교 교

---

13) A-level : Advanced Level. 영국을 포함한 영연방 국가들의 대입제도, 영국의 수능이라고 볼 수도 있다. 한국의 고3~대학1년의 과정과 비슷하게 2년 과정이며, 본인이 전공하려는 과목을 보다 심화적으로 배우는 과정이어서 IB와는 다르다.

14) 조인식, 「국제바칼로레아 운영 현황 및 국내 도입을 위한 과제-고등학교 교육과정을 중심으로」, 국회입법조사처, 2020

15) 마그넷 학교란 1960년대 말에서 1970년대 초 교육 불평등을 해소하고 소수인종 학생의 학업 성취도를 높이고자 등장한 미국 공교육의 새로운 학교체제로 특정 교과에 집중한 교육과정을 운영하며 학생이 교육활동을 선택할 수 있는 특징이 있다.(김현준, 「미국 마그넷 스쿨이 '교육과정 거점학교'운영에 주는 시사점」, 교육정책네트워크, 2016)

육의 질을 높였다는 평가가 있으며, 사립학교와 비교하여 IB DP를 도입한 공립학교에 대한 학생과 학부모의 선호도도 높아졌다.[16]

다른 나라와 달리 일본은 우리에게 특별한 교훈을 많이 준다. 일본은 고도 경제성장 시기에 학교가 늘어남에 따라 경쟁에 의한 계층상승의 기회가 생겨나면서 경쟁을 통한 '진학'이라는 질서가 사회에 만연해져, 점차 경쟁에서 벗어나기 어렵게 변모하였다.[17] 이런 과정에서 오랜 주입식 교육으로 인한 학교 교육의 문제점을 해소하고 주체적이며 창의적으로 문제해결을 할 수 있는 능력과 자질, 즉 살아가는 힘의 중요성을 강조하는 유도리(ゆとり) 교육[18]이 나타나게 되었다. 하지만 이후 유도리 교육은 대학생을 대상으로 초·중등 수준의 수학 문제를 테스트한 결과를 보여주는 저서 「분수도 모르는 대학생」이 출판되면서 거센 학력 저하 논쟁을 일으키며 탈유도리 교육으로의 전환을 가속화했다. 이런 과정을 통해 일본은 2011년 국제 경쟁력의 강화를 위한 글로벌 인재의 육성과 교육과정의 개선을 위하여 공교육에 IB를 시범 도입하게 되었고 아베 총리는 2020년까지 IB DP 운영 학교를 200개까지 도입하겠다는 목표를 정했지만 아직까지 목표를 이루지 못하고 있다. 문부과학성 IB 콘소시엄 공식 홈페이지에 의하면, 2022년 9월 30일 시점에 일본의 IB 인정교는 184개교인데, 그중 1조 학교(공교육 정규 학교)는 72개교이며, 1조 고등학교에서 IB 도입한 학교는 42개교, 그중에서 일본어 DP를 하는 학교는 33개교이다.[19]

일본의 대학 입시에도 변화가 생겨 국가가 주관하는 대학입학시험인 센터시험에 응시하지 않아도 대학 진학이 가능하게 되었다. 2018년 10월 기준으로 IB DP를 대학 입학 자격으로 인정하는 대학은 312개이다. 또한 2020년부터는 기

---

16) 조인식, 「국제바칼로레아 운영 현황 및 국내 도입을 위한 과제-고등학교 교육과정을 중심으로」, 국회입법조사처, 2020

17) 권영성, 「일본의 교육개혁과 그 모습-국제 바칼로레아의 도입에 근거하여」, 비교일본학 제54집, 2022

18) 권영성, 「일본의 교육개혁과 그 모습-국제 바칼로레아의 도입에 근거하여」, 비교일본학 제54집, 2022

19) IB DP 도입이 공교육 개혁에 기야할 수 있는 방안, 이혜정, 국회토론회, 2023

존 객관식 대입 수능인 센터시험을 폐지하고 사고력, 판단력, 표현력을 평가하는 논·서술이 포함된 새로운 대입시험으로 전환한다는 야심찬 계획까지 발표했다.[20] 하지만 일본 정부의 이러한 노력에도 불구하고 2019년 5월에 시행한 일본 거주 IB DP 평가 응시생 숫자는 560명으로 한국 거주 응시생들의 숫자(582명)보다도 적다(IBO, 2019).[21] 그리고 새로운 대입 시험으로의 전환은 문부과학성이 전문적인 채점관을 양성하지 못하고 민간업체에 맡기면서 보류되는 사태가 발생했다. 현재 일본에서는 글로벌 인재양성을 위한 목적의 IB 도입은 새로운 차원의 학력 격차를 초래하는 교육정책이라는 비판이 계속해서 제기되고 있다.[22] 이는 일본 정부의 10여 년 간의 노력에도 불구하고 정책 목표에 도달하고 있지 못하다는 것을 말해준다.

IB 추진의 난관

가장 큰 난관은 대입이다.

IB DP를 인정하는 다른 나라의 대학들은 대부분 IB DP 자격과 성적을 가진 학생만을 대상으로 하여 특별 전형으로 선발하기보다는 자국의 자격시험과 연계하여 IB DP 성적을 변환하여 활용하고 있다. 대표적으로 영국은 대입에서 A 레벨을 포함한 자격고사 체제를 근간으로 하면서 IB DP뿐 아니라 영국 내에서 인증을 받은 평가 기관과 영국 외에서 국제적으로 인정받는 평가 기관에서 실시

---

20) 조인식, 「국제바칼로레아 운영 현황 및 국내 도입을 위한 과제-고등학교 교육과정을 중심으로」, 국회입법조사처, 2020

21) 홍원표, 「IB 디플로마 프로그램(DP)의 공교육 도입 담론에 대한 비판적 검토」, 교육과정연구 제37권 제3호, 한국교육과정학회, 2019

22) 권영성, 「일본의 교육개혁과 그 모습-국제 바칼로레아의 도입에 근거하여」, 비교일본학 제54집, 2022

하는 수십 종의 성적을 변환하여 대입에 활용하고 있다. 즉 영국은 IB DP 성적을 영국 대입시험인 A레벨 점수와 동등화하여 변환할 수 있도록 IB DP의 내부 평가와 외부 평가 합산 점수를 교과 수준별로 차등화한 변환 점수표를 활용하고 있다(UCAS, 2017).[23] 이것이 가능한 이유는 영국의 대입 평가 문항은 서술형 평가를 기본으로 하며, 과정 중심의 수행평가 역시 외부 평가로 실시되고 교사의 평가 결과는 대입전형에 직접적으로 활용하지 않는 등 영국 대입체제의 특징이 IB DP와 유사성이 높기 때문이다. 또한 IB DP 변환 점수는 대학입학을 위한 최소 자격 요건이며 이후 대학별 고사나 면접, 자기소개서 및 교사 추천서를 종합적으로 평가하여 선발한다.

우리나라에서 IB를 적극적으로 도입하고자 하는 측에서는 대입이 가장 큰 난관임을 한결같이 이야기하며 IB DP를 대입에 적용하기 위한 방법으로 다음과 같은 3가지 방안을 주장한다.[24]

첫째, 현행 IB DP 성적을 재외국민과 외국인 특별전형에서 주로 활용하고 있는 점을 확장하여 국내 또는 국내·외에서 IB DP를 이수한 학생만을 위한 전형을 신설해야 한다는 것이다. 이는 국가교육과정이 의무인 상황에서 특정 교육과정을 이수한 학생에게 별도의 입학전형을 도입하자는 것이다. 하지만 이런 방식은 매우 예외적이고 특수한 조건에서 허용되지 않으면 특혜 논란에서 자유로울 수 없을 것이고, 대입 전형의 복잡성을 더욱 가중시키는 일이 될 것이다.

둘째, 학생부종합전형에 포함하여 진행하되 수능 최저학력기준을 적용하지 않는 방법이다. 이는 국가교육과정 이수자와 IB DP 이수자 간의 조정문제가 투명하고 명확하지 않으면 유불리에 따라 교육의 왜곡 현상이 심하게 나타날 수 있는 여지가 있다.

---

23) 김천홍, 「인터내셔널 바칼로레아 디플로마 프로그램 (International Baccalaureate Diploma Programme)의 국내 공교육 도입에 대한 비판적 고찰」, 학습자중심교과교육연구 제18권, 제12호, 2018

24) 김천홍, 「인터내셔널 바칼로레아 디플로마 프로그램 (International Baccalaureate Diploma Programme)의 국내 공교육 도입에 대한 비판적 고찰」, 학습자중심교과교육연구 제18권, 제12호,

셋째, 영국의 사례와 같이 변환 점수체제를 도입하여 IB DP의 점수와 수능의 점수를 동등화하여 반영하는 것이다. 즉 수능과 IB DP 성적 사이의 상관관계를 규정한 성적 조건표를 개발하여 적용하자는 것이다. 하지만 이런 경우 IB DP 평가와 수능 문항 유형이 유사해야 하며, 양 평가 모두 절대평가로 운영되어야 한다. 또한 수능의 평가 난이도를 일정하게 유지하지 못할 경우 양 평가의 동등화를 통한 변환 점수 활용은 이론적으로 매우 어렵게 된다. 그리고 이 방법 또한 IB DP나 수능 어느 한쪽의 평가가 성적 취득에 용이할 경우 학생의 선택이 편중될 수 있고, 선택을 할 수 없는 학생에게 불리할 수 있어 형평성 문제가 발생할 수 있다. 그리고 이 방식의 또 다른 문제점은 국내 대입정책의 변동을 어렵게 할 수 있다는 것이다. 즉 국내 사정에 의해 수시와 정시를 통합하거나 수능을 개혁한다고 할 때, IB와 연동되어 교육당국이 쉽게 의사결정을 하기 어렵게 된다.

국가교육과정과의 관계

IB 프로그램 중 대표적으로 IB DP 프로그램을 간략히 살펴보면 다음과 같다.

IB DP 프로그램은 내부 층위인 3개의 중핵 요소elements of the Diploma Programme core와 외부 층위인 6개 교과 그룹subject groups으로 구성된 6각 모형IB hexagon을 기본 모형으로 하고 있다.

▒ The IB Diploma Programme

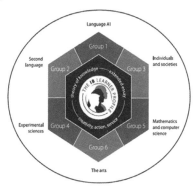

6개 그룹의 교과들은 표준 수준^{Standard Level: SL} 과 고급 수준^{Higher Level:HL} 의 수준별 교과 교육과정을 제공한다. 필수이수 과정인 3개의 중핵 요소와는 달리 6개 교과 그룹에서 수준별로 각각 1개의 교과를 선택하되 최소 3개 교과는 고급 수준으로, 나머지는 표준 수준을 선택하여 이수해야 한다. 또한 예술(Group 6) 교과 대신 개인과 사회(Group 3), 과학(Group 4) 교과를 선택할 수 있으며, 표준 수준의 단위학교 기반 교과(School Based Syllabus)를 개설할 수 있는데 해당 교과의 세부적인 내용과 운영 계획은 IBO의 승인을 받아야 한다. 가장 핵심적인 평가의 신뢰성과 질 관리를 위해서 준거 참조 평가를 실시한다. 준거 참조 평가란 각 교과와 수준에 따라 구안된 성취 기준 및 채점 기준에 따라 학생을 평정하며, 각 평가의 평정에 대해서는 외부평가 조정 위원들에 의해 학교 샘플 자료를 재 채점한 결과와 비교하여 최종 성적을 '조정^{moderation}'하는 것이다. [25]

IB DP 프로그램은 현재 국가교육과정에서 제시하는 교과군과 이수 기준 시간에 대한 기준이 다르기에 국가교육과정에 일방적으로 편입시켜서 진행하기에는 곤란한 점이 있다. 우리나라 국가교육과정만으로는 IB DP에서 요구하는 것을 다할 수 없다. 이를 해결하기 위해 현재 IB DP를 도입하는 학교의 경우, IB DP에 필요한 이수 과목을 학교장 신설 과목으로 승인받아 진로 선택 과목으로 편성하는 등 우회해서 진행하며, 부족한 부분은 방과 후나 방학을 이용하여 수업을 더 진행할 수밖에 없는 실정이다. 하지만 이보다 더 까다로운 점은 평가 부분인데, IB의 평가 기준과 고교학점제 하에서의 평가 기준이 달라서 교사들은 학생들의 결과에 대해서 2가지 평가 기준을 제시해야 한다. 일각에서는 고등학교 과정인 DP와 달리 초등학교와 중학교 과정인 PYP와 MYP는 프레임워크만 제시하기 때문에 IB의 틀 안에서 국가교육과정을 실행할 수 있다는 입장이다. 이해할 수 없는 것은 국가교육과정의 틀 안에서 IB를 실행하는 것이 아니라 "IB

---

25) 김천홍, 「인터내셔널 바칼로레아 디플로마 프로그램 (International Baccalaureate Diploma Programme)의 국내 공교육 도입에 대한 비판적 고찰」, 학습자중심교과교육연구 제18권, 제12호, 2018

의 틀 안에서 국가교육과정을 실행할 수 있다"라고 한 부분이다.[26] 이는 IB 이수를 위해선 국가기준보다 IBO의 기준이 우선할 수밖에 없다는 의미로도 읽힐 수 있는 부분이다.

지속가능성

선거공약에 따른 IB 도입과 확대가 지방교육자치의 환경 속에서 과연 지속가능할까? IB 도입과 운영은 자율학교 지정·운영을 지역 특성에 맞게 정하도록 권한을 교육감에게 이양한 「초·중등교육법 시행령」과 「자율학교의 지정 및 운영에 관한 훈령」에 따라 교육감이 자율적으로 운영할 수 있다. 이와 같이 교육 분권화에 따른 교육감의 행·재정적 권한 강화는 IB 도입과 유지의 강력한 동인이 되지만 동시에 선출직인 교육감이 교체되면 IB 도입 및 유지 정책이 변경될 가능성도 있다. 문제는 혁신학교와 달리 IB의 도입은 대입과 같이 교육정책 전반에 영향을 미치기 때문에 중앙 정부 차원의 협조와 지역을 넘어 전국적 동의가 있어야 지속 가능하다. 따라서 중앙 정부에서 IB 도입 및 운영을 위해 관련 인허가권이나 공립학교 운영을 위한 재정 지원에 대해 시·도교육청과 대립되는 경우 IB의 공교육 지속가능성은 심대한 도전을 맞을 수 있다.

운영상의 어려움

IB 교육과정 한국어판 도입을 위해 새로 고용하거나 따로 연수를 받는 전문인력의 양성이 큰 어려움으로 다가올 것이다. 연수를 많이 늘린다 해도 학교급별, 과목별로 세부 인력을 나누다 보면 특정 교과나 학교급을 담당하는 전문인력의 숫자는 학교 수에 비해 턱없이 부족할 수밖에 없기 때문이다. 그리고 이러한 문제점은 전문인력 선발 및 연수 과정에서 담당자들 사이에 친밀한 관계가

---

26) 엄수정 외 4인, 「경기도교육연구원 경기도교육청 IB 프로그램 도입 방향」, 현안보고 2022-16, 경기도교육연구원, 2022

형성될 가능성을 높인다. 즉 각 과목별 지도교사와 평가전문 인력들이 서로를 직간접적으로 인지할 수 있는 상황이 만들어질 수 있다는 것이다.[27] IB 평가 시스템의 객관성과 공정성이 세계적으로 인정받아 온 이유는 외부 평가자가 세계 각국에 두루 분포되어 있어 평가자의 신분이 전혀 노출되지 않기 때문임을 생각하면 평가의 객관성과 공정성에 문제가 될 수 있다.

또한 사립학교와 달리 공립학교의 교원은 한 학교에서 보통 4~5년 근무를 하고 학교를 옮기게 된다. IB 관심학교부터 인증학교가 되기까지 3년의 시간이 걸리므로 결국 공립학교의 교원은 인증학교가 되고 1~2년이면 다른 학교로 옮겨가게 되는 문제가 생긴다. 그 자리는 IB를 접해보지 않은 교원이 전입해 올 것이다. 그 교원을 대상으로 다시 IB 시스템을 익히고 적응하는데는 아무리 연수를 강화한다 해도 상당 기간이 필요할 수밖에 없다.

마지막으로 IB를 운영하는 학교의 교사들이 입을 모아 하는 얘기는 업무강도가 매우 높다는 것이다. IB DP 획득을 위해서는 일정 수준 이상의 성취 수준을 충족해야 하고 동시에 IBO에서 진행하는 외부 평가도 받아야 한다. 따라서 현재 국가교육과정 내에서 IB DP를 수료한다는 것은 학생의 고등학교 학습 결과에 대해 국가교육과정과 IB DP 이수를 동시에 진행해야 한다는 것을 의미한다. 결국 학생의 학습량 뿐만 아니라 교사가 감당해야 할 업무량이 폭발적으로 많아지게 된다. 시범 운영에서는 교사의 열정을 갈아 넣어 가능할 수도 있지만 교사의 업무량 폭증 문제를 해결하지 않고는 결코 일반적 확산을 기대할 수 없는 구조이다.

---

27) 강미옥, 신경희, 「IB 교육과정 한국어판 공교육 도입에 관한 생태학적 연구」, 교육문화연구 제26권 제1호, 2020

정책적 한계 및 문제점

위에서 살펴본 IB 추진의 난관을 해결하지 않고서는 IB는 한 걸음도 나아가기 어려울 것이다. 더군다나 IB는 다음과 같은 정책적 한계를 가지고 있다.

시·도교육청의 IB 운영 계획을 살펴보면 IB 프로그램의 내실 있는 운영으로 공교육에 변화와 혁신을 가져온다는 목표를 가지고 있지만 몇 년도까지 몇 개 학교를 운영하고 관련 연수를 운영한다는 것만 눈에 띄고 다른 것은 잘 보이지 않는다. 그리고 이마저도 전략을 찾아볼 수 없다. 혁신학교 추진전략을 살펴보면 학교 내 문제 해결을 위해 학습공동체 모임을 전문적 학습공동체로 발전시켜 연수학점을 인정하고, 지역 별로 학교 간 네트워크를 형성해 상호 간의 교류를 활성화했으며, 지자체와 연계하여 혁신지구를 만들어 다양한 지원체계를 만들었다. 또한 기초과정, 심화과정, 전문가과정과 혁신대학원 과정을 만드는 등 체계적인 교원양성 시스템을 구축하였으며 이것으로도 부족해 자발적 교사 모임과 교육청이 활발히 소통하였다. 혁신학교 추진전략과 비교했을 때 현재 IB 운영 계획은 그냥 연구학교 계획일 따름이다. 어떤 정책의 확산은 연구학교 몇 개 내실 있게 운영한다고 자연스럽게 확산될 수 없다.

일반 교육과정보다 IB DP가 보다 도전적이라는 점에서 사회경제적으로 취약한 계층에 적합한 교육과정인가라는 문제가 제기되고 있다. 제주도에서는 경제·사회적 측면에서 상대적으로 소외된 지역에 우선적으로 IB를 도입함으로써 교육의 형평성 진작에 기여할 수 있다는 점을 강조하고 있지만 IB가 교육적 형평성에 기여한다는 증거는 없다. 기본적으로 난이도가 높고 학습량이 많아서 보통학생 보다는 성취수준이 높은 학생이나 영재교육을 위한 교육과정의 성격이 강하다는 것을 확인할 수 있다. 이는 학업 수준이 다양한 학생들이 같은 학교에 다니는 공교육에서 IB를 도입하는 것이 또 다른 불평등을 야기할 수 있다는 점을 말해준다. 실제 IB DP가 성취 수준이 높은 학생에 보다 적합한 교육과정이라는 점은 국외 사례뿐만 아니라 국내에서 IB DP를 운영한 교사의 경험과 인식에서도 간접적으로 확인할 수 있다(한국교육개발원, 2013). 이는 IB 교육과정이 가지고 있는 근본적인 성격으로 정책을 추진하는데 분명한 한계가 될 것이다.

마지막으로 IB는 국가교육과정과 매우 다른 체계를 가지고 있어 초-중-고 연계가 되지 않으면 학생 입장에서는 매우 혼란스러울 수밖에 없을 것이다. IB DP 프로그램을 지역의 모든 학생들이 선택할 수 있는 여건을 만드는 것은 현실적으로 불가능하기 때문에 이 점도 정책의 확산에 한계가 된다.

교육부의 정책은 교실 앞에서 멈춘다는 말이 있다. 이 말은 교육정책에 있어 교사의 자발적 참여와 고도의 동의를 얻지 못하고는 결코 성공할 수 없다는 것을 의미한다. 학교에서 출발한 교육운동을 교육청이 받아 정책화한 혁신학교 조차도 많은 난관과 어려움에 봉착했었다. 하물며 사실상 교육감 선거 공약으로 추진된 IB가 앞에서 논의한 수 많은 난관과 문제점을 극복하고 상당수 교사들의 자발적 참여와 높은 수준의 공감을 이끌어내는 것은 사실상 어려울 것이다. IB는 결국 추진과정에서 연속성이란 정책적 한계에 부딪힐 것이다.

IB의 정책적 문제점

IBO의 인증을 받아 학교를 운영한다는 것은 국내 교육과정의 틀에 IB의 교육과정이나 평가 체제 일부만을 준용할 수는 없으며 교육과정의 편성·운영, 교수학습 접근, 학생 평가, 교사 교육 등 제반 규정을 의무적으로 준수해야 한다는 것을 의미한다. 즉 초·중등교육 전반의 교육 권한과 책임을 IBO에 위임해야 한다는 예속적 문제점에 봉착하게 된다.

일반 역량 강화를 지향하는 IB DP는 특화된 전공 영역을 조기에 선택하여 학습하고자 하는 이들에게는 유리하지 않다는 것이다. 이것은 고교학점제의 도입 취지와는 배치되는 측면이다. IB DP는 연혁적으로나 실천적으로나 국가교육과정에서 강조하는 국가 및 지역 정체성보다는 전 세계 국가에서 통용되고 국제적 시각을 갖추기 위한 국제적 시각 또는 글로벌 역량을 강조하고 있다(김경희, 2018). 이런 세계시민성을 우선하는 교육과정의 도입은 세계주의적 보편성과 개별 국가의 특수성 간의 충돌을 야기할 수 있다.

IB의 확장은 역대 최고의 사교육비를 기록하고 있는 현 상황에서 사교육을 더욱 팽창시킬 가능성이 크다. 2018년 중앙일보 보도에 따르면 영어 원문으로 진행되는 IB 교육과정 도입 이전부터 학원가에서는 벌써 고액과외 시장이 형성되고 있다고 한다.[28] 2018년 IB 교육과정 한국어판 도입에 대한 논의가 시작되자마자 "IB가 우리나라 대학입시화 된다면 … 학생의 진로 선택과 능력에 따라 전략적으로 대비할 필요가 있습니다. 복잡하게 그리고 어렵게 변하는 입시제도, 이제는 백○○ 입시학습 컨설팅으로 미리 대비할 수 있습니다. (백○○ 입시학습컨설팅, 2018. 4. 7.)"라는 광고가 학원가에 퍼지고 있다. 이러한 사교육 시장 확장의 우려에 대해 이혜정은 에듀인 뉴스와의 인터뷰를 통해 "각 과목 총점 7점 만점 중에서 패스 점수인 5점까지는 사교육 시장의 개입 여지가 있으나 6점에서 7점을 맞기 위해서라면 사교육의 족집게 효과를 기대할 수 없을 것"이라 예측했다.[29] 하지만 이혜정의 주장처럼 7점 만점 중에서 5점까지 사교육의 도움을 받을 수 있다면 그 자체로서 더 큰 문제이다. 특히 통합적 사고력을 매개로 한 글쓰기 능력이 상대적으로 부족한 학생의 경우, 합격점수인 5점 이상 취득이 궁극적인 목표가 되므로 이들이 사교육에 의지할 가능성은 충분하기 때문이다.[30] 더구나 IB 교육과정은 관문형 통합교과 프로젝트를 단계적으로 완성해 나가는 방식으로

---

28) 강남선 벌써 IB 사교육 도입 전에 학원 일주일 200만원, 중앙일보, 2018.07.25.

29) IB 도입, 비싸고 근사한 외제 자동차 수입하는 것 같다?, 에듀인 뉴스, 2019.04.25.

30) 강미옥, 신경희, 「IB 교육과정 한국어판 공교육 도입에 관한 생태학적 연구」, 교육문화연구 제26권 제1호, 2020

진행이 되기 때문에, 한 편의 에세이를 완성해서 정식으로 제출할 때까지 비교적 시간적 여유가 있는 편이다. 사교육이 개입할 수 있는 시간적 여유 역시 늘어나는 셈이다. 한국처럼 사교육 시장이 비대하여 학생들의 사교육 의존이 일종의 독특한 교육문화의 하나로 굳어져 있고 비정규직 고학력자들이 사교육 시장을 통해 생계를 유지하고 있는 사회·경제적 맥락을 고려할 때, IB 교육과정 이수에 어려움을 겪는 학생들이 사교육의 유혹을 떨치기는 어려울 것이다.[31]

IB 운영의 비용적 측면에서 IB 공교육 도입은 IBO의 인증 및 운영비용이 매우 높고, 공립학교에서의 IB 인증을 받고 운영하기 위한 제반 비용들(IB 교육과정 운영 및 평가 비용, IB DP 교육과정을 수업하기 위한 교사 양성 및 전문성 신장을 위한 재정적 소요 등)이 결국 보편적 세금에 의해 소수의 공립학교에 투입된다. 그 중에서도 IB DP는 소수의 학생들에게 제공된다[32]는 점은 분명한 문제점이다. 학교 운영을 위한 행정·재정적으로 독립적 지위와 의사결정의 자율성을 가지지 못한 공립학교들이 선거 등에 의한 변화된 정책 환경에서도 자체적인 인적·물적 재원을 활용하여 IB DP를 지속가능할 수 있을지는 매우 불확실하다.

10년 후 한국의 IB

정말 KB가 가야 할 길일까?

KB Korea Baccalaureate 란 무엇일까? 바칼로레아 Baccalaureate 는 본래 프랑스 중등 과정 졸업 시험(대학 입학 자격시험)을 의미한다. 하지만 IB International Baccalaureate 를

31) 강미옥, 신경희, 「IB 교육과정 한국어판 공교육 도입에 관한 생태학적 연구」, 교육문화연구 제26권 제1호, 2020
32) 김천홍, 「인터내셔널 바칼로레아 디플로마 프로그램 (International Baccalaureate Diploma Programme)의 국내 공교육 도입에 대한 비판적 고찰」, 학습자중심교과교육연구 제18권, 제12호, 2018

국제 중등과정 졸업시험으로 해석하지는 않는다. IBO 홈페이지에서는 IB를 아래와 같이 표현하고 있다. IB는 국제 교육 분야의 글로벌 리더로서 탐구심, 지식, 자신감과 배려심 있는 젊은이들을 양성한다(The International Baccalaureate(IB) is a global leader in international education-developing inquiring, knowledgeable, confident, and caring young people.). 홈페이지에 조차 명확한 정의가 나와 있지 않지만 홈페이지 내용을 전체적으로 살펴보면 '국제적 교육 프로그램' 성격과 '국제적 대학 입학 자격 시험'을 가지고 있는 것으로 이해된다.

KB 도입을 주장하는 여러 자료의 내용을 살펴보면 KB를 '한국형 바칼로레아'라고 쓰고 명확히 정의하지는 않았다. 하지만 여러 맥락을 살펴보면 KB란 IB를 한국적 상황에 맞게 구현한 것 정도로 이해된다.

KB 도입 이유

이유는 단순하다. IB를 확산하는데 한계가 명확하기 때문이다. 이혜정은 국회 세미나에서 'IB 공교육 도입 의의와 과제'란 주제로 발표하며 IB와 관련해 진짜 핵심은 도입이 아니라 IB를 통해 이를 벤치마킹한 KB를 개발하고 시행하는 것이라고 강조했다.[33] 그는 IB DP 도입의 기대 효과는 단순히 교육 방식의 변화뿐만이 아니라 정성평가의 공정성에 대한 신뢰 자본을 축적할 수 있는 '기회'라고 주장하며 "현재 우리나라는 정성평가 채점의 공정성에 대한 신뢰 자본이 축적돼 있지 않은 사회"라며 "IB의 평가방식은 우리나라 교육의 전체 패러다임을 변화시킬 수 있다"고 했다. "현재의 국가교육과정의 목표 자체가 잘못된 것은 아니"며 "문제는 국가교육과정에서 기르고자 하는 인재상이 국가가 주도하는 평가에서 측정되지 않는다"고 주장한다. 결국 이를 위해선 확산에 한계가 명확한 IB를 한국형으로 변경하여 KB를 추진해야 한다는 것이다.

---

33) IB DP 도입이 공교육 개혁에 기야할 수 있는 방안, 이혜정, 국회토론회, 2023

추진하긴 쉽지만 성공하긴 어려운 지역형 KB

서울교육청과 경기교육청에서는 IB의 경험을 바탕으로 KB를 추진하겠다는 입장이다. 그렇다면 이것은 전국단위가 아닌 일부 지역에서만 이루어지는 지역형 KB가 되는 것이다. 하지만 지역형 KB는 전국단위 KB와 비교하여 추진하기는 쉽지만 성공하기엔 매우 어려울 것이다.

우선 KB 추진의 어려움부터 이야기해 보자.

KB를 추진한다고 할 때 모든 학교에 할 것인지, 희망학교에 할 것인지에 따라 나타날 수 있는 문제점이 다르다. 모든 학교에 KB를 도입한다면 이것은 국가 교육과정을 모두 변경하는 것을 의미한다. 수업과 평가의 변화가 KB 도입의 목적이라면 현 교육과정을 유지하면서 수업과 평가의 변화가 가능한 여건을 조성하는 것이 훨씬 수월할 것이다. 또한 앞에서 지적했듯이 IB의 속성상 우수한 학생에게 특화되어 공교육의 다양한 수준의 아이들에게 일괄적으로 적용하기에는 너무나 큰 무리가 따를 것이고, 밀어붙여 실행한다면 교육격차는 더욱 커지고 사교육이 증가할 것은 위의 글에서 충분히 살펴보았다. 만약 희망하는 학교에만 도입한다면 대입 선발이란 난관에 부딪치게 될 것이다. KB를 선택한 학교 혹은 학생에게 유리하다고 판단되어도 문제고 불리하다고 판단되어도 문제가 될 것이다. 결국 KB는 모든 학교에 추진해도, 희망 학교에 추진해도 어려움에 처하는 진퇴양난의 상황에 빠진다. 위의 문제를 해결한다 해도 평가시스템 구축의 문제가 기다리고 있다.

IB에서는 교사가 논술 평가 시 학생 이름을 가리고 평가하되, 그 안에 스파이 답안지를 넣어 교사가 제대로 논술 평가를 하는지 확인하고, 점수 부풀리기 등 문제가 발생하는 경우, 학교와 교사에게 패널티를 준다. 이것이 지금까지 세계적으로 IB 교육과정 평가 시스템의 객관성과 공정성이 널리 인정받은 이유이다. 하지만 KB의 경우 이런 조건을 마련하는 것이 어려우며 자칫 공정성 논란에 휘말릴 수 있고, 의혹만으로도 치명적 상황에 처하게 될 수 있다. 결국 평가시스템 구축 문제는 대규모 채점관 양성과 공정한 질 관리 체제 구축 문제로 연결된다. 또한 외부 평가를 교사가 수용하느냐의 문제도 남아있다. 교사에게 평가권이란 쉽게 양보할 수 있는 대상이 아니기 때문이다.

KB의 공정성을 담보할 수 있는 평가시스템과 평가권에 대한 논란을 해결한 다 해도 KB 운영 기구인 KBO(한국형 바칼로레아 기구 내지 KB 지원센터)를 구축해야 하 는 어려움이 다시 기다리고 있다. IBO는 3단계에 걸친 검증 과정을 통하여 IB 학교를 인증하고, 학교 교육과정과 평가의 질 관리를 위해서 교사 연수를 실시 한다. IBO가 교육과정 및 평가의 질 관리를 위해 학교 평가를 실시하고 그에 맞 는 학교컨설팅을 실시한다. IB처럼 KB도 희망 학교들을 낮은 기준으로 KB 학교 로 인증하는 것이 아니라 철저한 준비 단계와 검증 과정을 통해 KB 학교를 선정 하고, 학교 교육과정과 질 관리를 위해 정기적인 학교 평가와 그에 맞는 학교컨 설팅 활동을 진행해야 할 것이다.

이를 위한 KBO 운영 방식은 크게 3가지가 있을 수 있다.[34]

첫째, 시·도교육청 또는 교육부 또는 국가교육위원회가 직접 KB를 운영하는 것이다. 하지만 이 방법은 시·도교육청, 교육부, 국가교육위원회의 성격을 근본 적으로 바꾸거나 기존 조직에 막대한 인원을 투입하여 KBO의 역할까지 수행해 야 한다. 우선 행정기구의 성격을 변경하는 것은 기존 업무를 대신할 체계가 없 기에 행정의 공백이 너무 커 실행하기 어려울 것이고, 기존 조직에 KBO 역할까 지 추가한다는 것은 조직의 엄청난 확대를 가져오는데 이는 공무원 정원 및 예 산의 문제가 해결되어야 할 것이다. 또한 직영의 경우, 시·도교육감의 성향과 정 부의 정치적 성향에 따라 운영 방식이 바뀔 수 있다는 치명적 단점도 존재한다.

둘째, 비영리기구 형태로 KBO를 조직하여 운영방법도 있다. 이 방법은 시·도 교육청과 교육부의 지속적 예산지원이 있어야 운영이 가능할 것이다.

마지막으로 교육부 산하의 한국교육과정평가원이나 시·도교육청 산하의 교

---

34) [김현섭 칼럼] 미래교육 화두, 떠오르는 'IB(국제바칼로레아)와 KB(한국형 바칼로레아)', 교육플러스 2022.08.25.

육연구원에서 KBO를 만들고 이를 네트워크 형태로 연결하여 KB 사업을 추진하는 방법도 있다. 이 또한 정부 차원의 막대한 예산지원이 수반되어야 한다. 또한 위의 모든 방법들은 국가교육과정 변경이 아니라 왜 군이 KB를 만들어 막대한 예산을 사용하느냐는 지적을 면할 수 없을 것이다.

위의 어려움을 모두 극복해야 비로소 KB는 실행될 수 있을 것이다. 이렇게 국가 수준의 KB 실행이 어렵기 때문에 교육감의 결심으로 추진할 수 있는 지역형 KB의 유혹에 빠지기 쉽다. 지역형 KB는 국가교육과정을 손대지 않은 채 지역교육과정 수준에서 접근하고, 적용의 범위와 평가방식의 변화도 지역에서 감당 가능한 범위에서 진행할 수 있다는 장점이 있다. 물론 이마저도 국가 수준에서 진행되는 KB에 비해 추진하기 쉽다는 것이지 결코 쉬운 일은 아니다.

그렇다면 지역형 KB는 전국단위 KB보다 왜 성공하기 더 어려울까?

가장 큰 문제점은 실시하는 지역과 실시하지 않는 지역 간의 대입 조정 문제의 실마리를 찾기 어렵다는 것이다. 이는 지역의 명운이 걸린 문제로 대입 반영에 대한 조정은 사실상 불가능에 가까울 것이다. 이 한 가지 이유만으로도 지역형 KB는 추진할 수는 있어도 지속하기는 어렵고 그래서 성공하기는 더욱 어려워질 것이다.

교육정책은 한 두 가지의 난관으로도 극복이 불가능한 경우가 많다. 첨예한 대립의 정점에 있는 대입과 관련이 있기 때문이다. 하물며 위에서 논의한 모든 난관을 극복하며 KB가 자리 잡을 수 있으리란 생각은 그저 희망으로 보일 뿐이다.

IB 도입 주장자들의 기존 교육에 대한 비판을 보며

IB 도입을 주장하는 사람들은 마치 기존 교육이 집어넣기만 하고 생각을 끄집어내는 교육까지 이르지 못했다고 비판한다.[35] 객관식 교육으로 학생들은 자유롭고 비판적인 사고력을 기르지 못하고 있다고 말한다. 하지만 참 이상하다.

---

35) IB DP 도입이 공교육 개혁에 기여할 수 있는 방안, 이혜정, 국회토론회, 2023

그렇게 형편없는 교육을 받았는데 어떻게 세계 무대에서 활약하고 경제 대국으로 발전했을까? 이는 교육과 평가를 분리하지 않아서 생긴 문제다. 현재 교육을 비판하는 사람들의 대다수는 자신의 학창시절 학교를 떠올리거나 최근 교실에서 어떠한 수업이 이루어지고 있는지 보지도 않은 채 대입과 사교육이라는 왜곡된 사회 현상으로 학교교육 자체를 비판하는 경우가 많다. 10여 년 전과 비교하더라도 수행평가의 비중이 늘어나면서 수업방식도 많이 변했다. 시험에 나올 법한 내용에 밑줄 그으면서 요약해주는 것은 나이 많은 사람들의 추억에나 있는 모습이다. 요즘 대다수의 선생님들은 수업에 생각하는 힘을 기르기 위해 노력한다. 정답이 정해진 것 만을 가르치는 것이 아니라 토론·토의 수업도 상당히 많이 진행한다. 문제는 평가 특히 지필평가가 그렇지 않다는 것이다. 이는 교사 개인이나, 학교의 문제라기보다는 사회 전체의 문제라고 보는 것이 진실에 더 가깝다. 학교 평가에 대한 사회적 신뢰 자본이 부족하다 보니 나타나는 현상인 것이다. 그렇다고 해서 일각에서 주장하는 것처럼 현재의 평가가 완전히 형편없는 것도 아니다. 일본, 대만, 중국, 인도는 모두 한국과 비슷하거나 더 치열한 입시로 몸살을 앓고 있고 제도는 조금씩 다르지만 객관식 형태의 평가가 상당한 비중을 차지하고 있다. 하지만 이들 나라의 공통점은 그런 교육을 받았음에도 첨단 과학 분야뿐 아니라 예술, 문화 분야 등에서도 세계적으로 우수한 인재를 많이 배출하고 있다는 것이다. 그러니 고칠 것은 고치고 배울 것은 배워 더 성장하기 위한 노력을 게을리하지 않아야겠지만 우리 교육에 대해 너무 자학할 필요도 없다.

사실 IB 방식의 외부평가는 사회적 신뢰 자본을 축적하기보다 신뢰 자본 없이도 주관식 평가를 할 수 있는 시스템을 제공하는 것이다. 물론 이는 반드시 IB를 도입해야만 해결할 수 있는 시스템은 아니다. 이미 우리가 알고 있는 내용만으로도 우리에게 맞는 시스템을 충분히 구안할 수 있다. 오히려 더 어려운 것은 이에 대한 사회적 합의이다.

또한 기존 교육에서도 우리 교육의 한계나 문제들을 극복하고 해소하기 위해 다양한 교수-학습법이 지역의 공교육 현장에 도입되어 활발한 실천을 이어오고 있었다. 플립러닝(거꾸로 교실), PBL^{Problem Based Learning, Project Based Learning}, 하브루타식 수업, 토의·토론수업, 협력수업, 사례기반학습, 프로젝트학습 등이 그것이다. IB 프로그램만이 교과의 연계와 통합·융합적인 사고력을 향상할 수 있는 유일한 방법이 아니다.[36)]

혹자는 IB에서 절대평가와 논술형 평가를 특히 의미 있는 것으로 생각하면서 이를 받아들이면 수업도 확연히 바뀔 것으로 생각하는 것 같다. 그렇다면 우리는 그러한 노력이 없었을까? 경기도교육청에서 진행한 평가개선 중에서 논술형 평가 도입을 위한 노력을 살펴보자. 2022년 경기도교육청 〈논술형 평가 길라잡이〉에는 다음과 같은 내용이 있다.

"미래 사회에서는 다양한 능력이 존중받고 산업 시대와는 다른, 새로운 능력이 필요합니다. 세계 경제 포럼 등 미래에 대한 논의를 진행한 다양한 자리에서 공동체 의식과 협업 능력, 정보처리 능력과 문제해결능력, 의사소통능력, 창의성과 비판적 사고력, 시민의식 등이 학생들이 갖춰야 할 역량이라고 규정"하고 있다. 위와 같은 역량을 평가하기 위해서 경기도교육청은 2015 개정 교육과정 방향 아래 "성장중심평가를 교육의 기조로 삼아 논술형 평가를 확대·실시하도록 권장"하고 있다. 또한 성장중심평가를 위한 논술형 평가의 목적은 "학생의 성장과 발달을 지원하고 교사의 수업을 개선하는 데 있으므로 학생이 논술형 평가에 참여하는 과정에서 '자발적인 성찰과 반성', '자신의 학습 상태에 대한 정확한 인지', '개선을 위한 학생의 노력' 등이 지속적으로 일어날 수 있도록 계획"해야 한다고 강조한다. 내신에 논술형 평가를 도입한 지 10여 년이 지났다. 적어도 학생들에게는 신뢰 자본이 축적되었다고 생각한다.

---

36) 권영성, 「지방교육자치와 국제 바칼로레아의 도입」, 동서인문학 61, 2021

우리는 IB를 통해 수업과 평가의 세밀한 틀을 배울 필요가 있다. 서울시교육청에서는 'IB PYP 프레임워크 적용을 통한 서울형 PYP 모델 구축 방안 연구'를 진행했다. 이 연구에 참여한 선생님들은 PYP 프로그램을 교육과정이라기보다는 프레임워크로 규정하고 2015 개정 교육과정을 IB PYP의 교육 프레임워크와 연계하여 새롭게 재구성하는 방향을 탐색했다. 구체적으로 IB PYP 교육 프레임과 2015 개정 교육과정과의 연계 틀을 구성하기 위해 프로그램의 개요, 수업 탐구 과정, 수업의 개요, GRASPS 수행과제, 수행과제 평가 기준을 개발하여 제시하고 마지막으로 교수학습 흐름을 보여주는 교육과정 재구성 틀을 마련하였다. 또한 각 단계에서 다루어야 할 내용도 구체적으로 제시하였다. 연구의 끝부분에 이 연구의 목적을 다음과 같이 명확히 하였다. "우리 교육을 IB PYP 방식으로 전환하자는 것도 아니다. 다만, IB PYP이 갖는 장점을 2015 개정 교육과정과 연계한 다음, 개념에 기반한 학습이 가능하도록 하자는데 있다." 그리고 이것은 모든 과정에 적용할 수 없다는 것을 명시하였다.

MYP도 PYP와 비슷하게 구체적인 학습 내용을 제공하지 않고 교육과정 틀만을 제공하고 있다. MYP는 16개의 핵심개념과 교과별 12개씩의 관련 개념, 6영역의 글로벌맥락, 5개군 10개의 ATL approach to learning 목록을 제공하고 있는데 6개 영역의 글로벌 맥락 안에서 더 자세한 탐색 영역을 제시하고 있으며 10개의 ATL도 교과별로 자세한 ATL의 예시를 보여주고 있다. 개념, 맥락, ATL로 구성되는 교육과정 플랫폼을 제공함으로써 교사들은 학생에 맞게 다양한 조합을 생성하여 최적화된 학습 환경을 제공할 수 있다. MYP를 경험한 교사가 생각하는 최상은 우리 교육과정을 바탕으로 MYP를 연결짓는 것이라 말한다.[37] MYP가 교사 개인의 능력이 아니라 시스템적으로 교육과정의 내용이 맥락화 될 수 있도

---

[37] 이현아 외 2인, 「교육과정 틀로서의 MYP 특성 연구」, 한국교육학연구 제27권 제2호, 2021

록 하는데 도움을 주기 때문이다. 결국 업무 과중과 같은 어려움도 존재하지만, IB 프로그램을 통해 교사 간, 교과 간 일관성 있는 프로그램 구현이 가능하고, 실천 면에서 교사의 성장을 가져온다는 점을 알 수 있다. 하지만 평균적인 질을 올리는 틀의 유용함과 동시에 틀에 갇히게 될 수 있는 위험성을 항상 염두에 둬야 할 것이다.

이렇듯 수업과 평가의 세밀한 틀은 IB가 우리에게 줄 수 있는 좋은 선물이 될 수 있다고 생각한다. 이를 어떻게 우리 상황에 맞게 구조화하고 변형하여 적용할 것인지가 치열하게 고민되어야 한다. 결코 소수의 IB 인증학교를 내실있게 운영하는 것만으로 공교육 변화와 혁신이 확산되는 것이 아니며 IB의 평가체제를 도입하는 것만으로 학교 현장의 수업이 저절로 혁신되는 것도 아니다. IB 확대에 들일 노력과 비용을 지금이라도 IB의 장점을 우리의 교육과정에 녹여내는 데 사용해야 한다.

핀란드 교육제도를 다른 나라에 도입하려는 사람들에게 핀란드 교육개혁의 설계자로 불리우는 파시 살베리[38]는 다음과 같이 경고했다.

"교육제도는 식물이나 나무처럼 복잡한 문화적 유기체여서, 모국의 흙과 기후에
서만 잘 자라날 수 있다."

행복은 경험하는 것이 아니라 성취하는 것이라고 한다. 우리에 맞게 내 것으로 만들어 성취할 때라야 성공할 수 있는 것이다.

---

38) Pasi Sahlberg. 핀란드인. 핀란드에서 중학교 교사 및 교육행정가로 활동함. 이후 OECD 정책분석가, 세계은행 교육전문가, EU 집행위원회 교육전문가로 활동함. 20년간 교육행정가로 일하며 세계 각국의 교육정책을 분석하고 수많은 강연을 하였다. 〈핀란드의 끝없는 도전〉, 〈아이들을 놀게 하라〉, 〈21세기 교육의 7가지 쟁점〉 등을 저술하였다.

2022 개정 교육과정과
자율화 전망

온 정 덕

경인교육대학교 교수

교육과정 자율화의 의미

정책적 맥락

우리나라 교육과정 개발은 중앙집중형이라고 부른다. 하지만 교육과정 개정 시기를 거치면서 교육과정의 자율화가 확대되는 양상을 띠면서 이와 관련한 여러 교육적 담론들이 만들어졌다. 교육과정을 개념화하는 하나의 기준은 의사결정 주체에 따른 것으로, 우리나라에서는 국가 수준, 지역 수준, 학교 수준으로 구분해서 사고한다. 제6차 교육과정에서 편성·운영 지침의 영역을 시·도 교육청 수준과 학교 수준으로 따로 구분하여 제시함으로써 교육과정 의사결정의 분권화가 이루어지기 시작했다. 또한 '주어지는 교육과정'과 대비하여 '만들어가는 교육과정'이라는 용어를 사용함으로써 분권화와 함께 자율화를 논의하기 시작했다. 주어지는 교육과정이란 학교 교육과정 개발과정에서 교사의 참여가 배제된 교육과정을 말하며, 만들어가는 교육과정이란 교사의 참여가 보장되는 교육과정 또는 교사 주도형 교육과정을 의미한다(교육부, 1995: 2-7, 손민호, 박제윤 2009).

제7차 교육과정에서는 총론 문서에 시·도 교육청 수준, 지역 교육청 수준, 학교 수준으로 세분화하여 제시하였고, 2009 개정 교육과정기에는 '학교 교육과정 편성·운영 지원' 항목을 통해 국가와 교육청이 어떠한 사항을 지원해야 하는지 명시하였다. 2015 개정 교육과정에서도 '학교 교육과정 지원' 항목을 통해 국가 수준과 교육청 수준의 지원 사항을 구분하여 제시하였다. 2022 개정 교육과정에서는 '학교 교육과정 지원' 항목을 교육과정의 질 관리, 학습자 맞춤교육 강화, 학교의 교육 환경 조성으로 구분하고 각 요소별로 국가 수준의 지원과 교육청 수준의 지원 사항을 제시하고 있다. 교육과정 정책의 차원에서 2009 개정 교육과정과 2015 개정 교육과정에서는 교과군과 학년군을 설정하였고, 교과(군)내 20% 증감 허용 등 학교에서 교육과정을 유연하게 편성할 수 있도록 하였다.

교육과정 자율화는 분권화를 바탕으로 이루어진다. 교육과정에서의 분권화는 행정 관할 구역의 분리에 주안점을 두고 주로 17개 시·도별로 교육청을 최상위 교육 행정 기관으로 하면서 초·중등교육의 교육과정을 지역별로 결정한다는 의미를 내포한다. 교육과정 분권화의 목적은 국가 교육과정의 획일적, 지시적, 일방적 적용으로 인해 지역의 특수성과 단위학교의 요구를 제대로 반영하지 못하는 단점을 교육과정 결정 권한 분산으로 보완하는 데 있다(박순경, 2008).

분권화의 노력은 교육과정 적용 단계에서의 의사결정권 분산과 교육과정 운영의 지역화로 나타났다. 국가가 전담해왔던 교육과정 편성·운영권을 교육부, 시·도교육청, 학교로 나누어 부여함으로써 각 시·도 교육청과 학교의 특성에 따른 교육과정이 적용될 수 있도록 하였다. 그리고 시·도교육청은 관내 학교에서 편성·운영해야 할 학교 교육과정의 공통적이고 일반적인 기준을 마련하여 지역 교육과정을 개발하였다. 지역 교육과정을 통해 지역에서는 교과서의 지역화뿐 아니라 지역의 특성을 반영한 다양한 학교 교육활동이 이루어질 수 있도록 하였다.

교육과정 자율화의 목적은 국가 교육과정의 기준을 근간으로 하되 불필요한 통제와 간섭에서 벗어나 지역사회, 학부모나 학생 등 교육 수혜자의 요구를 고려하여 학교 교육과정 운영의 적절성과 효율성을 추구하기 위한 것이다(박순경, 2008). 구체적으로 교육과정 자율화란 학교장이 국가 혹은 지역 수준의 교육과정과 관련 정책 방안 등을 토대로 학교 구성원들의 의견을 수렴하여 해당 학교의 여건과 실정에 알맞게 학교 교육과정을 자율적으로 편성·운영하는 것을 의미한다. 하지만 교육과정 자율화가 여전히 국가 수준 교육과정의 실현이라는 관점에서 크게 벗어나고 있지 않다는 사실이 지적되기도 한다(손민호, 박제윤 2009). 사실 교육과정 문서가 법적 효력을 가지고 있는 우리나라에서 그 범위를 벗어나는 수준의 교육이 실행되는 것은 현실적으로 어려운 실정이다.

교육과정 개발과 실행에 대한 관점의 변화

교육과정 자율화에 대한 논의는 교육과정 개발에 대한 우리의 관점 전환을 요청한다. 우리나라는 중앙집권적 교육과정 체제를 갖추고 있어서 많은 사람이 교사의 역할을 위로부터 부여받은 교육과정을 단순히 실행하는 것으로 한정해서 인식하는 경향이 있다. 이때 학교와 교사의 역할은 국가가 제시한 교육과정에 따라 학생들을 잘 가르치는 것에 국한된다. 우리가 어떤 관점을 가지고 교육과정에 접근하는가는 교사 역할, 교수 행위, 교사 능력 등에 관한 의미 규정에 중요한 역할을 한다. 교육과정에 대한 관점을 충실도 관점, 상호 적응적 관점, 생성적 관점으로 나누었을 때, 충실도 관점에서 교육과정이란 전문가에 의해 개발되어 교사에게 전달되는 최종적인 산출물로써 흔히 교육과정 문서에 한정되어 이해된다. 교육과정 실행은 교육과정 전문가가 만들어낸 교육과정을 최종 소비자인 학습자들에게 소개하고 전달하는 수단적이고 도구적인 행위가 된다. 교사

능력은 '주어진 교육과정을 얼마나 충실하게 수용하여 전달하는가'라는 충실도 관점에 따라 판단된다. 반면 상호 적응적 관점을 거쳐 생성적 관점으로 갈수록 교육과정은 현장의 맥락을 고려하여 교사와 학생이 조정, 생성하여 만들어내는 교육적 경험을 모두 포괄하는 것으로 이해된다. 교육과정 실행은 교사가 조정, 생성한 교육과정을 학생들과 공유하는 과정이며, 교사는 교육과정 실행과 변화의 주체자로서 실천적 행위자로서의 역할을 담당한다.

교육과정의 최종 실천자인 교사가 바로 교육과정의 최종 결정자이자 개발자가 된다는 것이 국가 수준 교육과정이 불필요하거나 역할이 축소되어야 한다는 것을 의미하지는 않는다. 교사는 교육과정 실행에서 갖는 자율성과 책임감을 바탕으로 학교 수준과 교사 수준에서 교육과정을 설계하고 실행하게 된다. 이때 학교와 교사 수준의 교육 실천 활동을 계획하고 실행할 때 근거가 되는 것이 국가 수준의 교육과정이다. 즉, 국가 교육과정을 기준으로 삼아 모든 학생에게 의도된 교육적 결과를 성취하기 위해, 각 수준의 교육과정 개발자들은 지속적으로 수준 간에 상호작용하고 상호적응해야 한다. 국가 교육과정과 교육청의 지역 수준 교육과정은 학교 수준 교육과정과 교사 수준의 교수·학습 계획 수립의 바탕이 되는 기준과 지침인 동시에 그 지원 관리 체제가 된다. 그리고 교사 수준에서 '교육과정 중심' 사고를 하도록 하기 위해서는 국가 수준 교육과정과 양방향 상호작용이 직접 일어날 수 있도록 도와야 한다.

최근에는 여러 시·도 교육청에서 학교 수준 교육과정에 더해 이러한 관점에서 교사 수준 교육과정에 대한 개념화와 정책이 활발히 이루어지고 있다. 예를 들어, 경기도에서는 교사 교육과정을 '학생의 삶을 중심으로 국가, 지역, 학교 수준 교육과정을 공동체성에 기반하여 교사가 적극적으로 해석하고 개발하여 학생의 성장 발달을 촉진하도록 편성·운영하는 교육과정'으로 정의한다(경기도교육청, 2022). 개별 학교에서는 학교자율과정을 통해 시수를 확보하고 교사들이 학생의 다양한 특성과 요구에 맞게 교육과정을 편성·운영하고 학생을 교육과정 개발의 과정에 참여시킨다. 교육과정 자율화가 확대됨에 따라 교육과정 개발에 대한 관점이 교사와 학생이 서로 만나서 교육과정을 산출하는 것으로 확장되고 있다.

교육부가 2021년에 발표한 개정 교육과정 총론 주요사항(시안)'에서는 학습자 주도성이라는 개념을 도입하였고, 이를 '학습자가 자신의 삶과 학습을 주도적으로 설계하고 구성하는 능력'(교육부, 2021: 10)으로 정의하였다. 학습자 주도성의 원어인 agency는 여러 연구물에서 행위 주체성으로 번역된다. 역량 교육을 전 세계적으로 확산시킨 OECD의 DeSeCo 프로젝트의 후속 연구인 Education 2030은 학습 나침반 Learning Compass 2030을 개발하였다. 이 연구에서 나침반이라는 은유를 사용한 이유는 학습자가 점차 더 불확실하고, 복잡하고, 불안하고, 애매한 상황을 스스로 헤쳐 나가고, 더 나은 미래를 위해 의미 있고 책임감 있는 방식으로 삶의 방향을 찾아갈 수 있게 하는 교육이 필요함을 강조하기 위한 것이다(온정덕 외, 2020). OECD의 프로젝트에서 학생 행위 주체성 student agency 은 자신의 삶과 주변 세계에 긍정적으로 영향을 미치는 능력, 의지, 신념으로 정의된다(OECD, 2019).

OECD Education 2030에서 제시한 학습 나침반은 다음 그림과 같다. 그림을 자세히 살펴보면, 학생들이 우리가 개인적으로 그리고 함께 원하는 미래를 향해서 항해하는 데 필요한 '변혁적 역량 transformative competencies'을 제시하고 행위주체성이 이러한 역량 함양을 추동하는 것으로 묘사되어 있다. 이 그림에서 흥미로운 것은 교육과정이 학생들이 웰빙을 향해 만들어가는 다양한 길로 표현되어 있고, 제일 왼쪽 아래에 보면 학생이 교사, 또래, 지역사회와 만나는 곳에도 길이 그려져 있다는 것이다. 전통적으로 교사와 학생은 교육과정으로 매개되어 만났지만, 이 그림에서 교사와 학생이 함께 교육과정을 만들어가는 기회를 제공해야 한다는 함의를 얻을 수 있다.

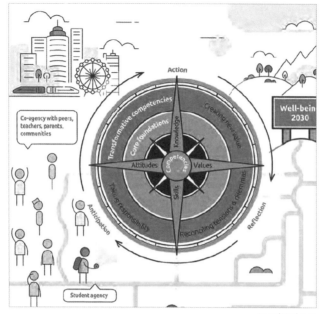

OECD(2019). p.15.

2022 개정 교육과정에 따른
교육과정 자율화 정책

정책적 맥락

우리나라 제7차 교육과정에서는 초등학교 1학년~고등학교 1학년까지의 10년간을 학교급이 아닌 학년제 개념에 기초하여 국민 공통 기본 교육과정을 도입하였다. 그 후 2009 개정 교육과정에서부터 2015 개정 교육과정까지는 초등학교 1학년부터 중학교 3학년까지의 공통 교육과정을 편성하도록 하였으며 이 시기는 의무교육 기간에 해당한다. 초등학교와 중학교는 의무교육 기간으로 모든 학생의 역량 강화를 위해 동등한 기회를 제공해야 한다. 이는 모든 학생이 학습하고 성공할 수 있어야 한다는 것을 의미하는 것이지, 모든 학생이 동일한 내용을 같은 방식으로 학습해야 한다는 것을 뜻하지 않는다.

앞서 교육과정 자율화의 맥락에서 살펴보았듯이 제6차 교육과정기부터 만들어가는 교육과정을 지향하였고 이는 2009 개정 교육과정에서 교과(군)내 시수 20% 증감, 학년군과 교과군 설정, 창의적 체험활동 신설 등의 정책으로 구현되었고, 2015 개정 교육과정에서는 교과(군)내 시수 20% 증감 허용과 학년군과 교과군 설정은 그대로 유지되었다. 자율성 확대를 위해 창의적 체험활동을 개선하여 영역을 학생들의 발달 수준, 학교의 여건 등을 고려하여 학년(군)별로 선택적으로 편성·운영할 수 있도록 하였다. 하지만 선행 연구를 살펴보면, 2015 개정 교육과정에 제시된 교과별 시수의 20% 이내 증감 운영은 학교 현장에서 거의 이루어지고 있지 못한 것으로 나타났다. 그 원인 중 하나로 교육과정 시수 누계 방식이 지나치게 사전 계획에 의해 시행되고 있음이 지적되었다(김대현 외, 2015). 학년군별 교육과정 편성 운영과 관련하여 현장에서는 학기별 교과서에 따라 수업이 이루어지기 때문에 그 실효성이 없다고 보는 것으로 나타났다. 학년군 및 2년간 담임 연임제 권장에 대한 설문에서도 부정적인 답변이 더 높게 나타나서 학년군도 실질적으로 기능하지 않은 것으로 나타났다. 창의적 체험활동과 관련하여 가장 큰 문제로는 편성·운영의 자율성 부족이 지적되었다, 그리고 2015 개정 교육과정에서 창의적 체험활동의 네 개 하위 영역(자율 활동, 동아리 활동, 봉사 활동, 진로 활동)을 자율적으로 편성하도록 허용하였을 때 자율 활동을 1순위로 확대·편성하겠다는 의견이 가장 많은 것으로 나타나 하위 영역 구분의 적절성 문제가 제기되었다(한혜정 외, 2016). 또한 학교 외부로부터 요구되는 필수적으로 운영해야 하는 내용(법정 이수 교육 등)이 창의적 체험활동의 취지를 저해하는 것으로 나타났다.

즉, 제6차 교육과정기 이후부터 지금까지 학교의 교육과정 자율성을 확대하려는 노력이 정책적으로 이루어졌지만 학교가 교육과정을 개발할 수 있는 실질적인 권한은 매우 한정적이었다. 국가 교육과정 총론 문서에서는 '국가수준의 공통성과 지역, 학교, 개인 수준의 다양성을 동시에 추구하는 교육과정'을 명시하고 교과 편제 및 시수, 구체화 된 성취기준을 제시하였다. 이러한 기준은 모든 학교에서 지켜야 할 최소한의 기본으로서 모든 학교가 적절한 수준을 유지할 수 있도록 제시된 것이지만 오히려 학교교육과정의 최대한을 경계 짓는 결과를 낳았다.

교육과정 자율화의 취지는 학교에서 각 학교의 특성과 실태, 요구를 파악하여 국가 수준 교육과정을 확장하고 다양한 방식으로 교육과정을 실천할 수 있도록 하는 데 있다. 특히 2015 개정 교육과정 이후 학생의 역량과 주도성을 기르는 것을 교육의 목적으로 삼고 있는 상황에서 교육활동의 주체인 교사와 학생의 적극적인 참여는 단지 교수·학습의 차원을 넘어설 필요가 있다. 이에 온정덕 외 (2020)의 연구에서는 단위 학교에서 교육과정의 일정 시수를 자율적으로 편성·운영할 수 있도록 하는 제도적 장치의 마련을 제안하였다. 이는 학교가 가르칠 내용까지도 학생들과 협의하여 결정할 수 있도록 하는 자율적인 공간을 마련하는 것을 뜻한다. 자율시수는 단위 학교 나아가 교사, 학생의 수준에서 스스로 학습 경험으로서의 교육과정을 만들어 나가도록 이끌 것이며, 이는 OECD 2030 학습틀에서 말하는 행위 주체성agency을 기르는 데 효과적일 수 있다.

자율시간을 활용한 학습을 통해 학생들은 학생 자신이 이미 가지고 있는 총체적인 지식을 바탕으로 자신을 둘러싼 맥락, 주변과의 상호작용을 통해 심층적인 학습을 경험할 수 있다. 또한 자율시수는 학교에서 계획하고 실천하는 방식에 따라 기초학력 부진과 학력 격차라는 문제의 해결방안으로 활용될 수 있다. 자율시수 제도를 통해 학교에서는 다양한 학습자의 특성을 고려하여 학생 맞춤형 교육을 위한 유연하고 탄력적 교육과정 체제를 운영할 수 있을 것으로 기대하였다(온정덕 외, 2020).

우리나라의 교육과정 편성·운영을 살펴보면 초등학교는 학생들의 과목 선택권이 없으며 중학교의 경우 선택 과목을 개설할 수는 있으나 학생이 아닌 학교가 개설하는 방식으로 학생의 선택권은 매우 제한적이다. 따라서 온정덕 외(2020)의 연구에서는 학교가 학생들의 특성 및 교육적 요구를 반영하여 과목이나 모듈을 개발할 수 있는 별도의 학교 자율편성 시간을 마련할 필요가 있다고 제안하였다. 이를 위해서 교육과정은 유연성을 가져야 하며, 교사들이 학교교육과정을 융통성 있게 편성·운영할 수 있는 자율성과 권한이 확대되어야 한다고 보았다.

학교자율시간의 도입 및 의의

교육부는 2021년에 발표한 '개정 교육과정 총론 주요사항(시안)'에서 '학교자율시간' 신설과 운영 방안을 아래 표와 같이 제시하였다. 이에 따르면 학교자율시간은 학교에서 다양하고 특색 있는 교육과정 운영이 가능하도록 지역과 학교의 여건 및 학생의 필요에 따라 교과 및 창의적 체험활동의 일부 시수를 확보하여 학교에서 새로운 과목이나 활동을 자유롭게 개발하고 운영하는 시수를 의미하는 것으로 해석할 수 있다.

■ 학교 자율시간 확보 및 운영 방안

현행	개선안
• 교과(군)별 증감 범위 활용 • 연간 34주를 기준으로 한 수업 시수 운영 • 중학교는 학교장 개설 선택과목 개발·운영 가능 (초등학교는 선택과목이 없음) ▶ 학교특색 및 지역과 연계한 과목 및 활동 운영 시간 확보 어려움	• 교과(군) 및 창의적 체험활동 증감 범위 활용 • 한 학기 17주를 기준 수업시수를 탄력적으로 운영할 수 있도록 수업량 유연화 활동 ▶ 한 학기 17주 수업 → 16회(수업)+1회(자율운영) ※ 매 학년별 최대 68시간 확보 가능 • 초등학교, 중학교 선택과목 개발·운영 가능

국가교육과정	• 학교 자율시간 도입을 위한 **교육과정 운영 근거를 총론에 마련** • (교과) 한 학기 17주 기준 수업시수를 16회로 개발하고 1회 분량은 자율 운영할 수 있도록 **내용 요소와 성취기준 등을 유연하게 개발**
지역 교육과정	• 지역과 학교의 교육 여건 등에 적합한 기준과 내용 개발, 지역 특색을 살린 **선택과목 및 체험활동 개발·운영**(시·도교육청 개발 가능) ※ (예) 지역 생태환경, 인공지능으로 알아보는 우리 고장, 지역과 민주시민, 역사체험 등
학교 교육과정	• 지역과 연계한 다양한 **교육과정 및 프로젝트 활동 편성·운영**, 학교 자율적으로 **지역 연계 선택 과목 개발·활용**, 교과 교육과정(지역 연계 단원 구성, 성취기준 등)에 대한 교사의 교육과정 편성·운영 자율권 확대

교육부(2021). p.20.

그리고 2022년 12월 22일에 고시된 '초·중등학교 교육과정 총론'에서는 초등학교와 중학교에 '학교자율시간'과 관련해서 기준이 마련되었다. 총론 문서상 Ⅲ장의 학교급별 교육과정 편성·운영 기준에 제시된 내용은 다음과 같다.

▨ 2022 개정 교육과정 총론상의 '학교자율시간' 편성·운영에 대한 기준

학교급	기준

초등학교	나. 교육과정 편성·운영 기준
	  3) 학교는 3~6학년별로 지역과 연계하거나 다양하고 특색 있는 교육과정 운영을 위해 학교자율시간을 편성·운영한다.
	    가) 학교자율시간을 활용하여 이 교육과정에 제시되어 있는 교과 외에 새로운 과목이나 활동을 개설할 수 있으며, 이 경우 시·도 교육감이 정하는 지침에 따라 사전에 필요한 절차를 거쳐야 한다.
	    나) 학교자율시간에 운영하는 과목과 활동의 내용은 지역과 학교의 여건 및 학생의 필요에 따라 학교가 결정하되, 다양한 과목과 활동으로 개설하여 운영한다.
	    다) 학교자율시간은 학교 여건에 따라 연간 34주를 기준으로 한 교과별 및 창의적 체험활동 수업 시간의 학기별 1주의 수업 시간을 확보하여 운영한다.

중학교	3) 학교는 지역과 연계하거나 다양하고 특색 있는 교육과정 운영을 위해 학교자율시간을 편성·운영한다.
	    가) 학교자율시간을 활용하여 이 교육과정에 제시되어 있는 교과목 외에 새로운 선택 과목을 개설할 수 있다.
	    나) 학교자율시간에 개설되는 과목의 내용은 지역과 학교의 여건 및 학생의 필요에 따라 학교가 결정하되, 학생의 선택권을 고려하여 다양한 과목을 개설·운영한다.
	    다) 학교자율시간은 학교 여건에 따라 연간 34주를 기준으로 한 교과별 및 창의적 체험활동 수업 시간의 학기별 1주의 수업 시간을 확보하여 운영한다.

교육부(2022), pp.18-19 & 21-22

2022 개정 교육과정에서 학교자율시간을 도입함으로써 학교에서 학생의 다양한 선택이 가능한 유연하고 특색 있는 교육과정을 개발하고 운영할 수 있는 정책적 기반을 마련하였다고 볼 수 있다. 이 시간에는 교육공동체가 함께 학생의 다양한 특성과 요구를 반영한 맞춤형 프로그램이나 지역 연계 활동 등 특색 있는 교육과정으로 편성·운영할 수 있다. 초등학교에서는 학교자율시간을 활용

하여 국가 수준 교육과정에 제시된 교과 외에 새로운 과목이나 활동을 개설할 수 있다. 중학교의 경우 고시 외 과목으로 개설하고 운영할 수 있도록 하고, 활동형태의 개설은 제외하였다. 과목이나 활동을 개설할 때 학교에서는 학교 교육과정 편성·운영 설문, 학년(교과)군 협의회, 평가회, 토론회 등 교육공동체의 민주적 협의 과정을 거쳐 내용과 절차의 타당도를 높여야 한다. 학교자율시간을 활용한 과목이나 활동은 다양한 형태로 구성될 수 있다. 예를 들어 학습자가 교사와 함께 스스로 목표를 세우고 교사·또래와 다양한 상호작용과 탐구를 통해 교과 내용을 심화 확장하는 학생주도 설계가 이루어질 수 있도록 구성할 수 있다. 교사가 실제 문제 또는 여러 교과 지식을 통합하여 활용해야 하는 상황을 제시하고 학습자가 탐구를 통해 배운 내용을 적용하는 교과 통합 형태도 가능하다. 혹은 지역의 환경, 문화, 자원 등을 활용하여 지역사회와 연계한 과목이나 활동을 개발할 수도 있다. 이 외에도 단위 학교 교육과정 목표 및 특색 교육활동과 연계한 창의적인 프로그램을 개발하여 적용할 수도 있다.

학교자율시간을 도입함으로써 학교 교육과정은 교사, 학생, 학부모가 상호작용하여 함께 만들어가는 과정임을 인식하고 교사는 주어진 교육과정을 단순 실행하는 것에서 벗어나 교육과정 개발자 혹은 설계자로서의 역할로 확장하는 기회를 마련했다고 볼 수 있다. 또한 이러한 과정에서 서로 다른 필요와 능력을 갖춘 학습자들이 자신의 학습 목표와 내용, 과정과 방법, 환경 등을 스스로 결정할 수 있는 기회의 폭을 넓혀 학습자 주도성과 역량을 효과적으로 기를 수 있다. 이처럼 학교는 학교의 특성과 학생 및 학부모의 요구와 필요에 따라 교육과정을 자율적으로 편성하고 운영할 수 있지만, 이와 동시에 모든 학생에게 학습 기회를 보장하여 책임교육이 이루어질 수 있도록 해야 한다. 학습 속도의 차이, 학교의 이동, 지역의 차이 등으로 인해 학습 기회에 편차가 발생하지 않도록 학교 교육과정을 편성·운영해야 한다.

주도성을 발휘하며 역량을 기르기 위한 자율

주도성을 발휘하며 역량을 기르는 교육

학교의 교육과정은 학생을 중심에 놓고 설계, 운영되어야 한다. 학생 중심의 유연한 교육과정은 맞춤형 학습을 통해 학습자의 요구에 맞는 양질의 학습 기회를 제공하고 학습자의 선택의 폭을 넓혀 학습자 주도성을 기를 수 있어야 한다. 주도성에 대한 여러 해석으로 인해 학습자 주도성을 자율성^{autonomy}과 혼동하여 사용하기도 하고, 인지심리학에서 제시하는 자기주도학습, 자기조절학습의 개념으로 이해하기도 한다. OECD(2019)는 학습자 주도성을 '학습자가 자신의 삶과 주변 세계에 긍정적인 영향을 미칠 수 있다는 의지와 능력 및 목표를 세우고 성찰하며 변화에 영향을 주기 위해 책임감 있게 행동하는 능력에 대한 믿음'으로 정의한다. 그리고 학생은 사회적 맥락 속에서 자신의 주도성을 배우고, 계발하고, 발휘하므로 공동 주도성이 중요하다고 말한다.

자기주도학습은 타인의 상호작용 여부와 관계없이 개인이 스스로 학습요구를 진단하고, 학습목표를 설정하고, 학습을 위한 자원을 확인하고, 적절한 학습전략을 선택해서 실행하며 그 결과를 평가하는데 있어 주도권을 행사하는 과정(Knowles, 1975: 18)이다. 그리고 자기조절학습은 목표에 도달하기 위해 사고나 행동, 감정을 활성화하고 유지시키기 위한 과정(Zimmerman, 2002: 65)으로 정의된다. 반면 학습자 주도성은 자신의 삶과 사회를 개선시키기 위해 어떠한 목적의식을 가지고 행동하며 책임지는 것을 포함하는 더 포괄적인 개념이다. 또한 학습자 주도성은 다른 행위 주체와의 연결을 필수로 요구하는 반면, 자율성은 그러한 연결이 꼭 필요하지 않다. 자기주도학습 및 자기조절학습에서는 심리적 관점에서 개인 내적인 과정에 초점을 맞추지만, 주도성의 개념에서는 각 주체들이 상호작용을 통해 '함께' 주도성을 만들어내고 이러한 결과 새로운 구조를 만들어낸다. 따라서 수업 맥락의 경우, 학생과 또래 혹은 학생과 교사의 상호작용의 질이 중요하다. 이는 학생들의 주도성을 작동시키기 위한 교수학습 및 교실 문화를 만들기 위한 교사의 역할은 분명 중요하다는 것을 시사한다.

2015 개정 교육과정 이후 계속 강조되어 온 역량 교육의 경우 이론적 지식, 지식 그 자체만을 위한 지식을 추구하는 것이 아니라 지식을 적절하게 활용, 실천, 혹은 복잡한 문제를 해결할 수 있는 능력을 강조한다. 학생의 역량을 기르기 위해서는 특정한 맥락에서 복잡한 문제를 자신의 지식과 기능 뿐만 아니라 정의적 능력(예, 태도, 가치, 감정, 동기, 개인적 기질, 및 타인과의 협업)까지 총체적으로 동원하여 해결하는 학습경험을 제공해야 한다. 역량은 수행을 통해 드러난다. 이때의 수행은 단순히 겉으로 드러나는 행동의 측면에 국한되지 않고 높은 수준의 사고력, 정의적 측면 등과 긴밀히 연결된다. 역량의 수행성에 비추어볼 때 학교에서는 학생이 자신이 알고 있는 것을 구조화하고 적용하고 확장시키는 기회를 제공해야 한다. 또한 가급적 학생들이 실제 세계를 반영한 상황에서 내용을 학습하고 적용할 수 있는 기회를 제공해야 한다. 삶과 연계된 학습은 학습 내용의 적용을 통해 학습의 깊이를 더하게 된다.

학생의 주도성과 역량을 기르기 위해서 학교에서는 정해진 답을 찾도록 교육하는 것이 아니라 지식을 탐구하는 과정에 주목해야 하며 학교에서는 스스로 지식을 만들고 새로운 질문을 만들어보는 기회를 제공해야 한다. 또한 학습자의 생활 영역에서의 문제를 해결하는 것과 동시에 교과에서 다루어지는 교과의 개념 및 원리가 삶에서 경험되는 통합적인 방식을 취해 학습자가 개인의 문제와 사회적 관심을 다루는 기회를 제공해야 한다(온정덕 외, 2020).

교육과정 분권화, 자율화는 권한의 나누기가 아니라 의사결정 참여가 핵심이다. 교육과정 일부를 국가가, 시·도교육청이, 학교가 나눠 가지느냐는 문제가 아니라 교육과정과 관련된 모든 사람이 얼마나 의사결정 과정에 참여할 수 있느냐가 관건이다. 따라서 학생과 교사가 주어진 교육과정을 그대로 실행하거나 제한적인 재구성을 넘어 자신들이 무엇을 어떻게 배울 것인지 선택하고 결정하여 교육과정을 '만들어가는' 일을 중심에 놓고 살펴야 한다. 따라서 289쪽 표의 기준에서 사용된 '선택 과목'에 대한 주의 깊은 해석이 필요하다. 학교가 여러 개의 과목을 설정하고 학생이 그중에서 일부를 골라 학습한다는 것은 교육과정의 자율화 의미를 구현하는 하나의 방식이 될 수 있다. 그러나 이미 경험했던 지역이나 학교 단위의 인정 교과서를 통해 선택 없는 선택 교과목의 사례가 되지 않도록 주의해야 한다. 왜냐하면 수업이 펼쳐지는 교실에서는 제공의 주체가 국가든, 시·도교육청이든, 학교든 미리 결정되어 주어지는 또 하나의 과목에 지나지 않을 수 있기 때문이다. 학생에게 일방적으로 주어지는 과목의 형태로 학교 자율시간이 실행되면 학생들이 배워야 할 교과가 더 늘어난 것과 다를 바 없으므로 학습 부담만 가중될 수 있다. 학교 자율시간은 지역의 특색, 학교의 여건, 학생의 필요를 고려하여 교사와 학생이 함께 만들어가는 교육과정이 되어야 한다. 주어진 대상에서 일부를 고르는 것(one of them)은 소극적인 선택이고 새로운 대상을 찾아 만들어가는 일(only one)이 적극적인 선택의 개념으로 접근해야 한다.

학교자율시간의 이상적인 모습은 학생과 교사의 교육과정 의사결정 참여와 개발의 실천이다. 학교와 교실에서는 학생과 교사, 학생과 학생 간 협력적 소통을 통해 학습의 목표를 설정하고 실행하며 책임 있는 성찰의 기회를 제공해야 한다. 예를 들어, 경상북도교육청에서 운영하고 있는 '학생 생성 교육과정'의 운영 사례들을 보면 주어진 목표, 내용, 방법, 평가, 교과서가 없어도 학생들의 관심사와 문제의식에서 출발하여 교사와 학생이 함께 학습의 주인이 된다(온정덕,

정기효, 2022). Zima(2021)는 학생의 주도성 함양을 위한 단원 설계의 틀로 '탐구 출발자inquiry starter, 학습 목표learning targets, 지식의 적용application of knowledge, 성찰reflection'의 요소들을 제안하였다.

또 다른 운영의 예시로 핀란드의 현상기반학습에 근거한 교과 통합적 접근을 들 수 있다. 2014 핀란드 국가 수준 교육과정 문서에서는 "이 교육과정은 학교를 포함한 지역의 교육과정의 지원하기 위한 기준이라는 것"을 명시하면서 학교의 자율을 강조한다. 학생들은 1년에 한 번 이상 다학문적 통합 학습 모듈을 학습해야 하며, 이는 최소 1주간의 수업 분량으로 운영된다. 다양한 교과의 교사들이 협력하고 학생들은 모듈을 계획하는데 참여해야 한다. 이 과정에서 참여하는 교사, 학교 밖 인사, 학생 모두 학습자이면서 전문가가 된다. 모듈은 학생들의 관점에서 흥미롭고 의미가 있는 현상을 중심으로 계획, 운영되어야 한며 이를 통해 민주적인 학교 문화를 만들어 나간다(Finnish National Board of Education, 2016; Haline, 2018).

교육과정 자율화 확대에 따른 과제

교사 학습과 학교 문화

주도성의 관점에서 볼 때 학생들은 사회적 맥락에서 타인과 상호작용하면서 자신에 대한 의미를 만들며 성장하고 동시에 타인에게 영향을 미친다. 따라서 학생 주도성은 교사, 동료 학습자, 지역사회와의 관계 혹은 사회적 맥락에 참여하는 질적 수준에 의해서 영향을 받으며 이는 공동 주도성co-agency으로 연결된다. 공동 주도성을 추구하는 구성원은 학습자가 가치 있는 목표를 향해 나아가도록 돕는 상호적이고 지원적인 관계를 지닌다. 이는 학생의 성장을 중심에 두지만, 사회 구성원 모두가 변화를 일으키는 힘을 길러야 한다는 것을 시사한다.

학교는 학생들의 개인적 강점과 특성을 파악하는 것뿐만 아니라, 그들의 학습에 영향을 미치는 교사, 동료, 학부모, 지역사회와의 관계를 함께 파악하고 지원할 수 있어야 한다. 이에 주도성을 강조하는 학습자 중심 교육에서 교사는 가르침이나 지도에 소홀한 것이 아니라 오히려 전문성을 더욱 요구하게 된다. 이는 교사 학습 등에 대한 논의와 실천으로 연결된다. 학교 교육의 목적에서 학생 주도성을 강조하고 있듯이 교사를 대상으로 하는 교육에서도 학습자인 교사가 변화의 주체적인 역할을 할 수 있도록 해야 한다(소경희, 최유리, 2018). 학교에서 활발하게 운영되고 있는 전문적 학습공동체는 그러한 역할을 수행하는 하나의 장이 될 수 있다.

교사 주도성 혹은 행위 주체성이란 교사가 자신이 놓인 사회 구조와의 관계 속에서 능동적으로 행동하는 능력을 지칭한다(Tao & Gao, 2017). 그리고 이는 교육 변화 담론에서 교사의 개인적인 실천 능력을 언급하던 수준을 넘어서서, 좀 더 광범위하게 교사들이 그들의 환경에 가담하는 실천의 질과 성격에 의존하는 생태학적 현상으로 이해된다(Priestley et al, 2015). 교사가 교사로서 역량과 주도성을 함양하기 위해서는 개인적 차원뿐만 아니라 사회·문화적, 구조적 차원의 접근이 필요하다는 것을 시사한다. 따라서 학교에서는 모든 주체가 자율성을 바탕으로 주도성을 발휘할 수 있는 교육환경을 제공함으로써 모든 교육 주체가 함께 성장하는 학교 문화를 만들어갈 수 있도록 교육의 바탕을 마련해야 한다.

예비교사 교육

교사 교육은 현직 교사들을 대상으로 하는 학습에만 국한되지 않는다. 우리나라는 교사 양성 기관에서 자격 제도에 의해 교사를 양성한다. 해외 여러 나라에서 교사 양성과 교사 교육을 역량 기반으로 접근하는 것과 대조적으로 우리나라는 과목 기반course-based이다. 과목 기반에서는 교사 자격 부여를 전공과 교직 영역에서 어떤 과목을 몇 학점 이상 취득해야 하는지에 따른다. 이 경우 여러 강좌들을 통해서 실질적으로 어떠한 능력을 길러주어야 하는지, 어떠한 수행을 할 수 있어야 하는지에 대한 정보는 제공하지 못한다.

역량 기반 교사 양성 교육과정에서는 학생(예비교사)이 졸업 시 보여주어야 할 능력을 기반으로 교사 양성 기관의 교육과정이 설계되며, 외국의 경우 교사 역량을 교사 기준으로 구체화한다. 예를 들어, 미국의 InTASC에서 개발한 '핵심 교사 기준InTASC Model Core Teaching Standards and Learning Progressions for Teachers'은 교사 교육 인증에 사용된다. 다음 〈표 〉는 미국 InTASC 핵심 교사 기준의 항목이다.

▨ 미국 InTASC 핵심 교사 기준의 항목

영역		기준
학습자와 학습	1	학습자의 발달
	2	학습 차이
	3	학습 환경
내용	4	내용 지식
	5	내용의 적용
수업 실제	6	평가
	7	수업 계획
	8	수업 전략
전문적 책임	9	전문적 학습과 윤리적 실제
	10	리더십과 협동

CCSSO(2013)

예를 들어, 기준 5 '내용의 적용'에 대한 기준은 다음과 같이 제시되어 있다.

기준 5. 내용의 적용: 교사는 학습자가 개념을 연결하고 다양한 관점을 사용하여 실제 지역 및 글로벌 문제에 대해 비판적 사고, 창의성 및 협력적 문제 해결에 참여할 수 있도록 하는 방법을 이해한다.

수행	필수 지식
5(a) 교사는 학습자가 다양한 학문의 관점과 범교과적인 기능을 사용하여 문제 또는 질문의 복잡성을 분석하도록 안내하는 프로젝트를 개발하고 실행한다. (예: 생물학과 화학을 활용하여 사실 정보를 살펴보는 수질 연구와 사회학을 활용하여 정책적 함의를 검토하는 수질 연구)	**5(i)** 교사는 해당 분야의 앎의 방식, 다른 학문적 탐구 접근 방식과의 관계, 문제·이슈·우려점 등을 해결하는 데 있어 각 접근 방식의 강점과 한계를 이해한다.
5(b) 교사는 학습자가 간학문적 주제(예: 금융 리터러시, 환경 리터러시)의 렌즈로 실생활 문제에 콘텐츠 지식을 적용하도록 참여시킨다.	**5(j)** 교사는 현재 간학문적 주제(예:시민 리터러시, 건강 리터러시, 글로벌 인식)가 주요 교과들과 어떻게 연결되는지 이해하고 이러한 주제를 의미 있는 학습 경험으로 엮어내는 방법을 안다.
5(c) 교사는 학습자가 다양한 맥락에서 내용 학습을 최대한 효과적으로 할 수 있도록 최신 도구 및 자료 사용을 지원한다.	**5(k)** 교사는 정보 및 정보 사용과 관련된 윤리와 우수성을 평가하는 방법뿐 아니라 정보의 접근 및 관리의 요구 사항을 안다.
5(d) 교사는 학습자가 가정(assumption)에 대해서 질문하고 도전하도록 하며 지역 및 글로벌 맥락에서 문제 해결과 혁신을 촉진하는 접근에 참여시킨다.	**5(l)** 교사는 특정 학습 목표를 효율적이고 효과적으로 달성하기 위해 디지털 및 상호작용형 테크놀로지를 사용하는 방법을 이해한다.
5(e) 교사는 학습자가 다양한 대상과 목적에 맞는 여러 형태의 소통 방법을 사용할 수 있는 의미 있는 기회를 제공하여 학문적, 간학문적 상황에서 학습자의 의사소통 기술을 개발한다.	**5(m)** 교사는 비판적 사고 과정을 이해하고 학습자의 독립적 학습을 촉진하기 위해 높은 수준의 질문 기술을 개발하도록 돕는 방법을 안다.
5(f) 교사는 학습자가 새로운 아이디어와 접근 방식을 생성하고 평가하고, 문제에 대한 창의적인 해결책을 탐색하고, 독창적인 결과물을 만들도록 참여시킨다.	**5(n)** 교사는 여러 분야의 학습(예;정보 수집 및 처리)을 위한 수단이자 학습을 표현하는 도구로서 의사소통 양식과 기능을 이해한다.
5(g) 교사는 학습자가 지역 및 글로벌 이슈에 대한 이해를 넓히고 문제 해결을 위한 새로운 접근 방식을 창출하는 다양한 사회적, 문화적 관점을 개발할 수 있도록 지원한다.	**5(o)** 교사는 창의적 사고의 과정과 학습자가 독창적인 결과를 만들어내는 데 참여시키는 방법을 안다.
	5(p) 교사는 글로벌 인식과 이해를 높이기 위한 자료를 어디에서 어떻게 이용할 수 있는지, 이를 교육과정에 어떻게 통합할 수 있는지 안다.
	주요 성향
5(h) 교사는 내용 영역 전반에서 학습자의 문해력 발달을 위한 지원을 개발하고 실행한다.	**5(q)** 교사는 지역 및 글로벌 문제를 해결하기 위한 렌즈로서 학문적 지식을 사용하는 방법을 끊임없이 탐구한다.
	5(r) 교사는 내용 영역 밖의 지식과 그러한 지식이 어떻게 학생의 학습을 향상시키는 지 중요하게 여긴다.
	3(s) 교사는 내용 영역 전반에서 학습자의 탐구, 발견 및 표현을 장려하는 유연한 학습 환경을 중시한다.

CCSSO(2013), p. 27

따라서 우리가 학교 교육에서 학생들에게 역량을 기를 수 있도록 하는 것을 목표로 한다면 예비교사를 양성하는 교육과정 또한 역량 기반으로 변화될 필요가 있다. 이를 위해 교사의 핵심 역량에 대한 합의가 이루어져야 하며, 이를 바탕으로 교사 기준teaching standards을 설정하고, 교사 교육 및 교사 양성 교육과정 설계에 반영할 필요가 있다. 여러 교사 교육 기관에서 교사 역량을 제시하고 있지만 교사 역량이 구호에 그치지 않기 위해서는 교사 역량을 실질적으로 구현하는 수단을 마련할 필요가 있다. 이는 교사 양성 교육과정뿐 아니라 교사 재교육이나 연수, 평가 등 교사 교육 관련 정책 및 프로그램이 연계되어 교사의 역량 발달을 지속적으로 지원하는 기준이 될 수 있다.

교과서 발행체제의 변화

이 외에도 고려해야 할 과제로는 우리나라의 국가 수준 교육과정의 대강화와 교과서 발행체제의 전환이다. 교육과정 자율화 확대는 교육과정 대강화 논의와도 연결된다. 국가 수준 교육과정 문서에서 양적 간소화와 질적 적정화가 이루어져야 한다는 논의는 7차 교육과정 이후 지속적으로 이루어졌으나 여전히 국가수준 교육과정은 촘촘하며 학교에서 이루어지는 활동을 처방하는 성격을 띤다는 비판이 지속되고 있다. 연구자에 따라서는 교육과정 문서 체제의 개선을 통해 교과서 없는 수업이 이루어져야 한다고 말하기도 한다(이승미 외, 2018). 교육과정 자율화가 학교교육과정 중심의 교육 체계와 교사의 권한확대를 통해 실질적인 학교 교육의 변화와 학습경험의 질을 개선하고자 하는 방향으로 나아가기 위해서는 교과 교육과정 개선과 함께 교과서 발행이 점진적으로 자유발행제로 전환될 필요가 있다. 우리나라 교과서 제도는 국·검정 교과서를 기본 골격으로 한다. 국가 주도적이고 발행 혹은 심사의 주체에 따라 국·검정, 인정으로 구분되며 국정보다는 검정이, 검정보다는 인정의 절차가 국가개입의 정도가 줄지만, 여전히 국가가 직, 간접적으로 관여한다(이림, 2018). 우리나라처럼 교과서의 지위가 높은 경우 검인정 교과서 제도로 변경한다고 해도 학교는 여전히 교과서를 채택하는 자율만 갖게 된다. 물론 교과서 발행체제의 다양화와 관련한 중요한 쟁점 중 하나는 질 관리에 관한 것이다. 자유발행 교과서가 지닌 장점으로 학생들의 창의력 활성화, 상황 변화에의 능동적 대처, 교사와 학생의 교재 선택권 보장 등을 들 수 있지만. 이와 동시에 교과서의 질적 수준 저하의 문제가 제기되기도 한다(박창언 2019). 하지만 교과서 질 관리라는 쟁점은 사실 오류가 없는 교과서를 만드는 것이 아닌, 학생 학습의 질을 높이는 데 있어야 한다. 교육에서의 질 관리는 질 통제나 질 보증으로부터 지속적인 개선을 목표로 하는 것으로 나아가야 한다(황규호 외, 2013). 따라서 교과서 발행체제 다양화에 따른 질 관리 논의는 교육과정의 개선과 함께 교수·학습 및 평가의 측면에서 다루어질 필요가 있다(온정덕, 2019).

고교학점제,
교육혁신과 입시개혁의 마중물이
될 수 있을까?

이 상 수

잠실고등학교 교장 / 전 교육부 학교혁신지원실장

○○고등학교 체육관에서 교육과정 박람회가 열리고 있다. ○○ 학교와 인근 학교의 선생님들과 3학년 선배들이 1, 2학년 학생들을 대상으로 개인별 교육과정 설계를 도와준다. 대학별로 필수 이수를 요구하는 과목, 진로와 관련된 대학의 학과나 계열 소개와 진학 상담하는 부스, 교과서를 들고 각 교과의 큰 학문적 근간과 과목별 내용을 소개하고 진로 및 대학 진학과 연계한 교과목 선택을 위한 교육과정 설계 상담으로 부스가 분주하다. 수업 시간 못지않게 사뭇 진지하고 흥미롭게 자신을 돌아보고 미래를 상상해 본다. 이것이 학생들이 스스로 성장하도록 하는 교육이 아닐까?

고교학점제는 2018년부터 본격적인 논의가 시작되어 2020년 마이스터고 및 2022년 특성화고 도입, 2023년 입학생부터 전체 일반계고나 특목고 등을 대상으로 부분 도입을 거쳐 2025년부터 모든 고등학교에 전면 적용될 예정이다. 연구·선도학교를 중심으로 각 학교에서는 학생 과목 선택권 강화와 진로·학업 설계를 지원하기 위해 교육청, 학교별로 다양한 고교학점제 교육과정을 운영해왔다. 교육과정 박람회 등 교육과정 중심의 학교 문화는 수업과 평가의 변화를 가져오고 학생의 주도성과 책임감을 강화하고 있다. 이러한 단계적인 적용은 변화에 대한 시행착오를 최소화하고 학교의 안정적 학사 운영을 지원하기 위해서이다. 흔히 대한민국의 교육혁신은 고등학교에서 멈춘다고 한다. 인정하고 싶지 않지만 어떤 노력도 대학입시와 연결되지 못하면 한계에 갇히기 때문이다. 그런 의미에서 고교학점제가 시작된 지금 교육혁신의 한계를 극복하는 제도로써 고교학점제가 역할을 할 수 있을까? 그러기 위해서는 어떤 준비가 필요한지 알아보자.

▨ 고교학점제 단계적 이행 로드맵

추진일정	기반마련	운영체제 전환	제도의 단계적 적용		전면 적용
	2022	2023	2023 ~ 2024		2025 ~
수업량 기준	단위		학점		학점
총 이수학점	1학년 204단위		1학년 192학점	1학년 192학점	1학년 192학점
	2학년 204단위		2학년 204단위	2학년 192학점	2학년 192학점
	3학년 204단위		3학년 204단위	3학년 204단위	3학년 192학점
연구·선도학교 비중	55.9%	84%	100%	100%	고교학점제 안정적 운영
책임교육	준거 개발	교원연수 시도, 학교 준비	공통과목(국어, 수학, 영어) 최소 성취수준 보장 지도		전 과목 미이수제 도입
평가제도		진로 선택과목 성취평가제 (공통, 일반선택과목 9등급 병기)			모든 선택과목 & 한국사 성취평가제(공통과목 9등급 병기)

2022학년도 고교학점제 성과발표회 자료집(한국교육과정평가원, 2023)

고교학점제: 고등학교 교육의 대전환을 시도하다.

고교학점제는 사회적 요구에 대한 교육의 부응이다.

고교학점제는 산업사회에 필요한 인재 양성의 관점에서 벗어나 학교 교육의 패러다임을 혁신적으로 전환하려는 기제로, 교육에 대한 시대적 요구 및 다음과 같은 필요에 부응하기 위해 시작되었다.

첫째, 지능정보사회에 따른 산업 및 직업구조의 변동, 감염병의 대유행, ChatGPT의 등장 등 사회 전반에 나타날 변화에 대응할 역량[1]이 요구되고 있다. 특히, 학교 교육을 통한 창의성과 문제해결력, 융합적 사고력 함양이 중요해지고, OECD가 제시한 변혁적 역량과 같은 불확실한 미래에 대응할 수 있는 인재 양성을 위한 교육모델이 필요하다.[2]

둘째, 저출산에 따른 인구 급감과 학령인구의 감소[3]로 국민 각자의 소질과 적성에 맞는 교육을 통해 사회 구성원으로서 역할을 다할 수 있도록 하기 위한 국가 정책적 측면도 고려한 것이다.

셋째, 디지털 세대의 학습 성향, 즉 다양한 매체를 통한 정보와 지식 습득의 경험을 가졌으며, 자신의 관심과 흥미를 토대로 한 개성의 표출과 진로에 대한 주도성이 강한 학생[4]들의 특성을 고려한 교육이 필요해졌다. 중학교 자유학기제를 통해 적성과 진로를 주도적으로 탐색하고, 고교에서는 유연하고 개별화된

---

1) 6Cs: 인성(Character), 창의성(Creativity), 컴퓨팅 사고(Computational Thinking), 융합 역량(Convergence), 비판적 사고(Critical Thinking), 개념적 지식(Conceptual Knowledge). 공교육 경쟁력 제고방안(교육부, 2023)

2) 교육부(2017). 고교학점제 추진 방향 및 연구학교 운영 계획(안). 2017.11.27.

3) 학령 인구(6~21세)추이(통계청, '22) : ('20) 789만명 → ('30) 594만명 → ('40) 447만명

4) 교육부(2021), 고교학점제 종합 추진계획(2021.2.17.)

교육과정 설계를 통해 학습자의 변화를 반영할 수 있어야 한다.

넷째, 교육에서 출발선 평등을 확보해야 한다. 농·산·어촌 인구의 상대적 급감으로 소규모 학교가 증가하고, 고교서열화로 인한 학생 간, 학교 간 학습 격차가 사회적 격차로 이어지는 문제를 해결할 필요가 있다. 또한 학점제는 국가의 교육적 책무를 강화함으로써 학생 모두의 기본적 역량을 함양하는 것을 목표로 한다.

다섯째, 교육의 본질을 훼손하는 대입 제도의 변화 기제를 만들어야 한다는 사회적 요구에 부응하는 측면도 있다. 우리 교육은 대학수학능력시험 과목 위주의 획일적 교육과정 운영과 수능 문제 풀이 위주의 역량 함양이 어려운 수업, 줄 세우기식의 학생평가 등에 대한 비판이 지속되었다.[5] 고교학점제는 고등학교 교육이 입시의 종속에서 벗어나는 방안[6]에 대한 고민이 담겨있다고 할 수 있다.

고교 교육의 근본적 혁신을 꾀하다.

고교학점제는 교육과정을 이수하고 '학점'을 취득하도록 하여 진급과 졸업요건을 강화함과 동시에 교육과정, 수업과 평가, 대입제도, 교육 여건 개선 등 고등학교 교육과정의 전 영역에 걸친 혁신을 도모하는 것을 목적으로 한다.

첫째, 학생 개개인의 성장을 중심에 둔 유연하고 개별화된 교육으로의 전환을 꾀한다. 모든 학생의 진로 역량 함양을 지원하고, 교육과정을 학생이 선택하고 그 책임도 함께 하도록 하여, 학습 동기를 부여하고 자기주도적 학습자로의 성장을 견인할 것이다. 특히 출석 일수가 아닌 누적 학점을 기준으로 한 졸업 제도를 통해 교육 질 관리를 강화하고 학교의 책무성을 제고하고자 한다.[7]

둘째, 고교학점제에서는 학생의 일정 수준의 학업 성취와 개인별 역량의 함양이 가능한 학생 주도형 수업과 학생의 성취 정도를 중심으로 한 성취평가제로

---

5) 박시영(2023) 교사를 줄이면서 고교학점제를 하라고?. 2023. 08. 22. 교육언론창(검색일 2023. 08. 22).

6) 교육부(2021). 2025년 고교학점제 전면 적용을 위한 단계적 이행 계획(안)(2022-2024). 2021.8.23.

7) 이광우, 이근호, 김진숙, 민용성, 이경언, 권점례 외(2018). 고교학점제 실행 기반 구축 연구: 수업시수, 학교 밖 학습 경험, 조기졸업 및 재이수제(연구보고 RRC 2018-13). 충북: 한국교육과정평가원.

학생의 성장을 이끌 것으로 기대된다.

셋째, 수직적 서열화 대신 수평적 다양화를 추구한다. 개별 학교 내 교육과정 운영 다양화를 통해 평준화된 고교체제의 한계를 보완하고자 하였다.

넷째, 교육 주체들의 능동성과 상호 협력을 끌어내고자 한다. 학교 교육과정을 마련하는 과정에서 교사, 학생, 학부모 모두 교육과정 설계에서부터 능동적으로 참여하고 협력하여 상향식Bottom Up 교육과정의 편성·운영을 도모한다.

다섯째, 고교 교육을 둘러싼 환경의 종합적 개선을 도모하고 있다. 교원 수급 기준 마련, 새로운 수업이 가능한 교실 여건과 공간 혁신, 교육과정 설계 전문가 양성, 수강 신청 프로그램의 개발 등에 상당한 예산을 투입하여 교육의 질적 변화를 꾀하고 있다.

고교학점제 미완의 성공?
앞으로 과제는?

고교학점제는 교육과정의 편제뿐 아니라 대입제도-고교체제-내신 성취평가-교원수급-예산-공간혁신 등을 함께 고려해야 하는 복잡한 속성을 지닌 정책이다.[8] 연구학교와 시범학교를 운영하고 국가교육과정 개정 등 제도를 바꾸면서 큰 범주에서 학교의 운영체제, 교육과정, 책임교육, 평가제도 등에서 변화가 조금씩 나타나고 있다. 이 과정을 통해 우리 학생들이 좀 더 자신만의 힘을 키울 수 있도록 지원하고 있다. 하지만, 아이들이 스스로 교육과정을 설계하면서 역량을 키우고 행복한 학교가 되기 위해 아직도 해야 할 과제는 산적해 있다.

---

8) 김성천, 민일홍, 정미라(2019). 고교학점제란 무엇인가?. 서울: 맘에 드림.

그동안 현장에 나타난 긍정적 변화와 함께 앞으로의 주요 과제를 알아본다.

학교교육과정의 영역이 확대되고 탄력적 학사 운영이 이루어지고 있다.

고교학점제가 적용되면서 학생들은 '자신의 진로에 맞춰서 다양한 조합으로 과목을 구성하고 자신의 진로를 탐색'하여 교육과정을 주도적으로 설계한다. 학교에서는 학교 밖 진로 탐구활동, 진로·학업 설계 전시회, 학생 중심 동아리 발표회 등 진로·학업 설계를 위한 학생주도 프로그램이 다양하게 운영되고 있다. 수능 대상 과목과 학교 교사 구성을 고려하여 개설되던 획일적 교육과정에서 벗어나 소인수 선택과목 수업, 학교 간 공동교육과정, 온라인 공동 교육과정 운영을 통해 학생 수요에 맞는 다양한 선택과목을 개설하고 있다. 특히 온라인 공동 교육거점센터 등을 통해 교육 공간의 실질적 거리를 좁히고 온오프라인 교육과 다양한 강사진이 학교 교육에 참여하는 계기가 되었다. 또한 고등학교와 대학이 연계하여 교과 심화학습이나 동아리 활동, 방과 후 학습 등에서 AI·로봇, 인문학 등에 이르기까지 다양한 분야를 다룬다.[9] 그 성과로 학생의 과목 선택이 확대된 것을 2022년 연구·선도학교의 학생 선택과목 이수 단위 수 현황 조사 결과[10]를 통해 알 수 있다.

▨ 학교 지정 및 학생 선택과목 이수 단위 수

구분	학생 선택과목 이수단위		학생 선택과목 수(편제 기준)	
	2020 입학생	2022 입학생	2020 입학생	2022 입학생
연구학교	74.3	80.7	55.7	60.0
선도학교	69.3	73.6	51.2	53.6

2022학년도 고교학점제 성과발표회 자료집(한국교육과정평가원, 2023)

---

9) 연합뉴스(2021.4.26. https://v.daum.net/v/20210426111509861).

10) 교육부·한국교육과정평가원·한국교육개발원(2023). 2022학년도 고교학점제 성과발표회 자료집. 연구자료 ORM 2023-7. 충북 한국교육과정평가원.

이에 따라 학생 개인의 시간표, 학급의 시간표에 큰 변화가 나타나면서 많은 학교에서 모든 학생이 이동하는 타임라인 시간이 마련되는 등 학생중심의 교육과정이 운영되고 있다. 이러한 활동을 통해 학생이 주도적으로 진로·학업 설계를 하고, 각자의 소질과 적성을 토대로 한 역량 함양을 끌어낸다는 점에서 매우 중요하다. 더불어 고교-대학 연계 교육의 활성화를 통해 고등학교 교육 전반의 질 제고에도 긍정적 영향을 미칠 것으로 기대된다.

학생 성장을 중심으로 한 수업과 평가로 교실이 변화되고 있다.

수업과 평가의 변화는 역량 교육의 개념을 도입한 2015 개정 교육과정에서부터 나타났다. 학생 참여 중심 수업과 과정 중심 평가가 강조되면서 평가는 경쟁 지향적 결과 중심 패러다임에서 벗어나 학생의 성장과 교사의 교수학습 개선을 위하여 활용되어야 한다는 담론이 확산되었다. 2019년부터 진로 선택과목의 성취도 평가가 본격 시행되고 학생부종합전형을 비롯한 대입전형의 다양화가 이루어지면서 학습자의 학습 과정 전반과 다양한 개별성을 평가하기 위한 평가제도로서 역량기반 교육과정 구현에 상당한 변화를 가져왔다.[11] 또한 학교 자율교육과정[12] 운영을 통해 교과 간, 과목 간 융합과 다양한 진로 관련 강의가 개설되어 학생들의 창의적, 융합적 사고력 함양, 진로 체험이 가능한 교육과정이 운영되고 있다. 아래 사례에서 알 수 있듯이 학생들은 자신이 선택하고 결정한 과목을 공부하면서 학습에의 흥미가 높아지고 수업 참여도 또한 높아졌으며, 학습 과정에서 다양한 역량을 함양할 수 있는 수업 활동이 이루어지고 있다.

---

11) 조현영, 손민호, 김덕년, 박진희, 박진용, 한학범(2020). 2015 개정 교육과정에 따른 수업과 평가 혁신 방안 연구. 교육부·인하대학교.

12) 1단위는 50분 수업을 기준으로 학기당 17회를 이수하는 수업량이나, 17회 중 1회의 수업은 해당 교과목 또는 타 교과목 융합형의 프로젝트 수업, 보충 수업, 동아리 활동 연계 수업, 과제 탐구 수업 고등학교가 자율적으로 교육과정을 운영할 수 있다.(교육부 고시 제2019-211호 (2019.12.27.)).

나는 꾸준히 유치원 교사라는 꿈을 갖고, 그 꿈을 위한 과목들을 선택해 들었다. 고등학교 2학년 때 과목별 설명을 꼼꼼히 읽고, 내가 흥미 있고 잘할 수 있는 과목들로 구성하기 위해 계속 노력했다. 고등학교 3학년이 되어서는 (중략) 교사를 꿈꾸는 입장에서, 교육학은 대학교에 가야 배울 수 있을 줄 알았는데 고등학교에서도 배울 수 있다는 사실이 정말 기뻤다. 꿈에 더 확신을 가질 좋은 기회이기도 했다. 교육학은 (중략) '등급'에도 영향을 끼치지 않아 성적에 연연하지 않고 교육의 본질과 교육의 다양한 측면에 대해 배우며, 그 안에서 교육 시사 토론, 나만의 학급 경영 계획서 작성 등 특별한 활동들을 도전해 볼 수 있었다.

대전용산고등학교 오수연 졸업생 - 고교학점제 수기 공모전 최우수작 中

홍원표 외(2019) 연구[13]에서도 선택과목 수강에 만족도가 높은 편이며, 특히 '내가 흥미나 진로·적성에 따라 선택할 수 있는 과목들의 숫자가 많으면 좋겠다.'라는 문항과 '내가 선택한 과목을 들을 때 수업에 관한 관심과 참여가 이전보다 높아진다.'라는 문항에 대한 답변이 긍정적으로 나타났다. 이는 학생들은 스스로 다양한 과목을 선택하고 자신의 진로를 설계하는 과정을 긍정적으로 인식하고 있음을 알 수 있다.

변화하는 교사의 역할에 따라 학교 문화가 달라지고 있다.

고교학점제의 도입으로 고등학교의 학교 문화에도 변화가 일어나고 있다. 우선 교사의 역할이 달라지고 있다. 학생 참여와 성장 과정을 관찰하고 평가, 기록하는 수업으로 변화하면서 교사는 단순한 지식 전달자를 넘어서는 존재로 바뀌고 있다. 아래 표에서 알 수 있듯이 담임과 교과교사의 역할도 크게 바뀌어 진로에 대한 안내와 상담, 교육과정의 설계에 대한 전문성과 지도, 학생에 대한 멘토

---

13) 홍원표, 조복희, 한은경, 김용진, 오창민(2019). 2019 고교학점제 연구학교 사례연구: 서울 대도시 국·공·사립 고등학교. 연구보고 CRC 2019-2-1. 충북: 한국교육과정평가원.

역할뿐 아니라 타 학교나 지역과의 연계 교육에도 관심을 가지게 되었다.

물론 교과수업에서의 다과목 지도, 다양한 역할 변화에 따른 연수 등 교사들의 부담이 크게 증가하고 있는 것도 현실이다. 그런데도 임종언 외 연구[14]에 의하면 교사들은 다과목 지도의 필요성을 분명히 인식하고, 협력적인 태도가 나타나는 등 다과목 지도를 수용하는 분위기가 형성되고 있었다. 특히 교사들의 역량 개발을 위한 전문적 학습공동체, 교사 연구동아리, 연수가 활성화되고 있었다. 교사들은 학생들의 진로·학업 설계에 대한 상담을 위해 대학입시 전반과 고교학점제에 대해 전문가가 되어야 함을 인식하고 있었다. 이러한 결과는 향후 교사들의 업무 조직 구성 및 역할에 대한 시사점을 얻을 수 있다.

▌ 고교학점제에서의 교사의 역할 변화 방향

구분	현행	학점제 도입 이후
담임	• 행정학급별 담임배정 • 출결관리, 생활지도 등 학급운영 중심	• 10명 내외 소수 학생 담당 • 학생 멘토링, 학부모 상담 • 학업 성취 모니터링 중심(미이수 예방) 　※ 복수담임제, 2~3년 연임제 등
교과교사	• 교과 지식 전달 주력 • 대입 관련 학생 변별 중심 • 단수 자격 활용 • 국가 수준 교육 개설 중심	• 학생 수요 반영 수업 설계(선택과목 확대) • 최소 학업성취수준 도달 지도 주력(미이수 예방) • 복수자격 활동(제2전공과목 지도) • 역량 범위 내 수업 적극 개설
진로전담 교사	• 학생 진로교육 (진로 수업, 진로 심리검사, 진로상담, 진로 정보 제공, 진로체험, 취업지원 등)	• 진로, 진학 연계하여 학생 학업 설계, 이수 지도 • 진로과목 선택 변경 지원 및 상담 　※ 현행 진로교육 방식(수업, 상담 등)을 교육과정 　　이수 지도와 연계하여 실시

고교학점제 연구·선도학교에서 나타난 교원 업무 변화의 쟁점 탐색(임종헌 외, 2022)

새로운 변화 중 하나는 학교의 조직 체계와 문화이다. 다수의 학교에는 교육과정 전담 부서 설치로 교육과정 중심의 학교 업무 재구조화가 이루어지고 협업

14) 임종헌, 김주아, 이쌍철, 박종미, 홍지오(2022). 고교학점제 연구선도학교에서 나타난 교원 업무 변화의 쟁점 탐색. 한국교육개발원.

체제가 구성되었다. 또한 학교 내에서 소통하고 협력하는 문화가 활성화되고 있다. 학교 교육과정 편성 등에서 민주적인 의사 결정을 위해 교과 교사들 간 협의회, 교육과정위원회나 진로·진학 지도 및 교육과정 설명회를 통해 학생과 학부모와의 소통도 증가하고 있다.

연구·선도학교들을 중심으로 학교 공간 조성사업이 활성화되어 교육과정의 변화를 촉진하고 있다. 이러한 공간 변화는 노후화된 학교시설의 기능 개선을 넘어, 혁신적 교육 및 미래지향적 삶을 위한 공간으로 학교 공간을 탈바꿈하는 혁신의 과정[15]으로 보고 있다. 학교 내에 홈베이스, 학습 카페, 세미나실 등을 조성하여 공강 시간 활용, 자율 동아리 활동, 팀 프로젝트 모임의 장소로 이용되고 있다. 공간이 교육에 미치는 영향에 대한 이해가 높아지고 공간 변화가 학생 중심 수업과 과정 중심 평가 등으로 자연스럽게 이어져 학교 활동에서 학생들의 만족도가 높아지고 있다. [16]

제도 안착을 위한 현장의 어려움은 여전하다.

우선 고교학점제 시행을 위한 여건 마련이 시급하다. 현장의 가장 큰 어려움은 교육과정의 탄력적 편성·운영은 교사 수급의 탄력적 확보[17]가 전제되어야 한다는 점이다. 특히 소규모 학교일수록 이러한 요구는 더 강하며, 교원의 증원뿐 아니라 강사 확보를 위한 인력풀과 예산 지원 등이 요청된다. 학생들의 과목 선택과 관련하여 도·농간, 대규모 학교와 소규모 학교간 차이는 교육 격차로 이어질 우려가 있으며, 전문가가 참여하는 진로·진학 지도 등에서도 차이가 발생할 수 있다.

---

15) 이상민, 권희경, 박성철, 유승호, 임종헌, 조진일, 최형주, 김황, 이현주(2020). 학교공간혁신의 교육효과 분석 방안. 충북: 한국교육개발원

16) 임종헌, 김주아, 이쌍철, 박종미, 홍지오(2022). 고교학점제 연구선도학교에서 나타난 교원 업무 변화의 쟁점 탐색. 한국교육개발원.

17) 교육부, 충청남도교육청(2021). 교육과정 연구학교 운영 사례집.

성취평가제도의 도입과 관련하여 학교별 특성을 고려한 평가 기준의 개발, A 단계 비율이 증가하는 성적 부풀리기[18], 최소 성취 수준 보장 지도에 따른 부담 등 제도의 현장 안착을 위한 지원이 요청되는 상황이다. 또한 이수 제도 도입에 따른 보충이수를 위한 제도적, 인적 지원과 학부모 민원 등도 해결해야 할 과제[19] 이다. 학교 교육과정 운영 과정에서는 공강 시간의 활용, 시간표 편성의 어려움, 공간의 확보 등에서도 지원이 필요하다. 마지막으로 고교학점제의 취지와 운영에 부합하는 대입제도의 개선이다. 현 대입제도처럼 서열화된 수능점수에 따른 정시 모집이 주를 이루면 실질적인 학점제형 교육과정 운영은 불가능하다. 미래 사회를 이끌 인재를 양성한다는 측면에서도 대입제도에 대한 큰 결단이 요구된다.

고교학점제 전면 도입을 위해
어떤 지원과 고민이 필요할까?

고교학점제는 그동안 단계적 도입을 통해 많은 준비와 지원을 해왔음에도 현장에서는 어려움을 호소하는 일이 많이 나타나고 있다. 미래 사회의 변화와 학생들의 특성 등을 종합적으로 고려할 때 고교학점제는 미룰 수 없는 고교교육의 기본적 제도라 할 수 있다. 고교교육이 대입제도에 종속되면서 본연의 역할을 하지 못한 측면 등을 종합적으로 고려하여 교육혁신의 기회를 삼아야 할 것이

---

18) 진경애, 손민정, 시기자, 신호재, 서보억, 권경필, 전경희, 김태호(2019). 고교교육 혁신 방향에 따른 학생평가 방안 탐색. 연구보고 RRE 2019-12. 한국교육과정평가원.

19) 김기수, 백영선, 김정민, 김택형, 박영출, 안병훈, 정미라(2022). 고교학점제에 따른 대입제도 개편 방안. 기본연구 2022-05. 경기도교육연구원.

다. 이를 위해 현재 상황에 대한 진단을 토대로 과감한 제도적, 물적, 인적 지원과 함께 교사, 학생, 학부모, 그리고 우리 사회 구성원 모두가 교육에 대한 새로운 시각과 관점을 가져야 한다. 여기서는 고교학점제의 안정적 정착을 위한 다양한 지원 방안을 살펴보기로 한다.

학생 맞춤형 교육과정 설계와 운영의 여건이 마련되어야 한다.

유연한 학생 맞춤형 교육과정이 운영될 수 있도록 해야 한다.

고교학점제의 기본적 전제가 학생의 과목 선택과 교육의 책무성 강화이다. 하지만, 이 두 가지 기본 원칙을 지나치게 강조하다 보면 단위학교 교육과정 운영에서 역으로 자율성을 저해하는 요인으로 작용할 수도 있으며, 교사의 업무 과중이라는 부작용이 나타난다. 따라서 학교의 여건에 따른 자율적 운영이 가능하게 해야 하고 동시에 학교가 필요로 하는 여건을 시도별로 교육(지원)청 차원에서 마련해 주어야 한다.

첫째, 학생 맞춤형 교육과정 편성에서 선택과목 수의 확대에 과도하게 치중할 필요는 없다. 최근 일부 대학에서 필수 이수 과목[20]을 지정하였는데, 학과나 계열에 따라 필요한 최소한의 과목에 그치고 있어 진로에 특정된 분야의 과목을 과도하게 이수하게 할 필요는 없다. 또한 학생이 진로를 변경할 가능성도 염두에 두어야 한다. 따라서, 수능 대상 과목인 일반 선택과목 중 본인이 응시할 과목을 선택하고, 학생들이 창의력과 융합적 사고력 등을 함양할 수 있도록 진로 및 융합 선택과목(2022 개정 교육과정)을 이수하도록 하면 된다. 단위 학교 개설이 어려운 소인수 과목은 공동교육과정과 온라인 학교[21] 등을 통해 이수하도록 한다. 물론 다과목 지도에 따른 교사의 평균 시수 문제, 강사 지원 문제는 별도의

---

20) 매일신문(2023.8.23.) 자기소개서 제출 폐지. 학생부 교과 학습 발달상황 중요도 높아진다.
21) 온라인학교는 교실, 교사 등을 갖추고 시간제 수업을 개설하여 제공하는 새로운 형태의 학교로, 개별 학교에서 개설이 어려운 과목을 중심으로 교육과정을 운영한다(교육부·한국교육개발원, 2023).

대책이 필요하다.

둘째, 공동교육과정, 공강 시간 활용, 학교 자율과정 운영에서의 융통성 있는 방안이 필요하다. 공동교육과정은 정규 수업시간 내에서 편성되도록 공강 시간 등과 연계하여 편성하는 방안을 마련할 필요가 있다. 예컨대, 수요일이나 금요일 등 특정 날짜의 하루 또는 오후 시간을 매주 또는 격주로 모아서 편성하고 지역사회와 연계한 학교 밖 교육도 편성할 수 있을 것이다. 공강 시간의 본래 취지는 다양한 과목을 선택할 여지를 위한 것이다. 이를 위해 교육과정 총론 일부 개정[22]을 통해 204단위를 192학점으로 적정화하였는데, 국제시수와 비교해 보면 우리나라가 많은 시수를 공부하는 것은 아니다.[23] 예를 들어 주 3일을 6교시만 편성할 경우, 중학교보다도 시수가 적게 된다. 따라서 학교별로 자율적으로 학생들이 희망하거나 필요한 프로그램 등을 개설하는 것은 바람직하다. 하지만, 학교에서 획일적으로 모든 학생에게 적용하는 것은 지양해야 한다. 또한 공강 시간에 학생지도나 특별 프로그램 운영하는 교사에게 정규 수업 시수로 계산하든지, 수당을 지급하거나 별도 강사를 채용할 수 있도록 지원해야 한다.

▨ 공강 활용 사례(서울 ○○고)

프로그램	내용	비고
진로-독서 프로그램	• 독서 연계 진로 탐색 프로젝트, 독서 토론	학생주도
창의적 체험활동 연계 주제 탐구 프로그램	• 프로젝트 봉사 동아리 플로깅 활동 • 드림 프로젝트, 방과후학교 활동 • 미래기술 스마트러닝(인공지능 서비스, 미래 트렌드)	학생주도 학년부 지원
학습 멘토-멘티활동 탐구 프로젝트 활동	• 또래 집단 학습 멘토링 • 수업량 유연화 주제 심화 탐구 활동	학생주도
진로 집중 탐색 프로그램	• 개인별·모둠별 진로 연계 프로젝트 활동	학생주도
고전·인문 아카데미	• 강동도서관 연계 고전·인문 아카데미 • 서울시립대 연계 '전쟁과 역사'(인문학 톺아보기)	학생 주도 학년부 지원

---

22) 2015 개정 교육과정 일부 개정(교육부 고시 제2022-2호, 2022.1.17.)

23) (국가별 고등학교 수업시간) 미국 2,625시간, 캐나다 2,475시간, 핀란드 2,137시간(교육부, 2021a).

학생 선택 특강 프로그램	• 주제별 진로 특강 및 인문/과학 프로그램(선택) • 기후변화 모의 유엔 총회	담당부서 지원
학습 지원 프로그램	• 기초학력 제고 위한 교과 지도, 학습 코칭 • 국어, 영어, 수학 교과 최소 성취수준 보장 지도 운영 • 정서 지원 및 상담 활동	교과교사 학년부 및 교육과정부

한편, 학생의 과목 선택과 관련하여 모든 과목을 같이 이수하도록 해야 한다는 의견이 있었다. 동등한 고교교육을 통해 형평성을 확보하자는 입장이다. 이는 개성과 소질을 중시하는 교육적·사회적 변화에 비추어 타당하다고 보기 어렵다. 인간은 각자 나름의 소질과 적성이 있고, 이를 기본으로 하는 진로 설계가 개인의 역량을 극대화하고 자아실현과 행복한 삶을 살아가는 성장의 길이라는 점을 고려해야 한다. 또한 최소 성취 수준 보장 지도 등 학생의 기본적 학력에 대한 국가책임의 강화를 통해 우려하는 형평성 확보는 보완할 수 있을 것이다.

> **개인의 개성과 적성 존중하는 교육과 사회로 가야**
>
> 우리는 개개인성을 인정받고 싶어 한다. 진정한 자신이 될 수 있는 사회에서 살고 싶어 한다. 인위적 기준에 순응할 필요 없이 자신의 고유한 본성에 따라 자기 방식대로 배우고 발전하고 기회를 추구할 수 있는 그런 사회를 바란다.
>
> 출처: 평균의 종말(Todd Rose, 2015; 정미나 역 본문 중

또한 학생들이 고교 1학년에서 자신의 진로를 결정하고 개인별 교육과정을 설계하는 것이 바람직한가의 문제[24]가 있다. 이는 고고 1학년에서 진로를 완전히 결정하는 것이 아니라 큰 틀에서 적성과 진로를 고려한 교육과정을 주도적으로 설계하면서 자신에 대한 성찰과 자신감을 갖고 역량을 키워가는 과정이며,

---

24) 이현(2018). 고교학점제는 대안이 될 수 있을까? 진보교육 74호,

진로의 변경은 충분히 가능하다고 볼 수 있다.

교육과정을 지원하는 운영체제와 학교 문화가 구축되어야 한다.

학점제가 우선 적용되고 있는 연구학교 등에서 운영상의 많은 어려움을 호소하고 있는 것이 현실이다. 이주연 외(2020) 연구[25]에 의하면 다양한 전공과목 교사 수급의 어려움(30.8%), 다과목 지도 교사의 업무 부담 증가(29.9%), 이동 수업 시간표 구성의 어려움(15.5%) 등이 많다고 응답하였다. 결국 교원 수, 교실, 과중한 업무 등 학교의 여건은 큰 변화가 없는데 다양한 학생들의 수요에 맞게 교육과정을 운영하라는 것은 현장을 모르는 탁상공론 정책이 될 수 있다는 의미이기도 하다. 특히 인구 급감으로 농산어촌 소재 소규모 학교는 개설 교과목이 턱없이 적고, 1명의 교사가 심하면 4~5과목도 가르쳐야 한다. 위 연구에서 선택과목을 많이 개설할수록, 그리고 읍면 지역의 학교(34.4%)에서 상대적으로 이런 어려움이 커진다고 여기는 것이 이를 입증하는 결과이다. 이에 대한 방안을 몇 가지 제시해 본다.

첫째, 학생 중심 교육과정 편성과 실질적인 교원 업무 경감을 위해 학교 조직의 개편과 지원 체제가 필요하다. 교육과정 전문성을 갖춘 교육과정부, 수업·평가 혁신 및 최소 성취수준 보장 지도를 전담하는 연구부 혹은 교과부를, 학생 진로·학업 설계 지도를 위한 진로진학부와 학년부의 역할 강화 등이 연구학교를 중심으로 이루어지고 있다. 하지만, 교사는 수업과 평가 등 교육의 본질에 충실할 수 있도록 하고, 평가와 관련된 민원의 전담, 교원의 역량 강화 연수 등을 위한 교육부와 시·도교육청 직속의 '평가관리센터', '수업·평가 혁신 지원센터'를 시급히 설치 운영하는 것이 필요하다. 교사와 행정직원 간의 업무분장 명확화, 과

---

25) 이주연, 이광우, 권점례, 백경선, 배화순, 전호재(2021). 고교학점제 도입에 따른 공동교육과정 개선 방안 탐색. 연구보고 RRC 2021-5. 충북: 한국교육과정평가원.

도한 행정업무[26]를 전담할 인력 보강 등을 포함한 개선 방안도 필요하다.[27] 중장기적으로는 교무·학사 행정업무를 순환 보직형으로 교사가 담당하는 방안에 대한 고민도 필요하다고 본다.

둘째 수업 전문가로서 교사의 역량 강화를 위한 여건이 마련되어야 한다. 다과목 지도에 대한 시간 배려, 공강 시간 지도, 진로·학업 설계 지도, 교과협의회 시간 등 새로운 교사 역할을 고려한 수업 시수 인정 범위의 확대가 필요하다. 현직 교사가 보충이수 지도나 최소 성취 수준 보장 지도를 담당할 경우, 교사의 평균 수업 시수는 현행 15~18시간 내외에서 12시간 내외 정도로 감축하는 등 기준 시수에 대한 근거를 마련해야 한다. 현행의 수업 시간을 유지한다면, 최소 성취 수준 보장 지도 등 추가되는 시간에 대한 수당이 지급되어야 하며 이에 대한 교육부의 관련 기준 개정도 요구된다. 아이들은 학급에 없는데 담임 업무는 변함이 없어 담임제도의 변화도 필요하다. 또한 수업·평가 혁신 및 최소 성취 수준 보장 지도 등을 위한 교과협의회 및 전문적 학습공동체, 교사동아리 활성화 지원(시간, 예산), 그리고 교육과정 및 수업과 평가 전문성 향상을 위한 교사 연수가 지속적으로 제공되어야 한다. 아울러 담당 교과의 교육과정과 평가 전문성, 다과목 지도 역량 등을 갖출 수 있도록 학습연구년 제도 확대도 적극 검토되어야 한다.

교원 증원 없는 학점제는 교육과정의 부실을 가져온다.

교원 배치 기준이 교원 1인당 학생 수가 기준이다 보니 학생 수 감축은 교원 감축으로 직결되는 상황이다. 그동안 우리나라는 나름대로 교원 충원에 적극적인 편이고 학생이 감축됨에 따라 교사 1인당 학생 수는 OECD 수준을 넘어서고

---

26) 국가별 교사의 주당 행정업무 시간(OECD, 2018) : 일본 5.6 〉 한국 5.4 〉영국 3.8 〉 스웨덴 〉 프랑스 1.4 〉 핀란드 1.1

27) 손찬희, 정광희, 박경호, 최수진, 양희준, 전제상, 류호섭, 온가영, 이유리(2017). 학생 맞춤형 선택 학습 실현을 위한 고등학교 학점제 도입 방안연구. CR 2017-20, 한국교육개발원.

있지만,[28] 올해 학생 감축에 따른 초·중·고교 교원 수는 440,497명으로 오히려 전년(441,796명) 대비 1,299명(0.3%↓) 감축되면서 교사의 수업 부담은 증가하고 있다.

특히 고교학점제에 따른 학생의 과목 선택권 보장, 수업 혁신 및 진로 설계 지도 등 업무 증가, 소규모 학교의 증가 등으로 인한 교사 확보는 필수적이다. 물론 지난 몇 년간 학점제 연구학교에 학교당 1명의 교사를 더 배정하였지만, 근본적으로 교원 배치 기준을 새롭게 마련하는 것이 필요하다. 이때 기존의 평균 주당 수업 시수(18년 기준, 16.9시간)에서 고교학점제 적정 주당 수업 시수를 고려하여 필요 교원 수 기준을 마련해야 한다.[29] 예컨대 교원 배치 기준을 기존 교사 1인당 학생 수가 아니라 수업 학급의 학생 수, 농산어촌 등 특수 환경 학교, 공동 교육과정 운영 등 학점제 교육과정에 따른 필요 정원 산출 방식[30]을 재설계해야 한다. 또한 교원자격증별 상치 범위에 대한 교육부 차원의 기준 마련, 복수(부)전공 자격 연수 자격 연수 확대 등도 필요하다. 또한 소규모 학교 등을 위한 순회 교사 배치나 정원 외 기간제 교사 채용 범위 확대와 예산 지원이 필요하다. 이와 관련하여 교육청 소속 순회 교사의 경우 방학 중 교육공무원법 제41조 연수가 불가능하고 전적으로 순회만 해야 하는 등의 어려움이 있다. 이를 해소하는 방안으로 온라인 학교에 순회교사를 배치하고 소인수 선택과목의 원격이수와 최소 성취 수준 보장 지도, 대체이수 과목 운영 등을 담당하도록 하는 방안을 제안한다. 물론 공무원 수의 증가는 어려운 문제나 최소한 학생 수 감축으로 인한 교원 감원 부분에 대해서는 온라인 소속 교사로 전환함으로써 교사들의 수업과 업무 부담 경감 및 다양한 과목 개설 등을 지원해야 한다.

---

28) 교원 1인당 학생 수는 초등학교 13.3명, 중학교 11.6명, 고등학교 9.8명으로 2022년 대비 초·중학교는 각각 0.4명, 0.1명이 감소하였고 고등학교는 0.2명 증가(2023년 교육기본 통계, 2023)

29) 이재덕, 김도기, 박태양, 이길재(2021). 고교학점제 실행을 위한 필요 교원수 추산 연구. 교육행정학연구, 39(3), 325-345.

30) 박시영(2023). 교사를 줄이면서 고교학점제를 하라고?. 교육언론 창(2023.8.22.)

> **< 온라인 학교의 구성과 운영 제안 >**
>
> - **설치**: 광역 시도 단위에 설치 운영(현재 4개 시도)하되 넓은 지역의 경우 교육지원청에 추가 설치
> - **업무**: 관내 고교생 대상 소인수 과목 개설(온오프라인 수업 병행도 가능), 일부 전국 단위 과목 개설, 교사 연수 및 수업 혁신, 평가 혁신 지원도 사이버 학교 업무로 인정
> - **조직 운영**: 광역 단위 교수학습지원센터(평가관리센터)가 관리 감독기관이 되고, 온라인 수업 담당과 함께 소규모 학교를 위한 순회 교사, 현재 교육지원청이나 교수학습센터에 배치된 교사의 경우도 온라인 학교 소속으로 변경(교사의 41조 연수 등 고려)
>   ※ 세종시교육청의 경우 과목별 강사진을 교육청에서 구성하여 단위 학교의 결·보강에 강사 투입(서류에서 수당 지급까지 일괄 처리)

학생 성장 중심 평가, 학습 과정을 중시하는 평가로 변화해야 한다.

절대평가 vs 상대평가? 이제 선택의 문제가 아니다.

교과목의 평가에서 절대평가와 상대평가의 선택 문제는 오랫동안 쟁점이 되어왔다. 성취평가는 학생이 '무엇을', '어느 정도' 성취하였는가를 평가하는 준거 참조 평가이다. 반면, 상대평가는 누가 더 잘했는가를 알아보기 위해 학생의 점수를 상대적 서열(규준)에 의해 판단하는 평가로 규준 참조 평가라 한다. 이 문제는 기본적으로 교육관의 차이에서 파생되는 문제이나 우리나라에서는 내신 성적이 대학 입학 전형자료로 활용되는 상황에서 사회적 문제로 대두[31]되는 것이기도 하다.

2022 개정 교육과정 총론에 의하면 평가는 학생 개개인의 교육 목표 도달 정도를 확인하고, 학습의 부족한 부분을 보충하며, 교수학습의 질을 개선하는데

---

31) 이명애, 박혜영, 성경희, 변태진, 김성혜, 김영은, 박도영, 양길석, 임해미(2018). 고교학점제 실행을 위한 교육평가 개선 방안 연구. 연구보고 RRC 2018-3, 충북: 한국교육과정평가원.

주안점을 두도록 하고 있다. [32] 특히 성취평가제는 교육과정 성취기준을 토대로 교수·학습 및 평가가 일관성 있게 이루어지도록 함으로써 수업 및 평가의 정합성이 올라가고, 학생들의 목표 성취 파악을 쉽게 한다. 하지만 고등학교 성취평가제는 대입에 집중된 현 고교교육으로 인해 애초 도입 취지와 어긋난 시험 형식의 구현, 대학입시와 성취평가제 시행의 충돌로 인한 성취평가 활용의 어려움 등이 야기되었다. [33] 이러한 논의 등을 포함하여 최근에 발표된 고교학점제 학생평가 방향을 살펴보면, 다음과 같다.

▨ 고교학점제 학생평가 주요 방안

2025년부터 고교학점제 실시		성취도 정보	석차 등급
보통교과	공통국어 1·2 공통(기본)수학 1·2 공통(기본)영어 1·2 통합사회 1·2 통합과학 1·2 등	원점수 및 A·B·C·D·E 5단계로 성취평가	9등급 상대평가 병기
	선택과목 (일반·진로·융합)		절대평가 (석차등급 병기 폐지)
	전문교과		

※ 공통(통합)과목 1·2는 8학점씩, 공통과목 중 한국사 1·2(6학점), 과학탐구실험 1·2(2학점, 3단계)는 석차등급 미산출

교육부 공교육 경쟁력 제고 방안(연합뉴스, 2023.6.21)

고교학점제에서는 기본적으로 학생들이 성취 여부에 따른 학점 획득과 미이수 방지 예방 등을 위한 학습 과정에의 피드백 근거로 성취도를 활용함으로써 학생들의 성장을 지원하게 되므로 성취평가제가 기본이라 할 수 있다. 따라서, 교육부도 고교학점제가 전면 도입되면 전 과목 성취평가제를 적용하는 것으로 추진하고 있다. 성취평가제의 전면 도입은 과도한 내신 경쟁을 완화하는 효과도

---

32) 교육부(2022). 초중등학교 교육과정 총론. 교육부 고시 제2022-33호. [별책1]

33) 조현영, 손민호, 김덕년, 박진희, 박진용, 한학범(2020). 2015 개정 교육과정에 따른 수업과 평가 혁신 방안연구. 교육부·인하대학교.

있을 것으로 보이지만, 내신 부풀리기와 변별력 저하 문제 등이 우려되기도 한다. 한편 고등학교 공통과목은 현재 성취평가 결과와 함께 9단계 상대평가 석차 등급도 함께 적도록 하였다. 일부에서 9등급 병기가 1학년 성적의 실질 반영 비중이 높아지면서 사교육에 대해 우려하는 목소리도 있으며, 준거참조 평가와 규준 참조 평가의 공존 역시 문제로 지적된다. 이는 한시적으로 적용된 후 정상화하는 것이 필요하다고 본다.

성공의 열쇠는 성취평가제의 신뢰도 확보다.

성취평가제 시행 시 우려되는 내신 부풀리기, 변별력 저하 문제를 해결하면서 현장에 안착시키는 신뢰도 확보 방안은 무엇인가? 평가가 학생들의 성장을 지원함과 동시에 그 결과가 상급학교 진학의 선발 자료로 활용되는 것은 누구나 인정하는 사실이다. 다만, 주객이 전도되어 평가가 수업을 흔드는 소위 꼬리가 머리를 흔드는 상황이 지속되어 온 것이 문제이다.

우선, 고교학점제의 도입을 계기로 교실수업에서 가장 큰 변화를 끌어낼 수 있는 것은 성취평가제가 본래의 취지대로 시행되는 것이다. 즉, 평가의 본질을 회복하는 계기라는 점이다. 현재 고등학교의 진로 선택과목에만 성취평가제가 적용되고 공통과목과 일반 선택과목은 9등급제와 병기하고 있다. 앞으로 2025년부터는 전 과목 성취평가제를 적용하되 공통과목은 9등급을 함께 적도록[34] 하고 있다. 학점제가 일정 수준에 도달하면 학점을 취득하는 것이므로 서열화된 점수로 학점 취득 여부나 성취 정도를 평가하는 것은 본질에 벗어난다.

둘째, 평가의 공정성 확보와 고교 간 서열화 해소가 필수적이다. 학교 평가 결과에 대한 학생과 학부모의 신뢰, 성적 부풀리기 등에 따른 학교 간 격차 문제 등이 제기될 수 있다. 이는 국가 수준의 성취기준과 평가 기준을 근거로 교과협의

---

34) 교육부(2023) 공교육 경쟁력 제고 방안. 2023. 6.

회 등을 통해 객관성을 확보할 수 있는 평가의 기준과 분할 점수 등 준거 점수를 설정하고 실행하면 된다. 교사의 임의 기준에 의한 절대평가가 아닌 국가 수준의 성취기준이 평가 결과의 타당성을 보장할 수 있을 때, 성취평가제에서 평가 결과의 신뢰성을 얻을 수 있다. 이는 어떤 학교든, 어느 시기든 동일 과목에서 A의 성취도를 얻은 학생들은 동일 수준의 역량이 되어야 함을 의미한다(조현영 외, 2020). 준거참조평가로서의 성취수준 분류의 정확성과 일관성을 지니는 것이 매우 중요[35] 하다(Kane, 2017).

학교 간 격차 문제와 관련하여 고교체제 개편을 전제로 진행해온 고교학점제의 가장 큰 걸림돌은 자사고, 특목고 유지 정책이다. 전 교과 절대평가제로 전환되면 내신 불리 우려가 사라져 자사고와 특목고 선호도의 부활과 중학교에서의 사교육 증가도 우려된다. 학교 간 다양화라는 명목으로 수월성 교육을 강화하는 것이 학점제의 본질적 취지에 반하기 때문에 고교체제의 수평적 다양화로의 전환이 시급히 요구되며, 대학에서도 기존의 통계 등을 활용하여 성취평가제로 인해 특정 유형의 학교에 유리한 입시가 되지 않도록 해야 할 것이다.

셋째, 현재 일반계 고등학교에서 일반선택과목에 9등급이 병기되어 대입에 제공되고, 진로 선택 과목은 3단계 성취평가제가 적용되어 평가되고 있다. 여러 연구와 실제 학교 현장에서 점검하는 바에 의하면 일반 선택과목의 성취도 5단계 분포는 대략적으로 부풀리기 현상이 크게는 나타나지 않는 것으로 파악되고 있다. 반면에 3단계 절대평가 만을 적용하고 있는 진로 선택과목의 경우 상당한 수준의 부풀리기가 이루어지는 것으로 파악되기도 한다. 물론 일반 선택은 5단계로, 진로 선택은 3단계로 적용되어 직접적인 비교는 어렵지만, 병기되는 9등급이 대학입시에 반영되는 일반 선택과목에 비해 진로선택과목의 A 비율이 월등이 높게 나타나는 것은 향후 전과목 절대 평가가 적용될 경우를 상정하면 성

---

35) Kane, M. T.(2017). Loosening psychometric on educational assessments. Assessment in Education: Principles, Policy & Practice. 24(3), pp. 447-453.

적 부풀리기에 대한 우려가 있음을 나타내며 이에 대한 대책이 요구된다. 예컨대 학교별로 비교되는 단계별 비율을 근거로 학생이나 학부모의 민원 가능성은 충분히 존재하며, 대학에서도 내신 평가를 통한 선발에서 고민이 많아질 수 밖에 없다. 대입제도 전반에 대한 설계 과정에서 이에 대한 대응 방안의 마련이 필요할 것이며, 고등학교에서 평가에 대한 교사들의 역량 함양과 평가의 객관성을 확보하기 위한 기준 등이 필요할 것이다.

진경애 외(2019)연구[36]에서는 성취수준별 추가 통계 정보 제공, 성취수준별 비율 제한, 성취평가제 단계 세분화를 통한 보완을 제안하였다. 하지만, 이 중 상당 부분은 성취평가제의 본질을 훼손할 우려가 있다는 점에서 신중한 검토가 필요하다. 논란이 되는 1학년 공통과목의 등급 병기는 한시적으로 성적 부풀리기를 억제하는 근거로 사용될 가능성은 있다. 개별 학생의 1학년 성적을 토대로 학생별 능력 수준을 파악하고, 학교의 평가 난이도를 가늠할 수 있다. 물론 이는 한국교육과정평가원 등에 설치된 국가 수준 평가관리센터나 시·도교육(지원)청의 교수학습센터(평가관리센터) 등을 통해 '학교-교육청-외부' 3단계 점검 등을 통한 공정성 강화 방안으로 추진되어야 할 것이다. 그런데도 학점제에 등급을 통한 성적 산출은 학점제의 취지와 부합하지 않으므로 이는 2030년경 성취평가제가 안정적으로 정착될 때까지만 사용하는 것으로 한정해야 할 것이다. 또한 공통과목의 9등급 표기는 성취도와 함께 적은 것이기 때문에 대학에서 일부 변별력이 필요한 특별한 경우 등에 한정하여 활용하고, 원칙적으로는 3년간의 성취평가 성적을 반영한다는 기준을 미리 정해 발표하는 것이 필요하다.

넷째, 대학별로 반영하는 교과 영역이나 과목별 비중, 대학이 중요하게 여기는 역량 등에 차이가 있으므로 이에 대한 사전 고지를 통해 학교나 학생이 자신의 진로에 맞는 역량 함양 노력이 이루어지도록 해야 할 것이다.

---

36) 진경애, 손민정, 시기자, 신호재, 서보억, 권경필, 전경희, 김태호(2019). 고교교육 혁신 방향에 따른 학생평가 방안 탐색. 연구보고 RRE 2019-12. 한국교육과정평가원.

다섯째, 공정성 확보를 위한 제도적 지원이 필요하다. 교육부가 발표한 것처럼 국가 수준 평가관리센터나 시도교육(지원)청의 교수학습센터 또는 평가관리센터를 설치해서 평가 기준과 예시 문항 등을 제공하고, 컨설팅을 통해 공정하고 객관적인 평가가 이루어지도록 해야 한다. 성적 관련 민원의 경우 단위 학교가 아닌 관련 기관에서 해결하도록 제도화해야 한다. 또한 교사들의 평가 전문성 신장을 위한 연수 등의 지원이 필수적으로 필요하다.

과목 이수 제도를 단계적, 안정적으로 정착시키는 것이 필요하다.

2025년부터 과목별로 학업성취율 40% 미만일 경우 해당 과목을 미이수로 간주한다.[37] 2015 개정 교육과정에서 단위를 이수하는 것과 학점을 취득하는 것의 가장 큰 차이가 여기에 있다. 이는 국가와 학생, 학부모 등 교육 주체 모두에게 학생들의 기본 학력을 보장하도록 하는 의무의 부과라는 의미도 있다. 이 제도의 정착을 위해 2022년에는 교원 연수 및 시·도 학교 준비 과정을 거치고, 2023~2024학년도에는 공통과목 국어·영어·수학에 대한 최소 성취 수준 보장 지도를 시행하고, 2025년부터 전 과목에 대한 과목 이수제를 도입하는 방안이 검토되고 있다.

과목 이수제와 관련하여 학교 현장에서 느끼는 가장 큰 어려움은 교육부 및 시·도교육청 단위에서 미이수 관리체계에 대한 가이드 자체가 아직 모호하다는 점이다. 이명애 외(2018) 연구[38]에서는 F학점 처리할 경우, 3년 이내에 졸업을 못하는 학생이나 고교 중도 탈락 학생이 대폭 증가할 가능성이 크다는 점, 미이수나 재이수를 피하기 위한 과목의 선택 경향성 초래, 미이수/재이수로 인한 학습부담 증가와 학생 간 위화감 조성, 재이수를 위한 수업 편성의 어려움, F학점 처

---

37) 교육부(2021). 고교학점제 종합 추진 계획. 2021.2.16.

38) 이명애, 박혜영, 성경희, 변태진, 김성혜, 김영은, 박도영, 양길석, 임해미(2018). 고교학점제 실행을 위한 교육평가 개선 방안 연구. 연구보고 RRC 2018-3. 충북: 한국교육과정평가원.

리에 대한 학생이나 학부모의 민원 가능성 등 현실적으로 민감한 문제들이 예상된다. 또한 과목 이수제는 교육 불평등으로 이어질 우려가 있다. 교육 소외 계층의 자녀나 학업 성적이 낮은 학생에게는 고등학교 졸업 장벽이 높아질 수도 있기 때문이다. 더구나 동일 학생의 미이수가 어느 한 과목에 그치는 것이 아니라 여러 과목에 걸쳐 발생할 가능성이 높다는 점도 고려할 필요가 있다. 고교학점제가 여건이 불리한 학생들을 학교 교육에서 더욱 소외시키는 결과를 야기할 수도 있다는 것이다.[39] 또한 과목 이수 기준으로 출석률과 성취도를 함께 적용하면, 교사의 책임이 과도해지고 학생과 학부모들의 민원이 우려되기도 한다.[40]

제도의 안착을 위해 먼저 과목 이수 제도의 단계적 적용을 제안한다. 전 과목의 이수 제도를 2025년 신입생부터 적용하는 것은 상당한 혼란을 초래할 우려가 있기 때문이다. 우리나라에서는 동일 나이의 친구들과 함께 고등학교를 졸업해야 한다는 인식이 매우 강하다. 학교가 모든 선택과목의 대체 이수 등을 위한 지도에 한계가 있기도 하다. 이에 2025년 신입생의 경우 1학년 공통과목에 한하여 우선 미이수 제도를 도입하고, 사전 예방을 위한 최소 성취 수준 보장 지도를 체계화하는 것이 필요하다. 공통과목은 선택과목의 이수 전에 갖추어야 할 기본학력을 위한 과목으로 책임교육의 측면에서 큰 의미가 있다. 방과 후 및 계절 학기 개설, 온라인 학교 등을 통한 보충 이수 또는 대체이수 방안을 마련해 가면서 일반선택과목, 진로 및 융합 선택과목 순으로 단계적으로 확대하면 된다.

최소 성취 수준 보장 지도는 가능하면 전면 도입하되 학교에 여건을 마련해 주어야 한다. 교사의 수업시수를 대폭 감축하고, 교사에게도 관련 수당을 지급해야 한다. 계절 학기도 별도의 강사 확보와 함께 담당 교사 수당이 지급되어야 한다. 또한 온라인 학교나 지역사회 교육기관, 교육지원청 등에서도 교육할 수

---

39) 홍원표, 이광우, 임유나(2022). 2022 개정 고등학교 교육과정의 남은 쟁점과 과제: 교육과정 담당 교원들의 의견을 중심으로. 교육과정연구, 40(1), pp. 157-183.
40) 노은희, 이광우, 김진숙, 신항수, 변희현, 주형미, 김영은, 지영래(2019). 고교학점제 도입에 따른 고등학교 교과 이수 기준 설정 방안 탐색(RRC 2019-3).

있도록 해야 한다.

고교학점제와 2022 개정 교육과정에 부합하는 대입제도[41] 개선이 필요하다.

대입제도는 학력고사에서 대학수학능력시험으로 바뀌고, 논술고사 등 새로운 전형요소가 도입되거나 입학사정관제와 같이 전형 요소의 평가 방식이 변경되는 등 수시로 변화되어 왔다. 하지만, 학력지상주의 전통으로 교육과정과 부합하는 대입제도는 요원한 과제이다. 그런 가운데 고교교육의 근본적인 변화를 요하는 고교학점제와 2022 개정 교육과정은 대입제도에도 이에 상응하는 변화를 요구하고 있다. 최근 2028 대입제도 개편안을 위한 정책적 논의가 이루어지고 있다. 고교학점제의 도입과 함께 변경되는 대입제도는 사회적 변화와 이해당사자들의 입장, 그리고 국가사회적 요구를 반영하면서 최선의 대안이 무엇인지 대해 심도 있는 숙의 과정이 요구된다.

고교학점제가 도입되면서 학습과 평가에 대한 명확한 관점이 정립되었다. 즉, 학생이 과목을 선택하고 주도적으로 교육과정을 설계하여 학점을 취득한 것은 개인의 적성과 관심뿐 아니라 소속 학교의 특성이 반영된 결과이다. 학생부에는 학생의 성장 과정과 함양된 역량이 교과 성적과 함께 기재되고 대학 역시 각 대학의 교육이념과 학과의 특성을 연계하여 학생을 선발하게 될 것이다 . 2023 한국대학교육협의회(대교협) 정기총회 참석 총장 대상 설문조사 결과[42]에 따르면, 응답자 108명 중 46명(42.6%)은 고교학점제 도입에 따라 수능의 자격고사화를, 현행 수능 유지는 30명(27.8%), 수능 폐지는 16명(14.8%), 서·논술형 수능 도입에는 13명(12.0%)이 응답하였다. 이는 학점제 도입을 계기로 대입제도에 대

---

41) 대학 입학 전형의 기준 및 절차, 학생의 입학 지원 방식, 대학의 합격자 사정 방법에 대해 정부가 정책으로 권위있게 발표한 내용을 의미한다(서남수, 배상훈, 2022).

42) 뉴스원(2023.2.05.). 대학총장 43% "수능 자격 고사화 해야".

한 근본적 변화를 요구한다고 볼 수 있다.

무엇보다 대입제도가 교실을 흔드는 구조를 바꾸어야 한다. 기본적으로 학기제 편성이 전제되는 고교학점제에서 수능이 11월 3주에 실시되면 3학년 2학기 과목 편성이 어렵다는 근본적 한계가 있다. 수능 시험 시기를 변경하고, 영향력을 약화시키며 학생들의 희망과 진로를 고려하여 선택 중심으로 3학년 2학기를 운영해야 한다.[43] 또한 상대평가 시험은 학생들의 성장을 위한 평가의 근본을 흔드는 것이다. 더구나 서울 주요 16개 대학의 정시 40% 이상 기준은 자퇴 후[44] 검정고시라는 유행[45]을 만들고 있으며, 학생들에게 성공의 경험이 아니라 실패와 좌절에 꿈을 잃도록 하고 있다.

교실 수업은 EBS 연계 선다형 문제풀이로 학생의 성장을 저해하고 있다. 이러한 문제는 단지 수능 개선으로 해결되는 것이 아니라 대입제도 자체에 대한 근본적 변혁을 통해 가능하다. 이러한 내용이 2028 대입에서 반영되어야 할 것이며, 실제 학부모들의 인식 변화 등 운용상의 문제가 있다면 단계적 개선 방안도 마련해야 할 것이다.

새로운 대입제도에 대한 몇 가지 고민해 본다.

대입제도의 내용은 전형요소(학생부, 수능, 논술, 실기, 면접 등)에 따라 구분되고 시기적으로는 정시와 수시로 진행된다. 어떠한 전형 요소들을 어떻게 조합하여 언제 실시하는가에 따라 대입제도는 매우 다양하게 구성될 수 있다. 새 대입제도와 관련해서는 미래 사회에 필요한 인재상을 전제로 고교학점제와 2022 개정 교

---

43) 김기수, 백영선, 김정민, 김택형, 박영출, 안병훈, 정미라(2022). 고교학점제에 따른 대입제도 개편 방안. 기본연구 2022-05. 경기도교육연구원.

44) 최근 3년간 전국 일반고 1~3학년 학업 중단 학생(종로학원, 학교알리미): 2021년(9504명) → 2022년(1만2798명) → 2023년(1만5520명) 총 3만7822명

45) 서울 주요 10개대(서울대, 연세대, 고려대, 성균관대, 서강대, 한양대, 중앙대, 경희대, 이화여대, 한국외국어대 종합) 검정고시 출신 입학자 비율(단위:%): 2018년(0.71) → 2019년(0.76) → 2020년(1.04) → 2021년(1.23) → 2022년(1.27) → 2023년(1.33) 자료: 종로학원, 학교알리미, 대학알리미

육과정의 취지 등을 종합적으로 고려하여 기본적으로 수능의 영향력을 약화하는 수능 절대평가, 자격고사화, 수능 과목 축소 등이 주로 제안[46]되고 있다.

최수진 외(2020)의 연구[47]에서는 '대입전형의 구조', '수능의 역할과 형태', '학생부의 역할과 형태'에 근거하여 고교학점제와 연계한 대입제도 시나리오를 도출하였다. 첫째, 수능을 자격고사로 활용하고 학생부 중심으로 평가하는 방안, 둘째, 수능Ⅰ&Ⅱ + 학생부 통합 방안으로 수능을 이원화하여 수능Ⅰ은 자격고사로 활용되고 학생부 중심으로 평가하는 전형과 수능Ⅱ를 학력 변별을 위한 주된 자료로 활용하고 학생부를 보조 자료로 활용하는 전형, 셋째, 현재와 같이 수능 중심 정시와 학생부 중심 수시로 구분하는 방안을 제안하였다.

새로운 대입제도 시안이 곧 발표될 것으로 보여 여기서는 기본적 방향에 대해서만 일부 제안해 보고자 한다.

첫째, 대입제도는 원칙적으로 대학의 자율성을 전제로 한 대입제도를 제안한다. 이를 위해서는 대학수학능력시험(명칭 등 변경 가능)을 자격고사적 성격을 갖도록 변경하고, 학교생활기록부, 대학별 면접 등을 토대로 대학이 자율적으로 학생을 선발할 수 있도록 해야 한다. 수능과 정시가 공정하다는 착각[48]에서 벗어나 공정성 논란으로 제한된 학생의 성장과 관련된 자료도 제공되어야 학점제의 취지에 맞는 대입전형이 가능할 것으로 보인다. 성적 부풀리기나 학생부 기재에 대한 교사의 전문성 우려가 있어도 이제 대학도 입학사정관의 역량도 높아지고 교사의 역량 함양도 지속되고 있어 이를 신뢰해야 미래로 나갈 수 있다.

둘째, 대입 전형 시기 및 유형과 관련하여 수시와 정시를 분리할 경우는 수능 시험일 조정을, 통합형 정시 모집 형태로 한 번에 대입전형이 이루어질 경우는

---

46) 김기수, 백영선, 김정민, 김태형, 박영출, 안병훈, 정미라(2022). 고교학점제에 따른 대입제도 개편 방안. 기본연구 2022-05. 경기도교육연구원.

47) 최수진, 임종헌, 박종미, 박소영(2020). 고교학점제와 대입제도 연계 방안 연구. 기술보고 TR 2020-10. 충북: 한국교육개발원.

48) 이도경(2023). 시험성적 위주로 뽑는 대입 정시가 '공정 수능'이라는 착각. 국민일보(2023.7.12.)

반드시 절대평가형 수능이 전제되어야 한다. 만약 등급형 수능을 유지하면서 정시 통합 전형에서 수능 비중이 과도한 비율을 차지할 경우 사실상 교실은 정시 시험 준비의 장으로 변질되고 말 것이기 때문이다. 학생의 수업참여 활동과 결과가 반영되도록 정시 전형에도 학생부의 정성평가 등이 반영되어야 한다.

셋째, 대학수학능력시험의 교과 및 과목 구성과 관련하여 2022 개정 교육과정의 취지에 부합하도록 할 것을 강력 권장한다. 학생의 수학능력 측정에 충실하면서 최소한에 그치도록 하고, 특정 교과나 과목의 이해관계나 압력의 영향을 받지 않도록 해야 한다. 2022 개정 교육과정의 취지를 고려한다면 대상 과목은 일반 선택과목에 한정할 것을 적극 권장하며, 현재 수능 교과나 과목 중 실제 수학 능력을 측정하는 것과 거리가 먼 경우는 과감히 배제하여 학생들의 부담을 줄이는 것에 대한 객관적 검토가 필요하다. 일부 논의되는 것으로 알려진 탐구 영역 과목을 통합사회와 통합과학으로 하는 안은 부작용이 우려된다. 통합사회와 통합과학은 중학교 과학 개념을 다수 포함하면서 사회 현상이나 자연현상에 대한 통합적 이해를 위한 과목이다. 이들 과목을 선다형 문항 출제 형식의 수능 대상 과목으로 하는 것을 교육과정적 측면에서 바람직하지 않으며 학생들의 부담도 커질 것으로 우려된다.

넷째, 수능의 전과목 절대 평가가 고교학점제의 취지와 부합하지만, 변별도 등의 이유로 상대평가를 유지한다면 절대평가가 적용되는 과목(예컨대 영어)의 난이도 조정은 필수적이다. 절대평가 과목의 1등급 비율이 상대평가 과목과 비슷하다면 이는 난센스이다.

다섯째, 소위 이과의 문과 침공과 관련하여 2022 개정 교육과정의 수능 대상 수학 과목 중 진로 선택과목을 배제하는 것이 필요하다. 진로 선택과목의 일부를 포함할 경우, 계열 또는 학과별 특성을 고려하여 2개 정도의 수리 영역 시험으로 분리해야 한다.

여섯째, 논·서술형 문항을 도입하는 것은 단계적으로 추진해야 한다. 2022 개정 교육과정이 초 3~4학년군, 중1, 고1에 도입되는 2025년부터 학교 시험을 서·논술형 중심으로 전환하고 교사들의 출제 및 평가 역량도 높이는 노력이 필요하다. 이런 과정을 거쳐 2031년 전후한 시기에 서·논술형 수능을 도입해야 사교육 및 교육격차 문제를 어느 정도 해소할 것이다. 또한 평가 신뢰도 제고와 공정성 판단을 위한 가칭 '교과평가지원센터' 등의 설립[49]도 적극 고려해야 할 것이다. 일부 논의되는 것으로 알려진 탐구 영역 과목을 통합사회와 통합과학으로 하는 안은 선다형 문항으로 하면 부작용이 매우 클 것이며, 다만 논술형 문항을 출제할 경우는 통합적 사고력의 함양과 과도한 난이도를 막을 수 있다는 측면에서 긍정적으로 검토할 수 있을 것이다.

일곱째, 내신 평가와 관련하여 앞서 살펴본 바와 같이 고교학점제에 기반한 2022 개정 교육과정은 가급적 5단계 성취평가제를 전과목에 도입하는 것이 필요하다. 일부 연구된 7등급 또는 5등급 상대평가를 병기하는 방식이 전과목으로 확대될 경우 학점제의 기본 취지가 구현되기는 어려울 것이다. 또한 소규모 학교 등에서 적성과 진로에 따른 과목 선택을 어렵게 하게 될 것이므로 이 경우 대학에서 상대평가보다는 성취도평가 결과를 반영하도록 하는 것이 필요하다.

마지막으로 사회적 합의를 거쳐 고교학점제의 취지에 부합하는 대입 방안을 마련해야 한다. 현행 대입에 대한 미세 조정안으로 결정되면 2030년 입학생 전후까지만 적용하고, 이후에는 위에 제시된 방향을 토대로 한 새로운 대입제도를 사회적 합의를 거쳐 확정해서 발표해야 할 것이다.

---

49) 김경범(2023). 줄 세우기 벗어난 2028학년도 새로운 수능. 내일신문(2023.8.23.)은 새로운 통합 정시모집은 수능전형, 내신 전형, 수능+학생부종합전형으로 구분되고 대학이 완전한 자율권을 갖고 운영할 것을 제안한 안도 있다.

교육과정에 기반한 교육의 본질을
추구하는 학교를 희망해 본다.

　고등학교에서의 교육은 학생들의 전인적 성장을 도모하는 데 있다. 교육과정 총론에 제시된 핵심 역량[50]을 함양하고 추구하는 인간상을 갖춘 미래 인재로 성장하도록 하는 것이 목적이다. 고교학점제는 획일적 주입식 교육에서 벗어나 모든 학생이 소외됨 없이 자신의 진로와 적성에 따라 교육을 받을 수 있도록 고등학교 교육 패러다임을 전환하는 것이다. 고교학점제가 확산되면서 학교에서의 수업과 평가가 달라지고 학생들이 자기 적성과 흥미를 토대로 진로를 고민하고 대학에 진학하거나 사회에 진출하게 될 것으로 기대된다. 학부모들이 자녀의 진로와 관련된 인식이 변화하고 산업사회에서 대학의 학과에 관한 선호도도 달라지고 있다. 학교 교육은 학생들이 지식의 습득과 서열화를 넘어 다양한 사회적 역량을 함양할 수 있도록 해야 한다는 인식도 높아지고 있다. 사회적으로도 블라인드 채용이 확대되고 학벌보다 역량을 중시하는 채용 문화가 확산하고 있지만, 사회 전 분야로 정착되기까지는 상당한 시간이 필요할 것으로 보인다. 여전히 개인의 능력을 대학의 간판으로 판단하고 대학 진학을 고등학교 교육의 유일한 목표로 생각하는 사회적 인식이 학교 교육을 흔드는 것이다.

　교육부는 2022년에 고교학점제를 운용할 수 있는 고등학교 교육과정 개선을 중심으로 하는 2022 개정 교육과정의 총론과 각론을 확정·고시하였다. 학기제를 기본으로 하여 다양한 선택과목을 이수하되, 대입과 관련된 별도의 시험(현행

---

50)　2022 개정 교육과정의 핵심 역량: 자기관리 역량, 지식정보처리 역량, 창의적 사고 역량, 심미적 감성 역량, 협력적 소통 역량, 공동체 역량(초·중등학교 교육과정 총론, 교육부 고시 제2022-33호)

의 수능)을 볼 경우 범위를 일반선택 과목으로 제한함으로써 3년 내내 객관식 시험 위주로 학습하지 않도록 설계하였다. 일반 선택과목 중 대학수학능력시험에서 선택할 과목을 이수하고, 적성과 진로를 고려하여 진로 선택과목과 융합 선택과목을 조합한 개인별 맞춤형 교육과정을 이수하도록 하였다. 학생들은 학교 밖 교육이나 학교장이나 교육감 개설 과목 등도 다양하게 선택할 수 있다. 무엇보다 협력과 소통, 권한과 책임의 인식을 제고하고 미래사회의 변화(지속가능성, 불확실성에 대비, 사회적 협력의 시대 등)에 능동적으로 대응하는 역량을 함양할 수 있도록 개선한 2022 개정 교육과정이 고교학점제의 전면 적용을 안정적으로 실현하는 기초가 될 것이다.

교육 현장의 패러다임 변화를 맞이하는 현시점에서 학생들이 진로와 적성에 맞는 역량 기반 교육과정을 이수하고, 교사는 성취기준에 맞게 유의미한 학습 경험을 제공하고 학생들의 역량을 타당하게 평가하며, 대학은 학생의 학교 활동과 성장 과정을 공정하게 살펴 선발함으로써 고교-대학 간 연계와 신뢰를 확보하는 것이 중요하다. 교사들도 교육과 미래 인재상에 대한 고민과 함께 학교 내 협력적이고 자율적인 문화를 형성하고 교육과정에 대한 문해력을 높일 수 있도록 교사·학부모 연수 등도 체계적으로 이루어질 필요가 있다. 더불어 고교학점제가 안정적으로 정착될 수 있도록 학교의 여건 등을 종합적으로 고려하여 제도의 단계적 도입을 추진하면서, 학생·교원·학부모 등 교육 공동체와 함께 정부와 시·도교육청이 협력하여 노력해야 할 것이다.

2028 대입제도,
과연 미래교육을 준비하고 있는가?

성 기 선
가톨릭대학교 교수 / 전 한국교육과정평가원 원장

교육문제 왜곡의 중심, 대학입학시험

2023년 여름, 우리는 뜨거운 아스팔트 위에서 연인원 100만 명의 교사들이 모였던 역사적 사건을 놀라운 마음으로 지켜보았다. 7월 중순, 서울의 한 초등학교 교사가 이 세상을 떠난 이후 들불같이 교사들이 일어났다. 세계 교육사에서도 찾아보기 힘든 이러한 현상을 우리는 어떻게 해석해야 하는가? 교권침해 현상이 극에 달하여 그렇다고 이해할 수 있지만 그것만으로는 설명이 제대로 되지 않는다.

그런데 이러한 현상을 보도한 외신은 오히려 본질에 가까운 지적을 하고 있다. 이를테면, 영국 텔레그래프에서는 교권침해의 원인으로 '학벌 지상주의'를 지목했다. "한국의 교육시스템은 극한 경쟁이다. 학생들은 어린 나이부터 특출한 성적을 받아 최상위권 대학에 입학하려고 이리저리 내몰린다"며 "학부모들은 자녀의 성공을 위해 교사들에게 민원을 넣고 압박하고 있다"고 전했다. 이어 매체는 "한국에서는 학업에서 성공하는 것이 워낙 중요하다 보니 학부모들이 더욱 민원에 열을 올리고 있다"며 "이로 인해 교실에서 교사에 대한 괴롭힘이 더욱 심해지고 있다"고 설명했다.[1] 마찬가지로 영국 BBC에서는 "한국에서 붕괴된 건 비단 교실뿐만이 아니고, 사회 전반의 교육 제도 개혁이 필요하며, 성공에 대한 좁은 정의도 바뀌어야 한다는 목소리가 크다"라고 보도하면서 대학입시를 둘러싼 지나친 입시열풍이 교권침해와 밀접히 관련되어 있음을 지적하고 있다.[2]

우리 사회에서 대학입학시험은 초·중등 교육을 비롯한 모든 교육문제를 왜곡시키는 강력한 회오리의 중심축이 되어 있다. 대학입학제도 문제는 단순히 입시제도라는 틀을 넘어서 현대 한국 사회가 갖고 있는 특징의 한 단면을 바라볼 수 있게 해주는 렌즈와 같은 역할을 수행한다.[3] 우리 사회의 교육문제는 다양하다. 대입을 위한 공부 때문에 거의 모든 학생이 우울하고 불행하며, 거의 모든 학부모가 자녀 교육문제로 심각한 스트레스를 받고 있다. 또한 중·고등학교의 경우 사교육이 공교육의 상당 부분을 대체하며 학교교육의 기능이 상실되고 있으며, 시험과 평가가 정상적인 교육을 무력화하고, 과도한 사교육비가 가정경제를 어렵게 하고 있다. 또한 교사의 자존감이 땅에 떨어졌다는 점, 마지막으로 공교육을 통해 배출된 인력, 대학 졸업자가 미래의 한국사회의 지속 가능성과 발전에 거의 기여하지 못할 위험성이 크다는 점 등 수만 가지이다.[4]

이러한 문제를 해결하는 방식은 다양할 수 있다. 예컨대, 학벌주의 철폐, 학력 간 임금격차 축소, 세제 개편을 통한 불평등 완화, 대학평준화 등 사회구조적 변화를 들 수 있다. 이러한 근본적인 변화가 없이는 교육문제를 해결하기 힘들 수

1) "韓 교권 추락, 학벌주의 탓"…외신도 주목한 '공교육 멈춤의 날'. 머니투데이. 2023.09.05
2) 잇따른 교사 자살로 드러난 '학부모 갑질'. BBC 코리아. 2023.09.04
3) 송순재 외(2007). 대학입시와 교육제도의 스펙트럼. 학지사.
4) 김동춘(2003). "평가에 집착 말고 교육목표를 재설정해야" - 수능사태에 던지는 교육 정치 사회학적 의미 -. 〈수능사태, 학생·시민·사회의 목소리를 듣다〉. 국회긴급토론회 자료집.

밖에 없다. 그러나 이러한 변화에 앞서 입시제도 개편을 통해서도 조금의 변화가 가능하다고 전제하고, '미래형 대입제도가 어떻게 진행되어야 하는가'라는 질문에 답해 보고자 한다.

먼저 지난 5~6년 동안 진행되었던 입시제도 관련 논의를 정리하고자 한다. 대입 공론화, 고교학점제, 2022 개정 교육과정은 대입제도 변화와 밀접히 관련되어 있는 주제들이다. 이들 정책의 취지와 그 논의 과정을 통해서 대입제도가 가야 하는 방향에 대해서 알아본다. 이어서 올 상반기를 뜨겁게 달구었던 '수능 킬러문항 사태'를 통해서 무엇이 쟁점이 되었는지 살펴본 후, 교육부가 10월 10일 발표한 '미래사회를 대비하는 2028 대학입시제도 개편 시안'의 내용을 검토해 보고자 한다.

대입제도 개편 공론화 과정의 쟁점과 의미

2017년 문재인 정부가 들어서면서 수능 개편에 대한 노력이 시작되었다. 당시 교육부는 2017년 8월 31일, 2021학년도 대학수학능력시험(이하 수능) 개편 시안을 발표하고 여론 수렴을 진행하였다. 핵심논의 사항은 상대평가와 절대평가이다. 수능과목을 절대평가해야 한다는 주장과 국·영·수 과목은 상대평가, 나머지 과목은 절대평가한다는 두 선택지에 대한 논의가 공방을 이루었다. 그러나 수능 개편에 대한 교육주체 간 이견이 크고 사회적 합의가 충분하지 않다는 점 등을 고려하여 수능 개편을 1년 유예하고 충분한 소통과 공론화 등을 거쳐 종합적인 방안을 마련하겠다고 발표하였다. 그리고 2017년 12월 12일, 대입제도 개편을 위한 대입정책포럼 개최 계획을 발표하면서 종합적인 대입제도 개편방안 시안 마련 이후 대국민 공론화 등 국가교육회의의 충분한 숙의과정을 거칠 계획이라고 밝혔다. 이후 교육부는 2018년 4월 11일, '대학입시제도 국가교육회의 이송안'을 발표하며 국가교육회의에 대입제도 개편 관련 주요 쟁점에 대한 숙의 공론화를 요청하였으며, 이에 따라 국가교육회의는 대입제도 개편 권고안 마련을 위한 공론화를 본격적으로 추진하였다.[5]

공론화위원회에서는 학생부위주전형과 수능위주전형 간 비율 검토, 수시 수능최저학력기준 활용 여부, 수능 평가방법과 관련하여 전 과목 절대평가 전환과 수능 상대평가 유지 원칙 중 선택 문제 3가지를 공론화의 범위로 설정하였다. 이러한 논의 주제를 중심으로 500명 이상의 시민참여단이 3개월 정도의 공론화 과정에 참여하였다. 그 결과는 수능 위주 전형 확대, 상대평가 원칙 유지, 중장기적으로 수능 절대평가 확대 그리고 수능최저학력 기준의 대학 자율적 활용 등으로 요약될 수 있다. 결국 공론화 과정을 거치면서 정시 확대라는 결과를 내놓게 되었다. 학교현장의 교육적 왜곡과 학생들의 입시고통, 과도한 사교육비와 교육기회의 불평등과 같이 지속되어 왔던 문제점들을 해결하기는커녕 오히려 이 문제들이 더욱 악화되는 역설이 나타났다.[6](성기선, 2023)

기존 입시제도에 수능 위주의 정시 선발 비율을 높임으로 인해 입시경쟁교육이 갖는 문제점은 더욱 악화되어 공교육을 왜곡시키고 있었다. 수능은 상대평가 9등급의 서열을 넘어서 백분위와 표준점수로 표기됨으로써 1점을 더 따기 위한 무한 경쟁이 불가피하게 되고, 학생과 학교가 수능 대비에 주력하게 됨에 따라 교육과정의 파행을 심화시키게 되었다. 또한 수능시험이 변별력을 이유로 난도가 높거나 풀이에 시간이 많이 소요되는 문제로 구성되면서 고득점을 얻기 위해서는 사교육을 통한 조기 선행학습과 고난도 문제에 적응하고 반복 숙련하는 것

---

5) 대입제도 개편 공론화위원회(2018). 시민의 지혜! 대입제도 개편 공론화 백서. 숙의하고 대안을 찾다 - 백서). 대입제도 개편 공론화위원회.
6) 성기선(2022). "2028학년도 대학입시제도, 어떻게 될까?". 『대한민국 교육트렌드 2023』. 에듀니티.

이 불가피하였다. 아울러 수능 시험 과목이 국어, 영어, 수학과 함께 사회탐구와 과학탐구 2과목인 상황에서 수능 비율의 증가로 수능과목 중심의 편식 교육과정이 고착화되고 있다. 정시지원 학생은 수능에서 선택한 과목 이외의 시간에는 수업에 참여하기보다 자기계획에 따라 입시과목 준비를 하고 있는 실정이다.[7] 결론적으로 공론화과정을 통해서 정시 비율이 늘어나게 됨으로써 기존의 입시경쟁교육을 완화하려던 취지는 사라지고 오히려 더욱 악화시키는 역설을 맞게 되었다.

그나마 이 공론화 과정을 통해서 얻을 수 있었던 성과 중의 하나는 '중장기적으로 수능 절대평가 확대'라는 점이다. 다시 말하면, 향후 수능이나 대입제도 개편을 할 때에는 수능이 갖는 문제점을 극복할 수 있는 방안을 적극 검토해야 한다는 주장을 담았다. 그리고 그 기회는 2025년 처음으로 고교학점제가 적용되기 시작할 때 고등학교를 입학하는 학생들이 치를 2028학년도 대입제도에서 적용될 가능성을 열어 두었다.

고교학점제와 새 대입제도의 가능성

윤석열 정부가 들어서면서 많은 사람들의 교육정책 변화에 대한 관심은 '과연 2025학년도부터 시행될 고교학점제가 어떻게 되는가?'였다. 2017년 문재인 대통령의 공약에서 비롯된 고교학점제가 시범운영 과정을 거쳐 2025학년도부터 본격 적용되도록 예고되었다. 2021년 교육부에서는 '고교학점제 종합 추진계획'

---

7) 김학한(2023). "입시경쟁교육 해소와 공교육정상화를 -입시제도 개편 방향- ". 〈국가교육위원회 대학입시제도 개편 특별위원회 5차회의 자료집〉. 국가교육위원회.

을 발표하면서 향후 추진 일정까지 명료화했다. 이 자료에 따르면 고교학점제는 고등학교 1학년 1~2학기 동안에는 공통과목을 이수하도록 하고, 1학년 2학기부터는 다양한 선택과목을 개설하도록 학교 단위의 교육과정 편성 자율권을 대폭 확대하고 있다.[8] 결국 새 정부에서도 고교학점제를 2025년 전면 실시한다는 원래의 계획을 변함없이 추진한다는 발표를 한 바 있다.[9]

이러한 고교학점제가 시작된다면 2028학년도 첫 졸업생이 치러야 하는 대입제도는 지금까지와는 달라질 수밖에 없다. 고교학점제를 본격적으로 적용하게 된다면 교육과정이 크게 변화되기 때문이다. 그중 가장 큰 변화는 다름 아니라 학생들의 선택과목이 대폭 증가할 수밖에 없다는 점이다. 학교는 학생들의 교과목에 대한 수요조사를 거쳐 개설 과목을 정하고, 학생은 수강 신청을 통해 이수할 과목을 확정하는 방식을 따른다. 지금까지 고교학점제 연구학교를 시행한 결과, 재학 중 평균 선택과목 수가 34% 정도 증가한 사례가 이러한 변화를 예고하고 있다.[10]

학생에 따른 과목선택이 증가한다면 기존의 수능체계를 적용하기에는 어려움이 있다. 이를테면 고등학교 1학년 때 7과목 정도의 공통과목을 포함하여 졸업할 때까지 192학점을 이수하여야 졸업하게 된다. 공통과목이 아닌 과목은 학생별 진로와 적성에 따른 일반선택, 진로선택, 융합선택과목이 다양하게 개설된다. 따라서 현행 수능의 출제과목과는 매우 다른 양상을 보일 것이므로 수능 체제의 근본적 변화가 불가피하다.

교육부에서도 이 문제에 대응하기 위해서 '미래형 대입제도'에 대한 준비를 예고한 바 있다. 예컨대, 교육부(2018.04.11.)는 4차 산업혁명 시대에 필요한 창의적 사고력, 문제해결력, 표현력 등을 교육하기 위해, 중장기적으로 대입전형

---

8) 교육부(2021). 고교학점제 종합추진계획. 교육부 고교교육혁신과.

9) 고교학점제로 정시확대 어렵다더니… 자사고는 존치에 무게. 파이낸셜뉴스. 2022.05.19

10) 박도영 외(2020). 대학수학능력시험의 성과와 발전방안: 서·논술형 수능 도입 가능성 모색. KICE 포지션 페이퍼 제12권 5호. 한국교육과정평가원.

에 선다형 수능과 서·논술형 수능을 균형적으로 활용하는 방향을 제시한 바 있다.[11] 또한 미래사회에 필요한 역량의 평가 및 고교학점제 등 최근의 교육정책을 종합적으로 반영하기 위해 서·논술형뿐 아니라 미래역량을 타당하게 평가할 수 있는 새로운 수능 체제를 마련할 것이라고 발표하기도 하였다.[12] (교육부, 2019. 11. 28.)

아울러 한국교육과정평가원에서도 이러한 미래형 수능에 대한 연구를 시행한 바 있다. 이 연구의 제목은 '대학수학능력시험의 성과와 발전 방향: 서·논술형 수능 도입 가능성 모색'인데, 여기에서 새로운 방향에 대해서 가능성을 타진하고 있었다. 즉 고교학점제로 기존 수능이 지속되기 어렵다는 점을 전제하고 서·논술형으로 변화해야 한다는 점을 분명히 하고 있다. 그것은 현재의 수능이 갖는 문제점에 대한 대안일 수 있으며 미래형 입시제도가 갖추어야 할 요소가 무엇인지를 검토하였다는 점에서 의미를 갖는다. 이 연구의 핵심 내용은 다음 몇 가지로 정리할 수 있다.

첫째, 1994학년도에 도입된 이래 수능은 표준화된 절차에 따라 운영·관리되어 대입 전형요소로서 공신력과 변별력을 갖춘 신뢰성 있는 시험으로 인식되고 있지만, 선다형 위주의 수능으로 인해 고등학교 수업이 지식 중심의 암기식, 문제풀이식으로 운영되어 왔다. 선다형 문항만으로는 고등사고능력이나 미래사회 대비 핵심역량 평가에 제한적일 수 있다는 인식이 확산되고 있다. 따라서, 초·중등 교육의 최종 관문인 수능에서도 기존의 선다형 위주 체제에 안주하지 않고 새로운 체제로의 전환을 위한 발전 방향을 설정해야 하며, 유력한 대안의 하나인 서·논술형 수능의 도입 가능성을 모색할 필요가 있다.

둘째, 선다형 위주 수능시험 준비를 위한 교육과정과 교수·학습의 파행적 운영을 억제하고 4차 산업혁명 시대에 필요한 창의적 사고력, 문제해결력, 표현력

---

11) 교육부(2018). 대학입시제도 국가교육회의 이송안(보도자료). 세종: 교육부.
12) 교육부(2019). 대입제도 공정성 강화 방안(보도자료). 세종: 교육부.

등의 핵심역량을 평가하기 위해 서·논술형 수능이 도입되어야 한다는 요구가 많았다.

셋째, 다만, 서·논술형 수능 도입에 있어서 ① 채점자와 채점기준의 공정성 확보 문제 및 대규모 답안 채점에 따른 부담, ② 채점주관 기관 문제, ③ 분리(이원화) 도입 또는 추가 도입 여부, ④ 절대평가 또는 상대평가 적용 여부, ⑤ 공교육 준비도 및 사교육 유발 문제 등의 쟁점이 있다.

마지막으로 수능이 선다형 위주 시험의 제약을 뛰어넘어 미래사회 핵심역량 함양에 기여하는 방향으로 발전하기 위해서는, ① 서·논술형 수능 도입의 기본원칙 수립 및 우선순위 결정, ② 학교 교육에 미치는 혼란 최소화 및 공교육 준비도 제고를 위한 각종 지원, ③ 서·논술형 수능 도입 관련 연구 지원이 요구된다고 밝히고 있다. [13]

킬러문항 사태와 공정한 수능

2025학년도에 전면 실시하는 고교학점제는 대학처럼 학생이 스스로 선택한 과목을 듣고 기준 학점을 채우면 졸업할 수 있도록 하는 제도이다. 여기에 맞춰 2022 개정 교육과정이 발표되었고 교과서출판사들은 지금 그에 따른 교과서를 바쁘게 준비하고 있다. 그다음은 이러한 교육과정에 맞춰서 대입제도가 준비되고 발표되어야 한다. 다시 말하면 교육과정이 변화되고 그러한 변화에 부합되는 평가방식이 변화되어야 한다.

---

13) 박도영 외(2020) 전게서.

'윤석열 정부 110대 국정과제'의 '82번 과제'는 '모두를 인재로 양성하는 학습혁명(교육부)'이다. 이 과제에서 가장 먼저 등장하는 항목이 '대입제도 개편'이다. '미래 교육 수요와 사회 변화를 반영하여 대입제도 개편(~2024.2)'이란 설명을 붙이고 있다. 분명히 2024년 2월까지 미래형 대입제도를 개편한다고 밝혔다. '2028학년도 대입제도 개편을 논의하기 위한 대입정책자문회의'를 구성하고, 2022년 8월 30일 첫 회의를 소집했다. 이 자리에서 자문회의 의장은 "미래 교육이 나아가야 할 방향에 대해 고민하고, 미래형 대입제도를 구상하는 데 적극적으로 동참하겠다"고 말했다. 그러나 2022년 11월 초, 새로 임명된 교육부장관은 "미세조정이라고 할까요. 교실 변화에 주력을 하고 입시에 함의가 무엇이 있을지 검토….."라고 말했다. 미래형 대입제도와 미세조정은 수준과 정도에서 큰 차이를 보여주는 발언이다. 미래형 대입제도가 교육과정의 변화, 사회변화를 고려한 큰 틀의 변화를 예정하고 있는 용어라고 한다면, 미세조정은 기존의 입시제도인 수능 중심의 선발을 교과목이나 반영 방식 정도를 부분 수정하겠다는 미시적 변화를 의미한다.

현재 상황에서 대입제도는 미세조정으로 가능한 수준이 아니다. 예컨대, 수시와 정시의 구분, 학생부와 수능의 반영 방식, 수능의 선택과목, 서·논술형 수능 도입, 절대평가와 상대평가, 수능 자격고사화, 대학별고사 등 수많은 이슈가 검토되어야만 한다. 그 과정에서 전문가뿐만 아니라 광범위한 국민들의 참여도 보장되어야 한다. 이러한 교육부 장관의 태도는 입시제도 개편이 혼선을 겪게 된 첫 계기가 되었다고 볼 수 있다. 그리고 교육부는 대입제도 시안 발표를 애초에 2023년 2월에 발표한다고 했다가, 다시 6, 7월경으로 미루고 킬러문항 문제가 터지면서 다시 연기하였다. 킬러문항 사태가 또다시 미래형 입시제도 논의를 이상한 방향으로 끌고 가게 된 것이다.

'킬러문항' 사태가 무엇인가? 2023년 6월 15일 대통령은 교육부 장관의 업무 보고를 받고 "과도한 배경지식을 요구하거나 대학 전공 수준의 비문학 문항 등 공교육에서 다루지 않는 부분의 문제를 수능에서 출제하면 이런 것은 무조건 사교육에 의존하라는 것 아닌가. 교육 당국과 사교육 산업이 한편(카르텔)이란 말인가"라고 말하면서 "최근 사교육비가 증가하는 상황에서 정부는 사교육비 경감 방안을 강력히 추진하라"고 지시했다. 언론 보도에 따르면 이날 대통령실이 전한 대통령의 말은 이게 전부이다. 대통령 지시의 핵심은 사교육비 경감이고, 교육부 장관은 수능 문항 개선을 사교육비 경감을 위한 수단으로 보고했다.

당연히 언론은 대통령의 지시를 '쉬운 수능'으로 보도했고, "쉬운 수능이 사교육 부담을 줄이면서 공교육에 힘을 싣는 윤석열 정부 교육개혁의 신호탄"이라며 긍정적으로 받아들였다. 대통령실 관계자는 "학교 수업에서 벗어난 내용이 출제되면 학원을 다녀야 하고, 이는 결국 부모 경제력으로 교육의 격차가 대물림된다는 게 대통령의 인식"이라면서 "특정 학원을 다녀야만 수능을 잘 치를 수 있는 현재의 제도는 사교육의 이권 카르텔이나 마찬가지인 만큼 확실히 타파하라는 것"이라고 했다. 과학 같은 국어 문제, 전부터 폐해로 지적되던 '꼬아낸 문제'와 킬러문항을 없애겠다는 의지의 표명이다.

그런데 대통령의 지시는 다음 날 큰 파문을 만들었고, 당장 11월 16일 수능을 앞둔 학생과 학부모는 큰 혼란을 겪고 있다. 왜 이렇게 되었을까. 업무보고 다음 날 이어진 후속 조치 그리고 대통령실과 교육부의 설명이 혼선을 만들었기 때문이다. 6월 16일 교육부에서 대학입시를 담당하는 인재정책기획관이 면직되었고, 교육부와 사교육업계의 카르텔이라는 말도 사람들 입에 떠돌았다. 대통령이 올 초부터 일찌감치 교육부 장관에게 수능 문제를 '쉽게 내라고 지시'했는데 담당 국장이 따르지 않았다는 게 교육부가 직접 밝힌 면직 및 대기 발령의 이유였다. 구체적으로 교육과정평가원의 6월 수능 모의평가 문항이 어려웠다는 것이다. 교육과정 밖에서 출제해서가 아니라 문제가 어려워서 경질되었다.

사교육비 원인의 하나는 변별력을 가진 수능이다. 그런데 정부는 사교육비를 줄이겠다면서도 변별력은 유지하겠다고 한다. 지각하면 안 되지만 아침잠은 충분히 자겠다는 아이처럼, 정부 정책은 모순적이다. 언론이 칭찬했던 '쉬운 수능'이라는 사교육비 경감 방안을 하루 만에 스스로 부정했다. 대통령실은 "어려운 문제를 빼라는 게 아니라 교육과정 내 출제하라는 뜻"이며 그것이 '공정한 수능'이라고 했지만, 현실에서는 그게 바로 모순이라는 사실을 모르고 있었다. 이어서 교육부 장관은 학생들을 사교육으로 내모는 원인으로 이른바 킬러문항(초고난도 문항)을 지목하고 "공교육 과정 내에서 다루지 않는 내용은 대학수학능력시험(수능) 출제를 배제하겠다"고 발언했다. 2023년 9월 모의수능은 한편에서는 킬러문항을 배제했다고 발표하였지만, 여전히 킬러문항은 존재한다는 주장도 제기되었다.[14]

수능, 킬러문항 때문에 학교교육이 정상화되지 않고, 사교육이 창궐하고, 일타강사가 돈을 벌고, 학생들과 학부모가 스트레스받고, 학생들이 정신병과 우울증에 걸리는 것이 아니라, 엄격한 변별과 성적 등급화, 서열화의 필요성 때문에 사교육이 창궐하고 킬러문항이 나온 것이다. 즉 킬러문항은 부산물이자 결과이지 원인이 아니다. 그래서 수능, 그리고 수능의 킬러문항은 아무 죄가 없다. 이런 문제를 야기한 것은 수능이 아니라 수능이라는 제도를 없애지 못하는 한국의 대학 서열이다.[15] 따라서 대입제도 개선에 앞서 제기된 이러한 킬러문항 논쟁은 미래형 핵심역량, 고교학점제, 수능 절대평가, 서·논술형평가, 학교교육 정상화, 대학의 선발자율권 등의 키워드들을 삭제시켜 버릴 수 있는 위험성을 안고 있었다. 이른바 모든 복잡한 논의내용들을 하나의 기준, 다시 말하면 '공정수능'이라는 키워드로 치환시켜버리는 위험성을 담고 있었다.

요컨대 이러한 혼란을 통해서 드러나는 키워드 두 개는 공정한 수능, 사교육비 경감이다. 기존의 수능이 학교교육을 선다형 문제풀이 교육으로 전락시켰다는 비판보다는 대통령의 말이 더 중요한 입시제도 개편 방향으로 자리잡게 되었

14) 사격세 "수능 9월 모의평가, 킬러문항 여전히 출제". KBS. 2023.09.25
15) 김동춘(2023) 전게서.

다. 2022 개정 교육과정, 고교학점제와 같은 교육의 중요한 정책적 변화를 기정 사실로 한다면 당연히 '미래형 교육·학습방법과 평가체제'를 구축해야 하며, 그 연장선에서 '미래형 평가-대입제도 개편'을 마련해야만 한다. 하지만 느닷없이 제기된 킬러문항 사태는 2028년 미래형 입시제도 개편의 방향이 다시 혼란 속으로 빠지게 되는 결과를 초래하였다.

미래형 입시제도의 방향

현재의 대학수학능력시험(이하 수능)은 1994학년도에 도입된 이래 크고 작은 변화를 겪으면서도 대입전형 자료로서의 공정성과 객관성 확보 차원에서 5지 선다형 객관식 위주로 오랫동안 시행되어오고 있다. 하지만 선다형 위주의 수능 시험 준비로 인해 고등학교 교육과정이 정상적으로 운영되지 않는다는 지적이 지속적으로 제기되어 왔다. 대학입시에 종속된 획일적인 고등학교 교육과정 운영, 수능과목 위주의 교육과정 편성, 국·영·수 위주의 암기식·강의식 수업, 과도한 성적 경쟁을 유발하는 주범으로 수능이 비판받고 있다. 또한 객관식 문제 풀이로 인해 미래사회가 요구하는 핵심역량인 비판적 사고력, 창의력, 소통능력 및 협업능력 등을 함양시키기 어려운 상황이다.

그렇다면 현재의 수능은 공정한가? 강태중(2023) 교수는 이 문제에 대해서 정확한 진단을 내리고 있다.[16] 수능이 공정하다고 평가되는 지점을 크게 세 가지로 제시했다. 첫째, 수능은 국가 수준에서 단일한(획일적인) 잣대를 제공한다. 말

---

16) 강태중(2023). '공정 수능'이 정의롭지 못하다면?. 교육을 바꾸는 사람들. 2023.7.20.

그대로 전국 모든 수험생을 한 줄로 세우는 시험이다. 학교별로 또는 국지적으로 생산되는 다양한 전형자료는 '공약수(公約數)'를 지니지 못하는 만큼, 그것에 근거한 사정(査定)에는 이견과 잡음이 일기 마련이다. 수능의 획일성은 그런 '불공정' 시비를 잠재워줄 수 있다. 둘째, 수능은 공개된 원칙과 절차에 따라 운영된다. 출제나 채점 과정이 공식적으로 정해진 규칙과 방식으로 이루어질 뿐만 아니라, 각 대학에서 그 점수를 적용하여 당락을 결정하는 과정에서도 숨겨질 수 있는 구석이 사실상 없다. 이와 같은 '투명성'은 '깜깜이' 전형이란 의구심을 불러일으키는 학생부종합전형과 수능이 극명히 대조되게 만든다. 마지막으로, 수능은 '객관적인' 점수를 제공한다. 수능 문항이나 정답에 대한 시비는 사전에 가려지며, 채점은 기계적으로 이루어진다. 한 수험생에 대한 채점 결과(점수)를 놓고 이견이 생길 수 없다. 게다가 점수는 숫자로 간명하게 제시된다. 이런 수능의 '객관성'은 당락 결정에 대한 왜곡이나 이의 제기 여지를 없앤다.

국가가 엄청난 자원을 들여 관리함으로써 수능은 획일성, 투명성, 객관성 등의 덕목을 갖추게 되었다. 그 덕에 수능은 공정하다고 인정받는다. 대입 경쟁은 '인생'이 걸려 있는 만큼 치열하다. 수능이 그런 경쟁에 대한 결과를 객관적으로 투명하게 이의 없이 이루어지도록 만들고 있다면, 그 점에서는 수능이 공정한 제도라 할 수 있다.

그러나 이러한 수능이 공정한가를 또 다른 시각에서 평가한다면 다를 수 있다. 절차적 엄정성과 명료함이 공정성을 뒷받침한다고 하지만, 수능점수가 계층 간 경제력을 반영하고 있다는 점에 이르면 거시적 시각에서는 다른 평가를 내릴 수 있다. 수능점수와 계층격차를 분석한 내용은 아니지만 최근 우리나라의 계층 간 학력격차가 더 벌어지고 있다는 보고는 국제성취도 비교연구를 통해서도 입증되고 있다.

한국교육과정평가원에서 'OECD 국제 학업성취도 평가(PISA)' 결과를 분석해 보고서를 내놨는데, 교육 격차와 관련해 주목할 만한 내용을 담고 있다. PISA는

3년 주기로 약 80개국의 만 15세 학생들을 대상으로 읽기·수학·과학 등 세 영역을 평가한다. 연구진은 학생의 가정 배경인 경제·사회·문화적 지위 지표(ESCS)에 따른 학생들의 영역별 성취도 평균을 산출하고, 2009년과 2018년 사이에 어떻게 달라졌는지 분석했다. 보고서에서 가장 주목할 만한 결론은 다음과 같다. 첫째, 부모의 사회·경제적 지위에 따른 학력 격차가 최근 10년 사이 더 커졌다. 둘째, 교육을 통한 계층 이동 가능성이 크게 줄었다. 셋째, 학교 간 및 (특히 두드러지게) 학교 내 학력 격차가 증가했다.

이 보고서에서는 '학업탄력적 학생들의 비율이 줄어들고 있다'는 점을 지적하고 있는데, 이는 교육을 통한 계층 이동의 가능성이 감소하고 있음을 시사한다. '학업탄력적 집단'이란 '가정 배경 변인(ESCS)' 하위 25%에 속하면서 3개 영역 모두 3수준 이상의 성취도를 보이는 학생들의 비율을 의미한다. 분석 결과, 저소득층이나 취약계층 자녀 중에서 평균 이상의 성취도를 보이는 학생들의 비율이 12.71%에서 9.34%로 눈에 띄게 줄었다. 가난한 집 자녀 10명 중 9명은 하나 이상의 영역에서 하위 수준의 성취도를 보인다는 뜻이다. ESCS 하위 25% 미만 학생이 세 과목 평균 점수가 상위(5수준 이상)에 속하는 비율은 5.9%로 아주 낮은 반면, 최하위(1수준 이하)에 속하는 비율은 24.2%나 된다. 코로나19로 인한 학력격차 심화를 지적하고 있지만, 전반적으로 계층 간 학력격차가 더 벌어지고 있다는 실상을 드러내 주는 연구결과이다.[17]

이러한 계층 간 학력격차는 수능점수에도 마찬가지로 반영되고 있다. 서울대 입학처장을 맡았던 분의 언급이 인상적이었다. "만약 입시를 정시로 100% 한다면 특목고, 자사고, 강남 8학군 출신이 입학생 모두를 채울 것이다"라고 했다. 또한 서강대 입학처장을 했던 분은 "정시 확대로 정원이 늘어났는데, 그 늘어난 숫자의 대부분이 강남 8학군 출신자들로 채워졌다"라고 했다. 이러한 언급이 공통

---

17) 최인선 외 2021, 《OECD 국제 학업성취도 평가 연구: PISA 2018 상위국 성취특성 및 교육맥락변인과의 관계 분석》, 한국교육과정평가원.

적으로 지적하고 있는 점은 수능점수가 계층적으로 비례한다는 사실이다. 따라서 수능이 공정하다는 주장은 사회구조적인 측면을 고려한다면 전혀 다른 내용으로 반박을 받을 수밖에 없다.

이제 미래형 입시제도가 무엇이며 어떻게 바뀌어야 하는가에 대해서 간략히 정리해 보자. 먼저 고교학점제 방식의 교육과정과 수업방식의 변화를 반영해야 한다. 2022 개정 교육과정에 따르면 1학년은 공통과목으로 운영되고 고등학교 2~3학년은 일반선택과목과 진로선택과목, 그리고 융합선택과목이 운영된다. 평가방식은 공통과목의 경우 성취평가제(5등급 절대평가)와 9등급 상대평가의 병기, 선택과목은 성취평가제(5등급 절대평가)로 전환된다. 이러한 변화로 인해 고교학점제에서 소인수과목 선택의 문제점으로 지적되었던 상대평가에서의 불리한 요소를 제거하였다. 그런데 1학년 공통과목만을 상대평가로 한다면 대학입시에서 고등학교 1학년 성적이 과도하게 영향을 미치게 되고, 이로 인해 중학교에서의 선행학습이 극심해지며, 고등학교 2, 3학년 수업이 부실화될 우려가 있기 때문에 이러한 문제를 해결해야 한다는 주장이 제기되고 있다.[18]

둘째, 수능의 경우 2017학년도에 논의되었던 전 과목 절대평가 도입에 대해서 다시 검토할 필요가 있다. 2025학년도부터 고등학교 내신성적이 절대평가로 전환한 조건에서 수능이 상대평가를 유지할 경우 문제가 심각하게 발생할 소지가 있다. 만약 내신이 5등급 절대평가인데 수능이 9등급 상대평가로 유지된다면 수능이 갖는 영향력은 절대적이다. 동시에 상대적으로 내신이 무력화될 위험이 있다. 그렇게 된다면 학생들은 수업에 관심을 갖지 않고 수능 중심으로 입시를 준비하게 되어 교육과정 파행은 불가피하게 된다. 이러한 이유로 대학의 입학사정관들은 고교학점제의 정착을 위해서는 성취평가제 도입뿐만 아니라 반드시 수능 절대평가를 전제조건으로 해야 한다고 지적하고 있다.[19]

---

18) 김학한(2023) 전게서.

19) "현 수능체제가 유지되는 이상 과목선택은 제한적일 수밖에 없다....고교학점제 도입은 곧 대학수학능력시험의 절대

세 번째로 서·논술형 수능의 도입 여부이다. 고교학점제는 1학년 공통과목 이수 후 2학년부터는 학생 개개인의 진로와 적성에 부합하는 다양한 선택과목을 이수하도록 하고 있다. 따라서 현재와 같은 수능은 제대로 된 학생의 성취결과를 평가하는 도구가 되기 어렵다. 극단적으로 공통수학을 이수하고 졸업할 때까지 수학을 더이상 듣지 않아도 되는 구조이다. 만약 이러한 상황을 고려하지 않고 수능을 출제하게 된다면 그것은 주로 1학년 공통과목 중심의 출제가 될 것이다. 그렇다면 2, 3학년 선택과목은 본래의 취지를 살리지 못하게 된다. 학생들 역시 시험에 출제되지 않는 과목을 선택하지 않을 가능성이 높다. 다시 말하면 개정되는 교육과정과 평가방식의 불일치가 명약관화하다. 이러한 문제를 해결하기 위해서는 1학년 공통과목으로 수능을 치고, 2~3학년 선택과목을 이수한 학생들이 치는 2차 수능을 검토할 수 있다. 자신의 진로와 적성을 고려한 선택과목을 통해서 충분히 문제를 풀 수 있는 수능, 대학의 계열별·전공별 전공 수학능력을 점검할 수 있는 시험, 그러면서 미래 핵심역량을 측정할 수 있는 시험이 필요하다. 아울러 5지 선다형이라는 한계를 뛰어넘을 수 있는 시험이 되어야 한다. 그렇게 되기 위해서는 계열별 서·논술식 수능을 별도로 구상할 수 있다. 그렇게 된다면 수능1은 자격고사화하고 수능2는 대학이나 수험생이 선택할 수 있는 체제로 구성할 수 있다. 변별의 문제, 선발의 문제, 공정성과 타당성의 문제를 해결할 수 있는 방안이 될 수 있는 것이다. 대학에 선발자율권을 최대한 보장하면서도 공동 출제와 공동 채점을 전제로 본고사가 갖는 부정적 요소를 차단할 수도 있다.

평가로 이 변화와 함께 진행되어야 한다....대학수학능력시험이 대학선발에서 중요한 요소로 기능할 경우에 고교는 다양한 교육과정을 개설하기 보다는 수능에 유리한 과목 중심으로 교육과정을 운영하고 학생들도 수능 중심의 과목을 선택하게 될 것이다. 따라서 수능의 절대평가는 고교학점제 도입에 필수적이다."(김무봉 외(2019). 고교학점제 시행에 따른 대입전형 연계 방안 연구. 서울시교육청)

2028 대입제도 개편 시안

교육부는 2023년 10월 10일 드디어 2028년부터 적용될 대입제도의 시안을 발표하였다. 물론 국민 여론 수렴과정을 통해 변화될 여지는 있지만 발표된 시안의 내용만 살펴본다면 '미래형'이라는 언급이 매우 부적절하다고 한마디로 평가할 수 있다. 무엇이 그러한지 교육부가 발표한 시안을 하나씩 검토해 보기로 한다.

먼저 대입제도 개편의 추진배경과 방향에 대해서 세 가지를 제시하고 있다.

< 추진배경과 방향 >

□ **2028학년도 대학입시제도 개편의 열쇠는 수능과 내신**

• 대입제도는 미래인재 양성에 기여하면서, 학생·학부모·고교·대학 모두 예측 가능하고 준비할 수 있도록 설계하는 것이 중요

• 대입의 핵심은 수능시험과 고교내신(학생부), 두 개의 큰 축이 학생의 미래 대비와 대학의 인재 선발을 균형있게 지원할 필요

□ **수능은 '공정성'에 집중하면서 바람직한 교육적 변화 유도**

• 평가의 기본적 가치는 '공정성', 수능시험에서 그동안 제기된 불공정을 개선하여 수능시험의 공정성과 국민 신뢰 확보 필요

• 미래사회에서는 통합적·융합적 인재가 필요, 수능의 교육적 위상을 고려하여 공교육의 바람직한 변화를 이끌기 위한 수능 체제 검토

　- 정부는 수능 개편을 통해 공정평가 기반 확립 및 교육개혁 유도

□ **미래 사회에 맞지 않는 고교 내신평가의 근본적 혁신 필요**

• 2025년 고교학점제 도입이 예고('21.2)되어, 학점제로 공부하여 2028 대입을 치를 학생들(현 중2)의 고교 내신에 대해 검토
  - 정부는 예측가능성을 위해 과거 학점제 추진계획('21.2) 상 내신 평가방식을 유지한 바 있으나, 내신평가에 대한 우려 지속
• 교실수업은 미래사회에 대비하여 디지털 기반의 교육개혁('23.2)이 빠르게 추진되고 있지만, 내신평가의 혁신 속도는 다소 지연

2028년 대입제도의 변화를 위한 추진배경과 방향을 통해서 교육부의 문제의식을 본다면, 한 마디로 '공정 수능'으로의 개편과 내신평가의 재검토이다. 앞서 살펴본 바와 같이 킬러문항 사태로 공정평가를 강조하면서부터 이미 예견된 방향이라고 하겠다. 그동안 수능시험에서 제기된 불공정 논의가 이번 개편의 핵심이라는 점에서는 '과연 이것이 미래형이라고 할 수 있을까?' 하는 의문이 들 수밖에 없다.

이어지는 발표문에서는 공정의 문제를 좀 더 구체적으로 진술하고 있다. '기존의 수능은 선택과목으로 인한 표준점수의 차이로 인해 불공정이 심각하다'는 지적을 하고 있다. 국어·수학·탐구과목에서 선택과목 사이의 표준점수 차이가 불공정하다는 점, 그리고 2025학년도부터 시행되는 고교학점제로 선택과목이 늘어나게 된다면 수능 유불리 논란이 더욱 심화될 것이라는 점을 우려하고 있다. 이러한 지적은 현실적으로 나타나고 있는 문제점이기 때문에 일면 타당하다. 선택교과목에 따라 지원자의 수가 다르고 표준점수가 달라짐으로 인해 일괄적인 비교를 해 보면 유불리가 발생하고 있다. 그러나 이러한 부분적인 문제를 수정하는 방식으로의 제도 개편보다는 근본적인 변화가 요구된다.

마지막으로 9등급 내신제도의 문제점을 지적하고 있다. 앞서 고교학점제 시행과 함께 1학년은 9등급 상대평가, 2~3학년은 5등급 성취평가제라는 부조화

의 문제점을 언급한 바 있는데 이 문제의식을 공유하고 있다. 이를테면 학년별로 평가제도가 달라지면 고등학교 1학년의 성적이 상대적으로 중요하고 2, 3학년 성적 부풀리기 현상이 일어나며 학생들이 수업에 집중하지 않는 문제가 발생하여 내신 공정성에도 문제가 있다는 지적이다. 여전히 이 부분에서도 공정성이라는 잣대가 작용하고 있다는 점은 놀랄 일이 아니다.

이제 '2028 대학입시제도 개편 시안'의 핵심 내용을 검토해 보기로 한다. 첫째, 통합형·융합형 수능 과목체계로의 개편을 내세우고 있다. 통합형 과목체계를 도입하여 과목선택의 유불리 해소를 가장 핵심적인 변화의 내용으로 설정하고 있다. 국어, 수학, 영어는 선택과목 없이 동일한 내용과 기준으로 평가하고, 사회탐구와 과학탐구 역시 선택과목을 설정하지 않고 동일한 통합사회, 통합과학 과목으로 통일한다는 안이 핵심이다. 그리고 영역별 평가방식과 성적제공방식은 현행 방식(국어, 수학, 탐구과목의 경우 상대평가 9등급제, 영어와 한국사의 경우 절대평가 9등급제)을 유지하도록 계획하고 있다. 둘째, 내신반영 방법에 관한 사항이다. 고교내신의 경우 현행 9등급 상대평가제에서 5등급 절대평가와 상대평가 병기로 전환한다. 이것은 기존에 고교학점제 추진을 위해 발표하였던 '고1 상대평가 9등급제, 고2~고3 5등급 절대평가제'를 수정한 내용이다. 즉 고등학교 1학년에서 3학년까지 전 학년을 5등급의 절대평가와 상대평가 결과를 동시에 제공하겠다는 것이다. 여기에 하나의 추가 검토안을 제안하고 있다. 공통수학과는 별도로 첨단 분야 인재 양성을 위해 '미적분II+기하'를 절대평가 방식으로 평가하는 심화수학 영역을 신설할지에 대해서 검토하겠다고 한다.

2028 대입제도는
한국교육의 모순을 해결할 수 있을까?

　이번에 발표된 시안이 확정되지 않기를 바라며, 그 의미가 무엇인지 하나씩 검토해 보기로 한다. 고교학점제, 공교육 정상화, 다양한 미래핵심역량 강화, 사교육 경감, 선발의 공정성, 교육격차 해소 등 다양한 준거들을 만족시키는 입시제도는 불가능하지만 적어도 이러한 고민들을 반영하려는 노력이 있었는지 먼저 질문을 던지고 싶다. 한마디로 말하면 대학입시에서 국·영·수 중심의 5지 선다형 수능점수가 차지하는 비중을 더욱 강화함으로써 현재까지 문제시되고 있는 물제풀이식 교육에서 한 발자국도 앞으로 나아가지 못하도록 하고 있다. 더 심하게는 과거로의 퇴행을 보여주는 시안이라 평가할 수 있다. 이로 인해 공교육의 파행은 더욱 심화될 것이며, 이 시안이 야기하고 있는 문제점을 몇 가지 구분해서 정리해 보기로 한다.

　우선 이번에 발표된 수능시험 개편안은 2022 개정 교육과정, 2025년 실시될 고교학점제와 친화력이 전혀 없다. 2022 개정 교육과정에서 밝히고 있는 고등학교 교육과정의 목표는 '공통소양을 위한 공통과목 유지 및 다양한 탐구융합중심의 선택과목을 실질적으로 선택할 수 있도록 선택과목을 재구조화하는 것'이다. 이를 위해서 1학년은 공통과목, 2~3학년은 탐구 융합중심의 선택과목으로 구성하였다. 그런데 발표된 수능 개편안은 1학년의 통합사회와 통합과학을 수능과목으로 선정하고, 2~3학년의 사회, 과학 선택과목들을 시험 범위에서 완전히 배제하고 있다. 이러한 수능 개편안으로 인해 고2~고3의 사회와 과학의 탐구 융합 중심의 과목들은 교육과정 개정의 취지와는 달리, 학교현장에서는 학생들의 관심도가 떨어지고 제대로 수업이 이루어지지 않는 주변 과목의 위치에 놓이게 될 것이다. 결국, 수능시험 개편안이 교육과정을 잘 운영되는 데 기여하는 것이 아니라 2022 개정 교육과정과 고교학점제를 전면적으로 무력화시키고 있다. 진로와 적성에 맞춰서 고등학교 2, 3학년 때 다양한 선택과목을 개설하려는 취지의 고교학점제는 출발도 하지 못하고 좌초할 것이 분명하다. 그뿐만 아니라 고2, 3학년 선택과목 수업시간에는 학생들의 집중도가 떨어질 수밖에 없으며 잠자는 교실이 더 심화될 것이 예상된다.

두 번째, 학생들의 학습량은 더 많아질 수밖에 없다. 국어, 수학, 사회, 과학의 선택과목이 없어지고 통합형으로 간다는 의미는 선택과목이 모두 통합된다는 의미이다. 이를테면 사회탐구와 과학탐구 과목 중 2과목만 선택하면 되던 것이 모든 과목이 통합된 방식으로 출제되게 된다면 학습량이 증가할 수밖에 없다. 통합사회, 통합과학을 모든 학생이 준비해야 한다면 기존의 학력고사 시절과 다를 바 없게 된다. 문과생들이 과학을 의무적으로 이수해야 한다면 사교육에 의존하는 경향이 더욱 심화될 수 있다. 또한 수학의 경우 심화수학이 추가된다면 학습량은 현재보다 심각할 정도로 증가될 수밖에 없다. 심화수학이 첨단 인재 양성을 목적으로 한다고 하지만, 상위권 대학 입학을 위한 변별이 주된 목적이 될 것이다. 적어도 상위권 대학들은 심화수학을 반영하지 않을 수 없으며, 그렇게 된다면 수험생 입장에서는 선택이 아닌 필수과목이 될 수밖에 없다.

셋째, 이번 내신 5등급 절대평가/상대평가 병행은 그러한 고등학교 간 차별화를 더욱 강화시킬 소지를 안고 있다. 수능 9등급 상대평가는 그대로 두고 내신만을 5등급 절대평가/상대평가로 할 경우 기존 내신과 비교하여도 변별력이 현저히 저하된다. 이렇게 된다면 대학 입장에서는 내신 반영 비중을 감소시킬 수밖에 없다. 결국 수능 중심의 정시 선발비율을 높이려 할 것이며 수시의 경우에는 수능 최저 등급을 강화할 수밖에 없을 것이다. 아마도 학생부교과전형은 큰 폭으로 줄어들 가능성이 높다.

넷째, 객관식 5지 선다형 수능 체제의 유지는 미래핵심역량 평가의 방향을 제대로 반영하지 못한다. 지금까지 시행하고 있는 5지 선다형 중심의 수능이 구시대적 평가체제라는 점을 '아날로그 시대의 9등급제, 5지 선다형 평가는 사교육 반복학습을 유발해 창의력, 문제해결력 중심의 수업혁신에 역행'한다고 규정하고 있지만, 이 문제의식이 시안에 반영되지는 않고 있다, 사교육에 의존하는 반복학습, 5지 선다형 시험의 한계와 문제점은 수능시험 개편론 또는 수능시험 폐지론의 주요 이유가 되었는데, 오히려 개편 시안에는 이러한 문제를 더 강화시킬 위험성을 안고 있다면 그것은 개선이라고 평가할 수 없다. 수능 개편안에는 선진 외국에서 시행하고 있는 서·논술식 평가에 대한 검토와 이를 반영하려는 흔적은 찾아볼 수 없다. AI, ChatGPT가 지배하는 시대에 5지 선다형으로 학생들을 훈련시키는 한국교육의 모순을 어떻게 해소해 나갈 것인가?

이번 개편 시안이 갖는 특징과 문제점을 키워드로 정리해 본다면, '내신 5등급제 - 수능 9등급제'로 대학입시, 선택과목을 배제한 공통과목 중심 출제, 5지 선다형 객관식 시험 유지, 내신 영향력 약화, 고교서열화 강화, 고교학점제 무력화, 계층 간 학력격차 확대, 공교육 붕괴 등이 될 것이다. 결국, 이번 교육부의 입시제도 개편안은 앞서 언급한 바와 같이 정치권에서 '공정수능'이라는 시각으로 개입하면서부터 그 향방이 결정되었다고 보아야 한다. 시안 자체에서도 문제의식과 해법이 불일치와 모순이 내재되어 있으며, 시간에 쫓겨서 급하게 발표했다는 생각을 지울 수가 없다.

지금까지 2018년 대입공론화 이후의 대입제도와 관련된 논의 그리고 10월에 발표된 2028 대입제도 시안과 그 문제점에 대해서 검토해 보았다. 대학입시제도는 4년 예고제이기 때문에 2025학년도 고교학점제가 시작되고 그 첫 졸업생이 시험을 치르게 되는 2028학년도 대입제도를 4년 전에 공표하여야 한다. 그 마지막 시점이 2024년 2월 말이다. 교육부는 지금까지 예고된 2022 개정 교육과정, 고교학점제 그리고 미래사회의 변화를 고려해 적합한 입시제도를 마련하기 위해 준비해 왔다고 한다. 그러나 발표된 내용은 미래사회를 준비하거나 공교육이 나아가야 할 방향을 제시하려는 시도를 찾아보기 힘들다. 오히려 교육과정의 변화, 고교학점제 도입과 친화력이 전혀 없는 입시제도를 제시하고 있다는 점에서 그 문제의 심각성이 있다.

이러한 상황까지 오게 된 또 다른 이유를 국가교육위원회의 직무유기에서 찾아볼 수 있다. 국가교육위원회 관련 법률을 보면 대입정책이 분명히 업무 영역에 포함되어 있다. 그러나 이번 개편 시안을 만드는 과정에서 철저히 국가교육위원회는 배제되어 있었다. 교육부가 준비하고 국가교육위원회가 자문하는 형식을 취하고 있다. 과연 그렇게 하는 게 맞는가? 『대한민국 교육트렌드 2022』에서 국가교육위원회에 대해 다음과 같이 글을 마무리한 적이 있다.

"이제 지금까지 경험하지 못했던 모두가 함께 결정하는 구조, 수평적 의사결정 구조, 아래로부터의 의사결정 구조, 민주적 의사결정 구조가 가능한 체제로의 전환을 맞이하게 되었다. 교육에 관한 협력적 거버넌스의 신세대를 기대해 본다."

남은 기간 동안 이 시안이 갖고 있는 문제점을 개선하기 위한 다양한 의견이 제시되기를 바라며, 국가교육위원회도 좀 더 자기 역할을 수행하기 위해 노력하기를 바란다.

04.

정치와 정책
전망

윤석열 정부 교육정책에 대한
비판적 진단

김 성 천
한국교원대학교 교수

#

윤석열 정부 교육정책들

지난 문재인 정부에서 교육부는 혁신교육, 민주시민교육, 지방교육자치 등을 활성화하기 위해 '학교혁신지원실', '학교혁신정책관', '민주시민교육과', '지방교육자치강화추진단'등의 조직을 두었다. 그 뒤 정권이 바뀌자 윤석열 정부의 교육부는 혁신교육과 시민교육 관련 조직을 없애고, '인재정책기획관', '지역인재정책관'. '책임교육지원관', '디지털교육기획관' 등의 조직을 두고 있다. 교육부의 조직 변화에서 각 정권이 어떤 교육정책들을 중요시하는지 어느 정도 짐작할 수 있다.

작년 교육부는 윤석열 정부의 10대 교육 분야 핵심정책을 다음과 같이 제시하였다.

① 디지털기반 교육혁신 ② 학교교육력 제고 ③ 교사혁신 지원체제 마련 ④ 유보통합 추진 ⑤ 늘봄학교 추진 ⑥ 과감한 규제혁신·권한 이양 및 대학 구조개혁 ⑦ 지역혁신 중심 대학지원 체계(RISE) 구축 ⑧ 학교시설 복합화 지원 ⑨ 핵심 첨단분야 인재 육성, 러닝메이트법, 교육자유특구법, 고등교육법, 사립학교법 등 4대 교육개혁 입법 추진

조금 더 구체적으로 살펴보면 아래 그림과 같다.

▨ 윤석열 정부의 교육 분야 10대 핵심정책

비전		교육개혁, 대한민국 재도약의 시작
목표	성장	국가 발전의 원동력이 되는 교육
	복지	자유·창의에 기반해 모두를 키워주는 교육

국정과제	4대 개혁분야	10대 핵심정책	달라지는 모습
82. 모두를 인재로 양성하는 학습혁명	① 학생맞춤 단 한 명도 놓치지 않는 개별 맞춤형 교육	① 디지털기반 교육혁신 ② 학교교육력 제고 ③ 교사혁신 지원체제 마련	교육의 본질에 집중해 깨어나는 교실
84. 국가교육책임제 강화로 교육격차 해소	② 가정맞춤 출발선부터 공정하게 국가가 책임지는 교육·돌봄	④ 유보통합 추진 ⑤ 늘봄학교 추진	교육으로 모든 아이의 출발선 평등 보장
83. 더 큰 대학자율로 역동적 혁신허브 구축 85. 이제는 지방대학 시대	③ 지역맞춤 규제 없는 과감한 지원으로 지역을 살리는 교육	⑥ 과감한 규제혁신·권한 이양 및 대학 구조개혁 ⑦ 지역혁신중심 대학지원 체계(RISE) 구축 ⑧ 학교시설 복합화 지원	교육으로 활력을 되찾는 지역
81. 100만 디지털 인재 양성	④ 산업·사회 맞춤 사회에 필요한 인재양성에 신속히 대응하는 교육	⑨ 핵심 첨단분야 인재 육성 및 인재양성 전략회의 출범	급변하는 환경에서 세계를 이끌 인재양성

⑤ 추진체계	교육개혁 입법	⑩ 러닝메이트법, 교육자유특구법, 고등교육법, 사립학교법 등 4대 교육개혁 입법 추진
	수평적 협력 파트너십	• 전략적 사회관계 장관회의 운영 • 국민 소통 활성화

교육부(2023), p.15.

그러나 새 정부가 들어선 지 1년 6개월이 지나는 동안 윤석열 정부의 교육 관련 중요한 정책 이슈는 위의 10대 과제와는 약간 거리가 있는 것들이 많았다.

먼저, '초등학교 입학 연령 만 5세 하향' 이슈이다. 새 정부 첫 교육부 장관인 박순애 장관은 대통령 업무보고에서 초등학교 입학연령을 만 5세로 낮추겠다고 보고했고 대통령은 이를 허락했다. 하지만, 이내 사회적으로 큰 반발이 일어났다. 갑자기 충분한 토론과 논의도 없이 추진되면서 학부모들은 큰 불안에 휩싸이게 되었다. 왜 이 정책을 추진하는가에 관한 의미 공유도 거의 이루어지지 않았기 때문에 불만은 더욱 커졌다. 입학 연령을 낮추면 고려해야 할 각종 제도적 문제들에 대해서는 어떤 대안도 제대로 제시되지 못하였다. 당시 강득구 국회의원과 (사)교육정책디자인연구소가 전국의 교사와 학부모 13만 명을 대상으로 긴급 설문조사를 한 결과, 응답자의 97.7%가 이 정책에 반대할 정도로 문제가 심각했다. 연일 언론에서는 준비 없이 급하게 추진하는 점에 대한 문제 제기가 줄을 이었다. 결국, 초등학교 입학 연령 하향 이슈는 박순애 장관이 경질되면서 없었던 일처럼 되었다. 어떻게 이런 식의 정책추진이 가능했는지에 대한 대통령실과 교육부의 시스템 반성과 개선책은 나오지 않았다.

둘째, 2022 개정 교육과정의 수정이다. 2022 개정 교육과정은 2020년부터 교육부가 '국민이 만드는 교육과정'이라는 슬로건을 걸고 상향식으로 여러 이해관계자의 의견을 수렴하면서 문재인 정부 말기에 초안을 거의 완성하였다. 정권 교체 이후, 고교학점제 등이 원안대로 추진되는 등 총론 초안은 큰 틀에서 변화는 없지만, '민주주의' 대신에 '자유민주주의'가 포함되고, '생태전환교육'과 '노동존중교육'이라는 낱말은 결국 삭제되었다. 2022 개정 교육과정은 그 최종적으로 결정하는 주체가 역사상 처음으로 국가교육위원회였다. 비록 국가교육위원회가 만들어진 지 얼마 되지 않아서 바로 2022 개정 교육과정을 결정해야 하는 어려움이 있었지만, 위의 논란이 되는 지점들에 대해 충분한 검토와 토론 없이 교육부 시안대로 결정하였다. 이것은 이후 국가교육위원회가 무기력한 기구에 불과

할 가능성을 보여준 것이라는 세간의 여론을 낳기도 했다.

셋째, 외고와 국제고, 자사고의 존치도 이슈였다. 문재인 정부 때는 선발권을 가진 외고와 국제고, 자사고에 대해서 2025년 일몰을 추진하였다. 하지만, 해당 학교 측과 동문 등의 강력한 반발이 있었고, 지난한 법적 쟁송의 과정이 진행되었다. 정권이 바뀌자 일몰을 추진하던 것은 중단되었고, 윤석열 정부는 외고와 국제고, 자사고를 존치하기로 하였다. 「초·중등교육법 시행령」에서 관련 학교의 근거가 명시되어 있고 전 정부에서 일몰을 공표하였으므로 새 정부에서 결정하면 비록 일부에서 반발이 있을지라도 제도의 일몰은 크게 어려운 것이 아니었으나 윤석열 정부는 이명박 정부 때의 고교체제다양화정책을 그대로 이어가기로 한 것이다. 그리고 교육부 장관도 이명박 정부 때의 교육부 장관을 그대로 다시 임명하였다.

넷째, 교육전문대학원의 도입 역시 많은 논란이 있었다. 이 제도의 처음 취지는 연구하는 교사, 현장의 실무 능력을 키우는 교사를 배출하고, 핀란드처럼 석사 이상을 가진 교원의 배출을 늘리겠다는 것이다. 그러나 제도 도입을 추진한다고 발표한 뒤 언론은 몇 가지 쟁점을 제기했다. 1) 기존의 로스쿨처럼 전공 불문하고 교사가 되기를 원하는 사람들은 교전원에 입학하고 공부한 후에 자격증을 주는 시스템인가 아니면 의대처럼 기존의 교·사대(4년)에 대학원 과정(2년)을 추가할 것인가? 2) 적지 않은 학비를 내고 대학원을 다니는 교전원 학생들에게 임용고사 면제 또는 1정 자격교사 부여를 할 것인지 여부와 이 경우 기존 예비교원들의 반발은 어떻게 할 것인가? 3) 대학원 학비를 낼 수 있는 학생들만 진학하게 되면 또 다른 계층 양극화 문제가 나타나는 것은 아닌가? 등이 그런 쟁점이다. 쟁점이 부각되자 토론이 이루어지지도 못하고 교·사대 학생들과 교육계의 강한 반발에 부딪히며 이 정책은 무기한 보류되었다. 보류된 뒤에도 제도 제안 과정의 문제점 검토와 제도 제안 시스템 개선안 등이 사회적으로 논의되지 못하고 사라져버린 또 하나의 교육 이슈이기도 하다.

다섯째, 윤석열 대통령은 수능 킬러문항을 문제 삼았고, 이후 교육부 관련 국장이 교체되고 한국교육과정평가원장이 사임하였다. 킬러문항은 정답률이 매우 낮고, 여러 성취기준을 지니고 있으며, 풀이 시간이 오래 걸리는, 교육과정에서 벗어난 초고난도 문항을 의미한다. 상위권 대학이나 의대 등에서 입시의 변별력을 높이기 위해 어려운 문항들을 섞어 출제하곤 했는데 이에 대해서 대통령실이 문제를 삼았다. 하지만, 수능을 불과 몇 달 남겨두지 않은 상태에서 킬러문항 논의가 불거지면서 학교 현장에서 혼란이 나타났다. 이후, 사교육 카르텔 등을 운운하면서 대형 학원에 대한 세무 조사와 일부 교원들이 학원 등에 문제를 판매한 사례 등을 조사하였다. 교육과정을 벗어나는 킬러문항의 문제도 개선되어야 하지만 정부가 대학입시제도의 종합적인 대책을 수립하면서 학생들의 혼란을 최소화하는 가운데 적절한 시기에 종합적으로 정책 발표를 하는 것이 필요하다는 언론의 지적도 있었다.

한편 윤석열 정부의 10대 교육정책 중에서 이미 진행 중이거나 향후 진행되면서 크게 이슈화될 것으로 예상하는 정책들은 다음과 같다.

첫째, 고등교육은 윤석열 정부에서도 큰 변화가 나타났다. 문재인 정부에서 RIS Regional Innovation Strategy 사업을 추진했고, 윤석열 정부에서는 RISE Regional Innovation System & Education 를 추진하였다. 두 사업은 지역혁신중심 대학지원체계이며 '라이즈'사업이라고도 한다. 지자체와 대학, 산업의 연계와 협력을 통해서 지역과 대학의 동반 성장을 도모한다는 점에서 지향점은 유사하지만, 윤석열 정부는 대학에 관한 권한을 지자체로 대폭 이양한다는 점에서 차이가 있다. 지자체와 대학이 협력하여 지역혁신, 산학협력, 직업·평생교육을 활성화함으로써 지역의 인재를 양성하고, 취·창업의 토대 구축과 정주 여건을 개선하겠다는 목적을 지닌다. 그동안 광역지자체는 국립대학이라는 이유로, 관할이 다르다는 이유로 거버넌스의 실질화를 이루지 못했는데, 본격적으로 대학 관련 조직을 지자체에 설치 및 운영하기 시작했다. 지자체가 대학의 성장에, 대학이 지역의 발전에 얼마나 기여할 지는 지켜봐야 할 일이다. 특히, 지자체의 고등교육 관련 역량이 매우 중요해졌다.

둘째, 윤석열 대통령은 교육감 직선제 폐지를 언급하면서 국민의힘 일부 국회의원이 지자체장과 교육감의 러닝메이트제에 관한 법안을 발의하였다. 말이 러닝메이트제이지 사실상 지자체장의 임명제로 볼 수 있다. 정우택 의원이 발의한「지방교육자치에 관한 법률 일부개정법률안」에서는 ① 후보자에 대한 유권자의 인지도 부족, ② 선거비용 과다 등 선거 부작용, ③ 지방자치단체장과 교육감의 불필요한 갈등 상황 방지, ④ 지방교육 발전 및 지방교육자치 실현 등을 러닝메이트제 도입 이유로 들었다. 교육의 자주성, 전문성, 정치적 중립성을 이유로 교육 영역은 정치인들의 통제 밖에 있다는 판단이 들었을까? 교육자치와 일반자치의 통합을 위한 포석일까? 그 흐름에 대해 지켜봐야 할 중요한 영역이다.

셋째, 늘봄학교는 윤석열 정부의 핵심정책 중 하나이다. 교육부가 제시한 자료에 의하면, 돌봄 서비스는 도입 초기보다 양적으로 확대가 되었다. 참여 학생 수, 운영 학교 수, 운영 교실 수는 증가세에 있다. 하지만 학생·학부모의 다양한 수요와 요구에 탄력적 대응이 미흡하였으며, 지역별·학년별 서비스의 질 격차가 큰 편이었다. 이에 교육부는 학생들이 머무르는 시간을 늘려 아침돌봄, 틈새돌봄, 저녁돌봄으로 확대하고, 방과후 프로그램과 돌봄을 통합 제공하는 늘봄학교를 확대하였다(교육부, 2023). 이러한 의지에도 불구하고 현장의 저항과 불만은 거세다. 돌봄의 시간이 늘어날수록 교원의 부담은 커질 수밖에 없고, 그에 따른 행정 업무 등 부수적인 일이 커지기 때문이다. 하지만, 저출생 극복의 중요한 과제 중 하나로 어느 정권이든지 돌봄정책을 확대할 것으로 보인다. 학부모의 필요와 교원의 반응에 상당한 간극과 괴리가 발생하고 있으며 앞으로 반드시 해결해야 할 과제이다. 교원에게 부담을 전가하는 방식보다는 모델 다변화로 풀어갈 수 있다. 마을교육공동체형, 교육청 내지는 지자체 주관 거점형, 사회적 경제 활용형(협동조합이나 사회적 기업), 학교시설복합화형(지역아동센터의 학교 내 운영), 공동육아형, 시민사회주도형, 교육과정 흡수형(교원 추가 배치 및 유연근무제 필요) 등 학교와 지역 여건에 맞는 모델을 선택하여 운영하는 방식을 적극 검토해야 한다.

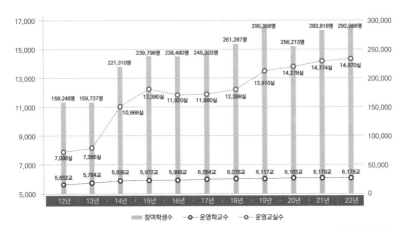

교육부(2023), P.3.

넷째, 유보통합은 김영삼 정부 때부터 시도했지만 워낙 이해관계가 다르고, 예민한 사안이다보니 선언적 의미만 있었다. 박근혜 정부에서도 관련 TF를 구성하였지만, 큰 성과를 얻지는 못하였다. 윤석열 정부는 가장 적극적인 모습을 보이고 있다. 방향에는 동의하지만, 유아교육계와 보육계의 입장이 다르고 교육부와 보건복지부의 부처 간 갈등도 있는 상황에서 이 의제를 순탄하게 실행하기는 쉽지 않다. 윤석열 정부가 여기에 드라이브를 걸고 있다는 점이 인상적이다. 누리교육과정도 유보통합의 포석이라고 볼 수 있는데, 이명박 정부 때 아쉽게도 어린이집 재원 마련 등으로 인해 중앙정부와 교육청 간에 갈등이 불거졌다. 윤석열 정부는 의욕적으로 유보통합추진위원회를 출범하였다. 일단 유보 관리체계를 일원화함으로써 교육부와 교육청이 어린이집 업무(정원, 예산)를 가져가는 방향으로 추진하였다. 하지만, 시설 평준화, 교사자격 일원화, 양성기관 정리 등 풀어야 할 과제도 적지 않다.

　다섯째, 올해 8월 서이초 교사가 운명을 달리하는 안타까운 사건 이후에 교권보호 이슈가 터졌다. 위기의식을 느낀 교원의 10여 차례 집회가 계속해서 진행되었고, 국회와 교육부에서도 빠르게 대안을 제시하였다. 문제는 대통령실에서 그 원인을 학생인권조례로 지명했다는 점이다. 학생인권조례가 전국 6개 지역에서만 시행되고 있는 상황에서, 교권 침해가 해당 지역에만 발생했다는 말인가? 물론, 학생인권조례 역시 금과옥조가 아니기 때문에 수정될 수 있다. 학생인권조례에 대해 대통령실과 교육부의 지시로 수정할 수 있는 사안인가는 차원이 다르다. 필요하다면 교육감이나 시·도의회, 지역공동체 차원에서 논의하여 내용을 수정하는 것이 자치와 분권 철학에 맞다. 동시에, 국회와 교육부의 입법 개정과 생활 고시 발표 이후에, 교육청과 학교 차원에서 고민하고 실천해야 할 내용이 적지 않다. 특히, 교사와 학부모의 대립 구도를 넘어 소통과 협력의 학교 공동체를 어떻게 복원할 것인가는 중요한 과제로 남아있다.

윤석열 정부 교육정책의 부정적 특징

　윤석열 정부의 교육정책을 돌아보면 몇 가지 특징을 확인할 수 있다.

　첫째, 이념화에 경도된 모습을 보인다. 어느 정부든지 지향하는 가치와 철학, 비전이 있고 보수와 진보의 속성이 있기 때문에 이념적 속성을 지니는 것은 당연하다. 이명박 정부는 뉴라이트 세력의 지지를 받았고, 박근혜 대통령은 역사교과서의 국정화를 추진하였다. 문재인 정부에서는 역사교과서 추진 과정에 대해 진상조사를 하였고, 주도적으로 추진했던 인사들에 대해 불이익을 주었다.

하지만 윤석열 정부에서는 박근혜 정부 때 역사교과서 국정화를 추진했다가 문재인 정부 시절 인사상 불이익을 받았던 이들을 대통령실과 교육부에서 고위직으로 중용하였다. 대통령과 이념적으로 잘 맞으면 과거 그의 행적에 대해서는 문제 삼지 않겠다는 식이다. 또한, 일부 언론에서 지적한 대로 학생인권조례를 교권 침해의 요소로 지정한 것도 현 정부가 교육을 너무 이념화의 잣대로 판단하는 측면을 보여주고 있다.

둘째, 경제의 도구로서 교육을 이해하는 경향이 나타난다. 2022년 6월 윤석열 대통령은 국무회의에서 "교육부는 스스로 경제부처라고 생각해야 한다. 교육부의 첫 번째 임무는 산업발전에 필요한 인재 공급이다."라고 발언했다. 교육과 경제를 분리할 수는 없지만, 교육을 경제부처로 인식한다는 것은 차원이 다른 이야기이다. 특히 과거 산업화 시대의 인재 공급을 지금 시대에 다시 부르짖고 있는 것은 너무나 철 지난 이야기가 아닐 수 없다. 산업화 시대의 주장을 벗어나 미래의 새로운 교육적 비전을 대통령이 제시하는 것이 필요하다. 결국 이러한 경제적 관점은 곧바로 기재부의 재정 효율화 기조로 이어지고, 학령인구 감소는 곧 예산 감축의 논리로 이어진다. 교육은 경제 논리와 문법을 그대로 적용하기에는 고려해야 할 속성과 요소를 가지고 있기 때문에 교육의 시장화 논리에는 반드시 신중한 고려가 필요하다.

셋째, 아마추어리즘적 경향성이 보인다는 것이다. 대표적인 예가 '초등학생 입학 연령 만 5세 하향'이다. '교육전문대학원'도 그런 사례로 볼 수 있다. 박정희 정권이나 전두환 정권에서는 일부 연구자와 관료들이 비밀스럽게 정책을 연구하여 어느 날 전격 교육개혁안을 발표하였다. 그렇게 전격 발표된 안은 큰 저항 없이 추진될 수 있었다. 그만큼 정책추진 환경이 단순했다. 지금은 그렇지 않다. 특히, 특정 정책이 자녀에게 미칠 여파에 대해서 학부모들은 매우 민감한 반응을 보인다. 초등학생 입학 연령 하향의 경우, 어린이집과 유치원은 물론 초등학교에도 상당한 여파를 미치게 된다. 원아 수, 시설과 교육과정, 학제개편, 예산 등의 문제와 맞물릴 수밖에 없기 때문에 많은 연구와 공론화의 과정이 필요하다. 대선 공약으로 채택할 수 있을 정도의 의제를 전혀 공론화 과정도 없이 나온 이 정책은 그 누구의 공감대도 얻기 어려웠다.

교육전문대학원(이하 교전원) 역시 마찬가지이다. 강득구 의원실과 교육정책디자인연구소가 교육주체 3만 1,900명을 대상으로 설문조사를 한 결과, 응답자의 81.5%가 반대하였다(뉴시스, 2023.2.14.). 교전원 도입 이전에 기존의 교·사대 교육과정을 현장의 직무 역량에 근거하여 바꾸고, 임용고사도 개선하는 방안이 논의될 필요가 있다. 아울러, 임용고사 선발 인원이 지속적으로 줄어드는 상황을 고려한다면 교대 간 통합 내지는 교대와 사대의 통합도 적극 모색해야 한다. 또한 전국에 통합운영교가 이미 130여 개에 달하지만, 물리적인 통합만 되었을 뿐 화학적 결합을 이루지 못하고 있다. 이러한 학교의 환경 변화에 대비할 수 있도록 교원 자격 체계에도 변화가 불가피하다.

교전원의 도입 근거로 삼는 연구역량을 갖춘 교원이 필요하다면, 기존의 교육대학원이나 일반대학원에 과감하게 투자를 하고, 연수 파견 지원을 확대하고, 커리큘럼을 강화하면서, 실행연구Action Research를 강조하면 된다.

수능 킬러문항 논의도 마찬가지이다. 수능 킬러문항이 갖는 반교육적 속성을 고려할 때, 마땅히 개선해야 할 사항이다. 문제는 풀어가는 방식이 매우 거칠었다. 학기 초에 모의고사나 수능 기조에 대해서 사전에 알리고, 킬러문항을 배제한다는 메시지를 주면 될 일이었다. 더욱 중요한 것은 킬러문항보다는 2028 대입안이다. 고교학점제와 2022 개정 교육과정에 맞게 대입제도를 어떤 방향으로 설계할 것인가에 관해서 충분한 공론과 숙의의 과정을 거쳐야 한다. 특히, 학령인구가 지속적으로 감소하고 있는 것도 고려해야 한다. 문재인 정부에서 수능(정시)을 확대한 결과, 대학생들의 반수와 재수의 증가 경향이라든지 N 수생의 강세 등 부작용이 나타나고 있는 것도 역시 고려해야 한다. '공정성 보장 = 수능 확대'로 적지 않은 국민들이 인식하고 있지만, 학생 모집이 갈수록 어려워지는 대학의 상황과 고교학점제에 맞는 대입 전형 설계 등을 감안한다면 수능과 내신의 절대평가 전환을 과감하게 모색해야 한다(김성천 외, 2023).

넷째, 기득권 보호의 경향도 있다. 대표적 사례가 자사고, 외고, 국제고의 존치이다. 우리나라의 고교체제는 다양하지만 교육과정은 획일화된 경향을 보인다. 고교체제를 단순화하고 교육과정을 다양화해야 한다. 선발 효과에 기댄 학교가 아니라 학교효과를 극대화하는 학교 모델이 필요하다. 수월성 교육을 명분으로 다양한 고교체제를 허용해왔지만, 그 본질은 입시 명문고와 다르지 않다. 이제 고교학점제가 본격화되었으니 학교별로 교육과정을 다양화 내지는 특성화하고 지역 내에서 공유하는 모델로 전환해야 한다. 교육과정은 공공재 내지는 공유재이기 때문이다. 소수가 아닌 모두를 위한 수월성 교육으로 전환해야 할 시기이다.

부모의 사회적 지위가 비교적 좋은 계층 군의 요구만을 정부가 수용하는 것처럼 보이는 정책은 국민의 호응을 받기 어려울 것이다. 아래의 2022 사교육비 통계 데이터를 보면, 학생들에게 어떤 고등학교 진학을 희망하는가를 물어본 항목이 있다. 일반고를 희망하는 초등학생의 월평균 사교육비는 33만 4천 원인데, 자사고는 57만 6천 원, 과학고와 영재학교 52만 2천 원, 외고·국제고는 53만 원에 달한다. 일반학교를 희망하는 중학생은 41만 5천 원을 사교육비로 지출하는데, 자율형 사립고는 69만 6천 원, 과학고와 영재학교 67만 원, 외고, 국제고는 64만 2천 원에 달한다. 사교육비를 상대적으로 더 많이 지출하는 초·중학생들이 과학고, 외고, 자사고를 더 많이 희망하고 있다. 결국 과학고, 외고, 자사고의 유지는 사교육비를 키우는 효과를 낳고 있는 것이다. 또한 사교육비를 더 많이 지출할 수 있는 부유층 가정 자녀들에게 더 유리한 고교체제가 자사고와 특목고의 유지라고 볼 수 있다.

희망 고교유형에 따른 사교육비와 참여율

학교급	2022								
	일반고 (자율형 공립고 포함)	자율형 사립고	과학고, 영재학교	외고, 국제고	예술고, 체육고	마이스터고	특성화고	대안학교	해외유학
사교육비(만원)	36.1	61.4	56.0	55.8	40.0	25.5	26.6	29.9	59.2
- 초등학생	33.4	57.6	52.2	53.0	38.6	25.6	29.7	30.6	56.1
- 중학생	41.5	69.6	67.0	64.2	42.4	25.3	24.4	26.4	70.3
참여율(%)	81.8	90.0	89.0	89.0	79.4	73.0	66.0	71.8	88.1
- 초등학생	84.4	92.1	90.9	89.7	83.3	80.5	76.7	74.2	88.8
- 중학생	76.6	85.7	83.6	86.9	72.3	62.9	58.3	60.7	85.5

통계청 국가통계포털(KOSIS)

다섯째, 에듀테크 만능론이다. 교육부의 정책 문서와 이주호 장관의 행보를 보면 기-승-전-에듀테크를 강조하는 경향이 있다. 기초학력, 늘봄학교, 디지털교과서, 교원역량 강화 등 거의 모든 정책에 에듀테크를 포함하고 있다. 일반적으로 에듀테크를 바라보는 시선은 크게는 낙관론, 부정론, 적절한 활용론으로 나누어질 수 있다(류방란 외, 2018). 교육부의 기조를 보면 에듀테크가 도탄에 빠진 공교육을 구원할 것이라는 낙관론이 지나치게 강하다. 하지만, 4세대 나이스 혼란에서 알 수 있듯이 무엇인가를 새롭게 바꾼다고 해서 항상 좋은 결과만을 가져온다고 보기는 어렵다. 에듀테크를 등한시하는 것도 문제지만 너무 낙관론도 위험하다. 적절한 활용론이 중요하다. 학력이 낮은 학생들의 경우, 영화를 보여주어도 흥미를 보이지 않는 경우가 많다. 학습 동기 유발이 생각처럼 쉽지 않다. 동시에, 메타버스를 가지고 수업을 할 때도 처음에는 흥미를 보이지만 반복되면 지겨워하거나 힘들어하는 아이들의 모습을 볼 수 있다는 교사들의 이야기도 귀 기울여 들을 필요가 있다.

우리 학교는 어떤 교육과정-수업-평가를 지향하는가? 어떤 학생을 길러내려고 하는가? 교사들이 서로의 수업을 바라보고, 공유하고, 나누고 있는가? 교육과정의 거버넌스에 학생과 학부모는 참여하고 있는가? 등등의 질문과 관련하여 소위 말하는 비전과 철학, 관계, 문화의 토대가 학교에서 구축되지 않으면 그 위에 에듀테크를 아무리 얹어도 한계가 있을 수 있다.

윤석열 정부 교육정책의 긍정적 특징

윤석열 정부 교육정책 가운데 긍정적인 특징들은 아래와 같다.

우선은 유보통합이다. 문재인 정부에서는 유보통합을 의제로 다루지도 않았다. 워낙 이해관계가 복잡하기 때문에 잘못 건드리면 본전도 못 찾는다는 정치적 두려움이 있었기 때문이다. 통합의 수준을 어느 정도로 할 것인가는 추후 발표하는 내용을 살펴봐야겠지만, 우선 교육부로 일원화를 선언한 것부터가 현 정부의 상당한 용기로 볼 수 있다. 오랜 기간 많은 논란 속에서 결국 유보통합은 한 발짝도 나아가지 못하고 있었는데 이번 정권에서는 좋은 성과를 반드시 내기를 희망한다. 비록 조직, 예산, 교원자격증 등 많은 문제가 앞으로 제기될 것으로 예상하지만, 국민적 토론을 통해 사회적 합의를 이루어내어 교육의 가장 기초가 되는 영유아 교육이 정상화되기를 희망한다.

두 번째로는 2022 개정 교육과정과 고교학점제 등은 정권이 바뀌었음에도 큰틀은 유지되었다는 것이다. 대통령 선거 직전 당시 학교 현장에서는 정권이 바뀌면 고교학점제는 엎어진다고 전망하는 이들도 많았다. 대통령 선거 과정이나 대통령직인수위에서 대입제도라든지 고교학점제에 관해 손을 볼 것 같은 메시지가 흘러나오기도 했다. 하지만, 그렇게 되지는 않았다. 사실 고교학점제는 7차 교육과정에서 출발을 예고했다고 볼 수 있고, 보수와 진보의 산물이 아니기 때문에 정권의 성격에 따라서 달라질 성격의 정책은 아니다. 자유학기제를 박근혜 정부에서 출발했다고 문재인 정부에서 폐지하지 않은 것처럼 윤석열 정부에서도 전 정부의 산물이라고 해서 폐지하지 않고 유지한 점은 정책의 연속성을 보장했다는 점에서 그 의미가 적지 않다.

세 번째로는 서이초 사건 이후 촉발된 교권 이슈에 대해서 교육부는 나름 발빠르게 대응했다. 물론, 학생인권조례를 걸고넘어진 점이라든지, 구체적인 지원 없이 학교와 교육청의 부담이 가중된 점은 논란과 비판의 여지가 있다. 그리고 그동안 교육부의 일 처리 속도를 보면 현장의 요구에 대한 대응은 한없이 느렸다. 그러나 이번 사안을 보면 수시로 교원단체나 교원 등을 만나면서 학생생활지도 고시를 발표하였다. 세부 내용을 보면 학교나 교육청 차원에서 감당하고 정리해야 할 사안들이 적지 않지만, 선례가 거의 없었을 정도로 빠르게 대응하였다. 동시에 지난 9월 4일 소위 공교육 멈춤의 날에 참여한 교원에 대한 징계를 내리지 않음으로서 불필요한 갈등으로 이어지지 않았다. 만약 참여한 교원에게 불법적인 단체행동을 한 것으로 몰아 징계를 했다면 징계와 저지를 둘러싼 혼란과 갈등은 더욱 증폭되었을지 모른다.

넷째, 비록 아마추어적인 판단으로 정책을 제시한 것들이 보류되기도 했지만, 국민적 비판이 생기는 정책들은 밀어붙이지 않고 중단했다는 것이다. 그런 것들이 '초등 학령 만 5세 하향'이다. 교육전문대학원 역시 여론 지형이 좋지 않자 무기한 보류로 방향을 잡았다. 다가올 총선에 위협 요인을 제거하기 위한 정치적 판단이 작용했을 수도 있지만 나름 유연한 대응을 했다고 볼 수 있다. 단지 아쉬운 점은 그런 잘못된 정책들이 제안되는 시스템을 점검하여 재발을 막는 노력이 미래를 위해 좀 더 필요하다고 생각한다.

그러면 어떻게 할 것인가

어떤 교육과 어떤 사회를 우리는 꿈꾸는 것일까? 윤석열 정부가 제시한 교육 분야 10대 정책을 보면, 규제 완화, 산업 경쟁력 강화, 기득권 유지 등의 시선을 읽을 수 있다. 그러면서도 문재인 정부와 차별화를 도모하려는 모습이 강하다. 정부의 조직 개편, 늘봄학교의 확대 개편, 라이즈 사업의 개편 등이 하나의 예이다. 하지만, 해 아래 새것이 없듯이 모든 정책은 역대 정부의 산물일 가능성이 크다. 그렇다면, 무조건적인 단절을 통한 차별화도, 성찰과 반성이 없이 기존 정책과 사업의 관행적 실천도 바람직하지 않다.

한 가지 분명한 것은, 학령인구 감소와 지방 소멸, 대학의 위기 등의 상황에서 기존의 틀과 방식과는 다른 정책적 시도가 부분적으로 이루어지고 있다. 예컨대, 교육부가 주도해 온 대학 평가를 대교협 등이 자율적으로 진행을 한다든지, 대학에 관한 권한을 교육부가 아닌 지자체로 상당 부분 넘긴 것이 하나의 사례이다. 유보통합도 그런 사례로 볼 수 있다. 이는 그만큼 교육의 지속발전가능성이 쉽지 않은 과제이며, 기존의 방식과 틀로 답이 나오지 않는 상황임을 의미한다.

학령인구의 빠른 감소 추세를 전망해볼 때, 신규교원 선발 인원의 대폭 축소를 넘어 교원이 남아도는 상황도 올 수도 있다. 여기에 디지털 기술과 학습 플랫폼의 빠른 성장, 사교육업체의 발 빠른 대응을 생각해보면 학교 밖에서도 배울 수 있는데 '왜 학교에 보내야 하지?'라는 질문으로 이어진다. 일부 학생들은 사교육의 도움을 받아 수능 준비를 하는 것이 더 효율적이라고 판단하고 학교를 자퇴하지 않는가? 그렇다면, 유튜브나 구글 혹은 챗GPT보다 공교육에 참여하는 것이 어떤 점에서 유효하고 의미가 있는지 우리의 대답이 필요하다. 이는 교육부의 정책만으로 답할 수 없는 교육청과 학교, 교원의 실천 영역이기도 하다.

문제는 실력이다. 어떤 교육 활동가가 진보교육감이냐 보수교육감이냐는 중요한 문제가 아니고, '무능한, 차원이 둘 다 똑같은'상황을 더욱 큰 문제로 인식해야 한다고 말에 동의한다. 마찬가지로 진보정권이냐 보수 정권이냐, 실용정권이냐를 따지기 이전에, 실력과 의지를 가진 주체가 누구냐의 문제도 중요하다. 이는 대통령실, 교육부, 교육청, 국가교육위원회, 국회, 시도의회 등에 적용되는 문제이다. 현실은 정치의 장벽 앞에 전문성을 지닌 주체들의 발굴과 활용이 어려우며 이른바 정치적인 인물들이 등용될 가능성이 크다. 그들은 학습을 하지도 않지만, 학습을 한다고 해도 제한된 성과만 낼 가능성이 크다.

교육의 난제를 풀어갈 수 있는 비전과 철학, 제도와 정책, 그리고 행위자 차원에서 하나하나 따져봐야 한다. 안타깝게도, 아름다운 용어는 있지만 비전과 철학-제도와 정책-행위자의 관점에서 보면 가야 할 현실이 멀어 보인다. 비전과 철학이 명확하지 않으니 어떤 제도와 정책을 설계할 것인가가 그려지지 않으며, 그 문제를 풀어 가는데 누가 적임자인가가 보이지 않는다. 우리나라에 진정한 진보와 보수 정부가 존재하는가도 의문스럽지만 통상적으로 분류하는 진보와 보수 정부의 시선을 적용해보면, 보수 정부는 기득권 유지의 시선을 갖다 보니 정책 경로 의존성을 깨는 것을 두려워하고 결과적으로 정책 의제를 스스로 제한한다. 진보 정부는 기득권에 대한 문제의식은 있지만, 이를 구체적으로 정책화하고 체감할만한 변화를 시민들이 느끼게 하는 경지에 이르지 못한다.

세상은 0과 1로 구성된 이분법의 세계가 아니다. 원인과 결과를 명료하게 알 수 있는 선형의 세계가 아닌 비선형의, 복잡성의 세계이다. 이는 대통령실과 교육부가 주도하는 방식으로는 한계가 있음을 의미한다. 그렇다고 '아래에서 위로'의 전략만이 최선이라고 말하는 것은 아니다. 자치와 분권의 가장 큰 한계는 격차의 발생이다. 이를 위해서 비전과 목표를 제시하고 발생한 한계를 메우기 위한 중앙정부의 전략적 판단과 지원은 여전히 중요하다. '위에서 아래'와 '아래에서 위'가 함께 만나야 하는 지점이 있는데 조직과 사람 차원에서 봐야 한다. 아무리 좋은 교장이 학교에 와도 그를 지원할 수 있는 사람이 없으면 조직의 변화로 이어나가기 어렵다. 중간 리더십 또는 중간 지원 조직이 필요하다. 교육지원청과 직속 기관, 산하단체 등이 대표적인 예이다. 마을교육공동체-사회적 경제-학교 밖 교육-유·초·중등교육과 평생교육의 연결 등이 이루어질 때 늘봄학교, 고교학점제, 지역연계교육과정, 진로 활동 등이 풀리게 된다.

대통령실에서 아무리 특정 정책을 강조해도 학교를 지원할 수 있는 체제가 취약하다면 국정 문서가 정책의 실행으로 이어지기 어렵다. 정책이 작동할 수 있는 메커니즘을 분석하고 이에 대한 지원을 마련해야 한다. 동시에 특정 정책을 건드리면 좋은 파급 효과가 나타날 수 있다. 이를 정책의 지렛대 효과^{Leverage Effect}라고 말한다. 예컨대, 교장 제도 혁신은 정책 지렛대 효과가 큰 대표적인 정책이다. 우리나라의 감사 제도 역시 많은 문제를 안고 있다. 일을 하면 할수록 다치고 하지 않으면 다치지 않는 구조를 만들고 있으며, 본질은 사라지고 행정의 절차와 요식 행위만 강화되고 있다. 공교육 시스템은 경직성만 강화되고 있다. 정권이 바뀔 때마다 교육정보화와 디지털 전환을 끊임없이 강조하지만 정작 교육행정 및 일하는 방식은 여전히 아날로그 방식에 머무르고 있다. 영수증을 풀칠하면서 그런 생각이 왜 들지 않겠는가?

새로운 공약과 정책을 제시하기에 앞서 기존 정책이 왜 실패했고, 작동하지 않는가에 관해 정교하게 살펴봐야 한다. 동시에, 정책을 추진하는 주체들이 스스로 이해관계에 포획될 때 좋은 정책 의제들을 의제로 채택하지 않을 수 있다. 중앙정부의 정책을 우리는 끊임없이 비판하지만 스스로 우리는 학교라는 공간에서 무엇을 할 것인가에 대한 실천 담론이 갈수록 약화되는 것은 아닌지 돌아볼 필요가 있다. 교원이 지방직이 아닌 국가직인 이유는 무엇일까? 국가적 과제에 대해서 학교가 함께 해야 할 공동의 과업이 존재하기 때문이 아닐까? 교육여건 개선도 중요하지만 이는 필요조건일 뿐 충분조건에 이르지는 못한다. 그 충분조건은 학교와 지역의 실천 영역일 것이다. 무엇을 하지 말자는 주장은 누구나 할 수 있지만 무엇을 우리가 어떻게 해볼 것인가에 관한 주장은 잘 보이지 않는다. 그런 이야기를 하면 누군가를 힘들게 한다면서 욕을 먹는 상황이다. 그런 점에서 정책과 제도의 한계를 비판하면서도, 우리의 일상의 공간에서 스스로 감당할 실천의 영역이 무엇인지, 동시에 각 주체와 직렬들의 서로 다른 이해관계를 어떻게 조정하고 타협해나갈 것인가를 모색해야 한다.

　야구를 보면, 타자가 홈런만 때리려고 하다 보면 삼진을 당할 가능성이 크다. 1루타와 2루타도 소중하다. 잃어버린 기본기는 무엇인가? 당장 할 수 있는 일부터 하나하나 시작해야 한다.

교육자유특구,
과연 특별할까?

김 용
한국교원대학교 교수

교육특구, 범람이 우려된다

'특'이 붙은 음식은 대개 몇천 원이 비싸지만 푸짐하거나 맛이 좋다. '특별'하다는 것은 때로 시기나 경원의 대상이 되기도 하지만, 대개 많은 사람이 몇천 원을 더 내더라도 '특'을 먹고자 한다. 만약, 내가 직접 가격을 내지 않고도 '특'을 먹을 수 있다면, 거의 모든 사람이 그것을 선택할 수도 있다.

근래 교육 부문에서 '특'이 대유행이다. 지난 4월 26일 국회에서는 작은 소란이 있었다. 국회법제사법위원회가 윤석열 정부가 추진하는 교육자유특구의 근거 조문이 포함된 「지방자치분권 및 지역균형발전에 관한 특별법」을 심의하는 과정에서 교육자유특구를 규정한 조문을 삭제한 채 법률을 제정해야 한다는 야당 의원들과 원안 그대로 교육자유특구를 규정한 조문을 살려야 한다고 주장하는 여당 의원들 간에 논쟁이 상당 시간 이루어졌다. 그런데, 흥미로운 사실은 그 논쟁에 참여한 의원 그 누구도 교육자유특구가 무엇인가를 잘 알지 못하고 있었다는 점이다. 여당 의원들은 교육자유특구가 지역을 살릴 수 있다고 하니 좋은 것이라면서 법 제정을 추진했다. 그러나, 교육자유특구가 어떻게 지역을 살릴 것인지를 구체적으로 말하는 의원은 없었다. 한편, 야당 의원들은 여러 교육감이 반대하니 법률을 제정하지 않고 보류해야 한다고 응수했다. 그들 역시 교육자유특구가 어떤 문제를 일으킬 것인지를 명확하게 설명하지 못했다. 다만, 법률에 반대하는 사람들이 있으니 신중하자는 의견을 제시할 뿐이었다. 긴 시간 논의 끝에 교육자유특구 관련 조항은 삭제한 채 법률을 제정했다.

지난 7월 12일, 교육부는 경기 화성시 등 열두 개 지역을 교육국제화특구 제3기 사업 지역으로 신규 지정했다고 발표했다. 교육국제화특구는 2013년(제1기, 2013~2017년) 대구 북구·달서구 등 5개 지역으로 출발하여, 제2기(2018~2022년)에는 경기 안산·시흥시를 추가하여 6개 지역이 되고, 2023년부터 5년간 지원하는 제3기에는 경기 화성시 등 12개 지역을 추가하였다. 이날 발표로 교육국제화특구가 어느덧 18개 지역으로 늘었다.[1] 교육부는 앞으로 얼마나 더 확대하려고 하는 것일까? 또 한 가지 의문스러운 점이 있었는데, 교육부는 "지역소멸 위기를 극복하고 지역을 살리는 교육국제화 선도 모형을 창출할 수 있도록 적극 지원할 것"이라는 설명을 붙였는데, 제3기 신규 지정된 대구광역시 수성구나 세종특별자치시, 제1기부터 사업 지원 대상인 인천광역시 등이 과연 '지역소멸 위기' 지역일까? 사업과 그것의 명분을 대충 붙여둔 것 아니었을까?

이것뿐만 아니다. 이미 제주특별자치도는 2006년부터 국제자유도시라는 비전을 설정하고 '특별'자치도가 되었다. 제주도 전체가 특별한 지역인 셈이다. 서

---

1) 1기(2013년~2017년) 대구 북구/달서구, 인천 연수구/서부(서구·계양구), 전남 여수
2기(2018년~2022년) 1기 5개 지역 재지정 + 경기 안산·시흥 1개 지역 신규 지정
3기(2023년~2027년) 2기 6개 지역 재지정 + 경기 화성, 광주 광산구, 대구 수성구, 부산 남구, 부산 서부산(사하·사상구), 부산 중구, 부산 해운대구, 세종, 제주(서귀포시), 충남 당진, 충남 천안, 충남 홍성·예산 등 12개 지역 신규 지정

울이 '특별'시라는 지위를 얻은 것이 1946년이니, 무려 육십 년 만에 '특별'한 지역이 다시 등장한 셈이다. 그런데, 주목할만한 현상은 조만간 '특별'한 지역이 갑자기 늘어날 조짐을 보인다는 사실이다. 강원도는 올봄 '특별'자치도가 되었다. 강원특별법을 제정하자마자 곧바로 법률을 전면 개정하여 '미래산업 글로벌 도시'를 법 명칭에 포함하였다.[2] 강원특별자치도의 이런 움직임은 전라북도를 자극하여, 전라북도 역시 '특별'자치도가 되기 위하여 노력하고 있다. 강원특별자치도의 사례가 있으니 전라북도가 '특별'자치도가 되는 일이 어렵지 않을 것이다. 또, 도시가 탄생할 때부터 '특별'자치시였던 세종특별자치시는 관련 법률에 한시적인 재정 특례만을 담고 있었지만, 근래 세종시법을 전면 개정하여 명실상부한 '특별'자치시가 되고자 하는 움직임에 속도가 붙고 있다. 이런 추세가 계속된다면, 우리 국토 전체가 '특별'한 지역이 될 날도 얼마 남지 않았다. 모두가 특별해지면, 그때 '특별'하다는 것은 어떤 의미를 지니게 될까?

특별자치시(도)가 계속 확장되는 상황에서 교육특구가 또다시 대폭 확대될 수도 있다. 윤석열 정부는 지방 살리기를 명분으로 기회균형발전특구와 교육자유특구를 지정하여 지원할 방침을 밝히고 있고, 여러 지방자치단체는 특구에 상당한 관심을 기울이고 있다. 2024년 봄 국회의원 총선거를 기점으로 이런 흐름이 모아지면 교육특구가 범람할지도 모른다. 과연 교육자유특구가 지역을 살리고 교육을 바꿀 수 있을까?

---

2) 「강원특별자치도 설치 및 미래산업 글로벌 도시 조성을 위한 특별법」

'특구', 신선함을 잃어가는 정책 실험

'특구'는 일정한 지역을 대상으로 규제를 완화하거나 전면 해제하고, 때로는 세제 혜택을 부여하거나 재정을 지원하여 지역 발전을 도모하고자 하는 정책 수단이다.[3] '특구' 내에서는 법률에 대한 특별한 예외(특례)를 인정하여 다양한 시도를 장려하고, 그 결과가 성공적이면 정책과 입법에 반영하여 전국으로 확산하는, 일종의 '사회적 실험'이 이루어진다. '특구' 내에서의 실험 → 전국화라는 선순환 구조의 형성을 기대하는 사업이다. '특구'는 중국을 필두로 일본과 한국 등 동아시아 국가에서 정책 실험의 하나로 종종 활용되고 있다.

중국은 1979년 광동성 선전 등 네 개 지역을 경제특구로 지정하였다. 중국 정부가 개혁개방을 추진했지만, 당시 외자를 유치하기도, 선진적인 제조 관리 기술을 도입하기도 쉽지 않았다. 중국 정부는 경제특구를 지정하여 기업의 소득세를 인하하거나 면제하기도 하고 해외 송금의 자유를 보장하는 등 특구 내에서 기업 활동에 대한 제약을 최소화했다. 경제특구는 외국 기업과 자본을 유치하는 데 상당히 성공적이었고, 이후 중국의 일부 지역은 상전벽해(桑田碧海)라고 부를 수 있을 정도로 크게 발전했다.[4]

중국의 경제특구를 눈여겨본 국가 중 하나가 일본이다. 일본은 고이즈미 정부가 분권 개혁을 추진하는 과정에서 특구를 분권 정책의 수단으로 도입한다. 당시 정책을 설계하는 데 이바지한 핵심 인물인 야시로 나오히로(八代尙宏)는 특

---

3) 김용, 『교육규제완화의 헌법적 통제』, 박사학위 논문, 충북대학교, 2010.

4) 윤종석, 「중국 선전 경제특구 초기의 체제 전환과 북한에의 함의: '예외 공간'의 형성과 사회적 (재)구성을 중심으로」, 탐라 문화(제주대학교 탐라문화연구소), 63호, 269-304, 2020.

구 제도를 도입한 취지를 다음과 같이 설명한 일이 있다.

> 미국과 같은 연방국가에서는 연방법에서 정하는 것 이외에는 각 주가 독자 법을
> 정하는 것이 가능하며, 다른 사회 제도 간의 비용과 편익이 명확하다. 그 결과 국
> 내에서 '제도 간 경쟁'이 항상 발생하고, 주마다 서로 좋은 제도를 도입하고자 하
> 여 중단 없는 제도 개혁이 가능해진다. 이것을 중앙 집권적인 일본에도 부분적으
> 로 적용하여, 지역 특성에 부합하는 제도를 일정 범위 내에서 주도적으로 정할 수
> 있게 한다면, 지방자치체 간의 제도적 경쟁이 촉진되고 지방 분권적인 진전에도
> 공헌할 수 있다. 그 결과 새로운 제도의 사회적 효과에 관한 '실험'이 수월해지고,
> 그 플러스와 마이너스가 명확해진다.[5]

일본은 2002년 「구조개혁특별개혁법」을 제정하고, 이를 근거로 「구조개혁특
별구역제도」를 시행해오고 있다. 일본은 특구 제도를 활용하여 규제개혁과 지역
균형 발전, 그리고 지방 분권을 심화하고자 했다. 구조개혁특구는 산업, 농업,
항만 물류, 그린 투어리즘 등 다양한 부문에서 지정되었는데, 교육특구도 지정
유형 중 하나였다.[6] 제도 도입 이후 십여 년 동안 일천 백여 개가 넘는 특구 지역
이 지정되었고, 그 가운데 120여 개의 교육특구가 포함되어 있었다. 특구에서는
법률 적용을 완화하거나 배제하여 새로운 정책을 실험할 수 있었고, 지방자치단
체는 바로 그 사실에 주목하여 특구 지정에 적극적이었다. 일례로, 일본의 교육
특구 안에서는 지방자치단체가 복선형 학제 시행이나 학교선택제 도입을 결정
할 수도 있을 만큼 상당한 제도 탄력성을 누릴 수 있었다.

그런데, 십여 년 동안 특구제도를 운영한 결과가 썩 만족스러웠던 것은 아니
다. 오히려 지역특구가 규제 특례 조치에만 의존하고 있으며, 특별 재정 지원이
나 세제 혜택 등 다른 조치들과 유기적으로 연계되지 않아서 정책 효과가 제한

---

5) 八代 尚宏,「規制改革の現狀と課題 - 構造改革特区を中心に」, ジュリスト, 1236. 2-5. 2002.

6) 이청훈, 나영찬(편역), 일본의 구조개혁 특별구역 제도, 서울: MJ미디어, 2008.

적이라는 평가가 지배적이었다. 2011년에는 「종합특별구역법」을 제정하고, 규제완화 특례 외에 재정 지원과 세제 혜택을 부여하기로 한다. 새 법률은 신산업 관련 기업을 지역에 유치하여 지역 발전을 도모하고자 하는 취지에서 제정된 것으로서, 산학협력을 중심으로 삼는 대학교육 관련 특구는 일부 지정되었지만, 초·중등교육 관련 특구는 새로 지정되지 않았다.

앞에서 일본의 교육특구 내에서는 학제 운영방식을 바꾸는 등 큰 폭의 변화가 가능하다는 사실을 지적했지만, 120여 개가 넘는 교육특구 중 교육제도 운영의 골간을 바꿀 만큼 대담한 개혁을 추진한 사례는 없었다. 교육과정 탄력화, 부등교(不登校), 소인수 학급, 통신제·광역제, 종합적 학습, 직업교육, 특수교육, 유보 연계·일체화 교육, 유학생 교육 등 아홉 개 분야의 교육특구가 출현했는데, 이 가운데 가장 널리 활용된 것은 교육과정 탄력화였다. 등교를 거부하는 아이들을 대상으로 하는 학교를 설치하거나, 학교 밖에서 이루어진 학습의 인정 가능 단위 수를 확대하는 사업 등이 이루어졌다.[7]

노무현 정부는 국가 균형 발전을 강조하였는데, 일본의 구조개혁특구를 채택하여 지역 발전을 도모하고자 했다. 노무현 정부는 수도권 집중의 부작용을 해소하고 지방을 균형 있게 발전시키며, 궁극적으로 국가 경쟁력을 강화하는 것을 목적으로 국가 균형 발전 7대 과제 중 하나로 지역특구제도를 도입했다.[8] 2004년에는 「지역특화발전특구에 대한 규제특별법(지역특화발전법)」을 제정하였고, 이 법률 시행을 기점으로 2009년 12월까지 총 129개의 지역특구를 선정하였다. 고추장으로 유명한 전북 순창군이 장류 산업특구로 지정되는 등 향토 자원 진흥, 유통·물류, 관광레포츠, 산업·연구 개발, 의료·사회복지 등 부문에서 특구를 지정했다.

---

7) 김용, 「한국과 일본의 교육특구 비교 분석 -교육법상 '특례'의 활용과 쟁점을 중심으로-」, 교육행정학연구, 27(3), 229-252, 2009.
8) 진미윤 외, 「지역특화발전특구제도의 도입과 정착 방안」, 도시정보, 272, 2004.

교육특구 역시 지역특구의 한 부문으로 선정되었다. 지역특화발전법에는 시·군·구와 같은 기초지방자치단체가 공립학교를 설립할 수 있도록 하고, 이 공립학교의 시설 기준은 국가 법령이 아니라 조례로 정할 수 있도록 했다. 또, 학교 설립자인 기초지방자치단체의 장이 교원을 임용할 수 있도록 하고, 채용된 교원에게는 지방공무원 신분을 부여하도록 했다. 다만, 교원의 자격과 임용, 보수와 연수, 그리고 신분 보장과 징계 및 소청에 관해서는 「교육공무원법」을 따르도록 하여 다른 공립학교 교원과의 신분 및 처우상 차이를 없애고자 했다.

이처럼 지역특화발전특구를 도입하고 비교적 여러 지역에서 특색있는 사업을 전개하고자 했지만, 제도 도입 후 십여 년이 경과한 시점부터는 특구 제도에 대한 비판적인 평가가 제기된다. 순창군이 장류 산업 특구로 지정되었지만, 그 후 순창군에 큰 변화가 일어났다는 소식이 들려오지 않은 것처럼 말이다. 오히려 무분별한 특구 지정의 문제를 지적하고 부작용을 우려하는 목소리가 높아졌다.

> 지역특화발전특구(지역특구)가 실효성을 거두지 못하고 있는 것은 경제성에 대한 철저한 검증 및 승인 절차 없이 지역별로 '나눠주기식' 배분이 이루어졌기 때문으로 보인다. 이미 몇 개 우수 사례를 제외하고는 대부분의 특구들이 '무늬만 특구', '말뿐인 특구'란 지적을 받고 있는 실정이다.[9]

> 지역산업의 발전을 위한 특구 지정이나 기업도시 건설 등은 지역 간 형평이란 정치적 고려도 중요하지만 입지의 타당성, 기업 투자 가능성 등 경제적 판단을 먼저 염두에 둬야 한다. 이런 경제적 요인이 무시되면 부실 개발이 뒤따르고, 그럴 경우 그 피해는 고스란히 국민에게 돌아갈 수밖에 없다.… 정치적 판단에 따라 지역특구, 혁신도시, 기업도시, 경제자유구역 등 각종 국책사업이 지역별로 안배됐다. 그러다 보니 너무 많은 지역이 지정을 받아 여기저기서 동시에 사업을 진행하면서 중복 개발과 예산 낭비, 도시 공동화 등 각종 부작용이 우려되는 실정이다.[10]

---

9) "지역특구 부실화 왜…? 당국, 경제성 검증도 없이 남발, 문화일보, 2010.02.03.

10) 전국이 특구, 혁신·기업도시 경제성보다 나눠먹기식 선정. '황금알서 오리알 신세' 되나, 세계일보. 2009.11.16.

교육특구 역시 이런 비판에서 벗어날 수 없다. 교육특구가 120개를 넘었고 특구 명칭은 제각각이었지만, 대다수는 초·중등학교의 영어교육을 강화하기 위하여 지방자치단체가 자체 재원으로 외국인 교·강사를 임용하여 학교에 파견하는 사업을 전개했다. 교육특구 내에서 의미 있는 정책 실험이 이루어진 사례는 찾아보기 어려웠다.[11]

이런 비판이 잇따르자, 국회예산정책처가 지역특구 사업을 평가하였는데, 특구 내에서 적용되는 규제 특례 효과가 크지 않고, 규제 활용도가 낮다는 사실을 확인했다. 특히 교육, 의료, 복지 특구에서는 특례 활용이 대단히 소극적이었다는 사실을 지적했다.[12]

한편, 교육부는 2012년부터 독자적인 특구 정책을 시작한다. 「교육국제화특구의 지정·운영에 관한 특별법(교육국제화특구법)」을 제정하여 교육국제화특구를 지정하기 시작한 것이다. 교육국제화특구 내에서 교육감이 지정한 학교는 국가교육과정을 적용받지 않고, 교과용 도서를 사용하지 않아도 된다. 또, 국제화교육을 목적으로 하는 자율학교를 만들 수 있고, 외국인학교의 부지 매입과 시설 건축, 그리고 학교 운영 지원에 필요한 경비를 지원할 수도 있다.

그런데, 제2기까지 이루어진 교육국제화특구 내의 교육이 그다지 혁신적이지는 않았다. 초등학교에서는 영어 아닌 교과 수업시간을 줄이는 대신 영어과 수업시간을 50% 늘리고 원어민 강사를 활용하거나 화상 수업을 통하여 영어 몰입교육을 시도한 경우가 있었고, 중학교와 고등학교에서는 영어 교과 수업방식을 부분적으로 바꾼 사례가 보고되었을 뿐이다.[13]

이렇게 보면, 그동안 이루어진 특구 정책이 사회적 실험을 촉발했다고 말하

11) 박남기, 황윤한, 박선형, 「지역특화 발전을 위한 교육특구: 현황 분석과 발전을 위한 실천 제언 탐색」, 교육재정·경제연구, 15(2), 247-273, 2006; 김용, 앞의 논문.

12) 국회예산정책처, 『지역특화발전특구사업 평가』, 2010.

13) 이진화, 김기택, 「교육국제화특구 자율시범학교 외국어교육 프로그램 실태 및 교사 인식조사」, 학습자중심교과교육연구, 16(12), 387-409, 2016.

기 어렵다. 교육특구나 교육국제화특구의 경우도 대개는 영어 수업 확대의 수단으로 활용되었을 뿐, 학교교육을 의미 있게 변화시키는 계기가 된 것은 아니다.

특별하지 않은, 그러나 부작용을 수반하는 특구

2023년 3월 현재 지역특구법에 근거한 교육특구가 24개 지정되어 있다. 융·복합교육특구(서울 성동구), 외국어교육특구(인천 서구), 청소년교육특구(경기 군포시), 국제문화교육특구(충북 진천군), 국제화평생교육특구(전남 광양시) 등 명칭은 다양하지만, 대개 지방자치단체가 일정 금액을 출연하여 외국인 영어 강사를 채용하고, 이들을 초·중등학교 영어 수업시간에 투입하는 방식의 사업을 전개하고 있다. 앞에서 살펴본 것처럼 교육국제화특구에서의 사업이나 교육특구에서의 사업이 사실상 매우 유사하다. 한국 교육특구의 중요한 의의는 영어 수업시간 확대라고 할 수도 있다.

이런 경향은 일본에서도 발견할 수 있다. 2000년대 초 일본에서의 교육특구 지정이 활발하여 2010년 무렵 120여 개 지역이 교육특구로 지정되어 오늘에 이르고 있다. 그런데, 상당수 일본의 교육특구 역시 영어 수업 단위를 확대하는 데 기여하고 있다. 다만, 부등교 문제가 심각한 상황에서 교육과정 탄력화를 활용하여 등교를 거부하는 아이들을 대상으로 삼는 학교를 설립한 사례가 독특할 뿐이다. 일본에서도 대다수 교육특구가 '사업계획서의 규격화' 현상이 두드러질 만큼 영어 수업시간 확대를 중심으로 특구 운영계획을 수립하고 있는 실정이다.[14]

---

14) 靑木 純一, 「構造改革特区, 敎育分野の「規格化」とその背景 -自治体の自発性や地域の特性に着目して-」, 日本敎育政策学会年報, 18, 40-52, 2011.

이렇게 본다면, 한국이나 일본에서 교육특구는 그렇게 특별한 것이라고 할 수 없다.

　그런데, 그다지 특별한 것은 없지만 종종 문제가 불거지기도 한다. 일본에서 그 사례를 찾아볼 수 있다. 도쿄도 시나가와 교육특구에서는 소·중 일관교육[15]을 실시하고자 기존 소학교와 중학교를 통폐합하는 과정에서 주민들이 저항한 일이 있었고, 나가노현의 한 교육특구에서도 소·중 일관교육을 시행하는 과정에서 초등학교 교사를 중학교 담임으로 배치하자 보호자들이 강력하게 항의한 일이 있었다. 군마현의 한 교육특구에서는 민간이 설립한 학교에 지자체가 적지 않은 재정을 투입하였으나 폐교되었고, 이에 대하여 주민들이 세금 사용 문제를 제기하기도 했다.[16]

　그런데, 이와 같은 논란보다 심각하게 생각할 필요가 있는 것이 교육특구 정책에 관한 법적 논란이다. 헌법은 모든 국민에게 교육받을 권리를 평등하게 보장한다고 선언하고 있는데, 교육특구는 지역 간 격차를 확대하는 효과를 발휘하는 점에서 검토의 필요가 있다. 교육특구를 신청할 수 있는 자격에 특별한 제한이 없다는 점에서 교육평등을 해치지 않는다고 말할 수도 있으나, 결과적으로는 교육 불평등을 야기할 수밖에 없다.

　또, 상당수 특구에서 영어교육을 강화한다거나 새로운 학교를 설립한다고 하면서 결과적으로는 입시 실적이 좋은 학교를 설립하는 경향이 나타나는데, 이는 학습자의 다양한 능력을 그대로 존중하기보다는 좁은 의미의 학력에 근거한 일원(一元) 능력주의[17]를 강화하고, 그것에 의해 학교를 종별화(種別化)하고 다층화(多層化)하는 결과를 낳고 있다.[18]

---

15)　소중 일관교육이 우리나라에서는 초중 통합학교 또는 초중이음학교로 이름을 달리하여 운영되고 있음.

16)　王美玲,「教育特区の全国化と今日的課題」, やまぐち地域社会研究, 41-52, 2013.

17)　좁은 의미의 학력이라는 하나의 능력만을 중시하는 사고

18)　中嶋 哲彦,「構造改革特区と地方教育行政 -市町村費負擔教職員制度に着目して-」, 季刊教育法(日本教育法学会), 135, 16-22, 2002.

더 나아가, 특구를 신청할지 여부, 어떤 내용의 특구 사업을 전개할지 등을 지역 스스로 결정할 수 있다는 점에서 지역의 자율성을 존중하는 정책으로 보이지만, 어떤 지역을 특구로 지정할 것인가, 어떤 규제를 해제할 것인가와 같은 문제는 중앙정부가 결정한다. 사실상 중요한 결정 주체는 중앙정부인 셈이다. 이런 상황에서 만약 특구 사업의 결과가 부실하면, 모든 책임은 지자체로 전가된다. 만약, 특구 지정 지역과 비지정 지역 간 격차가 확대되어도 그것은 지자체들의 책임이 된다. 이런 점에서 특구 정책을 '강요된 자유화' 정책이라고 비판하는 목소리도 존재한다.[19]

우리나라에서는 특구 내에서 법적 규제를 상당한 수준에서 해제한다. 일례로, 교육국제화특구에서는 국가교육과정을 적용하지 않는 학교를 운영할 수 있다. 그런데, 우리 헌법은 교육에 관한 기본적 사항을 국민의 뜻을 모은 법률로 정하여 모든 국민의 교육받을 권리를 보장하고자 교육제도법정주의를 선언하고 있다(제31조 제6항).[20] 그런데, 특구에서는 법률을 적용하지 않고, 법정 기준주의를 행정 재량주의로 전환한다. 이 과정에서 국민의 교육권을 보장하기 위한 최소한의 교육조건 정비 기준을 충족하지 못하고, 결과적으로 국민의 교육권을 손상할 가능성이 있다.[21]

---

19) 飯塚 眞也, 谷口 聰, 「敎育特区にみる敎育改革手法」,堀尾輝久, 小島喜孝(編), 地域における新自由主義 敎育改革、 エイデル研究所, 159-197, 2004.

20) 헌법 제31조 제6항 학교교육 및 평생교육을 포함한 교육제도와 그 운영, 교육재정 및 교원의 지위에 관한 기본적인 사항은 법률로 정한다.

21) 김용, 「교육자유특구: 지역 맞춤형 공교육을 선도할까? 교육생태계를 교란할까?」, 교육비평, 51호, 8-36, 2023.

지역 균형 발전, 그리고 교육자유특구

지역 균형 발전은 윤석열 정부의 중요한 국정과제이다. 사실 지역 균형 발전은 노무현 정부 이후 역대 정부가 지속적으로 추구했던 목표이다. 현 정부는 지역을 고르게 발전시키기 위하여 두 가지 핵심 정책을 추진하고 있다. 하나는 기회발전특구이고, 또 하나가 교육자유특구이다.

기회발전특구는 "지역이 원하는 업종을 육성하면서, 지역이 원하는 교육 시스템을 도입하고 규제를 풀어주는" 지역이다.[22] 기회발전특구가 기존 지역특구와 다른 점은 규제완화 외에 조세혜택을 부여하는 것이다. 예컨대, 기회발전특구 내에서 어떤 기업체를 만들고 사업하는 과정에서 법인세 등을 다양한 방식으로 인하하는 것이다. 조세 혜택을 활용하여 기업을 유치하고, 기업 활동을 통하여 지역을 발전시키고자 하는 것이 특구 정책의 취지이다.

교육자유특구 역시 지역균형발전을 위한 정책인데, 위의 정의에서 확인할 수 있는 것처럼, 기회발전특구는 지역의 '교육 문제'를 상당히 강조하고 있다. 노무현 정부에서 혁신도시를 만드는 등 여러 가지 정책을 추진했지만, 혁신도시의 정주율이 개선되지 않는 가장 중요한 요소로 '교육'을 지목하고 있다. 현 정부는 기회발전특구의 하위 요소로 교육자유특구를 추진하고 있다. 다음 진술은 두 개의 특구 간의 관계를 잘 보여준다.

소비력이 있는 개인과 법인을 수도권이 아닌 지역으로 유인하려면 인센티브를 제공해야 한다. 첫 번째로 고려해야 할 요소는 세제 요인이다.… 세금 이외에 결정

---

22) 오문성, 이상호, 「윤석열 정부 지역균형발전 철학과 기회발전특구(ODZ)」, 월간 KIET 산업경제, 286, 34-45, 2022.

적인 요소는 또 있다. 교육 시스템이 바로 그것이다. 개인이 이동할 때 개인의 자녀들이 그 지역에서 양질의 교육을 받을 수 있느냐가 중요한 판단 요소로 작용한다. 부모가 직장 문제로 지역을 옮길 때 새로운 장소에서도 자녀가 양질의 교육을 받을 수 있다면 부모들은 선뜻 자녀들과 함께 이동할 수 있다.[23]

교육자유특구의 근거 법률이 아직 모습을 드러내지 않은 상태라서 특구가 어떻게 운영될지 알 수 없다. 그러나, 여기저기서 흘러나오는 이야기를 종합하면, 지역의 정주 여건을 개선하는 방향에서 교육자유특구를 활용하려는 것이고, 이런 맥락에서 돌봄 문제를 획기적으로 개선하고 유치원 교육의 질을 높이며, 특구 내 학생들의 대학 진학에 인센티브를 부여하는 사업 등이 이루어질 것 같다.

그런데, 정책 추진자들은 지역의 정주 여건을 개선하는 데에서 가장 중요한 일을 '지역의 좋은 학교' 만들기라고 보는 사실에 주목할 필요가 있다. '지역의 좋은 학교'는 어떤 학교일까?

현 정부 교육부는 교육자유특구를 염두에 둔 것은 아니지만, 고등학교 체제를 개편하는 일을 추진해오고 있다. 교육부가 자신들의 구상을 최종적으로 발표하지는 않았지만, 다음과 같은 다양한 형태의 고등학교를 선보이는 방식으로 고등학교 교육을 변화시키고자 하는 것으로 보인다.

- 교·사대가 중심이 되어 자율적으로 학교를 운영하는 국립아카데미고 제도 도입
- 학교-교육청-지자체가 협약을 맺고 협약 범위 내에서 학교를 자율적으로 운영하는 협약형 공립고 운영
- 혁신도시 교육력 제고를 통한 지역 정주 여건 개선을 위해 협약형 공립고 운영
- 기업의 지역 내 자사고 설립
- 지역 여건에 맞는 방향으로 자율적인 고교 교육 혁신을 추진할 수 있는 지역맞춤형 고등학교 운영

23) 오문성, 이상호, 앞의 논문, 35-36.

한편, 교육부는 교육자유특구 내에서 특구 소재 기업 임직원들을 기간제 교원으로 임용하고, 개방형 교장 공모제 시행을 확대하는 방안을 검토 중인 것으로 알려졌다. 또, 이주호 교육부장관은 협약형 공립고 관련 언급을 꾸준히 이어오고 있다.

> 좋은 학교를 많이 만들어 공교육 전반을 끌어올리겠다. 대표적인 게 협약형 공립고다. 정부가 예산 지원을 많이 하되, 최소한의 규제만 하고 실제 운영권은 학교에 맡기겠다.

이런 내용과 고교체제 개편 구상을 결합하여 생각해보면, 교육자유특구 내에는 공적 예산을 투입하는 협약형 공립고나 기업체 부설 학교, 예를 들면 '네이버 고등학교'와 같은 학교가 등장할 가능성이 있다. 여기에 더해 근래 여기저기서 유치하고자 하는 국제학교가 특구 내에 설립될 가능성이 있다.

교육국제화특구 내의 새로운 학교 설립은 지역 명문고를 육성하여 지역을 발전시킨다는 대의를 살릴 수 있고, 특히 협약형 공립고의 경우는 '공립학교' 형태를 띠고 정부가 예산을 지원하는 학교로 설립하고자 하는 점에서 기존 자사고와 달리 '귀족학교'라는 비판에서 자유로워질 수도 있다.

그런데, 이와 같은 시도를 어떻게 볼 것인가?

우선, 가장 유력한 학교 형태로 검토되고 있는 협약형 공립고의 경우, 만약 전국단위로 학생 선발권을 부여하고 50% 정도 범위에서 교육과정 운영을 자유롭게 허용한다면 입시 준비가 수월해질 것이고, 결과적으로는 '공비(公費)로 운영하는 자사고'와 다를 바가 없어질 것이다.[24] 이와 함께, 서울, 부산, 경기, 강원 등 여러 지역에서 설립 움직임이 있는 국제학교는 한국에 투자하거나 진출하는 외국 기업 직원들의 자녀를 교육하기 위하여 필요하다는 명분을 내걸겠지만, 설립

---

24) 김용, 앞의 논문, 28.

이후에는 한국의 중상층 가정 학생들이 공부하는 학교가 될 가능성이 상당하다. 제주특별자치도와 송도의 국제학교가 그 모습을 잘 보여주고 있다.

사실 현 정부의 교육자유특구와 고교체제 개편 정책은 이명박 정부에서 추진된 '고교 다양화 300' 정책을 떠올리게 한다. 이명박 정부는 고교 다양화 정책을 공약으로 내걸었고, 2010년 지방 선거에서 서울의 구청장 출마자들 상당수가 자사고 또는 특목고 유치를 공약으로 내걸었다. 그리고, 2011년 학교교육 관계 법령을 개정하여 자율고와 특목고를 제도화했다. 정책 입안자들의 입장에서는 성공의 기억이 있는 셈이다.

그런데, 윤석열 정부에서 교육자유특구와 학교 설립이 원만하게 이루어질 것 같지는 않다. 2008년 당시에는 고등학교가 그다지 분화되어 있지 않았지만, 2023년 현재는 자사고, 특목고, 영재고 등 다양한 학교로 촘촘하게 위계를 형성하고 있다. 서울은 이미 자사고와 외고 등이 충분히 존재한다.

아마도, 교육자유특구는 비수도권 지역에서 다시 한번 자사고 열풍을 재현할 가능성이 있다. 그런데, 이런 시도가 성공적일 가능성은 크지 않다. 전국단위 자사고 열 개[25] 중 일곱 개, 여덟 개 영재학교[26] 중 다섯 개가 비수도권에 배치되어 있다. 또, 과학고가 스무 개, 외국어고는 서른 개, 여덟 개 국제고가 비수도권에 배치되어 있다. 지역 명문고도 포화 상태에 있는 셈이다.[27] 이런 사실은 학생 수 규모를 추정해보아도 알 수 있다. 현재 학생들이 선호하는 서울 소재 대학과 전국의 의과대학, 치과대학, 한의과대학 입학 정원과 기존 영재고, 특목고, 자사고, 서울 강남 지역 일반고 등 입시 명문으로 알려진 고등학교 학생 정원을 비교하면, 새로운 입시 명문 학교를 만들기가 수월하지 않을 것임을 짐작할 수 있다.

---

25) 전국단위 자사고: 외대부고, 상산고, 북일고, 민사고, 현대청운고, 김천고, 하나고, 하늘고, 포항제철고, 광양제철고

26) 영재학교: 서울과학고등학교, 경기과학고등학교, 한국과학영재학교, 광주과학고등학교, 대전과학고등학교, 대구과학고등학교, 세종과학예술영재, 인천과학예술영재학교

27) 구본창, 「교육자유특구 결과는 교육생태계 교란」, 바람직한 교육개혁을 위한 연속 토론회(윤석열 정부 교육자유특구 추진, 어떻게 볼 것인가), 토론문.

설령 비수도권 지역에 입시 명문을 만들 수 있다고 한들, 그 학교가 지역 발전에 이바지하는가라는 질문을 던져보면, 또다시 회의적일 수밖에 없다. 2022학년도 고교 입학 전형 결과를 기준으로 보면, 강원도 횡성에 소재한 민족사관고등학교 신입생의 77.1%, 전라북도 전주시에 소재한 상산고등학교 신입생의 66.3%는 서울, 경기 지역 출신이다.[28] 반면, 강원도와 전라북도 출신 학생의 입학 비율은 매우 낮은 수준이다. 비수도권 지역에 제2의 민사고나 상산고가 생겨서 이들 학교와 유사한 수준의 성과를 내기를 기대하기도 어렵겠지만, 설령 이런 학교가 설립된다고 해도 서울과 경기도에 살고 있는 학생들이 잠시 이동해서 공부하고 다시 서울로 돌아가는, 정거장 같은 학교가 될 가능성이 크다. 명문고를 설립한다고 해서 지역 발전에 기여할 가능성은 크지 않다.

'고교 다양화 300' 정책이 사교육 열풍을 초래했던 것과 비슷한 현상이 재현될 우려가 상당하다. 비수도권 지역 학교가 입시 명문으로 발돋움하기 위해서는 학생 선발의 범위를 최대한 확장하여, 전국단위 선발을 시행할 가능성이 있다. 이렇게 되면 이웃한 지역 학생들뿐만 아니라, 전국적으로 입학 경쟁이 일어나고, 초등학교 중학년부터 고교 입학을 준비하기 위한 사교육이 성행하게 될 것이다.

2024년 국회의원 총선거와 교육자유특구

교육특구는 정책 수단이자 정책 용어로서 고유명사이지만, 그 정책과 무관하게 사람들에게 널리 회자되는 보통명사이기도 하다. 이미 1980년 중반 '8학군 문제'가 불거졌을 때부터, '강남 교육특구'와 같은 말이 유통되기 시작했고, 근래도

---

28) 구본창, 위의 토론문.

유명 학원이 밀집한 지역을 '교육특구'라고 부른다. 교육특구는 부동산 시세가 높다. 아래 표[29]는 신문기사 검색 프로그램인 빅카인즈 $^{Big Kinds}$에서 '교육특구'를 키워드로 검색하여 얻은 결과이다.

▨ '교육특구' 관련 언론 보도량

연도	2003	2004	2005	2006	2008	2008	2009	2010	2011	2012
기사	15	52	82	75	76	125	147	196	89	121
비고						총선		지선		총선
연도	2013	2014	2015	2016	2017	2018	2019	2020	2021	2022
기사	120	127	107	150	153	111	201	66	40	60
비고		지선		총선		지선		총선		지선

* 전국 일간지만을 대상으로 분석함

위의 표를 보면, 국회의원 총선거나 지방 선거가 있던 해에 교육특구 관련 보도량이 상당히 증가한 사실을 확인할 수 있다. 2010년 지방 선거에서 정점에 이르렀고, 2016년 국회의원 총선거에서도 여러 지역 출마자들이 교육특구를 공약으로 제시한 사실을 알 수 있다. 그런데, 2016년 총선 이후, 다시 말하여 2018년과 2022년 지방 선거, 그리고 2020년 국회의원 총선거에서는 교육특구 공약이 시들해졌다. 이런 현상은 지난 십여 년 동안 특구 운영 성과가 뚜렷하지 않았던 사실과 관련이 있을 것이다.

만약 교육자유특구 관련 법률이 제정되는 경우, 2024년 국회의원 총선거에서 명문고 유치 또는 육성 공약이 또다시 등장할 것이다. 근래 서울 여의도에는 '국제고 유치로 여의도 발전을'이라는 내용의 현수막이 내걸렸고, 세종시 등 여러 지역에서 교육자유특구 추진 의사를 공공연하게 밝히고 있다. 교육자유특구 관련 법률의 내용과는 무관하게 2024년 총선거에서 여러 출마자가 교육자유특구 지정 또는 명문고 유치를 공약으로 내걸 가능성이 크다.

---

29) 김용, 앞의 논문, 17.

앞에서 지적한 것처럼 후보자들의 공약이 성공적으로 추진될 가능성은 그다지 크지 않다. 2008년과 2024년 사이에는 상당한 변화가 있다. 이미 고교체제 서열화 정도가 심각한 상황에서, 그 서열 체제를 더 촘촘하게 만들기는 쉽지 않을 것이다. 또, 학생 수가 큰 폭으로 줄어들고, 비수도권 지역에도 소위 명문고가 상당히 배치된 상황에서 신흥 명문고를 만드는 일이 만만치 않을 것이다. 그동안의 교육특구가 눈에 띄는 성과를 내지 못한 것처럼, 교육자유특구 역시 '특별하지 않은' 것이 되고 말 수도 있다.

그렇지만, 선거 과정에서는 "명문학교 만들어서 우리 지역을 발전시키자"는 매우 강력한 공약이 유권자들에게 파고들 것이다. 교육자유특구, 명문고 유치가 내년 총선에서 여러 지역의 공약으로 채택될 가능성은 상당하다.

교육자유특구를 선용할 수 있을까?

특구를 도입할 때면 "획일적인 규제를 획기적으로 개선하여 다양한 실험을 허용하고, 성공 모델을 만들어서 다른 지역으로 확산한다"는 명분이 으레 등장한다. 그런데, 그동안 경험한 교육특구는 지역 발전에 그다지 이바지하지 못했다. 또, 의미 있는 사회적 실험을 시도하고, 이를 전국화한 사례도 찾기 어렵다. 오히려 교육특구라는 간판을 앞세워서 중상층 계층의 요구에 부합하는 명문학교 유치에 힘을 쏟는 경우가 많았다. 또, 특구 사업을 주관하는 지방자치단체는 학교를 금방 바꿀 수 있다고 자신하고, 새로운 사업을 하는 것처럼 자랑하지만, 사실상 교육부와 교육청에서 이미 시행하고 있는 사업과 중복된 일을 하는 경우도 많았다. 나아가, 한국의 교육특구는 영어교육 강화를 지나치게 강조하면서,

국가교육과정이 의도하는 학생의 고른 성장을 해친 측면도 있다.[30]

특히 다시 한번 재현될 것 같은 '새로운 학교' 또는 '명문학교'에 대해서도 진지한 논의가 필요하다. 여러 가지 형태의 학교를 세우고 학교를 다양화하여 학생이 학교를 선택할 수 있도록 하면 교육을 개선할 수 있다는 주장이 벌써 오래전부터 거듭되고 있지만, 일견 그럴듯해 보이는 이 주장은 국내뿐만 아니라 외국의 경험을 통해서도 사실이 아닌 것으로 판명되었다. 이명박 정부의 '고교 다양화 300' 정책으로 학교는 다양해지지 않았다. 입시 실적을 기준으로 서열화되었을 뿐이다. 이주호 장관이 자주 이야기하는 협약형 학교의 모델이 되는 차터 스쿨charter school[31]에서는 인종 분리 현상이 나타나며, 이것은 형평성 문제와 관련된다. 영국이나 미국 등 국가에서도 새로운 학교 설립과 학생 선택 정책이 다양화보다는 획일화를, 그리고 사회의 분리를 일으켰다는 증거는 적지 않다.[32] 지역 단위에서 소수의 명문학교를 육성하고자 하면, 이웃한 많은 학교가 황폐화하고, 학교 우열에 따라서 지역사회가 분화할 가능성이 상당하다.

그런데, 교육자유특구 정책과는 별개로 비수도권 지역 발전과 교육과의 관계를 진지하게 검토할 필요가 존재한다. 출생률은 급감하고 총인구도 줄고 있다. 지역사회의 붕괴가 매우 심각한 형편이다. 강원도 화천군이 오랫동안 교육 투자를 계속해오는 과정에서 전국 지자체 중 3위의 출생률을 기록하고 있는 데에서 알 수 있는 것처럼,[33] 교육을 살리는 일은 지역을 재생하는 일에 매우 중요한 과제가 된다. 화천군은 돌봄과 유아교육 여건을 획기적으로 개선하고 학생들에게 해외 연수 기회를 제공하는 등 학생 교육에 재정 지원을 아끼지 않고 있다. 특히

---

30) 김용, 앞의 논문.

31) 차터 스쿨: 미국에서 1990년대에 도입된 공립학교 혁신 방안임. 학교가 공립학교로서 정부의 지원을 받지만, 학교 운영은 사립학교처럼 자유롭게 할 수 있음. 교육과정 자율성이 보장되지만, 성적을 중시하여 성과를 못내는 교사는 퇴출까지도 하여 교사들의 반발을 사기도 하고 있음.

32) Whitty, G., Power, S., and Halpin, D., *Devolution and choice in education - the school, the state and the market*, Buckingham: Open University Press, 2000.

33) 2022년 합계출산율은 0.78이지만, 화천군 출산율은 1.4에 이르고 있다.

군 단위 기초지방자치단체에서는 좋은 고등학교를 육성하는 일이 매우 중요하다. 좋은 고등학교가 있으면, 상급학교 진학 과정에서 학생들의 이탈을 막을 수 있고, 중학교는 물론 초등학교까지 선한 영향이 미치게 된다.

만약, 교육자유특구를 지정하고자 한다면, 인구 감소 지역에 한정할 필요가 있다. 2022년 「인구감소지역 지원 특별법」이 제정되었는데, 이 법의 적용을 받는 지역으로 지정 대상 지역을 한정하는 것도 무방하다. 특구에서는 격차를 확대하기보다는 보상적 프로그램을 제공해야 한다. 만약 학교를 신설하거나 새로운 형태의 학교로 지정하는 경우에는 학생 선발권 범위를 무분별하게 확대하기보다는 일정하게 제한하고 지역 학생들의 입학 비율을 적정하게 유지해야 한다.

그런데, 지역을 살펴보면, 상당수 고등학교가 과소화되어 있다. 이런 학교 체제를 유지한 채 자원을 투입해도 좋은 성과를 거두기가 쉽지 않을 것이다. 그동안 여러 시·도교육청에서 작은 학교 살리기 정책을 펴왔으나, 이 정책의 효과에 대해서는 냉정한 평가가 필요하다. 오히려 과소한 여러 개의 고등학교를 통합하여 적정 규모 학교로 만든 후에 교원을 추가 배치하고 교육재정을 추가 투입하여 기존 명문고에 버금가는 교육 여건을 갖추도록 하는 편이 성과를 기대할 수 있을 것이다. 교육자유특구법을 제정한다면, 지정 지역 내에서 영세한 사립학교 해산을 쉽게 하고, 고등학교 체제 개편을 지원할 수 있는 장치를 마련하는 등의 내용을 포함할 필요가 있다.

지난시기 교육특구는 특별한 것이 아니었다. 교육특구가 교육도, 지역도 크게 바꾸지 못한 것이다. 그런데, 소멸하는 지역을 들여다보면, 지금은 특별한 것이 필요하다. 교육자유특구 정책을 잘 설계한다면, 지역을 재생하는 일에 선용할 수도 있을 것이다. 그러나, 현 정부에서 교육자유특구가 선용 될 것인지는 불확실하다.

지방교육재정교부금을 둘러싼
논란과 평가

이 혜 진

(사)한국교육정책연구원 연구원 / 전 교육부 장관 정책보좌관

국가 성장의 원동력이었던 교육

국제통화기금[IMF], 세계무역기구[WTO]와 함께 세계 3대 국제경제기구로 꼽히는 세계은행[WB]에서 1993년에 발간한 "East Asian miracle: Economic growth and public policy[1]"라는 유명한 보고서가 있다.

이 보고서는 한국, 홍콩, 싱가포르, 대만 등 동아시아 주요 국가들이 1960년대 중반 이후 약 30여 년간 매년 8% 이상의 높은 경제성장률을 거두는 전대미문의

---

1) World Bank, Policy Research Department, Birdsall, N., & Page, J. (1993). East Asian miracle: Economic growth and public policy.
이 외에 한 가지 더 추천하는 보고서는 아래와 같다.
World Bank, The International Bank for Reconstruction and Development, Jandhyala B.G. Tilak. (2002). Building Human Capital in East Asia: What Others Can Learn.

상황을 분석하기 위해 기획되었는데, 성장의 원인을 "동아시아의 국가 발전은 인적자본 형성을 위한 초·중등교육 투자에 자원 배분의 우선순위를 둔 결과이다."라고 분석하고 있다. 특히 한국은 이른바 아시아 네 마리 용이라 불렸던 국가 중에서 가장 인구 규모가 컸기 때문에 각별한 관심을 받았다.

Donald Johnson 전 OECD 사무총장은 2016년 한국의 교육에 대하여 "1960년대 매우 낮은 단계의 교육수준에서 현재는 OECD 국가 중 가장 높은 단계의 교육수준에 이를 정도로 한국의 교육정책은 OECD 국가 중 가장 우수한 사례로 평가받고 있다.[2]"라고 진단했다. 비단 해외 유명 기관을 언급하지 않더라도, 우리 사회에서도 교육은 광복 이후 반세기 동안의 고도성장을 이끈 동인으로 평가받고 있다.

교육은 한국이 지금의 위치까지 성장하는 데 가장 중요한 원동력이었다. 그리고 교육이 이러한 역할을 수행하는 데 교육재정의 뒷받침이 없었다면 성취는 불가능했을 것이다. 우리나라는 지방교육재정교부금 제도를 통해 교육의 성장을 지원했는데, 이는 교부금 제도의 연혁 및 연계된 초·중등 정책을 보면 확인할 수 있다.

정부는 해방 직후부터 문맹률을 극복하고 초등 의무교육을 완성하기 위해 1958년 12월에 제정된 「의무교육재정교부금법」을 기반으로 교육재정을 확보하였다. 이후 중등교육이 폭증하자 1963년 12월에 「지방교육교부세법」을 제정하여 지원을 강화하였다. 현재 우리가 활용하는 지방교육재정교부금은 바로 이 의무교육재정교부금과 지방교육교부세를 통합하여 1971년 12월에 마련된 것이다.

지방교육재정교부금 제도는 대한민국의 초·중등교육 투자의 핵심으로서 학교교육을 보편교육으로 끌어올리고 교육 여건을 개선하는 역할을 수행했다. 구체적으로 1954년 초등의무교육완성 6개년 계획, 1969년 중학교무시험 진학제

---

2) 서영인 외(2020), 「교육재정 종합진단 및 대책연구」에서 재인용

도, 1974년 고등학교 평준화정책, 2000년 7·20교육여건개선사업, 2002년 중학교 무상교육, 2006년 교육복지투자우선지원사업, 2011년 무상급식, 2015년 교육급여, 2019년 고등학교 무상교육 등 한국의 굵직한 초·중등 교육사업은 모두 지방교육재정교부금을 활용하였고, 교부금 제도가 없었다면 몇 년 단위의 중장기 교육계획은 시도할 수도 없었을 것이다.

▨ 한국의 초·중등 교육 발전 단계와 교육재정

구분	초·중등교육의 재건기 (1948~1960)	초·중등교육의 양적 성장기 (1961~1980)	초·중등교육의 질적 변화 모색기 (1981~2000)	초·중등교육의 재구조화기 (2001~현재)
교육에 대한 도전	• 의무교육	• 중등교육 확대 • 산업인력 공급	• 교육 여건 개선	• 교육격차 해소 • 교육의 국가책임 확대
주요 관심	• 교육기회 확대	• 교육의 양적 성장 • 효율성과 통제	• 교육의 질 • 자율성 • 책무성	• 교육복지
주요 정책	• 초등의무교육 완성 • 교육 시설 복구	• 중등교육의 팽창과 평준화 • 직업기술교육 및 훈련	• 지방교육자치 • 교육의 질 개선	• 누리과정 • 고교무상교육 • 무상급식 • 고교학점제
지원 및 수단	• 해외 원조	• 경제발전 5개년 계획 • 교육세법 제정 • 직업기술교육 지원을 위한 해외 원조	• 대통령 직속 교육개혁위원회 • 5.31 교육개혁	• 연구활동 지원 (BK, NURI, Post BK) • 국가교육위원회
재정확보 제도	• 내국세 부가기 • 지방세 부가기	• 특별국세 연계기 • 내국세 총액 일정률	• 지방교육재정교부금	• 지방교육재정교부금
교육투자의 초점	• 교육기회 확대		• 교육여건개선	• 교육의 질 제고

한국교육개발원 보고서, 「초·중등 교육투자 영향분석」 46쪽, 2021.

한국 교육을 뒷받침한 지방교육재정교부금

지방교육재정교부금 제도는 지방자치단체가 교육기관 및 교육행정기관을 설치·경영함에 필요한 재원을 국가가 교부하여 교육의 균형발전을 도모하도록 하는 제도이다. 「지방교육재정교부금법」 제1조(목적)는 국가가 재정지원 주체임을 분명히 하고 있고, 목적은 교육의 균형 있는 발전을 도모한다는 것이며, 해당 재정은 교육기관과 교육행정기관에 제한하여 집행토록 명시하고 있다. 유사한 지방세법의 경우 재원 주체를 국가로 명시한 규정이 없는 것과 비교[3]된다.

연혁

지방교육재정교부금은 1971년에 법 제정으로 제도의 윤곽이 만들어졌지만, 현행 교부금 세입구조 형태가 정착한 것은 2004년 말이었다. 그 이전이었던 1973년부터 1982년까지는 8·3조치[4]'의 영향으로 교부율의 효력이 정지되었고, 교육재정은 국가 예산이 정하는 바에 따라 규모가 결정되어 재정결손분이 상당히 누적됐다. 1982년 교육재정의 결손분을 보충하고자 「교육세법」이 제정되었고, 2004년 말에는 복잡한 교부금의 지원구조를 단순하게 정리하며 현재에 이르렀다. 이 시기에 의무교육기관 교원봉급을 별도의 회계에서 집행하던 봉급교부금과 경상교부금, 증액교부금을 경상교부금에 합산하여, 종전의 내국세 교부율

---

3) 「지방교부세법」 제1조(목적) 이 법은 지방자치단체가 과세하는 지방세 각 세목의 과세요건 및 부과·징수, 그 밖에 필요한 사항을 규정함을 목적으로 한다.

4) 1972년 8월 3일 박정희 대통령의 긴급명령(15호)으로 발포된 경제안정에 관한 조치이다. 당시 정부는 기업이 보유한 사채를 조정하는 것을 골자로 하는 금융 조치를 발표하는데, 이 조치 중 국가재정의 신축성을 회복하기 위하여 지방교부세, 지방교육재정교부금의 법정교부금을 폐지하고 매년 예산에서 이를 정하도록 하는 내용이 포함되었다. 이에 1971년 12월에 지방교육재정교부금법이 제정되었으나, 이듬해에 바로 효력이 정지되었다.(한국민족문화대백과사전)

이 13.0%에서 19.4%로 인상되었다. [5] 이는 교육재정이 증가한 것이 아니라 흩어져있던 재정구조를 합치며 단순 조정된 수치이다.

이후 교부금은 내국세 교부율이 네 차례 소폭 인상되어 2020년부터 20.79% 법정률로 현재까지 유지되고 있다. 이외에 교육세 세입액 일부가 재원으로 추가되는데, 교부금의 주 재원은 매년 일정률로 자동 배정되는 내국세이다. 교부율 인상의 주요 원인은 다른 법률 개정의 영향으로 발생한 내국세의 감소분을 보전하기 위한 것이었고, 이는 초·중·고 교육재정이 축소되는 것을 방지하기 위한 조치였다.

▨ 지방교육재정교부금법 제도 연혁 및 변동 사유

제·개정 시기	변동비율	변동 사유
2010년 1월	20.27% (0.27%↑)	국민의 추가 세금부담 없이 지방재정을 확충하기 위해 국세 일부를 지방세로 전환(부가가치세 5%를 지방소비세로 전환) - 국세인 부가가치세 일부가 지방세인 지방소비세로 전환되면서, 내국세 감소로 줄어드는 교부금을 보전하기 위해 교부율을 20.27%로 인상
2018년 12월	20.46% (0.19%↑)	국세-지방세 개편에 따라 내국세 감소분 보전을 위한 지방교육재정교부금법 개정(2018.12)으로 2019년부터 내국세분 교부금의 비율이 20.27% → 20.46%로 변경
2019년 12월	20.79% (0.33%↑)	국세-지방세 개편에 따라 내국세 감소분 보전을 위한 지방교육재정교부금법 개정(2019.12)으로 2020년부터 내국세분 교부금의 비율이 20.46% → 20.79%로 변경

교육부

규모

지방교육재정교부금 규모도 커졌다. 2013년 41.1조 원에서 2022년 81.3조 원으로 전반적으로 총규모가 커졌고, 학생 1인당 교부금도 매년 증가해왔다. 전체

---

5) 송기창 외(2014), 『교육재정학』 제8장 내용 및 한국교육개발원 「초·중등 교육투자 영향분석」(2021) 보고서의 해당 부분을 필자가 재정리함.

적인 성장세 속에서도 지난 10년 중 2015년과 2020년에는 교부금이 감소하였는데, 2020년의 감소는 코로나 19에 따른 경기침체로 2020년 추경과 2021년 본예산이 모두 감소하였다.

2022년 교부금이 전년 대비 21조 원이나 급증한 부분은 교부금의 전체적인 증가 추이에서도 특이한 현상이다. 당초 교육부가 예상한 교부금의 본예산(예정금액)은 65.1조 원이었으나 추후 추가경정으로 11조 원이 늘었고, 전년도 잉여금 정산분(세계잉여금)까지 합하여 최종적으로 81.3조 원이 되었다.

2022년의 추가경정은 경제부처의 부정확한 추계에 따른 대규모 초과 세수로 인한 급증이었고, 예상치 못한 급증으로 교육청과 학교 또한 해당 재원을 사용하는 데에 많은 어려움을 겪었다. 본예산의 20%가 넘는 예산이 회계 운영 중인 9월경이 되어서야 뒤늦게 들어오면서 교육청에서는 불가피하게 '통합교육재정안정화기금'에 대거 전출할 수밖에 없었고 예산의 이월·불용 비율도 높아졌다. 당시 이 일로 교육재정이 남아돌거나 방만하게 사용된다는 언론기사가 증가하였고, 교육재정에 대한 오해도 더욱 깊어졌다.

■ 지방교육재정교부금 규모 추이: 2013~2022년

(단위 : 조원)

	2013	2014	2015	2016	2017	2018	2019	2020	2021	2022
본예산(A)	41.1	40.9	39.4	41.2	42.9	49.5	55.2	55.4	53.2	65.1
추경(B)	-	-	-	1.9	1.8	-	-	△1.9	6.4	11.0
전년도 세계잉여금 정산분(C)	-	-	-	-	1.9	2.9	5.3	-	0.7	5.3
교부금 최종액 (A+B+C)	41.1	40.9	39.4	43.2	46.6	52.5	60.5	53.5	60.3	81.3

국회예산정책처[6] 보고서, 교육부 작성

---

6) 국회예산정책처, 「2023 정기국회 한눈에 보는 재정경제 주요이슈」, 20쪽, 2023.9.

바뀐 분위기, 논란의 지방교육재정

2010년대 이후 교육재정에 대한 분위기가 달라졌다. 한국의 경제성장률이 둔화되고 학령인구가 급감하면서 교육에 투입되는 재원 규모가 과다하다는 지적이 이어졌다. 특히 국가경제규모가 커지고 내국세 수입이 늘어날수록 지방교육재정교부금이 계속 증가하도록 설계된 내국세 연동률 방식 자체를 전면적으로 개편해야 한다는 요구가 커졌다. 지방교육재정교부금에 대한 개편 요구는 경제부처인 기획재정부를 통해 집중적으로 제기되었는데, 중기재정계획인 「국가재정 운용계획」에서 이를 확인할 수 있다.

「국가재정 운용계획」 20년 치를 통해 본 개편 요구 흐름

기획재정부에서 매년 발표하는 「국가재정 운용계획」이라는 것이 있다. 이 계획은 2007년에 제정된 「국가재정법」을 근거로 매년 5년 단위로 중기재정계획을 수립하는데, 교육을 포함해 12대 분야별로 재정투자계획을 세운다.

지방교육재정교부금은 내국세의 일정 비율을 교부하는 지방세와 함께 '지방이전재원'으로 설명되며, 재정지출 항목에서는 법정교부율에 따른 '의무지출'로 구분된다. 기획재정부 입장에서는 의무적으로 지출해야 하는 지방세, 지방교육재정교부금, 공적연금 등은 그 비중이 커질수록 국가재정 운용에 부담이 커지는 지출항목으로 이해된다.

기획재정부가 처음 지방교육재정교부금 개편 필요성을 공식적으로 밝히고 국가재정계획에 반영한 것은 2010년이었다. 당시 '2010~2014 국가재정 운용계획'에서 처음으로 고등교육과 초·중등교육 간의 투자 불균형을 언급하며 제도개편이 필요하다고 지적하였다.

2010~2014 국가재정 운용계획 (2010.8 발표)	
그동안의 재정투자 분석	고등교육과 초·중등 교육 간 투자 불균형을 해소하기 위해 지방교육재정교부금 제도를 합리적으로 개편해야 할 것이다.(105쪽)

　다소 가벼운 수준으로 언급됐던 2010년의 진단은 2011년에는 보다 구체적인 형태로 제시되는데, 지방교육재정의 문제점으로 '경직적 재정구조'를 제시했다. '경직적 재정구조'의 의미는 내국세의 일정률과 연동되어 예산을 자동으로 배정해주는 시스템을 뜻하며, 기획재정부의 2011년의 진단은 2023년 현재도 유지되고 있다.

　경직된 시스템으로 교육재정이 불합리하게 증가한다고 판단하는 기획재정부는 유·초·중등 학교교육에 소요되는 재정은 교육청이 자체적으로 해결해야 할 부분이고 중앙정부의 국고 지원은 중단해야 한다는 입장을 갖고 있으며, 이 입장은 학령인구 감소 등 인구구조 변화 위기가 커지면서 점점 더 확고해지고 있다.

2011~2014 국가재정 운용계획 (2011.8 발표)	
교육 분야 투자계획	• **교육재정구조의 합리적 재설계** 　- OECD 국가 중 교육 분야에 대한 높은 정부지출 비중에도 불구하고 초·중등 초중등 교육부문을 지원하는 **지방교육재정교부금의 경직적 재정구조로 인해 고등교육에 대한 재정지원 여력이 위축된 현재의 교육재정구조를 합리적으로 재설계할 필요가 있다.** 특히, 학생 수 감소추세를 반영한 재정지원 체계의 합리적 개편방안을 모색할 것이다. 지방교육재정교부금의 지원 대상도 유아, 평생교육, 재외동포 등을 포함하는 효율적 운영방안을 강구해 나갈 것이다. (112쪽)

2015~2019 국가재정 운용계획 (2015.8. 발표)	
교육 분야 투자계획	• **(비효율적인 재정제도 개선) 지방재정 개혁** 　- 지방교육재정교부금 제도의 합리적 개편 등을 통해 주요 교육핵심서비스를 효율적·안정적으로 제공 　ㅇ교육재정교부금 배분 기준에 학교 수 비중은 낮추고, 학생 수 비중을 확대(2016년~)하여 수요자 중심의 지출구조 확립

2010년부터 수년에 걸쳐 교부금 제도를 개편해야 한다는 재정 방향은 제시되었지만, 지방교육재정의 총 규모가 감소하지는 않았다. 2012년에 이명박 정부가 어린이집 유아의 무상보육료(누리과정지원금)를 교육청이 강제로 부담하도록 하면서 교육청의 심한 반대에 부딪혔고, 2012~2016년 기간 내내 갈등이 심화되었지만, 2017년 문재인 정부에서 무상보육료를 국고로 부담하겠다고 약속하면서 논란은 마무리되었다. 예산 당국 입장에서는 2017년 문 정부의 결정은 지난 수년간 경제부처의 노력을 막아선 당황스러운 조치였을 것이다.

윤석열 정부가 출범한 2022년 이후 교육재정 개편은 상당히 빠른 속도로 추진되고 있는데, 2022년 8월 30일에 발표된 '2022~2026 국가재정 운용계획'에 지방교육재정교부금 개편은 재정제도 개혁의 과제로 명시되었고, 「고등·평생교육지원 특별회계」 신설이 공식적인 계획으로 발표되었다.

2022~2026 국가재정 운용계획 (2022.8. 발표)	
재정 운용 기본방향	• 2022~2026 재정 운용 기본방향 세 가지를 제시했고, **재정제도 개혁의 과제로 지방교육재정교부금 개편이 명시됨**.(6쪽) • 관계부처 및 전문가 협의를 거쳐 **내국세 연동 방식의 문제점을 근본적으로 해결하기 위한 방안 마련 추진**(17쪽) • 학령인구 감소 등 교육재정 수요변화를 고려한 지방교육재정교부금 개편 및 고등·평생교육지원 특별회계 신설 추진(25쪽)

앞선 문재인 정부에서도 기획재정부는 〈인구감소 대응반〉을 구성하여 지방교육재정 전반의 문제점을 지적했고, 교부금 개편을 제안하였다. 2021년 12월 20일에 개최된 '2022년 경제정책 방향' 회의에서 "부문별 칸막이 완화 등을 통해 교육의 질과 지방교육재정의 효율성을 제고하기 위한 교육재정 제도 개선"이라는 내용이 논의된 바 있다.

그러나 문 정부에서 추진한 고교무상교육, 그린스마트미래학교 등의 중요한 국책사업이 중앙정부의 국고보조금 없이는 추진이 불가능한 대규모 재정사업이었던 바, 예산 당국의 계획과 달리 교육청에 지원된 국고보조금은 오히려 늘어나게 되었다. 고교무상교육은 총 소요 재원 중 47.5%를 5년간(2020~2024년) 지원하도록 하여, 교육부는 매년 약 9천억 원을 국고로 편성하고 있다.

「고등·평생교육지원 특별회계」 신설이 의미하는 바

2022년 12월 국회 본회의에서 「고등·평생교육지원 특별회계 신설에 관한 법률안」이 통과하였다. 고등·평생교육지원 특별회계는 당초 교부금으로 배정되던 세입원인 교육세 일부를 고등·평생교육에 사용하도록 한 것으로, 지방교육재정교부금의 총수입이 일부나마 감소하도록 설계되었다. 1972년 이후 지방교육재정교부금의 역사에서 처음 있는 일이다.

이에 대해 2023년 한국교육학회 70주년 학술대회의 한 보고서에서도 "고등·평생교육지원 특별회계 설치라는 실질적 제도개편 방식으로 지방교육재정 확보 규모에 변화를 준 것은 처음이다."라고 진단하였다.[7] 또한 「국가재정 운용계획」에서 기획재정부가 수년 동안 강조했던 사항이 처음으로 성취되었다는 점도 얘기할 필요가 있겠다.

「고등·평생교육지원 특별회계」의 규모는 기획재정부의 당초 계획보다는 작은 규모로 조정되었다. 원래 국세 교육세 4.7조 원 중에서 3.0조 원은 지방교육재정교부금으로, 1.7조 원은 「유아교육지원 특별회계」로 배분되어 활용되어왔는데, 이번 「고등·평생교육지원특별법」 통과로 3.0조 원 교부금 지원분을 모두 고등·평생교육으로 사용해야 하는 상황이었다.

그러나 당시 국회 교육위 위원들, 시·도 교육감, 교육계 여러 단체의 강한 반대에 부딪혀 최종적으로 '교육세 세입 예산액 중 100분의 50'으로 조정되며 마무리되었다. 즉 3.0조 원이 아니라 절반인 1.52조 원이 특별회계로 전입되었다.

---

7) 이선호, 「미래형 교육체제 전환을 위한 지방교육재정의 과제」, 한국교육학회 2023년 연차학술대회.

> **고등·평생교육지원특별회계법 제6조(일반회계로부터의 전입)**
> ② 제1항에 따른 전입금은 「교육세법」에 따른 교육세 세입 예산액 중 「유아교육지원
> 특별회계법」 제5조 제1항에서 정하는 금액을 제외한 금액에서 100분의 50에 해당
> 하는 금액으로 한다.

▨ 특별회계 도입에 따른 교육재정 구조 변화(2023년 예산안 기준)

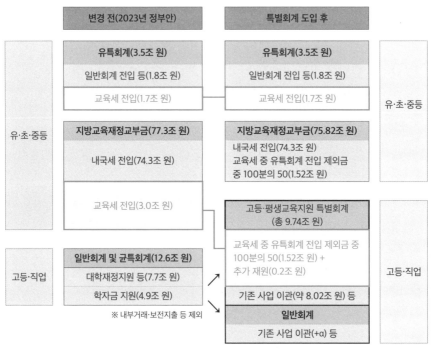

교육부 자료 수정·보완. 국회 본회의(22.12.24.)의 2023년 예산 수정안 반영.

교육세(국세분) 일부로 고등교육을 지원하는 방안은 문재인 정부에서도 검토가 되었다. 다만, 교육세법에 맞게 유·초·중등 및 고등·평생교육 등 모든 교육 분야에 활용[8]할 수 있도록 하고, 이를 「교육지원 특별회계」라는 이름으로 운영하는

---

8) 「교육세법」 제1조 '이 법은 교육의 질적 향상을 도모하기 위하여 필요한 교육재정의 확충에 드는 재원을 확보함을 목적으로 한다.

안을 구상했다는 점에서 다소 차이가 있다.

2021년 이후 제안된 개편안

앞서 설명한 바와 같이, 「고등·평생교육지원 특별회계」의 신설은 기획재정부가 2010년 국가재정 운용계획에서 처음 언급한 재정 방향이 구체화 되어 2022년에 성취된 것이다. 당초 목표가 성취되었으니 교부금 개편은 종료된 것일까?

결론부터 말하면 2021년 10월에 한국개발연구원 KDI 을 주축으로 새로운 교부금 개편안이 제안되었고, 이 개편안은 2023년 8월 24일에 발표된 감사원의 감사보고서[9]에 반영되었다. 감사원은 학령인구 변화를 반영할 수 있는 교육교부금 개편안을 제안하면서 교육부 장관에게 내국세 연동방식의 현재의 지방교육재정 교부금법을 개정해야 한다는 통보를 하였다. 감사원 감사보고서가 교육부 등의 행정기관에 미치는 영향력을 고려할 때 지방교육재정 개편 요구는 더욱 커진 것으로 해석된다.

개편안 내용[10]

기획재정부는 '2021~2025년 국가재정 운용계획'을 준비하면서 〈국가재정운용계획지원단〉[11]을 구성하였고, 지원단에서는 2021년 10월에 별도로 연구보고서를 발간하였다. 제목은 '학령인구 감소에 따른 교육재정 효율화'로, 연간 경제성장률과 학령인구 변동을 연동하는 방식의 교부금 산정식 두 개안을 구체적으로 제안하였다. 또한 2022년 1월 26일, 한국개발연구원 KDI 은 '인구구조 변화와 교육재정의 개혁 토론회'를 개최하면서 해당 내용을 상세히 소개하였다.

지원단과 한국개발연구원은 현재 내국세에 연동하는 교부금 산정방식은 인

---

9) 감사원 감사보고서, 「지방교육재정교부금 제도 운영실태」, 2023.07.

10) 국가재정운용계획지원단, 「2021~2025년 국가재정 운용계획, 학령인구 감소에 따른 교육재정 효율화」, 2021.10.

11) 국가재정운용계획지원단은 「국가재정법 시행령」 제2조 제11항에 따라 기획재정부장관에게 국가재정 운용계획 수립에 대한 전문적·기술적 지원을 하기 위하여 구성된 관계 전문가 지원단임.(국회예산정책처, 2023.9)

구가 급증한 1972년도에 도입돼 유지된 것으로, 저출산·고령화 사회로 진입한 우리나라 상황에는 맞지 않아 개편이 불가피하다고 강조하고 있다. 구체적으로 2020년 546만 명인 학령인구가 2060년에는 302만 명으로 줄어들지만, 경제 규모가 커지면서 내국세는 증가할 것이고, 이 경우 학령인구 1인당 평균 교부금액은 2020년 1,000만 원에서 2060년 5,440만 원으로 늘어날 것으로 전망했다. 또한 교부금 산정방식을 바꾸면 향후 40년 동안 누적 규모로 1,046~1,144조 원을 절감할 수 있다는 추계를 제시했다.

해당 연구진은 국가 경제와 재정이 가능한 범위 내에서 소득 증가, 물가 상승, 학령인구 변화를 반영하여 유·초·중등 교육재정을 안정적으로 증가시키는 방안으로서 아래의 두 가지 산정식을 소개하고 있다.

(1안)

$$\text{교부금}_t = (1 + \text{국민 1인당 경상 } GDP \text{ 증가율}_{t-1}) \times \text{1인당 평균교부금}_{t-1} \times \text{학령인구수}_t$$

(2안)

$$\text{교부금}_t = (1 + \text{경상 } GDP \text{ 증가율}) \times \text{교부금}_{t-1} \times \frac{\text{학령인구비율}_t}{\text{학령인구비율}_{t-1}}$$

(1안)은 t년도의 지방교육재정교부금 산정을 전년도 1인당 평균교부금을 기준으로 하고, 매해 전년도 국민 1인당 경상GDP 증가율로 곱하여 평균교부금을 확보한 후에 이를 그해의 학령인구수를 곱하여 총 재원을 결정하는 방식이다. (2안)은 (1안)의 1인당 평균 교부금이 아닌 전년도 교부금 총액을 기준으로 당해 연도 경상GDP 증가율을 곱하고, 이에 학령인구비율 변화를 반영하여 총액을 결정한다. (1안)과 (2안) 모두 경상GDP 증가율 한도 내에서 교부금이 증가할 수 있고, 학령인구 수를 반영하여 총액을 전체적으로 통제하는 방식이다.

감사원 보고서는 (2안)을 제안하는데, 이 안을 경상GDP 증가율에 연동하도록 하여 안정적인 재원 확보가 가능하고, 국가 세수 추계의 오차 등에 따른 문제가 발생하지 않는 특징이 있다고 설명하고 있다.[12] 현행 내국세 연동방식을 유지할 경우 교부금은 2020년 49.9조 원에서 2070년 222.6조 원으로 4.5배 증가(1인당 교부금은 2020년 891만 원에서 2070년 9,781만 원으로 11배 증가)할 전망이지만, 개편된 산정식을 활용하면 2070년에 총 규모는 2.6배 증가하고, 1인당 규모도 6.3배 증가하여 현행보다 완만하게 증가하는 추계[13]라고 설명하고 있다.

교부금 개편안에 대한 쟁점 검토

〈국가재정운용계획지원단〉과 한국개발연구원, 감사원이 제안하는 교부금 개편방안에 대해서는 검토할 사항이 많다. 특히 기존에 확보하던 지방교육재정 대비하여 재정 규모의 안정성이 확보되는지, 그리고 현재의 교육자치 시스템에서 운용 가능한 제도인지 등에 대해서 심도 있는 검토가 필요하다. 본 장에서는 주요한 쟁점 사항만 검토해보고자 한다.

부정확한 추계

우선, 한국개발연구원의 연구를 토대로 산출된 내국세 규모와 교부금의 향후 전망 추계는 코로나 19와 같은 재해·재난 등 경제·사회적인 다양한 변수를 반영하지 못하였고,[14] 이에 매년 9월에 발표하는 기획재정부의 국가중기재정전망의

---

12) 감사원, 앞의 감사보고서, 26쪽.
13) 감사원 보도자료, 「지방교육재정교부금 제도 운영실태」 주요감사결과, 2023.8.23
14) 교육부 보도설명자료, 2021.12.30.

교부금 전망치와 실제 편성된 교부금과 편차가 컸다. 즉 부정확한 추계를 근거로 2060년까지의 중장기 예측을 토대로 하여 교부금 개편이 필요하다고 주장하는 것은 적절치 않다. 이와 관련해 교육재정학자인 송기창 교수는 "몇 개월 후의 내국세 규모를 예측하지 못해 세입경정을 반복하는 상황에서, 40년간의 교부금 추계를 바탕으로 교부금 개편을 주장하는 것이 얼마나 허구적인가.[15]"라고 연구의 한계를 지적한 바 있다.

실제로 기획재정부가 5년간 계획을 발표하는 국가중기재정전망에서의 교부금과 실제 편성된 교부금과 편차가 컸던 사례는 다음 표를 보듯이 일반적으로 나타나고 있다. 특히 2014~2016년에 갈등이 컸던 누리과정 사태는 누리과정 도입 당시인 2011년에 예상한 2014년 교부금이 실제와 5조 원, 2015년에는 10조 원 차이가 나서 발생한 문제였다.

▨ 2011년 이후 실제 편성 교부금 및 국가중기재정 전망 교부금

(단위: 조 원)

구분	2013	2014	2015	2016	2017	2018	2019	2020	2021	2022
실제 편성 교부금	41.1	40.9	39.4	43.2	44.7	49.5	55.2	55.4	59.6	65.1
2011 국가 중기전망	41.5	45.3	49.5							
2012 국가 중기전망	41.0	45.3	49.1	53.1						
2013 국가 중기전망		41.3	43.2	47.7	51.1					
2014 국가 중기전망			39.5	45.4	48.6	52.1				
2015 국가 중기전망				41.3	44.3	47.0	49.3			
2016 국가 중기전망					44.5	46.8	48.8	50.9		
2017 국가 중기전망						49.6	53.6	58.2	60.8	
2018 국가 중기전망							55.7	60.1	62.6	65.4
2019 국가 중기전망								55.5	58.1	61.4
2020 국가 중기전망									53.3	56.2

교육부 보도자료

---

15) 송기창, 「지방교육재정교부금 개편, 현재만 보면 안 된다」,한국재정정보원 칼럼, 2022.09.08

최근인 2023년 9월 18일 기획재정부는 긴급 기자회견을 열어 2023년 국세 수입이 총예산 대비 59.1조 원 부족하게 재추계 되었으며, 이에 세수 감소에 연동하여 줄어드는 지방교부세·지방교육재정교부금이 감소할 것으로 발표하였다.[16] 교육부는 올해 줄어드는 규모를 11조 원 초반으로 예상[17]하고 있으며, 이 경우 2023년 하반기(10~12월)에 교부금을 감액 조정해야 한다. 당초 시·도교육청에 통지된 2023년 지방교육재정교부금 73조 5,334억 원[18] 중에 11조 원이 감소되는 것이므로, 전국 시·도교육청이 이미 추진 중인 사업에 차질이 불가피하게 발생할 뿐만 아니라, 2024년 예산안 또한 초긴축 재정을 편성할 수밖에 없다.

더 심각한 점은 2023년 8월에 국회에 제출된 '2024년 예산안'을 보면 지방교육재정교부금은 2023년 대비하여 이미 약 6.9조 원이 감액 편성되었는데, 국회 예산안 제출 직후 발표된 국세 재추계 결과와 현재의 저성장 경제 전망을 고려할 때, 지방교육재정교부금은 내년 하반기를 거치며 예상하는 6.9조 원 이상으로 감액될 것으로 보인다. 교부금의 급격한 감소는 바로 학교의 교육활동 위축으로 이어지고, 교육의 질이 전반적으로 낮아지게 된다.

불과 1년 전인 2022년에는 예상치 못한 세수 증가로 당초 예산보다 16.3조 원이 더 들어와 교육청이 단기간에 재정을 소요하는 데 큰 어려움을 겪었는데, 2023년에는 급격한 세수 감소로 11조 원이 적게 들어와 교육계획에 큰 차질이 예상되고 있다. 세계경제 급변 등의 복잡한 사정이 있겠지만, 거의 매년 발생하는 부정확한 세수 추계로 인해 교육계획에 잦은 차질이 발생하는 것은 심각한 문제가 아닐 수 없다.

---

16) 기획재정부 보도자료, 「2023년 세수 재 추계 결과 및 재정 대응방향」, 2023.9.18.

17) 노컷뉴스, 「교부금 감소, 시·도교육청 기금 활용해 사업 추진」, 2023.9.18.

18) 교육부, 「2023년도 지방교육재정교부금 보통교부금 확정교부」, 2023.3.

▨ 2024년도 교육부 예산안 총괄표

(단위: 억 원, %)

구분	2023년 본예산 (A)	2024년 예산안 (B)	전년 대비 증감 (B-A)	%
■ 총지출	1,019,979	956,254	△63,725	△6.2
○예산	959,936	894,492	△65,444	△6.8
○기금	60,043	61,762	1,719	2.9
【교육 분야】	960,158	894,031	△66,127	△6.9
• 유아 및 초·중등교육	809,120	737,406	△71,714	△8.9
− 지방교육재정교부금	757,607	688,859	△68,748	△9.1
− 유아교육지원특별회계	34,700	32,106	△2,594	△7.5
• 고등교육	135,135	142,947	7,812	5.8
• 평생·직업교육	14,407	12,238	△2,169	△15.1
− 고등·평생교육지원특별회계	93,773	148,567	54,794	58.4
• 교육 일반	1,496	1,440	△56	△3.7
【사회복지 분야】	59,821	62,223	2,402	4.0
• 기초생활 보장	1,573	1,604	31	2.0
• 공적연금	58,248	60,619	2,371	4.1

교육부 보도자료, 2024년 예산안

재정안정화기금의 한계

교부금의 주 세입원이 내국세인 관계로 경기변동 영향을 많이 받는 문제는 교육계에서도 인정하고 개선이 필요하다는 지적이 많았다. 이에 2020년 10월 지방교육재정의 회계연도 간 불균형 해소를 목적으로 교육청별 '통합교육재정 안정화기금[19]'이 만들어졌다. [20] 이는 교부금 여건이 좋은 시기에는 교부금 일부를 재정안정화기금에 적립하도록 하고, 여건이 좋지 않은 시기에는 해당 기금을 활용하여 교육정책의 안정성을 높이도록 한 조치였다. 즉, 지방교육재정을 안정

---

19) 「지방자치단체 기금관리기본법」제16조(통합재정안정화기금의 설치·운용) ① 지방자치단체는 회계연도 간의 재정수입 불균형 등의 조정 및 재정의 안정적 운용 또는 각종 회계·기금 운용상 여유 재원 또는 예치금의 통합적 관리를 위하여 통합재정안정화기금(이하 "통합기금"이라 한다)을 설치할 수 있다.

20) 이는 2020년 4월, 지방교육재정의 효율성과 건전성을 높이라는 감사원의 감사결과에 대해, 교육부는 재정안정화기금과 공동사업비 제도를 적극적으로 추진하였다.

적으로 운용하기 위하여 교육비특별회계에서 이월·불용이 예상되는 재원을 통합교육재정안정화기금으로 전출하여 적립·운용하는 것이다.

통합교육재정안정화기금은 코로나 확산 등으로 교육청의 재정이 악화된 2021년에 활용되었는데 일부 시·도교육청에서 재정안정화기금을 활용하여 세입예산을 약 7천억 원 확보하였다. 2022년 12월 기준, 전국 17개 시·도교육청이 적립한 통합안정화기금은 약 11.6조 원이며, 교육시설환경개선기금 등의 각종 기금을 모두 합하면 총 21.3조 원이 조성되어 있다.[21] 교육시설환경개선기금은 2021년 「교육 시설 등의 안전 및 유지관리 등에 관한 법률」에 근거하여 처음 도입된 기금으로 21년부터 교육비특별회계에서 기금으로의 전출액이 증가하였다.

▨ 시·도교육청 통합재정안정화기금 및 교육시설환경개선기금 적립액 연도별 추이

(각 회계연도 말 기준. 단위: 조원)

구분	2018	2019	2020	2021	2022
통합재정안정화기금 적립액	-	1.2	2.3	3.0	11.6
교육시설환경개선기금 적립액	-	-	-	1.9	8.8

국회예산정책처, 교육부 작성

통합교육재정안정화기금이 교부금이 급감하는 상황을 다소 개선할 수는 있으나 완전히 극복해주기는 어렵다. 시·도교육청의 총 누적액이 11.6조 원이지만 지역별로 기금 적립액의 차이가 450억 원에서 1.7조 원까지로 큰 상황이다. 특히 누적된 기금보다 2023년 교부금의 삭감 규모가 더 커서 기금을 전부 활용하더라도 적자 운영을 해야 하는 교육청이 서울, 경기 등 17개 시·도교육청의 절반 수준에 이를 것으로 예상된다.

재정안정화기금에서도 해법을 찾지 못할 경우 교육청은 지방교육채 발행을 통해 어려움을 타개할 수밖에 없다. 2014~2016년의 누리과정 사태 때와 유사하

---

21) 국회예산정책처, 「2023 정기국회 한눈에 보는 재정경제 주요이슈」, 21쪽. 2023.9.

게 지방교육채 빚을 내서 교육청 살림을 하는 것으로, 이는 기획재정부와 감사원이 누차 지적해온 재정 건전성을 훼손하는 것으로 지방교육채는 장기간 교육청 재정에 큰 부담 요인이 된다.

이 외에도 재정안정화기금을 사용하려면 조례상의 사용요건에 부합하여야 하며, 기금의 최대 인출 한도 또한 적립액의 50~70% 이내로 한정하고 있어[22] 기금만으로 재정 어려움을 타개하는 데에는 한계가 명확해 보인다. 참고로 2019년 이후로 지방교육채를 발행하는 교육청은 없으며, 교육청의 적극적인 조기 상환 노력에 따라 모든 교육청의 채무 잔액이 감소하는 추세였다.[23]

교육청 예산편성권 침해 우려

내국세의 일정률이 연동되는 법정교부율 방식을 폐지한 후 경상GDP 성장률과 학령인구변동률을 연계하는 방식은 교육감의 예산편성권을 침해할 소지가 크고 결과적으로 교육자치에 역행할 위험이 크다.

현재 제안된 산정식을 사용할 경우, 학생 수 변동률을 반영하여 총 규모가 통제되므로 국가 경제가 급성장하지 않는 한 교육재정의 호전은 기대하기 어렵다. 한국개발연구원은 경상GDP 성장으로 교육재정의 총 규모가 줄지 않고 전년 대비 늘어날 것으로 전망하지만, 이 증가분은 인건비 등 경직성 경비의 자연증가율을 감당하는 수준에 머물 가능성이 크다. 기존의 교육재정교부금보다 규모가 작아질 때 교육청의 사업계획은 제한될 수밖에 없다. 또한 현재 운영 중인 유·초·중등 국책사업의 예산을 안정적으로 확보해 줄 방법을 찾지 않으면 교육청의 예산편성권은 심각하게 침해받을 수밖에 없게 된다.

현 정부에서 국정과제로 추진 중인 유보통합은 기존의 선행연구를 기반하여 추정한 결과 향후 5년간 연평균 약 8조 원으로 합계 약 40조 원의 추가적인 재정

---

22) 서울시교육청 보도자료, 「서울교육청, 교육재정 심각한 위기상황」, 2023.9.20.
23) 한국교육개발원, 「2022 지방교육재정분석 종합보고서」, 2022.10.

소요가 예상되었다. 다른 방식으로 표준보육비·유아교육비에 기초해 추정했을 때에는 중위 추계 기준으로 10% 비용 인상 시에 2023년부터 연평균 1.92조 원, 15% 인상 시에는 연평균 5.75조 원이 추가 소요되는 것으로 나타났다.[24) 유보통합이 본격적으로 추진될 경우에 예상되는 소요재정이 대단히 크다는 것을 알 수 있다. 아래 그림은 유보통합이 본격적으로 시작하지 않은 2023년 현재의 유치원과 어린이집 대상의 누리과정 예산 지원구조로, 2023년에는 한 해에 3조 4,700억 원이 투입되었다.

▨ 누리과정 예산 지원 구조(2023년)

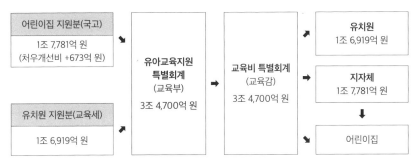

국회 교육위 「유아교육지원특별회계법」 검토보고서 6쪽

교육부는 2023년 '유보통합 추진방안'을 발표하며, 2025년에 「교육-돌봄책임 특별회계(가칭)」를 운영하겠다고 발표하였다. 2012년 누리과정 사태의 우를 범하지 않기 위해서는 보건복지부의 보육재정 국고 전체는 「교육·돌봄 책임 특별회계」로 이관하고, 일반지자체·기초지자체의 보육재정과 관련 사업비는 시·도교육청으로 이관하여야 하며, 이는 기본적인 조치사항이다.

2019년 하반기에 도입된 고교 무상교육 사업의 재원 분담 논의도 서둘러야

---

24) 이진권·엄문영(2023). 유보통합 재정 소요 추계 연구. 교육재정경제연구 32(2), 1~29쪽.

한다. 증액교부금으로 지원되는 고교무상교육의 국고 지원 기한이 2024년에 종료되기 때문이다. 고교무상교육 관련하여 「지방교육재정교부금법」에 명시된 주체별 재원 부담비율은 국가 47.5%, 교육청 47.5%, 일반지방자치단체 5%이며, 이 부담률은 2020년 1월 1일부터 2024년 12월 31일까지 효력을 갖도록 되어 있다. 교육부는 2023년 9,028억 원의 국고를 지원하였고, 2024년 예산에는 9,438억 원(1,243,083명 혜택)을 편성하였다. [25)]

고교무상교육 법적 근거
- 지방교육재정교부금법 제14조(고등학교 등의 무상교육 경비에 관한 특례)
- 지방교육재정교부금법 부칙(2019.12.3.) 제2조(유효기간) 제14조의 개정 규정은 2020년 1월 1일부터 2024년 12월 31일까지 효력을 가진다.

2025년 12월 31일에 종료되는 「유아교육지원특별회계」와 2024년 12월 31일에 종료되는 고교무상교육의 국고 지원은 각 법률이 정한 유효기간이 있기 때문에, 국회 상임위를 중심으로 2024년 총선 이후부터 논의가 본격적으로 전개될 수밖에 없다. 해당 교육재정 논의는 역시 2025년 말에 종료 예정인 「고등·평생교육지원특별회계」와 맞물려 유·초·중등·고등교육 전반의 교육재정 운영 논의로 확대될 것으로 보이며, 이 과정에서 지방교육재정교부금의 개편 내용 및 수준 등이 결정될 것으로 보인다.

유보통합, 고교무상교육 이외에도 지방교육재정에 부담이 큰 사업이 몇 가지가 더 있다. 그린스마트미래학교 사업으로, 이 사업은 2021년부터 2025년까지 18.5조 원의 예산을 투입하여, 40년 이상 경과된 학교 건물 2,835개 동(약 1,400교)을 대상으로 친환경·스마트 첨단교육환경·학교공간혁신을 추진하는 사업이다. 해당 사업의 재원 분담은 전체 18.5조 원 추계치 중에서 국비 5.5조 원(30%)과

---

25) 교육부 보도자료, 2024년 교육부예산안, 2023.8.28.

지방비 13조 원(70%)으로 하여, 교육청이 총사업비의 70%를 지방교육재정교부금에서 조달해야 하므로 지방교육재정에 큰 부담으로 작용하고 있다. 연관되어 현 정부가 적극적으로 추진 중인 'AI 기술을 활용한 디지털 교육'에서도 AI 디지털 교과서와 기기 도입, 교원 연수 등 지방교육재정 수요가 추가적으로 늘고 있다.

이 외에 고교학점제 시행에 따라 2028년까지 추가로 필요한 교원 수는 약 48,522명, 추가 인건비는 연간 2,618억 원이 추계되었으며, 학교 공간기반 조성 등에 매년 2천억 원 이상의 지방교육재정이 소요될 전망이다.[26] 교육청이 학생 안전을 위해 추진하고 있는 내진보강, 석면 제거, 방화문 개선 등의 시설개선 사업도 공사 진도율이 2020년 말 기준 50% 수준이므로, 향후 지방교육재정의 투자 소요가 많을 것으로 전망된다.

유보통합, 고교무상교육, 그린스마트미래학교, AI 디지털 교육, 고교학점제, 내진보강과 석면 제거 사업은 우리 학교교육이 질적으로 한 단계 더 성장하는 데에 필수적인 사업들이며, 사업의 상당수는 국가공약사업으로 추진이 본격화되었다. 따라서 2024~2025년의 교육재정 개편 논의 시에 지방교육재정의 향후 수요와 특수성이 충분히 반영되어 논의가 진행될 필요가 있다.

지방교육재정수요 특수성 미반영

현재 제안된 교부금 개편안은 모두 지방교육재정 수요의 특수성이 충분히 반영되어 있지 않다. 지방교육재정은 운용 시에 교육의 내적 요인(교육과정 및 교육여건 개선 등의 교육정책)과 외적 요인(인구의 사회적 이동, 균형발전, 세제개편 등 국가정책)의 영향을 복합적으로 받게 된다. 외적 요인의 영향을 받는 대표적인 예는 신도시 개발 계획에 따른 학교 신설이다.

교육부에서 3기 신도시 개발 등 국가정책이 미친 영향을 확인하기 위해 중장

---

26) 윤홍주(2021), 미래교육을 위한 지방교육재정의 역할과 과제, 한국교육개발원 제178자 교육정책포럼 발표문, 2021.12.22

기 학교 신설 계획을 조사한 결과, 경기도 237교를 포함하여 전국적으로 향후 약 576개의 학교 신설 계획이 있었다.[27] 실제로 지난 5년간 전국의 초·중·고 312개 교가 신설되었고, 경기도는 131교로 가장 높은 비중을 차지했다.

▨ 전국 초·중·고 학교 신설 현황(2018~2022년)

구분	경기	경남	인천	세종	서울	경북	충북	대구	충남	부산	울산	전북	전남	강원	광주	대전	제주	계
신설	131	25	23	19	16	16	14	11	10	8	8	8	8	7	4	4	0	312

교육부, 국회 강득구 의원실 보도자료(2022.10.13.)

학생 수가 줄어들더라도 지방교육재정 수요에 영향을 미치는 요소인 학급과 교원 수는 증가 추세에 있다. 학교 교육활동에 소요되는 경비는 학교, 학급 단위를 기반으로 산정하고 그에 따라 소요 교원과 교육재정 수요가 결정된다. 따라서 학급 수가 적은 소규모 학교일수록 학교당·학급당 비용의 비중이 더 커지게 된다.

실제로 한국교육개발원에서 2020년에 초등학교 표준교육비를 산정할 때의 자료를 분석해보니, 학급 수가 6개인 소규모 학교의 경우 중규모(30개 학급), 대규모(48개 학급) 학교에 비해 학교당, 학급당 비용이 더 많이 산정되었다.[28] 즉, 교육투자의 기본단위는 학생 수가 아니라 학급이며, 지방교육재정은 학생 수보다 학급, 학교 및 교원 수가 재정수요에 미치는 영향이 절대적이다.

학급당 학생 수 규모를 줄이는 문제에 대해서는 2021년의 교육부와 교육청 간의 노력에 이어 후속적으로 지역별 맞춤형 대책이 추진되어야 한다. 2021년 당시 서울, 경기지역의 과밀학급 비율이 가장 높았고, 같은 경기도 중소도시 내에서도 지역별 차이가 컸다. 전국적으로는 지역 규모에 따라 중소도시, 대도시,

---

27) 교육부, 「지방교육재정 제도개선 전문가토론회」 자료집, 2022.1.24.
28) 남수경·이선호(2022), 앞의 토론회 발표문, 22.1.24.

읍면, 도서벽지 순으로 학급당 평균 학생 수가 적어졌다.

    교육부는 우선 과밀학급의 기준을 28명으로 낮춰 지역별로 단계적인 감축 계획을 수립하도록 하고, 보통교부금의 기준재정수요에 학급당 학생 수 감소 관련 사항을 반영하였다. 시·도교육청은 지역에 맞는 학급 규모, 학생 수 감소를 위한 계획을 수립하여 추진하였다. 이러한 교육부와 교육청의 정책적 노력이 지속적으로 이어져야 한다. 또한 국가교육위원회를 통해 적정 학급당 학생 수 규모가 합의되어 교육비 규모 산정 및 재정확보 등이 포함된 중장기 계획이 수립되어야 한다.

▨ 지역별·학교급별 학급 규모 및 교원 1인당 학생 수(2021년)

(단위: 명)

	학급당 평균 학생 수			교원 1인당 학생 수		
	초등학교	중학교	고등학교	초등학교	중학교	고등학교
대도시	21.7	25.0	22.4	14.2	12.2	9.3
중소도시	24.0	27.9	23.9	15.8	13.2	10.1
읍면지역	17.4	21.7	20.4	10.7	9.0	8.1
도서벽지	8.2	14.3	15.4	5.1	5.1	5.5
전체	21.5	25.5	22.7	13.9	11.8	9.4

교육부, 한국교육개발원 교육통계. 국공립학교 기준

▨ OECD 국가 대비 학급당 학생 수 추이

(단위: 명)

	2007년		2012년		2020년	
	한국	OECD 평균	한국	OECD 평균	한국	OECD 평균
초	31.0	21.4	25.2	21.2	22.7	20.3
중	35.6	23.9	33.4	23.4	26.2	22.6

OECD, 「Education at a Glance: OECD Indicatiors」

제안: 지방교육재정교부금 논의의 원칙에 대해

지금까지 지방교육재정교부금을 둘러싼 흐름과 최근의 추이, 쟁점 사항 등을 확인하였다. 필자는 국회와 교육부에서 교육재정 논란을 여러 차례 겪으며 한국의 발전과 성장에 대한 교육의 기여가 과소평가되는 현실과 교육의 외부효과를 증명할 실증자료가 부족한 부분에 대해 많은 답답함을 느꼈다. 특히 우리나라 교육재정이 과다하다는 지적에 대해 지난 10여 년 넘게 교육예산은 정부예산 대비하여 14~15% 수준의 비율을 일정하게 유지해 온 데 반해, 일자리를 포함한 복지 예산은 매년 지속적으로 증가하였다는 점을 설명하며 반박하곤 하였다.

▨ 일반정부 총세출에서 4대 분야 세출이 차지하는 비중

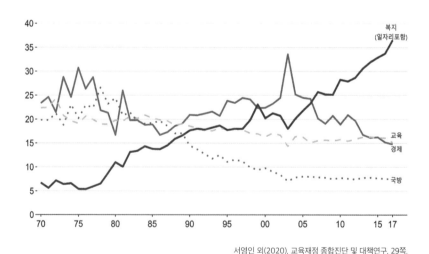

서영인 외(2020), 교육재정 종합진단 및 대책연구, 29쪽.

(본예산 기준, 단위 : 조원)

구분	2011	2012	2013	2014	2015	2016	2017	2018	2019	2020	2021	2022	연평균
정부예산 (A)	309.1	325.4	342.0	355.8	375.4	386.4	400.5	428.8	469.6	512.3	558.0	607.7	422.6
교육예산 (B)	41.2	45.5	49.8	50.7	52.9	53.2	57.4	64.2	70.6	72.6	71.2	84.2	59.5
비중 (B/A)	13.3%	14.0%	14.6%	14.2%	14.1%	13.8%	14.3%	15.0%	15.0%	14.2%	12.8%	13.9%	14.1%

국회 예산정책처, 교육부 작성

제한된 국가재정 속에서 교육재정만 증가시키기는 어렵고, 교육계 어떤 사람들도 교육재정만 늘려달라고 요구하지 않는다. 다만, 인재양성의 수준이 국가의 잠재적 성장 수준으로 직결되는 대한민국의 특성을 고려하여 국가재정의 재정 운용방향을 결정할 필요가 있다는 점은 강조하고 싶다. 특히 우리나라 전체 교육재정의 약 70%를 차지하는 지방교육재정교부금이 초·중등 교육의 근간임을 고려하여, 현재 이뤄지는 교부금 개편 논의가 우리 교육을 성장시키는 방향에서 이뤄져야 한다는 점을 분명히 하고 싶다. 관련하여 지방교육재정 개편 논의를 진행하면서 반영됐으면 하는 원칙 몇 가지를 제안한다.

원칙과 방향

우선, 지방교육재정교부금은 교부금법 제1조에 명시된 교육의 균형발전을 목적으로 한다는 원칙이 훼손되어서는 안된다. 1958년 의무교육재정교부금으로 시작되어 1972년 지방교육재정교부금으로 자리 잡고, 또 53년이 지난 현재에 있어 지방교육재정은 초·중등 교육의 기회를 확대하고 전국 모든 학교에서 일정한 수준 이상의 교육을 제공하는 데 결정적 기여를 해왔다.

두 번째로, 교육청의 예산편성권 침해를 최소화하여야 한다. 이를 위해서는 교육청의 재량지출이 보장되어야 하는데, 이를 위해서는 안정적인 세입은 필수적이다. 즉 내국세 연동방식의 한계를 개선하면서도 교육재정은 안정적으로 확보할 수 있는 방안이어야 한다.

이를 위해 현재의 내국세 연동방식을 폐지하고 내국세 교부금을 다원화하자는 제안이 있다. 현재의 지방교육재정교부금 지출 중 가장 큰 인건비를 보수교부금(과거의 봉급교부금)으로 개편하고, 인건비를 제외한 교부금은 현행처럼 내국세와 연동하거나 학급당 경비 지원방식으로 전환하자는 제안[29]으로, 지방교육재정을 안정적으로 운영할 수 있다는 점에서 장점이 있다. 지방교육재정교부금을 '정부 총예산 대비 교육재정 비중', '학생 1인당 교육재정 지출액' 등을 기준으로 하자는 제안[30]도 있는데, 지방교육재정 산정의 기준을 넓히는 장점이 있다. 다만, 모두 재정 추계를 거쳐 현재의 지방교육재정 규모와 비교해보는 과정이 필요하다.

세 번째로, 지방교육재정교부금의 새로운 재정교부방식 논의가 자칫 유·초·중등과 고등교육재정 간에 불균형 문제로 이해되어서는 안 된다. 2020년부터 도입한 '공동사업비 제도'를 활용하여, 지역인재 양성을 목표로 교육청, 도청, 대학 등이 협력의 관점에서 공적인 재원을 운영하고, 추후 재정효과를 분석하여 현재의 특별회계 방식의 대안으로 가능할지 타진하는 것이 필요하다.

마지막으로, 안정적으로 확보된 지방교육재정이 우리 교육과 사회, 국가 성장에 미친 긍정적인 효과와 성과를 실증적으로 제시할 수 있도록 노력을 기울여야 한다. 교육이 개인의 직업과 임금 등에 미치는 긍정적인 효과는 많은 연구를 통해 실증적으로 증명되었지만, 우리 사회에 미치는 외부효과나 사회적 효과에 대해서는 아직 근거가 충분하지 못하다.

또한 교육재정투자가 지향하는 바를 명확하게 해야 한다. 생산가능인구가 감

---

29) 송기창, 「지방교육재정교부금 개편, 현재만 보면 안 된다」, 한국재정정보원 칼럼, 2022.9.
30) 구균철, 「지방교육재정의 현황과 과제」, 한국재무행정학회 2022년 춘계학술대회 자료집, 2022.5.

소하고 지역소멸 현상이 심화되면서 소비위축, 일자리 감소, 저성장 등의 변화를 겪을 것이라는 어두운 전망이 많다. 이때 교육 규모를 축소하고 교육투자를 감축하는 수동적이고 기능적인 관점보다는 국가적으로 어떠한 인재가 필요한지, 지금의 재정구조는 인재양성에 충분한지 등을 본격적으로 고민할 때[31]라는 조언을 새겨야 할 시기이다.

지방교육재정을 둘러싼 논란은 내년 총선 결과에 따라 '시·도지사·교육감 러닝메이트제'와 일반자치·교육자치의 통합 등으로 확산될 수 있다. 우리 교육은 대단히 복잡하고 까다로운 고차방정식을 풀어야 할 상황에 놓여있다. 교육계가 나서서 먼저 논의를 진행하고, 교육계의 원칙을 담은 대안을 적극적으로 제안해야 한다.

---

31) 반상진, 『한국 대학체제의 새판 짜기』, 68쪽, 2023.

교육감선거제도 전망과
민선 4기 1년

이 재 남
전국시도교육감협의회 정책국장 / 전 광주광역시교육청 정책국장

지방교육자치와 지방자치 통합 논쟁

교육자치 위기

그동안 교육감 선거제도 개편을 위한 법안 발의는 꾸준히 지속되어 왔다. 교육감 직선제는 2007년 도입된 이후, 2008년부터 직선제 폐지 법안이 발의되었다. 이후 2008년부터 2019년까지 약 10여 개의 교육감 선거 관련 개정안이 발의되었으나 임기 만료, 대안 반영 등으로 폐기되었다.

이 시기는 소위 진보 교육감이 주를 이루던 때여서 주로 보수 정당 측에서 법안을 발의했으며 간선제 회귀, 시·도지사의 교육감 임명, 시·도지사와 교육감 러닝메이트 등의 선거 방식을 담은 개정안이 주를 이루었다.

제21대 국회에 들어서는 총 17건의 지방교육자치에 관한 법률 개정안이 발의

되었는데, 이 중 7건(유사 중복 포함)이 주민 직선제 폐지를 담은 내용이고, 거의 보수 계열 정당이 제출한 의안이다.

김선교 의원과 정우택 의원이 대표 발의한 두 법안은 공통으로 교육감 직선제 폐지를 제시하고, 대안으로서 시·도지사와 교육감 러닝메이트 선거 방식을 제시하고 있다.

대상규정	현행 법률	김선교 의원 안	정우택 의원 안
제22조 (교육감의 임명)	• 교육감 선거는 제6장 (교육감 선거)에서 따로 규정함	• 시·도지사 당선자가 선거 시 지명했던 교육감 후보자를 교육감으로 임명 • 교육감 사망 등으로 인한 신규임명 시 대통령령으로 정하는 바에 따라 시·도의회의 동의를 받아 임명	• 시·도지사 당선자가 선거 시 지명했던 교육감 후보자를 교육감으로 임명 • 교육감 사망 등으로 인한 신규임명 시 시·도 조례로 정하는 바에 따라 임명
제24조 (교육감 후보자의 자격)	• 교육감 후보자의 자격 규정	• 교육감 후보자 자격은 교육 및 교육행정 경력 3년→5년	• 현행과 같음

교육자치 발전방안 마련을 위한 국회 정책토론회(2022.12.22.)

일명 러닝메이트 도입의 주된 논리는 첫째, 지방자치단체의 장과 교육감 간에 이념적 성향이 대립하는 경우, 교육정책의 통일성이 저해되고 이념대립으로 교육이 정치화된다. 둘째, 시·도교육감 선거의 무효표가 90만 3,227표로서 시·도지사 무효표 35만 329표에 2.5배에 달하며, 시·도지사와 비교하면 상대적 관심도가 낮아 깜깜이 선거가 반복되고 있다는 것이다.

이 법률들은 교육감 후보자의 자격을 갖춘 사람 중에서 시·도지사 후보자가 한 명을 지명하는 방식이며 러닝메이트 제도로 알려졌지만, 기본적으로 정당투표인 시·도지사의 선거 현실을 생각하면 어느 당과 손을 잡느냐에 따라 당락이 결정될 수 있고, 이는 사실상의 시·도지사의 교육감 임명제로 볼 수 있다.

김성천[1]은 직선제가 유지되어야 할 이유로, 첫째, 우리나라 헌법 31조 4항에서 적은 교육의 자주성, 전문성, 정치적 중립성을 보장하고 있고, 둘째, 교육은 일반 행정의 논리와 문법으로 설명되지 않는 특수하고 고유한 영역이 존재한다는 점, 셋째, 우리나라의 교육감 제도를 보면, 임명제에서 간선제를 거쳐, 직선제로 전환되었는데, 이는 직선제가 민주주의의 원리에 부합하기 때문이고, 넷째, 교육감 직선제 폐지에 대한 여론보다는 직선제 찬성 여론[2]이 더욱 높은 점 등에 주목할 필요가 있다고 말하고 있다.

러닝메이트 제도 도입 전망

2022년 12월 15일, 제1차 국정과제 점검 회의에서 윤석열 대통령이 러닝메이트 관련 언급을 하였고, 이후 2023년 1월 5일에 교육부는 2023년 대통령 주요 업무보고에서 러닝메이트제를 교육부의 10대 핵심 정책에 포함하고, 교육개혁 입법과제로 러닝메이트법, 교육자유특구법, 고등교육법, 사립학교법 등 4대 교육개혁 입법 추진계획을 발표하여 러닝메이트 제도의 도입을 정부 차원에서 공식 추진 과제로 선포하였다.

하지만, 국회에서 러닝메이트와 관련한 논의는 아직 진행되지 않았는데, 이는 교육계의 지각변동을 일으킬 민감한 제도로 도입 과정의 여러 갈등에 대한 정치적 논란이 예상되어 총선 이후로 연기되는 분위기다.

2024년 제22대 국회의원 선거가 끝나고 나면, 정치개혁 관련 논의 주제가 지방선거 및 교육감 선거로 옮아갈 가능성이 크다. 따라서 교육감 선거제도 개편

---

1) 교육자치 발전방안 마련을 위한 국회 정책토론회 (김성천. 국회의원회관 제9 간담회실. 2022.12.22. 주최 유기홍, 강민정, 도종환, 서동용, 안민석 의원, 전국시도교육감협의회)

2) 2021년 한국교육개발원에서 실시한 교육여론 조사를 보면, 교육감 직선제에 대한 찬성 여론이 더 높고, 특히 초중고 학부모들의 찬성 여론이 더 높은 상황임을 알 수 있다. 초중고 학부모의 50.9%가 찬성, 26.7%가 반대, 잘 모르겠다는 22.4%로 나타났다. 전체 응답자로 봐도, 찬성 42.6%, 반대 27.8%, 잘 모르겠다 29.6%로 나타났다. (교육자치 발전방안 마련을 위한 국회 정책토론회 (김성천. 국회의원회관 제9 간담회실. 2022.12.22. 주최 유기홍, 강민정, 도종환, 서동용, 안민석 의원, 전국시도교육감협의회)

과 관련한 가장 큰 변수는 제22대 국회의원 선거 결과이다. 현 여당(국민의힘)이 국회의 다수를 확보한다면 여당이 제출한 다수의 입법내용에 비춰볼 때, 러닝메이트제 도입이 급물살을 타게 될 가능성이 크다. 현 야당(더불어민주당 등)이 국회의 다수를 확보한다면 러닝메이트제 도입은 신중론이 더 힘을 얻게 될 것이다. 러닝메이트제도는 그동안 관련 입법[3]에 대한 시도가 지속되었으나, 그때마다 결론을 내지 못했던 까닭은 헌법에서 교육의 정치적 중립을 보장하도록 하고 있으며, 직선제 교육감에 대한 국민의 효능감이 자리 잡고 있기 때문일 것이다.

지방교육자치와 지방자치

지방교육자치와 지방자치 통합론을 일관되게 비판해온 송기창에 의하면, 통합론자들은 지방교육자치의 근거 법률인「지방교육자치에 관한 법률」이 존재하지만 지방교육자치라는 표현보다는 지방교육행정이라는 표현을 즐겨 사용한다고 비판하고 있다.[4]

교육자치를 일반자치의 상대개념으로 '교육자치'라고 사용하기도 하지만 공식 용어는 '지방교육자치'이다.「지방교육자치에 관한 법률」은 1991년 3월 8일에 제정되고 같은 해 6월 20일에 시행되었다. 이 법의 목적은 '교육의 자주성 및 전문성과 지방 교육의 특수성을 살리기 위하여 지방자치단체의 교육·과학·기술·체육 그 밖의 학예에 관한 사무를 관장하는 기관의 설치와 그 조직 및 운영 등에 관한 사항을 규정함으로써 지방 교육의 발전에 이바지함을 목적으로 한다.'라고

---

3) 2008년~2019년 제출법안: 2008 이시종 열린우리당, 선거인단확대, 2009 정희수 한나라당 임명제, 2009 이철우 한나라당 러닝메이트, 2011 정태근 한나라당 임명제, 2014 김학용 임명제, 2015 윤재옥 새누리당 임명제, 2016 김학용 새누리당 임명제, 2017 이은재 바른정당 시도조례로, 2018 김동철 바른미래당 러닝메이트, 2019 김한표 자유한국당 러닝메이트. 모든 법안이 대안 반영 및 임기 만료 폐기(국회 의안정보시스템, 김성천. 2022.12.22.)

4) 한국교육 정치학회 제3차 콜로키엄" 교육자치와 일반자치의 통합, 가야 할 길인가? 가서는 안 될 길인가? 교육자치와 지방자치의 통합 및 연계 강화 논리에 대한 비판 (송기창, 한국정치학회, 2023.7.28)2023. 송기창의 2004년 논문 [지방교육자치와 지방자치의 통합논리에 대한 비판적 고찰, 교육행정학 연구, 제22권 제4호(2004. 12) 과 2019년 논문「지방자치법」과「지방교육자치에 관한 법률」의 관계 고찰, 교육 정치학 연구, 제26권 제4호(2019. 12)] 일부를 수정·보완한 것임.

적시하고 있다.

송기창에 의하면, 지방교육자치와 지방자치의 통합을 주장하는 이들이 드는 근거는, 첫째, 지방교육자치가 지방자치의 한 영역이기 때문이며, 둘째, 「지방자치분권 및 지역균형발전에 관한 특별법」제35조에 교육자치와 지방자치의 통합을 위하여 노력하여야 한다고 규정되어 있기 때문이고, 셋째, 지방교육자치의 근거로 내세우고 있는 헌법 제31조 제4항의 '교육의 자주성, 전문성, 정치적 중립성 보장'이 교육자치의 근거가 될 수 없기 때문이며, 넷째, 현행 교육감선거제도 등 지방교육자치에 문제가 있기 때문이라고 말한다.

통합론자들이 가장 무너뜨리고 싶은 논리가 헌법 제31조 제4항의 '교육의 자주성, 전문성, 정치적 중립성 보장'이 교육자치를 의미한다는 것이다. 일부 학자들은 이 조항이 교육자치를 의미하는 것이 아니라는 주장도 있다. 그렇지만, 헌법재판소의 판결내용을 살펴보면, 교육자치는 지방 교육의 특수성을 살리기 위해 지방자치단체 수준에서 행하는 것을 의미하고, 지방교육자치도 지방자치권의 일환으로 보장되어야 하며 헌법을 구현하기 위한 문화적 자치로서의 속성도 가지고 있다고 말하고 있다.

> 지방교육자치는 교육자치라는 영역적 자치와 지방자치라는 지역적 자치가 결합한 형태로서 교육자치를 지방 교육의 특수성을 살리기 위해 지방자치단체의 수준에서 행하는 것을 말한다고 할 것이고, 지방교육자치의 기본원리로는 주민참여의 원리, 지방분권의 원리, 일반행정으로부터의 독립, 전문적 관리의 원칙 등을 드는 것이 보통이다(헌재 2002. 3. 28. 2000헌마283 등, 판례집 14-1, 211, 222).

헌법재판소는 지방교육자치제도의 헌법적 본질에 관하여, '국민주권의 원리는 공권력의 구성·행사·통제를 지배하는 우리 통치 질서의 기본원리이므로, 공권력의 일종인 지방자치권과 국가교육권(교육입법권·교육행정권·교육감독권) 등도 이 원리에 따른 국민적 정당성 기반을 갖추어야만 한다. 그런데 국민주권·민주주의 원리는 그 작용영역 즉, 공권력의 종류와 내용에 따라 구현 방법이 상이할 수 있다.

…… 지방교육자치도 지방자치권 행사의 일환으로서 보장되는 것이므로, 중앙권력에 대한 지방적 자치로서의 속성을 지니고 있지만, 동시에 그것은 헌법 제31조 제4항이 보장하고 있는 교육의 자주성·전문성·정치적 중립성을 구현하기 위한 것이므로, 문화적 자치로서의 속성도 아울러 지니고 있다.'라고 판시한 바 있다(헌재 2000. 3. 30. 99헌바113, 판례집 12-1, 359, 368-369).

교육의 정치적 중립

교육의 정치적 중립 문제를 교육과정 편성·운영 측면에서 살펴보자. 몇 해 전부터 교육과정이 새롭게 고시될 때마다 '역사 교과서' 발행과 관련하여 나라가 떠들썩하게 양 진영으로 나누어 정치 쟁점화되었고, 지난해에도 한국사 교과서에 5·18 민주화운동 표현이 삭제된 것과 관련하여 논란이 있었다. 정권의 성향에 따라서 교과서 편찬 내용이 흔들리는 것은 국가·사회적으로 볼 때 엄청난 손실이고, 갈등 요인이다. 이런 사회적 혼란의 소모를 없애기 위해 교육과정 편성·운영과 같은 영역이 정치로부터 중립적으로 보호받아야 한다. 반면에 정치권에서는 집권 정당이 교체될 때마다 가장 먼저 교육 내용에 영향력을 행사하려는 욕망이 생기는 것 같다. 이에 반복적으로 정권이 교체되면 국정과제라는 형식을 통해서 국가 교육정책에 영향력을 행사한다. 입시에 있어서 수시·정시의 비율을 둘러싼 논쟁이나, 교육특구, 사교육비 대책, 일제고사, 특권 경쟁교육 논란 등 정권의 성향에 따라 우리의 교육은 지속적으로 흔들려 왔다. 진정한 교육의 정치적 중립을 경험해 본 적이 없는 것이다. 교육의 모든 영역에 너무 쉽게 정치가 개입하는 양상을 접하면서, 역설적으로 더 간절하게 정치적 중립을 요구하게 되는 것이다.

2019년 12월 공직선거법이 개정되면서 고등학교 재학생인 만 18세 이상 시민은 국회의원 선거권이 있다. 고등학생 때부터 정치 상황에 노출될 수 있는 여건이 되었으며, 교육과정의 정치적 중립에 대해 민감한 시기이다. 따라서 학생에 대해 참정권 교육을 잘 준비해야 할 상황이 되었다. 이제는 독일 보이텔스바흐 원칙 같은 정치교육 과정에 대한 사회적 합의를 서둘러야 한다.

교육감 선거, 교육 논리와 정치 논리

지난해 말 국회 행정안전위원회에서 민주당 김영배 의원과 교육부 차관 사이에 논쟁이 있었다. 교육감 러닝메이트제를 찬성하는 교육부의 논리 중 교육의 정치적 중립성에 대한 해석을 놓고 다툼이 있었다.

교육부 차관은 '교육의 정치적 중립성을 교육내용의 중립성으로 제한해서 해석해야 한다. 일반행정과 교육행정이 통합되어야, 정책 노선의 갈등이 없고, 비용도 안 든다.'라는 주장을 폈으며, 김영배 의원은 '교육자치의 근간인 교육의 자주성, 전문성, 정치적 중립성은 헌법정신이다. 정치적 중립성에 대한 범위가 충분히 검토된 것인가?'라는 논리를 펼쳤다.

이에 교육부 차관은 '학생들에게 가르치는 내용이 정치적 중립이면 된다. 국가교육위원회에서 중립적으로 심의한다. 이에 대한 제재 장치도 있다.'라고 반박했으며, 김영배 의원은 '전교조 문제나 학교 민주주의 교육 문제가 나올 때마다 교육행정에서 그동안 가장 강력한 근거로 제시했던 것이 정치적 중립이라는 논리였다. 교육감이 인사, 교육과정 편성·운영, 교육행정 등 광범위한 범위에서 권한을 행사하는데, 정치적 교육감이 미치는 영향을 그렇게 과소평가해도 되는가?'라는 논리로 재반박했다.

정치적 중립의 해석과 적용이 상황에 따라 달라지는 것이 문제이다. 교원의 정치적 자유 제한 등 필요할 때는 정치적 중립의 논리를 교육행정 전반으로 범위를 확대해서 통제의 기제로 활용하고, 정치적 장악이 필요할 때는 가르치는 내용만 중립을 지키면 된다는 것이 정부의 논리이다. 궁핍하고 자기 모순적이다. 이런 궁핍한 논리의 배경에는 직선 교육감들에 대해 불편해하는 정치적 판단이 깔려있다. 서울을 대표적으로 몇몇 지역에서 지자체장들이 교육감들과 정책 노선의 차이를 불편해하는 것이다. 대표적으로 '무상급식' 정책을 필두로 한 교육복지 정책들이며, 사업 분야에서는 지방자치 영역과 겹치는 부분이 많기 때문이다.

반대로 진보적인 토양에서 다소 보수적인 교육감들도 등장한다. 지자체장과 교육감들의 정치적 성향이 다소 엇갈리게 보이기도 한다. 이런 현상은 자연스러운 현상일뿐더러, 지역의 정치 성향에 따라서 교육감 선거도 진보와 보수는 있을 수 있지만, 최근 중도적이고 실사구시적인 교육감들이 등장하고 있는 것을 보면 양쪽을 수렴하는 방향으로 나아가고 있는 것으로 보인다.

이것은 무엇을 의미할까. 정치적으로 불편하다고 하여 당파성에 의존해 교육감을 선출할 경우에는 결국 교육이 추구해야 할 본연의 가치인 자주성, 전문성, 중립성을 심각하게 훼손할 수 있다. 정치 유불리와 관계없이 국민의 손에 맡기는 것이 국가의 미래를 위한 길이라는 의미다. 이것이 직접선거가 주는 가장 큰 이익이다.

12년 전 포퓰리즘 정책이라고 손가락질했던 정책들은 지금, 진보 보수를 떠나서 국민의 선택을 받아 교육 현장을 변화시키고 있다. 무상급식이나 체험학습비, 학습준비물, 돌봄, 맞춤형 복지, 마을 학교 등 교육복지 영역이나 민주·인권 친화적인 학교문화, 교사들과 학생의 성장에 집중하는 학교혁신 정책 등은 교육을 변화시키고 있다.[5]

---

5) 교육감 선거 교육논리와 정치논리, 전남일보. 이재남. 2023.01.30.

국민은 우리 아이들의 미래가 달린 교육에서만큼은 정치 논리를 떠나서 오직 아이들만 바라보는 그런 교육감을 선호한다는 것이다.

외국의 교육감 선거제도

'지방자치단체의 교육·과학·기술·체육 그 밖의 학예에 관한 사무를 관장하는 기관'이라고 하면 교육감(또는 교육청)만을 떠올리기 쉽지만, 지방교육자치를 시작하던 시절에는 교육 분야에 있어 별도의 입법기관이 있었고 그 기관을 교육위원회라고 불렀다. 하지만, 관련 법이 개정되어 제주특별자치도를 제외한 지역에서는 별도의 교육위원회는 없어지고 광역단위 의회 속으로 편입이 되었다. 그나마 존재하는 제주특별자치도의 교육의원도 2026년 6월에 일몰된다. 지방교육자치 제도는 기본설계부터 매우 불안정한 상태로 출발했음을 알 수 있다.

과거에는 교육을 심의하는 의원제도가 있었지만, 현재는 지방의회가 교육감(교육자치)과 시장(일반자치)을 통합하여 의회 기능을 행사하고 있다. 이를 근거로 집행기관도 통합해야 한다는 주장이 있지만, 이 논리는 결과적으로 교육감 직선제의 폐지를 의미한다.

외국의 사례에서 살펴볼 점은 일반행정과 교육행정이 통합된 영국, 미국(일부), 일본의 경우에는 교육위원회가 존재하고 있고, 교육위원회가 교육감을 임명하는 방식을 운영하기도 한다. 교육감의 선출방식이 직접이든, 간접이든 교육과 관련한 독립 교육위원회가 존재하여 판단한다는 사실이다. 이는 헌법이 보장하고 있는 교육의 자주성, 전문성, 정치적 중립성을 보장해 주는 측면임을 알 수 있다.

이러한 지방자치와 교육자치 통합문제는, 지방교육재정교부금 논란과도 연동되어 있다. 내국세의 20.79%를 지방교육청에 의무적으로 교부하게 되어있는 현행 제도 때문에 교육감의 재정 운용 권한을 강화해 주고 있다고 판단하는 진영에서는 지방교육재정교부금을 중앙통제 방식을 강화하는 방향으로 개편할 것

을 계속 제기하고 있다. [6]

　일부에서는 막대한 선거비용을 충당하기 위해 이해관계자로부터 선거자금을 차입하는 사례들이 발생하여 훗날 문제가 되기도 한다. 후원회를 조직하여 후원금을 모금할 수 있도록 하고 있으나, 일반 정치인과 비교하면 선거비용 조달에 많은 어려움이 있다. 따라서 교육감 임명제는 이러한 선거비용을 줄일 수 있는 대안이 될 수 있으나, 역으로 정치헌금 등 정치권 줄 세우기 등의 부작용이 발생할 수 있다.

　이 문제는 정당선거로 치러지는 지방선거와 달리, 정당 가입이 불가능한 교육감 선거 특성상 상당한 액수의 예산을 출마자가 부담해야 하는 이유로 부정선거의 개연성이 높고, 향후 인사 비리와 연계될 수 있다는 문제를 제기하는 측도 있지만, 이러한 주장은 어떤 선거나 발생할 수 있는 일반적인 선거의 문제점이다. 오히려 다른 선거에 비해 후보자의 정책 차별성을 갖도록, 일반선거보다 더 많은 정책 토론이나 홍보 기회를 부여하는 방안을 검토해 볼 필요가 있다.

민선 4기 1년, 변화의 방향

진보와 보수의 진자운동

　'혁신교육'이란 무엇인가? 그 개념 규정에 대해서 다양한 논의가 있지만 대체로 일치하고 있는 지점이 있다. 시기적으로는 2008년 주민 직선 교육감 시대가 열리면서 시작되었고, 그 주도 세력들은 진보 성향의 교수들과 전교조 해직 교사 출신 소위 진보 교육감들의 등장이 있었다. 또한, 혁신교육의 핵심 정책으로

---

6)　지방교육재정교부금 제도 운용 실태 감사 (감사원보고서, 2023.8.24.)

공교육 혁신을 주창하며 '혁신학교' 정책을 전국적으로 펼쳤으며 국정과제로까지 채택되었다. 혁신학교 정책은 현재 혁신교육지구, 혁신교육 네트워크, 마을교육공동체 등으로 발전했다. 또한, 무상급식으로 상징되는 각종 교육복지정책이 등장했으며 교육과정 측면에서는 교사들의 자발성에 기인한 상향식 교육과정 편성 운동[7]이 시작되었다. 제도적으로는 공모 교장 제도 확대, 전문적 학습공동체 운동 등 민주적 학교운영에 대한 요구가 반영되었다.

교육사 측면에서 일부 학자들이 100여 년 전의 미국의 존 듀이 계열의 일명, 진보 교육 운동으로부터 그 정당성을 말하기도 하나, 한국의 혁신교육은 그동안의 전통적인 입시 경쟁 중심의 주입식 교육을 극복하고, 특권경쟁교육과 관료적인 공교육을 혁신해야 한다는 국민적 요구가 반영된 자발적인 상향식 운동의 측면이 더 강하다고 본다.

따라서, 지난 10여 년의 혁신교육은 과거의 열린 교육 운동처럼 특정한 이론과 교육사조의 영향이 아니다. 타성에 빠져있던 한국교육에 대한 시대적인 혁신 요구의 종합적인 학교 교육개혁 양상이라고 본다.

2022년 민선 4기 선거에서 몇 가지 중요한 변화가 나타났다. 진보 교육감들이 다소 후퇴하고 보수·중도 진영의 교육감들이 약진한 측면이 있다. 현재 언론이 분석한 진보와 보수의 지형을 보면, 지난 2018년 14:3 구도에서, 2023년 9(8):8(9)로 변했다고 분석하고 있다.

이 결과는 무엇을 의미할까? 교육감 선거에 있어, 명망가 중심의 교수나 전교조 출신 인사들에 국한된 좁은 인력풀에 대한 문제점과 함께 지역 정치 구도에 의존하는 현상도 있었다고 본다. 또한, 모든 사회현상이 진보와 보수라는 진영 논리로 구분되는 프레임 현상에 지배 받은 측면도 있는 것으로 보인다.

---

7) '교육과정현장네트워크'는 전국시도교육감협의회가 2020년 11월 총회에서 결정하여 만든 조직으로, 국가교육과정 개정에 현장 교원의 참여를 보장하기 위한 교원들의 자발적이고 협력적인 전국적 네트워크이다. (교육과정현장 네트워크 백서, 전국시도교육감협의회,2022)

지난 선거를 통해 진보 중심의 기울어진 운동장이 균형을 잡았다는 기계론적 해석도 있다. 그런데, 교육 사조를 살펴보면 어느 나라에서나 집권 권력의 성향이나 시대적 상황에 따라 진보와 보수의 진자운동이 있었고, 시대적 상황에 따라 부분적 편향이 나타날 수도 있다. 우리 교육은 미약하나마 이제 막 양 진영의 진자운동이 시작되었다고 볼 수 있고, 건강한 경쟁 관계로서 긍정적 효과가 나타날 수 있게 교육 정책에 대해 치열한 내용 논쟁이 필요한 시점이 된 것이다.

성적지상주의 도래

민선 4기에 들어서면서 지난 12년의 혁신교육으로 상징되는 일련의 정책들이 도전받는 양상이다. 지난 선거 과정에서 많은 지역에서 주요 슬로건으로 '학력 저하' 문제 해결을 내걸었다. 이 의제는 전통적으로 진보진영이 보수진영으로부터 자주 비판받는 지점이기도 하다. 그러나 대학입시 중심의 오랜 한국식 교육체제에서 어느 진영이 권력을 잡아도 난제일 수밖에 없다. 경계성 지능이나 가정환경 등으로 배움이 느린 학생 등에 대해 개별적으로 세심한 교육적 배려가 필요한 '학력 저하' 문제는 대학입시중심 교육체제에서는 자꾸 뒤로 밀려나기 때문이다. 심지어 혁신교육 진영에서도 모든 '혁신학교는 고등학교 앞에서 멈춘다.'라는 농담이 있다. 이는 모든 건강한 교육 의제들이 '입시 블랙홀'에서 벗어날 수 없다는 것을 말해주기도 한다.

가까운 일본에서도 혁신교육과 유사한 '여유(유토리) 교육'으로 전환되면서 기초학력 저하라는 사회적 문제가 대두되었던 것을 보면,[8] 진보 교육의 아젠다들이 교육의 본질을 추구하는 역동성을 가지고 있지만, 보수의 '학력 저하'라는 공격에 대중들은 쉽게 흔들릴 수밖에 없다. 이러한 주장은 전통적인 교육의 본질과는 거리가 있는 명문대 입학이라는 신분 사다리로서의 교육에 대한 근본 욕망을 끊임없이 자극하고 있기 때문이다.

---

8) 학력 저하 예방을 위한 공교육 개선방안 연구 (이은주, 한국 일본 교육학 연구 2019, pp.37~60)

민선 4기에 들어, 학력 향상이나 성적 지상주의 경향이 더 노골화되고 있다. 윤석열 정부 이후 교육부에서 발표(2023.6.21.)한 '공교육 경쟁력 제고 방안'을 살펴보면, '국민 눈높이에 부합하지 않는 획일적 평등주의에 기반한 교육 정책 추진으로 교육 격차는 심화하고, 공교육의 질은 전반적으로 하락'이라고 진단하고 있다. 그 근거도 최근 10년간 국가수준 학업성취도평가 결과를 들고 있으나, 기본적으로 평가의 성격이 표집으로 변경되면서 시험에 대한 규정력이 약해진 점 등을 충분히 고려하지 않은 다소 억지스러운 분석에 가깝다. 지난 정부의 교육을 평등주의 교육으로 재단하면서 필요 이상으로 강한 이념적 성향을 보이고 있고, 공교육 경쟁력 제고 방안의 핵심이 실질적으로 일제고사(맞춤형 학업성취도 평가)의 부활에 불과하다는 것은 대안 능력의 부재를 드러내고 있다.

이러한 성적지상주의 정책들은 '공부시킨다'는 명분으로, 모든 학교를 한 줄로 세워 서열화할 가능성이 있으며, 한편으로는 평가주의자들이 득세할 수 있는 배경으로 작동할 것이다. 매년 상반기에 발표하는 수능 성적 지역별 점수 공개는 지역 교육감들을 압박할 것이고, 성적 지상주의가 모든 학교를 엄습하는 살풍경을 연출할 가능성이 있다.

혁신학교에서 미래·IB 교육으로

혁신교육 진영 내부에서 최근 혁신교육을 미래 교육으로 비전을 전환하고 있다. 일부 교육청에서는 민선 4기 들어서 혁신교육의 정체성을 담고 있던 조직의 명칭을 미래교육이나 미래혁신교육 등으로 변경하였다. 또한, 민주, 인권, 혁신 등의 가치를 내포하고 있던 조직명이 조직 개편을 통해 중립적인 협력, 자치, 미래, 지원 등으로 바뀌고 있는 것도 특징이다.

교육감이 바뀐 일부 교육청의 혁신학교 정책은 일몰 사업으로 폐기되었고, 일부에서는 예산, 인사, 재지정 등이 이루어지지 않아 고사(枯死)되고 있으며 일부는 미래학교나 자치학교 등으로 정체성이 옮아가고 있다.

그동안 혁신교육이라는 담론이 일부로부터 비판받았던 측면을 극복하기 위한 과제로 미래 교육을 제안하고 있으나, 상당한 부분은 기존의 혁신교육에서 담고 있는 내용을 바탕으로 하고 있고, 예산과 정책을 더 넓게 일반화하는 경향도 보인다. 미래교육의 정체성이 두드러진 내용으로는 AI 교육, 정보 기술을 기반으로 한 학생참여형 학교 등을 들 수 있다.

한편, 선거 이후 교육감이 바뀐 일부 교육청을 중심으로 IB 교육에 관한 관심이 증폭되어 전국적으로 확산하고 있다. 지난 7월 22일 대구·경기·전남·제주 등 4개 교육청이 '국제바칼로레아[IB 9] 프로그램 도입 및 안정적 운영을 위한 MOU'를 맺고, 본격적인 활동에 들어갔으며, 다른 교육청에서도 시범 연구학교 운영 등 7~8개 교육청에서 관심을 두고 추진하고 있다. 이러한 움직임은 그동안의 혁신학교 정책의 한계를 보완하려는 반작용적 성격을 갖고 있으면서도, 한편으로는 '혁신학교 대 IB 학교'라는 유사 대결 구도로 비치기도 한다.

혁신학교는 현재도 전국적으로 지속적인 발전과정에 있다. 지금까지의 과정에서 확인된 몇 가지 혁신의 방향들을 확인할 필요가 있다. 첫째는 교육과정 편성·운영에 있어서 교사들의 자발성과 책임성을 고양시킨 부분과 아울러, 내용에 있어서도 기후환경위기의 문제나 디지털 문해력, 비판적 능력과 관계형 인간 등 핵심역량 중심으로 미래교육의 아젠다들이 자연스럽게 접목되기도 했다. 둘째, 학교운영의 민주성을 확보하기 위한 노력이다. 학교시스템을 업무지원팀과 교육과정팀을 분리한다든지, 각종 회의 구조를 자발성과 민주성을 구현하여 학부

---

9) International Baccalaureate (국제바칼로레아) IB는 국제적으로 인정받는 유치원부터 고등학교까지의 교육과정이다. 각 과목이 약 7년 주기로 부분 개편 및 수정된다. International Baccalaureate Organization (IBO)는 1968년에 창설되어 스위스 제네바에 본부를 두고 있는 국제 교육재단이다. 만 3세부터 만 19세까지의 학생들을 위한 네 가지의 교육 프로그램을 운영하고 있다. 이는 유럽의 13년제 초중등교육제를 따른 것이다. 만 3세부터 만 12세까지의 학생들을 위한 6년제의 IB Primary Years Programme (PYP), 만 11세부터 만 16세까지의 학생들을 위한 5년제의 IB Middle Years Programme (MYP), 만 16세부터 만 19세까지의 학생들을 위한 2년제[1]의 IB Diploma Programme (DP), DP를 수강하지 않는 학생들을 위한 IB Career-related Programme (CP)이 그것이다. 흔히 IB라고 하면 아래의 셋 모두를 의미한다. 1. IB 교육재단 2. 해당 교육재단에서 운영하는 4종류의 교육 프로그램 3. 해당 교육과정을 인수하고 받는 수료증 혹은 증명서 (특히 IB DP)

모를 포함한 학교 구성원들이 참여를 유도한 점과 내부형 교장공모제도가 활성화되면서 전통적인 승진 자격제도에 기반한 관리체제 변화의 요인이 되기도 했다. 셋째, 학교라는 협소한 교육공간을 지역사회와 전문가네트워크, 각종 지자체 등으로 확장했다는 점이다. 교육혁신지구, 마을교육공동체 등의 지역사회와 학교가 함께하는 교육체제를 구축하고 학교 시설의 공유나 복합화로 나아가고 있고, 이 과정에서 학교 공간혁신이라는 의제를 설정하게 되었다. 이는 전통적인 학교 문화의 변화를 만들어내는 동기가 되었다.

다음은 광주광역시교육청에서 빛고을혁신학교 10년을 돌아보며 정리한 빛고을 혁신학교의 변화에 대한 내용이다.

○ 혁신학교 비전 세우기
○ 업무 전담팀의 탄생
○ 리더십의 변화
○ 소통이 살아나는 민주적 협의 문화
○ 교사 성장의 통로, 전문적학습공동체
○ 생동하는 학교행사
○ 학생자치가 피어나다
○ 삶을 가꾸는 교육과정 재구성
○ 아이들 중심의 공간 구성
○ 학부모 및 지역과의 연계
○ 살아나는 학교의 빛깔

< 빛고을 혁신학교 10년 광주광역시교육청 p.21~239 >

교육복지 전면화와 디지털 정책 가속화

12년 전 무상급식으로 시작된 교육복지정책은, 민선 4기에 들어서면서 새로운 국면으로 들어서고 있다. 대표적으로 전남교육청이 추진하고 있는 '학생교육

수당(교육기본소득)' 사업에서 예를 찾을 수 있다. 지난 7월 19일 전남 도의회에서 '전라남도교육청 학생교육수당 지급에 관한 조례안'이 가결되었다. 광주, 세종 등에서는 방학 중 무상급식 정책이 추진되고 있으며, 이 정책은 온종일 학교 등 돌봄정책과 연계하여 향후 주목받을 가능성이 있다.

지금까지의 교육복지사업이 보편적 복지를 중심으로 추진되었다면, 본격적으로 지역의 구체적 특성에 근거한, 맞춤형 복지정책이 펼쳐질 것이라는 신호라고 볼 수 있다. 이런 움직임은 앞으로 교육을 국가가 모든 것을 책임지는 의무교육의 개념이 확장되는 계기를 만들고 있다. '교육은 복지다'라는 철학은 대학까지 차별 없이 교육받을 권리의식을 높이고, 사회에 나오기 전에 교육단계에서 젊은이를 좌절시켜서는 안 된다는 논리와 함께 대학무상교육으로 확장될지 지켜볼 만하다.

모든 초·중·고 학생들에게 디지털 디바이스(태블릿, 노트북, 스마트폰 등)를 공급하는 사업이 모든 교육청에서 추진되고 있다. 인터넷과 게임 등 디지털기기에 너무 많이 노출된 미래세대에 대한 우려 속에서도 4차 산업혁명이라는 거대한 흐름 속에서 교육의 디지털화가 꾸준하게 진행되고 있다. 교육부가 추진하는 디지털교과서와 전국의 시·도교육청이 공동 추진하는 AI 교수학습 지원플랫폼 개발 등은 교육방식의 근본적인 변화를 가져올 가능성이 크고, 최근 국회에서 추진되고 있는 '교원 디지털 역량강화를 위한 특별회계'가 편성되면 교사연수 등 후속 조치들이 따라올 것이다.

교육복지 정책은 교육과정 영역에서도 새로운 흐름을 만들어내고 있다. 복지의 상대개념은 '소외'이다. 모든 교과와 교수학습에서 단 한 명의 아이도 소외시켜서는 안 된다는 명제는 모두가 일정한 수준에 다다를 수 있게 기초기본학력을 교육공동체가 책임져야 한다는 것을 의미한다. 이를 위해 일부 교육청에서는 대대적인 인력과 예산을 투입하는 사업들이 진행 중이다.

교원 감축 정책, 지방교육 옥죄

학령인구감소에 따른 교사정원의 문제가 교육계를 비롯해 지역의 문제로 대두되고 있다. 학생 수 감소로 인해 교사정원 감축 압력을 받는 일부 지역에서는 의회 차원에서 교사 감축 정책 반대 촉구 건의안을 채택하였다. 소규모 학교의 통폐합은 지역 인구 유출을 가져오고 결국 지역 소멸을 가속하는 현상이 전개되고 있기 때문이다.

▨ 2022 ~ 2023 공립 각급 학교의 국가공무원 정원표

학교급	2022	2023	증감
총계	345,370	342,351	-3,019
유치원 및 이에 준하는 학교 계	14,811	14811	0
• 원장	556	570	14
• 원감	984	992	8
• 교사	13,271	13249	-22
초등학교 및 이에 준하는 학교 계	149,819	148,683	-1,136
• 교장	6,034	6,044	10
• 교감	6,177	6,177	0
• 교사	137,608	136,462	-1,146
중·고등학교 및 이에 준하는 학교 계	143,141	140,881	-2,260
• 교장	3,875	3,885	10
• 교감	3,660	3,666	6
• 교사	135,606	133,330	-2,276
특수학교 계	16,734	16,795	61
• 교장	97	99	2
• 교감	122	125	3
• 교사(유·초·중·고등학교 및 이에 준하는 학교의 특수학급 담당 특수교사 및 특수 치료교사를 포함한다.)	16,518	16,571	53
각급 학교에 두는 보건교사 등계 (비교과교사)	20,862	21,181	319
• 보건교사	8,844	8,927	83
• 영양교사	6,624	6,759	135
• 사서교사	1,558	1,558	0
• 전문상담교사	3,836	3,937	101

국회토론회 자료. 2023.03.23.

반면, 과밀학급이 많은 대도시 지역은 과밀학급을 해소하기 위하여 교사 증원이 필요한 상황이다. 2022년 교육부 전수조사 결과 전체 11,819교 중 2,923교(24.7%)에서 과밀학급을 운영하고 있다.[10] 학생이 많으면 교사와 학생 사이의 상호작용 및 여러 학습활동, 생활지도 등이 원활하게 이루어지기 어려워지는 문제점이 발생하므로 시급히 해결해야 할 과제이다.

지역에 따라 교육여건이 다르지만, 정부는 '학생 수가 줄어드니 교사 수를 줄인다.'라는 논리로 2023년 교원 정원을 3,091명이나 줄였다. 이는 교육과정 운영에 영향을 미쳐 공교육의 부실이 우려되고 있으며 서울 신규 교사 임용의 경우 2023년 1월 공립 초등학교 교사 임용시험에 합격한 114명 전원이 발령을 받지 못하였다. 교사 수급의 문제는 예비교사들에게도 영향을 줘 교대 학생들의 자퇴 비율이 3년 새 2~5배 이상씩 증가하고 있다.[11] 2023학년도 대입에서 전국의 13개 초등교사 양성 대학의 경쟁률이 최근 5년 동안 가장 낮은 2대1 수준에 머무르는 기현상이 발생하는 등 교사 양성과 수급의 불안정한 연쇄 고리를 만들고 있다.

학생 수 감소에 따라서 교원 정원과 교육재정을 축소하겠다는 정책은 각 시·도교육청의 교육력과 교사의 근무환경을 열악하게 만들고 있다. 이것은 결국 지역소멸로 이어지는 악순환을 만들기도 한다. 교원 정책을 긴급하게 수정할 것을 제안하기 위해 전남교육청은 국회에서 긴급토론회를 개최하기도 했다.[12] 각 교육청은 정원감축에 맞서서 교육감의 기간제 교원 채용권 강화와 학급당 학생 수 상한제 실시를 요구하고 있고, 전국시도교육감협의회는 지난 4월 '과거의 열악한 교육환경에 아이들의 미래를 묶어두는 교원 정원 감축정책을 재검토'하라는 입장문을 발표하고 '미래지향적 교원수급모델 개발 정책연구' 결과를 발표하였

---

10) 교육부(부총리 겸 교육부 장관 이주호)는 지난해 7월 교육회복 종합방안 발표 후 학급당 학생 수 **28명 이상**의 과밀 학급 해소를 위해 시·도교육청과 협력하여 학급당 학생 수 감소를 지속해서 추진하고 있다고 밝혔다. 교육부 설명자료 2022.11.14. "교육부는 시·도교육청과 함께 과밀 해소를 추진하고 있습니다."
11) 예비교사들 '자퇴' 급증…, 서울교대, 3년 새 5배 늘었다. 오마이뉴스. 2023.03.06.
12) 긴급토론, 교사감축 이대로 괜찮은가? 2022.11.21. 국회의원회관

다.[13]

　OECD는 교사, 학습환경 지표 항목 중 교사 1인당 학생 수 통계를 발표한다. 우리나라 교사 1인당 학생 수는 고등학교와 직업계는 OECD 평균보다 낮시만, 초등학교와 중학교는 평균보다 더 많은 학생이 교실에서 공부하고 있다. 전반적으로 세계경제 10위권의 국가로서 아직도 OECD 평균 수준을 극복하지 못하고 있다. 높은 교육열로 한강의 기적을 만들어냈다는 우리의 신화는, 다시 한번 교육에 대해 과감한 투자를 해야 국가경쟁력을 획기적으로 높일 수 있다는 제2의 신화를 요구하고 있다.

▨ 경제협력개발기구(OECD) 교육지표 2023

기준연도	구분	초등학교	중학교	고등학교		
				전체	일반계	직업계
2021년	한국	16.1	13.3	10.7	11.3	8.5
	OECD 평균	14.6	13.2	13.3	13.6	15.0

※ 교육부. 2023.09.12. OECD 기준상 '교사'는 기간제 교사 및 휴직교사를 포함한 수업교사(수석교사, 보직교사, 실기교사 등)를 대상으로 산출(관리직 교원, 상담·사서·보건·영양 등 주 업무가 수업이 아닌 교사 제외)

학생 인권정책의 후퇴

　현재 7개 시·도교육청(경기(2010), 광주(2011), 서울(2012), 전북(2013), 충남(2020), 제주(2021), 인천(2021))에서 학생인권조례를 제정하여 시행 중이다. 서이초[14] 사건 이후 대통령은 "교권을 침해하는 불합리한 자치조례 개정을 추진하라."라고 지시했다. 이후, 학생 인권 문제는 학생의 권리와 책무 간의 '균형'의 문제로 의제화

---

13) 미래지향적 교원수급모델 개발 정책연구 (2023.09.25. 전국시도교육감협의회.연구책임자 이재덕(한국교원대학교.공동연구:이길재(충북대), 신철균(강원대), 박태양(충북대))

14) 서울 서이초등학교에서 사망한 교사가 학급 내 학생 간 갈등과 학부모 민원에 스트레스를 받았던 것으로 보도된 사건으로, 이에 공감한 많은 교사가 서울 도심에서 매주 7차에 걸쳐 대규모 집회를 개최하고 있다. 그 후 정부와 국회, 전국시도교육감협의회, 제 교원단체에서 관련 법률 개정작업에 동참하여 국회 입법을 견인해 냈고, 교권에 대한 국민적 관심을 이끌어 냈다.

되고 있다. 교권과 학생인권이 상충된다고 이해하는 입장에서 교육부는 각 시·도에서 운영하고 있는 학생인권조례의 개정 또는 폐지를 권고하고 있다. 서울시의회에서 어떤 시의원은 시정 질의를 통해 학생인권조례의 폐지를 주장한 바 있고, 이런 움직임에 서울학생인권조례 지키기 공동대책위원회(공대위)는 서울시의회 앞에서 기자회견을 열고 학생과 시민 2,785명의 반대 서명을 전달했다.

경기도교육청은 학생인권조례를 학생 권리와 책임에 관한 조례로 바꾸는 것을 검토하고 있으며, 이주호 교육부총리는 서이초 사건 초기에 "지나친 학생 인권 강조로 교권이 추락했다."라며 학생인권조례 재정비 필요성을 언급하면서, '교육공동체 권리와 의무에 관한 조례(가칭)'로 명칭도 변경할 것을 거론한 바 있다.

인권은 인간으로서 당연히 가지는 기본적 권리로서의 누군가와 비교되거나, 조건으로서의 자유와 권리가 아니다. 어떤 조건에서라도 최대한 보장되어야 하는 것이 인권이며, 이는 인권의 신장이 권리와 책임의식의 동반 상승을 전제로 하고 있기 때문이다. 최근 학생인권에 대해 권리와 책임의 균형을 논의하면서 마치 책무를 다하지 못하면 권리도 가질 수 없다는 식의 기계적 균형을 주장하는 입장이 있다. 이는 인권의 고유한 가치를 훼손할 가능성이 크다. 현재 조례가 운영되고 있는 교육청에서도 학생인권조례와 타 가치가 충돌하여 문제가 발생하거나, 조례 내용이 타 법규와 모순적이어서 문제가 된 사례가 있는지 의문이다.

교육적 측면에서 볼 때 권리와 함께 책임의 문제를 종합적으로 인식하는 능력을 기르는 것은 중요한 문제이지만, 과거 권위적인 학교문화를 조금씩 인권친화적으로 변화시켜오면서 축적된 민주적 인권의식이 건강하게 발휘될 수 있게 세심한 접근이 필요하다.

- 닫는 글 -

어린이해방선언 100주년,
그 의미와 전망

이 주 영
어린이문화연대 상임대표

어린이해방선언문이란 무엇인가?

'어린이해방선언'이라고 하면 평소 어린이 운동에 관심이 없는 대부분 사람들은 '그게 무슨 선언이지?', '언제 나온 선언이야?', '그런 선언도 있었나?' 할 수 있다. 그러나 '어린이라는 말을 만든 사람, 어린이날을 만든 사람, 한국 어린이 운동의 아버지는?'이라고 물으면 어린이를 비롯해 국민 대부분 '방정환 선생님'이라고 대답할 것이다.

곧 우리나라 사람 대부분이 방정환이라는 이름은 알고, 방정환이 어린이 운동을 했다는 것은 안다. 그러나 방정환이 왜 어린이 운동을 했는지, 어떤 생각과 어떤 방법으로 어린이 운동을 했는지, 그 일이 현재 우리 대한민국 독립과 사회 변화에 어떤 밑거름이 되었는지는 잘 모른다. 우리 교육이 겉으로는 넓고 가

넓게 많이 알도록 4지 선다형 지식 주입은 잘하는데, 무언가를 속 깊이 이해하고 성찰하는 교육이 부족한 병폐 가운데 하나라고 할 수 있다.

어린이날은 1921년 5월 1일 천도교소년회를 창립(회장 이정호, 당시 15세)했는데, 그 창립 1주년 기념일이 되는 1922년 5월 1일을 '어린이날'로 제정해서 선포하였다. 천도교소년회가 주관한 것이고, 방정환이나 김기전을 비롯한 천도교 청년회 관련 어른들이 후원하였다. 이날 어른과 어린 동무들에게 드리는 글을 넣은 선전지를 배포하였는데, 다음 해인 1923년 5월 1일 어린이해방선언 때 발표한 어른에게 드리는 글과 어린 동무들에게 드리는 글을 보면 이 글을 더 다듬고 보완한 것임을 알 수 있다.

'어린이해방선언'은 1923년 5월 1일, 천도교소년회를 중심으로 불교소년회, 조선소년군, 조선척후대(한국보이스카웃 전신), 각 지역 소년단체 지도자들이 모여서 결성한 소년운동협회[1](회장 방정환)가 어린이날 한 돌(1주년) 기념행사를 하면서 발표한 문건이다. 소년운동협회는 천도교 청년회 김기전이 주동해서 1923년 4월 17일 서울 경운동에 있는 천도교 대교당 안에 있던 천도교소년회 사무실에서 조직했는데, 당시 국내 일경 감시를 피할 겸 천도교 동경지부를 조직하기 위해 동경에 가서 활동하고 있던 방정환을 회장으로 선임하였다. 1923년 5월 1일 어린이날 1주년 행사를 불과 2주 앞두고 결성한 것이다.

이런 까닭에 소년운동협회 이름으로 주최한 1923년 5월 1일 어린이날 '어린이해방선언' 대표를 방정환이라고 하게 된 것이다. 방정환은 당시 동경에 있으면서도 김기전이나 이정호와 밀접하게 연락을 주고받으면서 행사 준비를 후원했다. 실제로 서울에서 어린이날을 준비하고 어린이 해방 선전문을 만들어서 배포한 주체는 김기전과 천도교소년회다.

이날 어린이해방선언문을 20만장이나 만들었다. 천도교소년회 회원들은 어

---

1) 「소년운동협회가 만들어졌다더라」, 동아일보, 1923.04.20.

린이날 기념식을 하고, 4대로 나누어서 서울 거리를 행진하였다. '어린이날', '어린이 해방'이라는 깃발과 '어른들에게 드리는 글' 몇 항목을 깃발에 써서 깃대에 높이 달아 세우고 거리 행진을 했다. 깃대를 높이 세워 들고 행진했다고 해서 깃대행진이라고 불렸다.

각 대마다 자동차를 앞세우고 '어린이 만세!'를 부르며 천도교 대교당에서 나와 사방으로 행진하였다. 행진하면서 만세도 부르고, 주장하는 구호를 외치기도 하면서 선언문을 나눠주거나 골목으로 뛰어 들어가 집집마다 넣기도 했다. 20만 장을 제작했는데, 서울에서 12만 장을 배포하였다고 하니 나머지 8만 장은 각 지역 소년회에서 같은 방식으로 배포했다고 볼 수 있다. 이날 소년운동협회 이름으로 발표한 선언문에 담긴 뜻을 살려서 붙인 이름이 '어린이해방선언문'[2]이다. 그 선언문 전체 내용은 다음과 같다.

<어린이해방선언문>

젊은이나 늙은이는 일의 희망이 없다. 우리는 오직 나머지 힘을 다하여 가련한 우리 후생(後生)이 되는 어린이에게 희망을 주고 생명의 길을 열어주자.
본 소년운동협회는 '어린이날' 첫 기념[3]이 되는 5월 1일인 오늘에 있어 고요히 생각하고, 굳이 결심한 끝에 감히 아래와 같은 세 조건의 표방을 소리쳐 전하며 이에 대한 형제천하(兄弟天下)의 심심(深深)한 주의와 공명(共鳴)과 또는 협동실행이 있기를 바라는 바이다.

---

2) 이주영, 『방정환과 어린이해방선언 이야기』, 모시는사람들, 2021년, 11쪽
3) '첫 기념'이란 1년 전 1922년 5월 1일 어린이날을 선포하고 난 뒤 1년이 지나 첫 기념행사라는 의미

●소년운동의 기초조건

一. 어린이를 재래의 윤리적 압박으로부터 해방하여 그들에게 대한 완전한 인격적 예우를 허하게 하라.

一. 어린이를 재래의 경제적 압박으로부터 해방하여 만 14세 이하의 그들에게 대한 무상 또는 유상의 노동을 폐하게 하라.

一. 어린이 그들이 고요히 배우고 즐거이 놀기에 족한 각양의 가정 또는 사회적 시설을 행하게 하라.

●어른에게 드리는 글

一. 어린이를 내려다보지 마시고 치어다보아 주시오.

一. 어린이를 가까이하사 자주 이야기하여 주시오.

一. 어린이에게 경어를 쓰시되 늘 보드랍게 하여 주시오.

一. 이발이나 목욕, 의복 같은 것을 때맞춰 하도록 하여 주시오.

一. 잠자는 것과 운동하는 것을 충분히 하게 하여 주시오.

一. 산보나 원족 같은 것을 가끔가끔 시켜 주시오.

一. 어린이를 책망하실 때에는 쉽게 성만 내지 마시고 자세 자세히 타일러 주시오.

一. 어린이들이 서로 모여서 즐겁게 놀 만한 놀이터와 기관 같은 것을 지어 주시오.

一. 대우주의 뇌신경의 말초는 늙은이에 있지 아니하고 젊은이에게도 있지 아니하고 오직 어린이 그들에게만 있는 것을 늘 생각하여 주시오.

●어린 동무들에게

一. 돋는 해와 지는 해를 반드시 보기로 합시다.

一. 어른에게는 물론이고 당신들끼리도 서로 존대하기로 합시다.

一. 뒷간이나 담벽에 글씨를 쓰거나 그림 같은 것을 그리지 말기로 합시다.

一. 길가에서 떼를 지어 놀거나 유리 같은 것을 버리지 말기로 합시다.

一. 꽃이나 풀은 꺾지 말고 동물을 사랑하기로 합시다.

一. 전차나 기차에서는 어른에게 자리를 사양하기로 합시다.

一. 입을 꼭 다물고 바르게 가지기로 합시다.

● 실행 다짐

우리들의 희망은 오직 한 가지, 어린이를 잘 키우는 데 있을 뿐입니다. 다 같이 내일을 살리기 위하여 이 몇 가지를 실행합시다.

- 어린이는 어른보다 더 새로운 사람입니다.

'내 아들놈', '내 딸년' 하고 자기의 물건 같이 여기지 말고, 자기보다 한결 더 새로운 시대의 새 인물인 것을 알아야 합니다.

- 어린이를 어른보다 더 높게 대접하십시오.

어른이 뿌리라면 어린이는 싹입니다. 뿌리가 근본이라고 위에 올라앉아서 싹을 내리 누르면 그 나무는 죽어 버립니다. 뿌리가 원칙상 그 싹을 위하여야 그 나무(그 집 운수)는 뻗쳐 나갈 것입니다.

- 어린이를 결코 억박지르지 마십시오.

조선의 부모는 대개가 가정교육은 엄해야 한다는 잘못된 생각으로 그 자녀의 인생을 망쳐 놓습니다. 억박지를 때마다 뻗어나가는 어린이의 기운은 바짝바짝 줄어듭니다. 그렇게 길리운 사람은 공부를 아무리 많이 해도 크게 자라서 뛰어나는 인물이 못되고 남에게 꿀리고 뒤지는 샌님이 되고 맙니다.

- 어린이의 생활을 항상 즐겁게 해 주십시오.

심심하게 기쁨 없이 자라는 것처럼 자라가는 어린 사람에게 해로운 일이 또 없습니다. 항상 즐겁게 기쁘게 해 주어야 그 마음과 몸이 활짝 커 가는 것입니다.

- 어린이는 항상 칭찬해 가며 기르십시오.

칭찬을 하면 주제넘어진다고 생각하는 것은 큰 잘못입니다. 잘한 일에는 반드시 칭찬과 독려를 해 주어야 그 어린이의 용기와 자신하는 힘이 늘어가는 것입니다.

- 어린이의 몸을 자주 주의해 보십시오.

집안의 어린이가 무엇을 즐기나, 몸과 마음이 어떻게 변해 가나? 이런 것을 항상 주의해 보아 주십시오. 평상시에 그냥 내버려 두었다가 잘못된 뒤에 야단을 하거나 후회하는 것은 부모들의 큰 잘못입니다.

- 어린이들에게 잡지[4]를 자주 읽히십시오.

　　어린이에게는 되도록 다달이 나는 소년 잡지를 읽히십시오. 그래야 생각이 넓고 커짐은 물론이요, 또한 부드럽고 고상한 인격을 가지게 됩니다. 돈이나 과자를 사주지 말고 반드시 잡지를 사주도록 하십시오.

　　희망을 위하여 내일을 위하여 다 각각 어린이를 잘 키웁시다.[5]

어린이해방선언이 나오기까지

　　1923년 5월 1일 갑자기 어린이해방선언이 나온 것은 아니다. 1919년 3·1혁명 후 어린이 운동을 어떻게 해야 하는가에 대한 논쟁이 치열했다. 3·1혁명[6] 때 독립만세운동에 소년(18세 미만 남녀 어린이)들이 대거 참여하고, 만세운동 주도 세력으로 등장하면서 빠르게 확산하였다. 이를 본 어른들이 소년 세대에 믿음과 희망을 보게 되었고, 소년운동에 관심을 갖게 되었다. 소년을 높여 부르기 위해 어린이라는 말도 만들었다.

　　19세기 후반에 실학파, 동학파, 개화파 들이 등장하면서 그동안 주자학파들이 소년을 보는 관점에 대한 비판의식이 그 뿌리가 되었다. 신라 화랑에서 보듯이 고구려나 백제나 신라는 소년들이 스스로 무리를 지어 활동하는 것을 당연하게 여기면서 문중이나 국가차원에서 지원하였다. 신라는 이를 아예 화랑이라는 국가제도로 발전시켜서 지원하였다. 그러나 조선시대 주자학파들은 소년들의 이런 주체성을 도외시하고 철저하게 도덕적 교화의 대상으로만 보았다.

　　이러한 주자학파들 관점에 반대해서 소년들 스스로 성장할 수 있는 주체로 파악하면서 생활경험 중심으로 교육해야 한다는 관점이 장혼(1759~1828)의 『아희

---

4) 『어린이』지를 의미

5) 정인섭, 『색동회 어린이 운동사』, 학원사, 1975, 53쪽-56쪽

6) 이주영, 『대한민국 생일은 언제일까요?』, 현북스, 2019년, 73쪽~74쪽

원람』[7]이나 정약용(1762~1836)의 『아학편』[8]에서 나타난다. 독립협회를 비롯한 개화파들은 서구 민주교육을 받아들이면서 소년애호사상을 강조하면서 선양한다.[9]

동학은 서학(천주교)을 의식하면서 우리 겨레 고유 정신을 토대로 1860년에 수운 최제우(1824~1864)가 창시하였다. 따라서 실학파나 개화파에서 주장하는 아동을 중심으로 교육을 해야 하고, 소년들을 애호해야 한다는 생각도 엿보인다. 그러나 한 단계 뛰어넘어 '사람은 모두 한울님이니 어른과 어린이는 평등하다'는 생각까지 갖고 있었다. 제2대 교주 최시형(1829~1898)이 1885년에 설교한 내용을 보면 다음과 같다.

> 도가(동학을 믿는 집)에서 소아(小兒, 어린이)를 때리는 것은 곧 한울님 뜻을 상하는 것이므로 깊이 삼가야 한다. (중략) 소아의 말이라도 한울님 말씀으로 알고 여기서 배울 것은 배운다.[10]

여기서 가장 중요한 것은 '어린이를 한울님으로 안다'와 '어린이 말이라도 배울 것은 배운다.'라는 생각이다. 이는 19세기 말 20세기 초 인류가 발견한 아동에 대한 '애호'보다 한 단계 더 뛰어넘은 '평등'이라는 개념과 함께 아동의 존재 자체에 대한 최대의 존중과 경외감까지 포괄하고 있기 때문이다.

3.1혁명기를 거치면서 1920년대 초에 여러 매체를 통해서 소년운동에 대한 논쟁이 일어난다. 이돈화는 소년보호 운동을 주장했고, 이광수는 소년수양 운동을 주장했고, 조철호는 소년군사 운동을 주장했다. 이에 대하여 김기전은 보호

---

7) 송철호, 『방정환연구 6호』 사) 방정환연구소, 1921, 286쪽

8) 「정약용의 『아학편(아학편)』에 나타난 아동관과 교육 방법론」 제2회 국제방정환학술대회, 송철호, 서울대학교 인문대학 국어국문학과, 2023.07.21

9) 「『소년』지 발간 취지」, 『소년』 1908, 1쪽

10) 김정의, 『한국소년운동론』, 혜안, 2006, 29쪽

나 수양을 우선해야 한다는 의견에 대해 강력히 반대하면서 소년해방을 목표로 삼아야 한다고 주장하였다.

<소년문제를 말하는 이에게>

우리는 지금 민족으로 정치적 해방을 부르짖고 인간적으로 계급적 해방을 부르짖는다. 그런데 우리는 생각하되, 우리가 먼저 우리의 발 밑에 있는 남녀 어린이를 해방시키지 아니하면 기타의 모든 해방 운동은 실제로 철저하게 되지 못하게 될 것이다. 군자의 도는 그 끝을 부부(夫婦)에서부터 이루어진다는 옛말이 있거니와, 해방의 길은 그 끝이 어린이 해방에서 이루어진다고 생각한다.

혹 소년문제를 말하는 사람 중에 해방 문제를 뒤에 두고 금일 이 현상 그대로의 상태에서 소년보호 문제를 말하고, 소년수양 문제를 말하는 사람이 일을 런지도 모른다.

그러나 그것은 아주 틀린 생각이다. 가령 여기에 어떤 커다랗고 단단한 바위(盤石) 밑에 눌린 싹이 있다면 그 바위를 그대로 두고 그 풀을 자라나게 한다는 말은 도저히 수긍할 수 없는 말이다. 오늘 조선의 소년은 그렇게 눌려 있는 풀이다. 누르는 그것을 제거하지 아니하고 다른 문제를 이야기한다면 그것은 모두 일시일시(一時一時)의 고식책(姑息策)이 아니면 눌리어 있는 그 현상을 교묘하게 옹호하려고 하는 술책에 지나지 아니할 바이다. 소년문제가 논의되는 벽두에서 먼저 이것을 주의하지 않으면 안 된다. 더욱 금일 조선의 소년운동의 논의가 주로 기성종교 세력을 배경으로 하여서 일어나는 것을 볼 때 이러한 생각을 더욱 크게 하고 있다.

이것은 금일 소년문제를 논의하는 사람에게 있어 특히 주의하지 않으면 안 될 점이다. 먼저 두어 마디를 이야기하여서 바야흐로 일어나는 소년운동의 의의를 깊게 하며 아울러 이 운동에 관계되는 많은 동지의 주의를 구하려 한다.[11]

---

11) 김기전, 『소춘 김기전 전집』 국학자료원, 2010, 478쪽

김기전은 어린이들이 바위처럼 무거운 재래 윤리와 재래 경제와 재래 정치의 맨 밑바닥에 눌려 있다고 하였다. 그리고 이런 압박을 걷어내서 해방시키는 일이 가장 중요하고 본질적인 개벽세상으로 갈 수 있는 길이라고 하였다. 곧 인간해방이나 노동 해방이나 여성해방을 비롯한 모든 해방운동이 완결되는 끝은 어린이해방에 있다는 것임을 천명하였다.

어린이해방선언과 소년회

1898년에 자동회(子童會)라는 명칭의 소년회가 소년층에 의하여 최초로 조직되어 활동하기 시작하였다. 1908년에는 윤철선에 의하여 소년동지회(회장 김규식)가 발기되어 좀더 체계적인 조직으로 소년운동을 전개하였다.[12] 방정환은 9살 되던 해인 1908년에 소년입지회를 조직해서 회장이 되었다. 또 11살 되던 1910년에 유년군을 조직해서 대장이 된다.[13]

소년들이 우리 사회에 정치 세력으로 전면에 나선 계기는 3·1혁명이다. 1919년 3월 1일, 민족대표 33인은 독립선언서를 발표하고 모두 체포되었다. 이때 탑골공원에 모였던 소년들이 흩어지지 않고 스스로 독립선언서를 낭독하고 독립만세운동을 시작하였다. 일제가 무력탄압을 하면서 학교를 휴교시키자 유관순처럼 15세 전후 학생들이 귀향하면서 독립선언서와 태극기를 한두 장씩 숨겨 가지고 가서 지방 독립만세운동 확산에 불씨가 되었다. 또 3월 26일 전후로 보통학교 졸업식이 있었는데, 졸업식 중에 송사 대신 독립선언서를 읽거나 태극기를

12) 김정의, 『한국소년운동론』, 혜안, 2006, 77쪽
13) 민윤식, 『소파 방정환』, 스타북스, 2021, 492쪽

꺼내 만세를 부르면서 교문 밖으로 나가 행진하였다. 국내 남녀 소년회 이름으로 파리강화회의에 청원서를 보내고, 1920년 3월 1일에 진주소년회가 다시 독립만세운동을 부르려고 준비하다 발각되어 검거되었다. 이런 사례를 보면 3·1혁명은 소년 혁명, 곧 어린이 혁명이라고 할 수 있다.

1920년 3월 1일, 진주소년회 만세운동 사건에 자극을 받은 소년들이 각 지역 소년회를 조직하기 시작했고, 어른들의 관심까지 높아지기 시작하였다. 소년들을 존중하고 높이 보자는 뜻으로 어린이라는 말도 만들었다. 천도교 청년회 김기전과 방정환은 이러한 소년들의 움직임에 자극을 받아서 어린이해방운동에 앞장을 서게 되었다. 이렇게 해서 김기전과 방정환의 어린이해방운동 정신에 바탕으로 둔 천도교소년회가 결성되었다.

방정환은 1921년 전국 순회강연을 하면서 소년회 조직을 독려하였다. 1923년 3월에는 소년회 회원들이 교재로 사용할 수 있도록 잡지를 창간했는데, 이 잡지 이름을 『어린이』로 정했다. 『어린이』는 방정환이 가장 심혈을 기울인 일이기도 하다. 소년회 활동을 이끌어주는 교재로 보았기 때문이다. 『어린이』는 방정환이 세상을 떠난 뒤에도 계속 발행되어서 1935년 3월까지 총 122호가 발행되었고, 어린이운동과 소년회 활동에 큰 힘이 되어 준다. 방정환은 『어린이』를 쉽고 재미있게 꾸미면서도 민족의식과 어린이해방운동 정신을 담아내기 위해 노력하였다.

동요, 동화, 역사, 과학, 지리, 놀이를 비롯해 소년회 활동에 직접 도움이 되도록 소년회 내부 문제 해결을 위한 재판 방법과 사례까지 실었다. 무엇보다 '어린이'라는 말과 한글 보급에 큰 공을 세웠다. 또 12년 동안 수많은 검열과 압수를 당하면서 일정한 한계는 있었지만, 일제 제도교육에서 자행되고 있던 황국신민화 교육과 식민지 노예교육에 맞서는 교재 역할을 톡톡히 했다.

'소년회'와 『어린이』와 '어린이해방선언문'은 어린이운동을 받치는 세 기둥이었다. 소년회가 몇 개나 조직되었고, 회원 수가 얼마나 되는지는 당시 통계를 내지 않았기 때문에 정확하게 알 수는 없다. 방정환은 지역 소년회를 다니면서 강연을 했는데, 1920년대 10년 동안에 1,000회 정도 했다고 하니 전국에 방정환을 부를 수 있는 소년회가 1,000개 전후가 되지 않았을까 추정한다. 또 언양소년회 방문기를 쓰면서 언양에는 언양소년단과 불교소년단 두 단체 회원이 모였는데 60명[14]이라고 하는 것으로 보아 보통 한 소년회가 30명 정도 되었던 것 같다. 여수 33호대, 부산 초량 9호대, 진주 29호대[15] 같은 소년회가 있는 것으로 보아 한 지역에서도 여러 소년회가 활동했던 것을 알 수 있다.

소년회 세력을 어느 정도 짐작할 수 있는 또 다른 자료는 『어린이』지 독자 수와 5월 1일 깃대행진 참여자 수다. 1925년 6월호에서 그해 5월 1일 온 조선에서 10만 동무들이 한마음 한뜻으로 밤을 새워 선전에 노력한 일과 유치원 아기씨들까지 깃대행진에 참여했다고 하면서 우리 10만 독자와 같이 기뻐하자[16]고 하였다. 곧 소년회 회원을 10만이라고 했고, 어린이 구독자들을 대상으로 '우리 10만 독자'라고 하였다.

소년회가 이렇게 확산되자 일제 총독부가 더 노골적으로 탄압을 하였고, 5월 1일 어린이날에 맞서 5월 5일 아동애호의날 행사를 더 크고 화려하게 하기 시작했다. 우량아 선발대회를 하여 조선 어린이들이 튼튼하고 건강하게 자란다는 홍보에 활용하기도 하였다. 일본 전통으로 5월 5일은 단오절이면서 남자 아이가 무사로서 강하고 씩씩하게 성장하고 입신출세를 기원하는 날이다. 1922년 일본은 정부 차원에서 5월 5일을 「전국아동애호데이」로 정하고, '아동은 국가의 보배'[17]라고 선전하면서 다양한 행사를 시작했다.

당시 방정환은 동경에 있으면서 이 행사를 잘 알고 있었을 것이다. 그럼에도

14) 한국방정환재단, 『정본 방정환 전집 3』, 2019년, 222쪽
15) 김정의, 『한국소년운동사』, 민족문화사, 1992년, 148쪽~155쪽
16) 한국방정환재단, 『정본 방정환 전집 3』, 2019년, 660쪽
17) 어린이날 한일 비교연구-1922년 전후를 중심으로, 오오타케 키요미, 2022국제방정환학술포럼, 서울대학교 인문대학 국어국문학과, 2022.7.22., 10쪽

방정환은 5월 5일이 아니라 5월 1일을 어린이날로 정했고, 어린이 애호보다 해방이 먼저라는 주장을 펴면서 어린이해방운동, 어린이가 어른들에게 자기 다짐과 주장을 펼치는 날로 정했다.

1928년 3월 25일 소년운동연합회(회장 방정환) 정기총회에서 조선소년총동맹으로 바뀌면서 점차 방정환을 밀어내고 정홍교가 주도하였다. 그들은 어린이날을 5월 첫 주 일요일로 바꾸고, 그동안 어린이날마다 배포해 오던 어린이해방선언 대신 새로운 선언문을 만들어서 배포하였다.[18] 그 제목과 내용은 다음과 같다.

〈귀여운 어린 동무들에게〉

오늘(5월 첫째 일요일)은 우리 어린이날(소년일)이 올시다. 우리는 오늘을 즐겁게 맞이하면서 다음과 같은 다섯 가지를 실행하기로 굳게 약속합시다.

1. 우리는 몸과 마음을 튼튼하고 씩씩하게 만들기 위하야 운동을 힘씁시다.
2. 우리는 부지런하고 활발한 소년이 되기 위하야 아침에 일찍 일어납시다.
3. 우리는 장래 총명한 사람이 되기 위하여 모든 과학을 열심히 공부합시다.
4. 우리는 부모님 말씀을 잘 듣고 어른을 공경하며 동무를 사랑합시다.
5. 우리는 희망의 꽃이며 장래 행복의 열매될 것을 잊지 맙시다.

1923년 5월 1일 어린이해방선언과 견주면 우선 어린이가 어른과 동등한 주체가 아니라 어른이 주체고 어린이는 객체로 바뀌었다. 어린이를 보호와 교육 대상으로 후퇴시키고 있다. 유교적 장유유서에서 해방하여 어른과 어린이가 평등하고 독립된 인격체로 존중받아야 한다는 의식이나 경제적 억압 구조에서 해방되어 고요히 공부하면서 즐겁게 놀아야 한다는 정신은 온데간데 없어졌다. 그러나 이미 고양된 어린이날 참여는 급격히 늘어서 1928년 5월 6일 어린이날 깃대

18) 김정의, 『한국소년운동사』, 민족문화사, 1992년, 204쪽

행진에는 전국에서 50만이 참여했다고 한다.

이때부터 어린이운동은 방정환 계열과 정홍교 계열이 갈라지게 되었다. 윤석중은 추후 민족분열의 씨를 지각없는 일부 소년운동자들 손으로 뿌린 셈이 된 것이 아닌가 자성하면서 이때 어린이운동이 갈라져서 해방 후 남북분단과 6·25라는 동족상잔으로 간 것이 아닌가 통탄할 일이라고 하였다.[19]

소년회는 1931년 7월 23일 방정환 사후에는 급격히 그 세력이 줄어들었다. 조선총독부는 지속적으로 지도자들을 검거하거나 소년회 해체를 시도하면서 일제 총독부가 어용 친일소년단체로 만들어 놓은 「건아단(健兒團)」산하단체로 통폐합하도록 강요하였다.[20] 건아단은 원래 수원농고에서 결성한 항일학생 독립운동단체였는데 1928년에 검거되어 해체된 단체 이름이었다. 일제총독부가 그 이름을 악용해서 친일 소년단체를 만든 것이다. 소년회들이 이에 불응하자 1937년 9월 3일 자로 강제해산을 단행하였다.

소년회들은 일제가 강제해산을 시키자 지하활동으로 들어갔다. 지하활동을 하다 검거된 소년회로는 진남포소년척후대와 이천 장호원보통학교 어린이들이 조직했던 독수리소년단이 기록에 남아 있다. 독수리소년단[21]은 1939년에 결성해서 활동하다 1942년 검거되었다. 당시 8세에서 17세까지 14명이 있었는데, 18살이 되면 만주 독립군으로 가기 위해 일주일에 1~2회씩 체력단련과 자금 마련을 위한 활동을 했고, 항일 벽서를 붙이다 검거되었다. 고문으로 3명이 일찍 사망할 정도로 수개월 동안 혹독한 고문을 받았다.

어린이해방선언이 갖는 의미

국제적으로 1922년부터 1924년은 한 사람의 인격으로서 '어린이'를 발견하고

---

19) 김정의, 『한국소년운동사』, 민족문화사, 1992, 218쪽

20) 김정의, 『한국소년운동사』, 민족문화사, 1992년, 228쪽

21) 장주식, 『독수리소년단』, 현북스, 2023년

그들의 권리선언이 동시대에 여러 곳에서 나오던 시기였다.

일본에서는 일본 최초 인권선언으로 평가되는 1922년 3월 3일 '소년 수평사 선언'이 있었고, 구소련에서는 1922년 5월 1일 소련연방 레닌 공산청년동맹 제5차 대회에서 '피오네르 소년단(러시아어로 개척자, 10~15세 소년소녀가 참가한 공산주의 소년단)' 설립이 결정되었고, 영국에서는 에글랜타인 젭[22]이 초안한 어린이권리선언문이 작성되었고, 이는 1924년 국제연맹에서 공식 어린이권리선언으로 채택[23]하기에 이른다.

우리나라 어린이해방선언문은 1924년 국제연맹에 의해 채택된 '어린이권리선언문(일명 제네바 선언)'보다 1년 앞선 것으로, '어린이 권리 Rights' 선언에 앞서 우리나라에서는 '어린이 해방 Liberation'을 먼저 선언했다는 세계사적 의미[24]도 있다.

〈어린이권리에 관한 선언(1924)〉[25]

1. 어린이가 제대로 자라기 위해 필요한 수단(물질과 정신)을 모두 제공해 주어야 한다.
2. 배고픈 어린이는 먹을 수 있어야 하고, 아픈 어린이는 보살핌을 받을 수 있어야 하고, 뒤떨어진 어린이는 도움을 받을 수 있어야 하고, 범죄에 빠진 어린이는 재활 받을 수 있어야 하고, 고아나 떠돌이는 도움과 있을 곳을 제공받아야 한다.
3. 어린이는 위급할 때 가장 먼저 구조 받아야 한다.
4. 어린이는 생계를 유지할 수 있어야 하고, 어떤 착취로부터도 보호받아야 한다.
5. 어린이는 자신이 갖고 있는 재주와 능력은 모든 사람들을 위해 써야 한다는 의식 속에서 자라야 한다.

---

22) 에글렌타인 젭(Eglantyne Jebb, 1876~1928). 영국의 사회개혁자. 세이브더칠드런의 창립자.
23) 1924년 채택될 당시에는 5개 조항이었으나 국제연맹은 1948년 7개 조항으로 개정하여 재선언하였다.
24) 한국 어린이날 '어린이해방선언(1923)의 역사적 의미 고찰, 장정희, 사)방정환연구소, 『방정환 연구 9호』, 2023, 258쪽
25) 이주영, 『방정환과 어린이해방선언 이야기』, 모시는사람들, 2021, 174쪽

권리에 관한 선언인데, 5개 항 가운데서 5항을 제외하고는 모두 생존을 위해서 도움과 보호를 받을 권리에 관한 것이다. 영국은 식민지 종주국으로 평등한 경제 분배라는 해방보다는 자본주의 경쟁 사회에서 패배한 빈민 자녀들을 구호금을 걷어서 도와주는 일에 더 집중하고 있다. 그러나 우리나라는 당시 일본제국 침략에 압박받는 조선 민중 아래 또 한 겹 눌려 있는 어린 민중, 2중 억압에 짓밟히고 있는 어린이들 해방이 우선될 필요성이 있었다.

1924년 국제연맹에서 채택한 이 선언문은 그 후 1954년 유엔에서 발표한 아동인권 선언문을 비롯해 세계 여러 나라에서 어린이 권리를 보호 관점에서 파악하고 정책을 세우도록 하는데 영향을 주었다. 따라서 "이제는 여기에 1923년 발표한 어린이해방선언문에서 지향하고 있는 세상, 어린이들이 진정으로 '완전한 한 사람으로서의 인격체', '새로운 세상을 창조하는 새 사람', '어른보다 더 높고 앞선 사람'이라는 해방 정신을 더 보태야 할 것이다. 그리하여 지구촌 어린이는 물론 지구촌 모든 약자들이 재래의 '윤리적 억압, 경제적 억압'과 '정치적 억압'에서 해방되어 '어린이, 젊은이, 늙은이' 3세대와 '여성과 남성'이라는 성의 벽을 넘어 '무엇이든 많이 가진 사람과 무엇이든 적게 가진 사람'까지 모두 더불어 함께 살아가는 세상으로 나가는 기초 공사를 다져야 한다. 그렇게 하지 않으면 '어린이해방'은 '우리가 먼저 우리 발밑에 있는 남녀 어린이를 해방하지 아니하면 기타의 모든 해방운동은 실제로 철저하게 되지 못하게 될 것이다. "해방의 도(道)는 그 끝이 어린이 해방에서 이루어진다."[26]는 김기전의 주장대로 결코 인류는 자유와 평등과 평화를 누리는 행복한 해방세상의 삶을 이루지 못할 것이기 때문이다. 곧 해방선언은 모든 권리선언의 바탕이면서 목표가 되는 것이다. 그런 의미에서 1923년 대한민국 어린이해방선언문은 인류 역사에서 소중한 자산으로 자리매김 될 수 있다.

---

26) 김기전, 『소춘 김기전 전집』, 국학자료원, 2010년, 478쪽

어린이가 주체로 참여한 선언문

다른 나라에서 발표한 어린이(18세 미만) 관련 선언문들 대부분은 어른들이 만든 것이다. 그런데 우리나라 어린이해방선언문은 어린이들이 스스로 주체로 참여해서 만든 것이다.

천도교소년회는 어른들 후원을 받아 스스로 결성하고, 자체협의를 통하여 활동하였다. 선언문 가운데서 '어린 동무들에게'는 '우리 이렇게 합시다.'라고 실행을 다짐하는 글로 천도교소년회 회원들이 의논해서 만든 것으로 보인다. 당시 천도교소년회 창립 회장이던 이정호가 쓴 글을 보면 알 수 있다.

〈우리는 이렇게 지냈습니다.〉[27]

제일 먼저, 우리는 「씩씩한 소년이 됩시다. 그리고 늘 서로 사랑하며 도와 갑시다」하고, 굳게 약속하였고 또 이것으로 우리 모듬의 신조를 삼았습니다. 그리고 좋은 의견을 바꾸고, 해 나갈 일을 의논하기 위하여 매주일 목요일 일요일 이틀씩 모이기도 하였습니다.

○ 그리고 맨 먼저 우리를 지도하실 힘 있는 후원자 김기전 씨와, 방정환 씨를 얻었습니다. 두 분은 누구보다도 제일 우리를 이해해 주시고 또 끔찍이 우리를 사랑하시어서 우리를 위하여 어떠케든지 좋게 잘되게 해 주시지 못하여 늘 안타까워 하십니다.

○ 우리는 참말로 친형님같이 친부모같이 탐탁하게 믿고 매달리게 되었습니다. 사실로 소년문제에 관하여 연구가 많으신 두 선생님을 얻게 된 것을 우리 운동에 제일 큰 힘이었습니다.

---

27) 「우리는 이렇게 지냈습니다.」, 이정호, 『어린이』 창간호, 1923.3.20. 1쪽

천도교소년회가 결성되면서 맨 먼저 우리를 지도하실 힘 있는 후원자를 '얻었다'고 쓴 글을 읽고 깜짝 놀랐다. 이정호가 『어린이』창간호부터 4호[28]까지 쓴 '우리' 이야기를 보면 천도교 소년회에서는 문예체 활동을 폭넓게 했다는 길 알 수 있다. 어린이 잡지와 책을 함께 읽고 글을 쓰기도 했고, 놀이나 연극이나 원족[29]을 했다. 그리고 토의토론과 웅변도 중요한 활동이었다. 천도교소년회 회원들이 스스로 이와 비슷한 규범들을 정해서 실천하고, 그것을 더 다듬어서 발표한 것으로 보이는 또 하나의 까닭은 방정환 교육방법론과 맞닿아 있다. 방정환이 어려서 조직하고 활동했던 소년입지회나 유년군 대장 활동을 하면서 스스로 익힌 것인지, 천도교소년회 활동을 보면서 자신이 교육방법론을 정립해 나갔는지는 알 수 없다. 어쩌면 이런 선후의 문제는 달걀과 닭의 논쟁과 같은 것일 수 있다. 확실한 것은 방정환은 자신이 썼던 "어린이 생활, 그것 그대로가 한울님 뜻이다. 어린이 생활을 자주 가까이 보는 사람, 어린이 생활에서 배울 수 있는 사람은 그만큼 큰 행복을 다 얻을 것이다."[30]는 글처럼 소년회 가까이에서 그들의 생활을 자세히 보고 배우면서 스스로를 성찰하고 성장시킨 사람이었음이 확실하다.

방정환은 소년회를 지도하거나 후원하는 어른들에게 여러 차례에 걸쳐서 권위로 누르거나 강제와 위압적으로 교육해서는 안 된다고 역설했다. "자유롭고 재미로운 중에 저희끼리 기운껏 활활 뛰면서 훨씬 훨씬 자라게 해야 합니다. 그래야 저희끼리 새 사회가 설 것입니다. 새 질서가 잡힐 것입니다. 결코 우리는 이것이 옳은 것이니 무조건 받으라고 무리로 강제로 주어서는 아니 됩니다."[31]

---

28) 그동안 3호까지만 볼 수 있었는데, 2023년 국립한글박물관에서 『어린이』창간 100주년 기념전시를 하면서 4호가 발견되어서 이정호가 쓴 천도교소년회 소식을 더 볼 수 있게 되었다. 그 내용을 전시기획에서 참여했던 (사)방정환 연구소 장정희 소장이 사진으로 찍어서 제공했음

29) 원족(遠足)은 대열을 지어서 몇 시간 걸어서 갔다가 돌아오는 수련활동으로 소풍(消風)과 비슷함

30) 방정환, 『어린이 찬미』, 현북스. 2020년, 22쪽

31) 한국방정환재단, 『정본 방정환 전집 5』, 2019년, 450쪽

라고 하였다.

　방정환은 이런 자신의 교육방법론과 어린이 운동 방법론을 천도교소년회에 적극적으로 적용하면서 권유하였다. 나아가 소년운동협회에 가입한 불교소년회나 기독교소년회를 비롯한 다른 종교단체나 지역 소년회에도 전파하기 위해 적극적으로 강연을 다녔다.

　이런 까닭에 1920년대 세계 여러 나라에서 어린이 보호와 교육, 권리 증진 운동을 하면서도 어른들이 주체가 되었는데, 우리나라에서는 1922년 5월 1일 어린이날 제정과 선포에 어린이가 앞장설 수 있었던 게 아닌가 싶다. 나아가 선전지에 들어갈 어른들에게 '우리한테 이렇게 해 주세요'라고 드리는 글이나 어린 동무들에게 '우리 이렇게 하자'고 제안하는 글에 들어가는 각 항목을 선정하는데 소년회 회원들이 주체로 참여할 수 있게 된 것이다. 세계 여러 나라 선언문을 살펴봐도 이 정도로 어린이들이 주체가 되어 발표한 선언문은 아직 보지 못했다.

21세기 인류가 이루어야 할 과제

　어린이해방선언은 재래의 윤리적 압박과 경제적 압박으로부터 해방하여 한 사람으로서 완전한 인격적 예우를 하자는 것이다. 어린이는 어른보다 10년, 20년, 30년 앞선 시대를 살아가는 사람들이니 그런 새 사람을 헌 사람이 내리누르거나 억지로 가르치려고 해서는 안 된다. 어린이를 책망할 때는 성만 내지 말고 자세히 타일러야 한다. 어른들이, 교사들이, 사회와 나라가 어린이를 이렇게 존중하고 대해야 인류 미래에 희망이 있다는 것이다.

아아, 거룩한 기념의 날, 어린이의 날! 조선에 새싹이 돋기 시작한 날이 이날이요, 조선의 어린이들이 새로운 생활을 얻은 날이 이날입니다. 엄동은 지났습니다. 적설은 녹아 없어졌습니다. 세상은 5월의 새봄이 되었습니다. 몇 겹 눌려 온 조선의 어린 민중들이여! 다 같이 나와 이날을 기념합시다. 그리하여 다 같이 손목 잡고 5월의 새잎같이 뻗어나갑시다. 우리의 생명은 뻗어나가는 데 있습니다. 조선의 희망은 우리가 커 가는 데 있을 뿐입니다.[32]

이러한 방정환의 희망은 오늘 대한민국의 희망이며, 인류가 나갈 희망이다. 어린이해방선언에서 '어른들에게 드리는 글'은 지금 대한민국 어른은 물론 인류 역사를 해방의 역사로 나가도록 하기 위해서는 세계 모든 어른이 항상 마음에 새기면서 실천해야 하는 항목이라고 생각한다.

또 '어린 동무들에게'는 지구촌 어린이 모두가 실천해도 좋은 것이다. 특히 '어린 동무들에게'는 어린이들이 함께 모여서 토론을 통해 그 시대 그 지역에 따라 '스스로 배우고, 서로 도우며, 모두 함께 기쁨으로 자란다.'는 방정환과 소년회가 추구했던 어린이 해방 정신에 맞는 삶을 스스로 찾아서 지키고 가꾸는 실천 방향을 정해 새로운 세상을 창조해 나가는 길이 될 것이다.

어린이해방선언 100주년을 보내며

2022년은 어린이날 100주년이었고, 2023년은 1923년 5월 1일 발표한 어린이 해방선언 100주년이 되는 해였다. 그 100년을 돌아보면 아쉽고 안타까운 점이 너무 많다.

---

32) 한국방정환재단, 『정본 방정환 전집 5』, 2019년, 512쪽

5월 1일 어린이날 행사의 기본은 어린이들이 모여서 사회 어른들에게 '이렇게 해 달라'고 제안하고 요구하며 어른들을 깨우치게 하기 위한 깃대행진과 어린이 해방선언을 알리는 선전문 배포였다. 또 우리 어린이끼리는 '우리 이렇게 하자'는 의견을 정해서 서로 나누고 다짐하는 날이기도 했다. 어른들은 1년 동안 어린이 문제를 연구해서 발표하고, 어린이 삶을 가꿀 수 있는 교육과 문화예술을 어떻게 할 것인가에 대한 이야기와 자기 다짐을 하는 날이었다.

그래서 5월 1일 낮에는 각 소년회가 앞장서고, 소년회 회원이 아닌 어린이들까지 모여서 거리 행진을 하면서 어린이 만세를 불렀다. 어른들은 5월 1일 전후로 연구 발표회를 하거나 연수를 하고, 5월 1일 밤에는 문화예술 공연을 보여주었다. 가끔 힘이 되면 놀이, 노래, 동화, 동요, 연극, 강연을 할 수 있는 어른들이 합동으로 순회공연을 다니기도 했다. 방정환은 강연과 동화구연을 하고 정순철을 동요를 가르치는 방식이었다.

사라진 어린이날 정신

5월 1일 어린이날은 일제 탄압으로 1929년부터 어린이 운동 주도권이 조선소년운동총동맹(대표 정홍교) 중심으로 옮겨가면서 5월 첫 공휴일로 바뀌었다. 그러나 방정환과 천도교소년회 쪽에서는 5월 1일을 고수하면서 어린이해방선언 정신을 실천하기 위해 노력했다. 1937년 9월 3일 일제가 소년회를 강제로 해체 시킨 뒤로는 5월 1일이건 5월 첫 공휴일이건, 방정환과 정홍교 어느 쪽이건 어린이날 행사를 못했다.

일제 총독부가 권장하던 친일 어용 소년단체인 건아단을 제외한 모든 소년회는 해체당하거나 지하활동으로 숨었고, 지하활동을 하다가 발각되면 감옥에 가거나 잔혹한 고문에 목숨을 잃기도 했다. 나이가 어려서 감옥에 구속시킬 수 없는 경우는 경찰서에서 몇 달씩 가두고 고문하다가 풀려난 뒤에도 별도 시설에

구금시키기도 했다. [33)]

18세 미만 어린이들이 스스로 단체를 조직해서 놀고 노래하고 춤추며 토론도 하고 공부도 하고 연극도 하고 체육대회나 달밤의 무도회도 하면서 글을 써서 신문이나 문집도 만들며 새로운 세상을 창조하는 경험을 할 수 있는 활동을 이렇게 잔혹하게 탄압한 사례가 인류사에서 또 있을까 싶을 정도다.

5월 1일 어린이날은 1938년부터 1945년까지 철저하게 금지되었다. 1945년 8월 15일 해방이 되고, 1946년 5월에 어린이날 행사를 다시 시작하였다. 그런데 아쉽게도 5월 1일이 아니라 그해 5월 첫 공휴일이었던 5월 5일로 되살렸다. 당시 주관자가 정홍교였기 때문이다. 정홍교는 해방 후 자신이 정했던 5월 첫 공휴일 어린이날을 그대로 이어서 했던 것이다.

그런데 공교롭게도 그 뒤로는 5월 5일로 굳어졌다. 5월 1일로 되살아나지 못하고 5월 5일로 슬그머니 굳혀진 까닭이 몇 가지 있다. 우선 광복과 분단 정국에서 천도교 힘이 약화되었기 때문에 어린이운동에 대한 천도교 영향력이 방정환 생전처럼 강하지 못했다. 정홍교는 일제 때 사회주의 활동 전력 때문에 전향했지만, 그래도 해방 직후 어린이운동 분야에서는 영향력이 있었다. 또 방정환 계열에서도 해방 후 좌우 사상투쟁이 심각하던 때에 노동절인 5월 1일 어린이날을 피하고 싶은 마음들도 있었을 것이다. 그러던 중 1961년에 제정한 「아동복지법」에서 '어린이날'을 5월 5일로 정했고, 1973년에 기념일로 지정한 뒤 1975년부터는 공휴일로 제정하여 지금에 이르고 있다.

이런 문제에도 불구하고 상당히 의심스러운 부분이 있다. 1928년부터 총독부가 적극 지원하면서 확산시킨 5월 5일 아동애호데이를 경험한 사회지도층이나 일반 국민들이 '어린이날'과 '아동애호데이'가 갖고 있는 본질적인 차이와 역사성을 모르고 비슷한 말로 오해하고 있었을 수도 있다. 따라서 해방 후 첫 공휴일인

---

33) 장주식, 『독수리 소년단』, 현북스, 2023년, 150쪽~159쪽

5월 5일 어린이날 행사를 하게 된 것을 계기로 무의식적으로 당연한 듯이 5월 5일로 굳혀지게 된 것일 수도 있다.

어린이날 내용도 해방 후 6. 25 전까지는 지역 사회 중심으로 기념식과 행진과 놀이나 문예 행사를 했다. 그런데 1960년대 중반부터는 초등학교 중심으로 기념식을 하고 학용품을 나눠주는 정도로 바뀌었다. 가정에서는 외식을 시켜주거나 선물을 사주는 날이 되었다. 1975년 공휴일로 지정되면서부터는 학교에서는 5월 4일 기념식을 하고 5월 5일은 쉬는 날이 되었고, 집에서 부모가 선물 사주고 놀이공원 같은 곳에 놀러가 주는 유흥과 소비, 어른이 어린이를 위해 하루 고생하는 날로 퇴색되었다.

소비와 유흥 중심의 어린이날에 대한 반성

1980년대 전후, 어린이날에 부모가 함께 보낼 수 없는 집의 어린이들은 집에서 텔레비전으로 부모 손잡고 놀러 다니는 화려한 모습을 보면서 부러워하는 날이 되었다. 어린이날 쓴 일기 가운데는 이런 모습을 부러워하거나 자신의 부모를 탓하거나 어린이날이 정말 싫다는 내용이 많았다. 이런 현실을 마주한 젊은 교사 중에서 어린이날 부모와 놀러가지 못하는 어린이들을 학교 운동장으로 오라고 해서 같이 놀았는데. 그 즐겁고 보람된 경험담이 퍼지면서 이 운동에 참여하는 교사들이 늘어났다.

이 운동으로 어린이날은 소비와 유흥이 아니라 누구나 참여해서 몸으로 참여할 수 있는 놀이와 문화예술 체험 활동 중심으로 발전했고,[34] 1991년 5월 5일 전교조 초등위원회 주최로 교육단체, 학부모단체, 어린이단체가 참여하고 한양대 총학생회 도움을 받아 수천 명이 참여하는 대규모 행사를 열기에 이르렀다. 한

---

34) 이 운동의 시작은 서울문창초에 근무했던 청년교사들 중심으로 인근 지역 젊은교사들이 모임 청년교사모임 한빛(1979-)이었다. 이후 어린이도서연구회(1980-) 서울YMCA초등교육자회(1983-1987), 한국글쓰기교육연구회(1983-) 놀이연구회 높이(1987-), 민주교육추진 전국초등교사협의회 교사들(1987-1989), 전국교직원노동조합 초등위원회(1989-)로 이어지면서 점점 더 확산되었다.

양대 대운동장과 강의실에서 진행한 '새날 열어갈 아이들의 한마당, 제1회 머리가 하늘까지 닿겠네'이다.

대운동장에서는 교육 3주체인 아이들과 학부모와 교사가 함께 참여할 수 있는 12가지 민속놀이나 창작놀이 마당이 펼쳐졌고, 대운동장 주변에서는 학부모 단체에서 여러 가지 간식을 제공했다. 강의실에서는 노래, 미술, 연극, 영화, 동화를 비롯한 문화예술 참여 공간이 만들어졌다. 시작할 때 그동안 잊혔던 '어린이해방선언문' 낭독을 했고, 끝날 때는 참여자 모두가 대동놀이를 했다.[35]

이런 어린이날 행사는 전국 시·군·구 지역으로 확산되면서 2005년 무렵까지 실행되었고, 지금도 전교조 시도지부에 따라 꾸준히 하는 곳도 있다.

국내외 공식 용어로 채택한 '어린이해방선언'

해방 이후에는 어린이해방선언이라는 말은 사라지고 '소년운동의 기초조건', '어린이 선언문', '어린이권리선언' 등으로 불려왔다. '어린이해방'이라는 말을 쓰는 걸 불편해 했기 때문이다. 그래도 윤석중은 1923년 5월 1일 선언문을 '어린이해방선언문'[36]이며 '어린이 독립 헌장'이라고까지 하였다.

어린이 관련 단체들이 1923년 5월 1일 '어린이해방선언'을 국내외 공식 용어로 쓰자고 합의한 날은 2022년 11월 9일이다. 방정환 탄생 123주년이기도 했다. 이날 국회 문화체육관광위원장 홍익표와 국회의원 도종환이 공동주최하고 어린이문화연대와 (사)국제아동청소년연극협회 한국본부(아시테지코리아)가 주관하는 〈방정환 세계화를 위한 정책포럼Ⅲ〉에서 장정희 박사가 1923년 어린이해방선언에 대한 연구발표와 토론을 통해 공감대를 넓혔고, 참석자들이 모두 동의하였다.

여기까지 오는 동안 두 차례 정책포럼이 더 있었다. 〈방정환 세계화 정책포

---

35) 이주영, 『어린이 문화 운동사』, 보리, 2014, 106쪽~126쪽
36) 방정환연구소, 『방정환 연구 제9호』, 2023년, 262쪽

럼Ⅰ〉은 도종환 국회의원이 주최하고 어린이문화연대 주관으로 2019년 12월 2일에 있었다. 이 자리에서 방정환과 어린이해방선언을 세계에 널리 알리자는 의견을 30여 단체가 처음 합의하였다. 〈방정환 세계화 정책포럼Ⅱ〉는 2021년 12월 2일 도종환 국회의원이 주최하고 어린이문화연대, 천도교청년회, (사)방정환연구소가 공동주관하였다. 이 포럼에서 1922년 5월 1일을 대한민국 어린이날 '제정 원년'으로 정립할 필요성에 대해 논의하였고, 2022년 대한민국 어린이날 100주년 기념사업단을 구성했다. 이 사업단이 주관하여 2022년 5월 1일 광화문에서 천도교 대교당까지 깃발행진을 하였고, 어린이날 100주년 행사를 성대하게 하였다.

제3차 포럼에서 가장 중요한 것은 어린이날 기점에 대한 연구발표와 토론이었다. 이 자리에 참석한 어린이문화예술 단체와 어린이 운동 활동가들이 국내외 공식 용어로 '어린이해방선언문'을 사용하기로 결정하고, '어린이날 101주년·어린이해방선언 100주년' 기념사업추진협의회(회장 이주영)를 구성하였다. 협의회 사업을 진행하기 위해 '2023년 5월 1일 어린이날 101주년과 어린이해방선언 100주년 사업단'(단장 방지영), '어린이청소년문화예술누리법 추진단'(단장 김상화), '세계방정환학술대회 사업단'(단장 장정희)을 구성하였다. 그리고 이에 공감하는 각 기관이나 단체에서는 각각 역량에 맞게 별도 기념사업을 구상해서 추진하기로 하였다.

어린이해방선언 100주년 · 어린이날 101주년 기념 공동행동

2023년 2월 도종환 국회의원실 주관으로 의미 있는 모임이 있었다. 교육기관과 시민단체들이 어린이해방선언 100주년을 맞이하여 이미 어린이문화예술 단체에서 추진하고 있는 내용을 교육기관에서도 같이 하자는 의견을 모아냈기 때문이다. 이에 따라 몇 차례 협의를 거쳐서 다음과 같은 공동행동을 호소하였다. 어린이해방선언문을 서울시교육청에서 계기교육 자료로 만들어 참여하는 교육청과 학교 현장으로 배포하고, 각 기관과 단체별로 가능한 사업을 진행하기로 했다. 또 5월 1일 광화문 행사에도 가능한 참여하기로 했다. 공동행동 선언문은 다음과 같다.

- 전략 -

어린이해방선언 100주년을 맞아 국회, 교육청, 교육단체, 교사양성기관, 어린이문화단체 등은 최근의 이런 현실을 보면서 아직도 실현되지 못한 어린이해방을 위해 그동안 어른들의 부족한 노력을 반성하고자 합니다. 그리고 지금이라도 어린이해방이 올바로 실현되기 위해 책임감을 갖고 같이 노력하기로 하였습니다. 이에 어린이해방선언 100주년과 어린이날 101주년을 기념하면서 5월을 앞두고 올바른 어린이 해방을 위해 교육 관련 단체와 기관들과 우리 사회 전체에 아래 내용을 간곡하게 호소합니다.

첫째, 만 18세 미만의 어린이들을 온전한 인격체로 인정하고 존중해줍시다. 어린이에게 존대를 하며, 어린이들의 의견을 들어주고, 우리 사회의 주인공으로 시민적 권리가 실현되도록 같이 노력합시다.

둘째, 가난해서 굶거나, 돈이 없어 치료받지 못하거나, 누구에게든 학대나 폭행을 당하거나 하는 어린이가 단 한 명도 없도록 하고, 어린이들이 어떤 상황에서도 극단적인 선택을 하지 않도록 어른들이 나서서 같이 노력합시다.

셋째, 과도한 경쟁 중심의 교육체제에서 벗어나 즐겁게 놀며, 밝게 성장할 수 있도록 그래서 지금 행복할 수 있도록 우리 어른들이 올바른 교육제도와 성장환경을 같이 만들어갑시다.

넷째, 우리 어린이들이 깨끗한 지구환경 속에서 성장할 수 있게 합시다. 통일된 나라에서 당당하게 살 수 있도록 합시다. 지구상의 모든 사람들과 더불어 평화롭게 살 수 있도록 합시다. 이를 위해 우리 사회 모든 어른들이 책임감을 갖고 행동에 나섭시다.

우리 '공동행동'은 지금으로부터 100년 전에 전 세계에서 최초로 어린이를 온전한 인격체로 인정하고 이들을 윤리적 압박, 경제적 압박, 그 외 각종 압박에서 해방되어야 한다는 1923년의 선언을 기억하고 되새기면서, 나아가 앞으로 모든 어린이들이 더욱 인간답게 성장하고 살아갈 수 있도록 먼저 노력할 것을 약속합니다.

감사합니다.
2023년 4월 25일

어린이해방선언 100주년, 어린이날 101주년 기념 공동행동
상임대표 : 도종환 국회의원, 이주영 어린이문화연대 대표, 조희연 서울특별시교육감
공동대표 : 도성훈 인천광역시교육감, 최교진 세종특별자치시교육감, 박종훈 경상남도교육감, 김
지철 충청남도교육감, 천창수 울산광역시교육감, 전희영 전국교직원노동조합 위원장,
김용서 교사노동조합연맹 위원장, 천경호 실천교육교사모임 대표, 허승대 새로운학교
네트워크 대표, 홍인기 좋은교사운동 대표, 김종우 한국교원대학교 총장, 이혁규 청주
교육대학교 총장, 장정희 (새)방정환연구소 이사장, 방지영 (새)국제아동청소년연극협회
한국본부 이사장, 김인숙 (새)어린이도서연구회 이사장

어린이해방선언 100주년과 어린이날 101주년 기념행사

기념행사 장소를 광화문으로 정하는 것에 대해서는 다른 의견이 없었다. 방정환 생가터이기 때문이다. 그러나 날짜에 대해서는 찬반 의견이 많았다. 2022년 어린이날 100주년 기념식 때는 마침 5월 1일이 토요일이라서 별다른 반대 의견 없이 날짜를 정했었다. 그러나 2023년 5월 1일은 월요일인데, 이날 쉬는 학교도 있지만 쉬지 않는 학교도 많다고 했다.

학생들이 많이 참석하도록 날짜를 일요일인 4월 30일이나 공휴일인 5월 5일로 하자는 의견이었다. 특히 지방 학생들은 월요일 오기가 어렵다는 것이다. 그러나, 방정환과 어린이해방선언 정신을 지키기 위해서는 5월 1일 꼭 해야 한다는 역사적 과정을 다시 강조해서 근소한 차이로 5월 1일로 의결되었다.

참석하고 싶은데 학교가 쉬지 않으면 체험학습을 내고 오라고 했다. 또 지방 학생들은 굳이 서울로 오려고 하지 말고 소규모라도 자신들이 사는 지역에서 만

들어 보라고 했다. 자기가 사는 곳이 중심이지 굳이 서울까지 올 필요는 없기 때문이다. 그런 경우 관련 자료를 공용으로 쓸 수 있도록 하기로 했다. 포스터와 어린이해방선언문 전단과 주제인 '어린이가 행복한 나라' 깃발을 공유하거나 보내주기로 했다.

어린이 해방 100주년 행사는 깃발 행진과 어린이들의 의견이나 다짐을 어떻게 만들어서 참여하도록 하는 것이냐는 문제와 어린이문화예술 공연과 체험학습과 전시마당이 중요했다. 이를 담당한 정병규 어린이문화연대 공동대표가 3월부터 4월까지 두 달 동안 5월 1일 현장 참여를 희망하는 서울 시내 초등학교 학급, 대안학교, 동네 책방이나 도서관을 다니면서 어린이 의견이나 다짐을 쓰고 그림을 그린 펼침막을 광목으로 크게 만들었다. 1923년 '어른들에게 드리는 글'과 '동무들에게'를 사전에 읽어주고 이야기를 나눈 다음에 참여하도록 했는데, 10개 단위에서 좋은 주장과 다짐들이 많이 나왔다. 당일 참여한 어린이들이 직접 펼쳐 들고 행진하는 각 모둠 앞에서 당당하게 행진하였다.

예인마당에서 출발 전에 어린이 대표들이 1923년 어린이해방선언을 낭독하고, 광화문 광장에서 행진을 한 다음에 중앙 단상에 모여서 2023년을 상징하는 23명(어른 10명과 어린이 13명)이 각자 약속이나 제안을 발표하였다. 어른들은 조희연 서울시교육감, 도종환 국회의원, 오신환 서울시정무부시장, 초록우산 어린이재단 황영기 이사장과 각 분야 어린이문화예술단체 대표들이 참여했다. 또 어린이 13명은 어른들에게 요구만 하는 것이 아니라 요구와 스스로 다짐하는 내용도 반반이 되도록 균형을 맞추었다. 2023년 선언 발표 후 이구동성으로 어른들보다 어린이들이 제안한 내용이 훨씬 좋았다고 했다.

전시와 체험마당은 참여하는 각 단체에서 스스로 준비했다. 놀이, 노래, 헌법, 영화, 책 읽어주기, 어린이 잡지 단체들이 참여했다. 광화문 광장 일대에는 대형 인형들이 돌아다니면서 참여자들과 소통하고, 광화문 광장 여기저기에서 16개 어린이 연극 공연을 펼쳤다. 방정환 동화를 각색해서 만든 '불 켜는 아이', '그것

참 좋다!', '노래주머니', '동무를 위하여', '나비의 꿈', '4월 그믐날 밤', '금시계', '깔깔박사 이야기 판'과 창작극 '소파 방정환', '방정환을 노래하다' 공연을 열어 한자리에서 여러 가지 방정환 작품을 만날 수 있도록 하였다. 마지막 움직임연구소에서 장다리 '황새들의 행진' 공연은 단연 돋보이는 공연이었다. 이러한 공연이 펼쳐지자 참가자들은 물론 지나가던 사람들이나 민노총 집회에 미리 온 사람들이 적극 참여하며 예상보다 큰 성황을 이루었다.

어린이해방선언 100주년 기념행사에는 총 66개 관련 기관과 단체들이 참여했고, 개인 2,000여 명과 지나다가 우연히 참여하게 된 1,000여 명으로 총 3,000명 정도가 참여하였다. 언론에서도 10분 내외 뉴스로 나간 곳이 4개 매체, 유튜브나 기사로 작성한 현장 보고나 소개가 40여 건이나 되었다.

5월 5일 어린이날 행사는 강원도 강릉시가 주최하고, 전교조 강릉지회가 책임 주관하여 지역 어린이 관련 교육과 문화예술단체들이 참여했다. 시작을 어린이해방선언 낭독과 어린이해방선언이 갖는 의미와 과제에 대한 강연(강사 이주영)으로 열고, 수십 가지 다양한 체험 활동이 있었고, 어린이 합창단과 무용단이 공연하였다. 이 밖에도 창원, 김해, 부산, 대구, 대전, 울산, 포항을 비롯해 여러 지역에서 크고 작은 행사장에서 어린이해방선언문을 낭독하거나 배포하였다.

국립한글박물관에서는 5월 4일부터 8월 20일까지 '한글 잡지『어린이』창간 100주년 기념 기획특별전을 마련하였다. 『어린이』지는 방정환이 온 힘을 쏟은 잡지로 어린이날과 어린이해방선언 정신을 잘 담아낸 잡지다. 또 일제 침략기 한글 말살 정책에 맞서 한글을 가장 어린 사람부터 늙은이에 이르기까지 전국 구석구석으로 보내주었다.

세계방정환학술대회는 방정환 탄생 124주년이 되는 2023년 11월 9일부터 12일까지 3박 4일로 개최한다. 방대한 조직위원회가 구성되었고, 집행위원회를 맡은 장정희 방정환연구소 이사장이 총괄하고 있다. 어린이 관련 세계 학자 23명의 발표 주제인 '21세기 어린이 해방을 이야기하다'는 10일과 11일 숙박 장소인

프레지던트 호텔 강당에서 한다. 국내 학자 23명이 참여하는 5개 세션 포럼은 11일 오후 숙명여자대학교에서 한다.

특히 11일 오전에 하는 '21세기 어린이 해방을 이야기하다'에는 '어린이 자유 대헌장'을 발표해서 어린이 권리 운동에 큰 힘을 보탰던 폴란드의 야누시 코르착 협회장과 세계에서 가장 유명한 어린이 문학 작가이면서 '모든 폭력에 반대한 다. 폭력은 싫어요.' 연설로 가정과 학교와 사회에서 어린이에 대한 모든 폭력을 금지하도록 큰 힘을 보태준 스웨덴 아시트리드 린드그랜 재단 심사위원이 온다. 20세기 어린이 운동 선구자인 방정환, 야누시 코르착, 아시트리드 린드그랜 세 사람이 꿈꾸던 '어린이 해방 나라'에 대한 공통점과 차이점을 토론하고, 앞으로 세 단체가 어떻게 협력 교류하면서 '21세기 어린이 해방 운동'을 펼쳐 나갈 수 있 는 물꼬를 튼다는 점에서 중요한 포럼이다.

1923년 어린이해방선언문을 영어와 스페인어로 번역해서 해당 지역에 보내 고, 해당 지역 어린이와 어른들이 읽어보고 가장 마음에 와닿는 한 항목을 골라 서 의견을 이야기하는 동영상을 100개국 참여를 목표로 받고 있다. 또 2022년 『사월 그믐날 밤』에 이어 방정환 작품 『나비의 꿈』 영어 번역본을 국제스토리텔 링협회 회원들에게 보내 각국어로 번역해서 어린이들에게 읽어주고, 그 모습을 동영상으로 받고 있다. 이미 세네갈을 비롯해 10개국이 참여하고 있다. 이 포럼 을 계기로 국내외에 방정환과 어린이해방선언을 더욱 확산시킬 수 있을 것이다.

# #

우리 모두 함께 사는 길

서울 서이초등학교 교사가 자기가 담임했던 교실에서 유명을 달리하는 비극이 일어났다. 교사들이 동병상련을 호소하며 안전한 교육 환경조성과 공교육정상화를 소망하는 추모 집회가 이어지고 있다. 나는 우리 교육이 참되게 이뤄지려면, 교육 3주체(학생, 교사, 학부모)와 인생 3세대(어린이, 젊은이, 늙은이)가 각각 독립되고 평등한 인격체임을 깊이 깨닫고, 함께 사는 길을 깊이 성찰해야 한다고 생각한다. 이 길로 나가기 위해 100년 전 방정환과 소년회가 내놓은 어린이해방선언 정신을 우리 교육현장에 다시 불러내 계승하며 발전시킬 필요가 있다.

방정환은 학교 교육이 일제식민지 노예교육으로 치닫고 있을 때 '소년회' 활동을 통해 씩씩하고 당당하게 늘 서로 사랑하고 도우며 살아가는 어린 새 사람들을 지도하고 후원하였다. 해방 후 공교육 현장에서 이런 교육정신과 방법론을 가장 잘 실행하고 구현해낸 교육자로 이오덕과 성내운을 꼽을 수 있다. 우리 교육사에서 중요한 자산인 방정환, 이오덕, 성내운은 어린이해방선언 정신과 이를 실행하기 위해 평생을 노력한 교육자들이다. 어린이해방선언 100주년을 맞이하여 어린이해방선언 정신과 이 분들에 대한 관심을 넘어 재조명하려는 작은 물결이 일어나고 있어 반갑다. 오늘 일으킨 작은 물결이 언젠가는 큰 물결로 일어날 것이라는 소파(小波 작은 물결) 방정환의 말이 들리는 듯하다.

2023년 어린이해방선언 100주년을 계기로 어린이해방선언을 국내외에 더 널리 알리고, 이를 기준으로 성찰하면서 선언 정신을 실행해 나갈 사람들이 더 많아지기를 기대한다. 특히 대한민국 교육자들이, 교사와 교육 기관들이, 교육부와 교육청이 이제는 깊이 관심을 가지고 대하기 바란다. 교육 문제가 터질 때마다 땜질하듯이 처방하기에 앞서 본질적인 문제를 해결하는 기본철학으로 삼아야 참된 교육 발전이 가능하기 때문이다.

현재 아동복지법 제6조(어린이날 및 어린이주간)를 보면 '어린이에 대한 사랑과 보호의 정신을 높임으로써 이들을 옳고 아름답고 슬기로우며 씩씩하게 자라나도록 하기 위하여 매년 5월 5일을 어린이날로 하며, 5월 1일부터 5월 7일까지를 어린이주간으로 한다.'고 되어 있다. 이를 '어린이에 대한 사랑과 보호와 해방의 정신을', '어린이 주간'을 '어린이날 주간'으로 바꾸면 좋겠다. 어린이는 5월 첫 주 동안만 위해서는 안 되고 1년 365일 존중하고 이해하고 사랑하며 그들에게서 배워야 하기 때문이다.

5월 첫 주를 어린이와 어른들이 자신을 성찰하고 새롭게 다짐하는 '어린이날 주간'으로 하고, 5월 1일은 '재래의 윤리적 압박과 경제적 압박', 여기에 정치적 억압을 추가해서 그 해방을 돌아보면서 성찰하고 다짐하는 어린이날 정신을 되살리면 좋겠다. 그리고 5월 5일은 소비와 유흥을 걷어내고 '즐거이 놀기에 족한' 날로 자리매김하면 좋겠다. 그 밖의 날은 어린이 문화예술을 마음껏 누리는 날이 되면 좋겠다.

[참고 문헌]

국가와 교육의 아노미 현상과 새로운 사회적 합의 _김진경

• '미 부채 한도 도달 비상조치…. 의회 증액 협상 실패 시 국가 부도' 한겨레신문 2023.01.20.
• [칼럼/김진경] '김훈' 작가의 '서이초' 관련 글을 읽고, 교육언론 창, 2023.08.14.

세계의 교육트렌드 분석 _임선빈

• Hanushek, E. A., Light, J. D., Peterson, P. E., Talpey, L. M., & Woessmann, L. (2022). Long-run Trends in the US SES—Achievement Gap. Education Finance and Policy, 17(4), 608-640.
• Kim, T., Yang, M., & Lim, S. (2021). Owning educational change in Korean schools: three driving forces behind sustainable change. Journal of Educational Change, 22, 589-601.
• Lam, S. M., & Zhou, Y. (2021). SES-achievement gaps in East Asia: Evidence from PISA 2003-2018. The Asia-Pacific Education Researcher, 1-20.
• Reardon, S. F. (2011). The widening academic achievement gap between the rich and the poor: New evidence and possible explanations. Whither opportunity, 1(1), 91-116.
• OECD (2020), Back to the Future of Education: Four OECD Scenarios for Schooling, Educational Research and Innovation, OECD Publishing, Paris, https://doi.org/10.1787/178ef527-en.
• OECD (2022), Trends Shaping Education 2022, OECD Publishing, Paris, https://doi.org/10.1787/6ae8771a-en.
• Sandsør, A. M. J., Zachrisson, H. D., Karoly, L. A., & Dearing, E. (2023). The widening achievement gap between rich and poor in a Nordic country. Educational Researcher, 52(4), 195-205.
• Vincent-Lancrin, S., C. Cobo Romaní and F. Reimers (eds.) (2022), How Learning Continued during the COVID-19 Pandemic: Global Lessons from Initiatives to Support Learners and Teachers, OECD Publishing, Paris, https://doi.org/10.1787/bbeca162-en.
• Zhai, X., Chu, X., Chai, C. S., Jong, M. S. Y., Istenic, A., Spector, M., ... & Li, Y. (2021). A Review of Artificial Intelligence (AI) in Education from 2010 to 2020. Complexity, 2021, 1-18.
• Education Week(2023.7.18.). More Teachers Are Embracing ChatGPT. Students? Not So Much.
• Forbes(2023.4.30.). How Are Educators Reacting to ChatGPT? https://www.forbes.com/sites/cindy-gordon/2023/04/30/how-are-educators-reacting-to-chat-gpt/?sh=4f4fc7cb2f1c
• Study International(2023.2.22.). Why are US K-12 schools banning ChatGPT? https://www.studyinternational.com/news/us-k-12-schools-chatgpt/
• 한국교육개발원 해외교육동향 기사(2023). [독일] 수업에서의 인공지능, 헤센 주 교육부 인공지능 관련 새로운 지침 발표
• 한국교육개발원 해외교육동향 기사(2023). [독일] 함부르크, 아비투어에서 ChatGPT 활용 부정행위 적발
• 한국교육개발원 해외교육동향 기사(2023). [덴마크] 일부 대학교, 인공지능 챗봇을 활용한 부정행위 방지 위해 연필로 과제나 시험 치러
• 한국교육개발원 해외교육동향 기사(2023). [미국] 미시간 주, 인공지능 소프트웨어 사용에 대한 논의 활발

- 한국교육개발원 해외교육동향 기사(2023). [영국] 영국 러셀대학그룹, 생성형 인공지능 활용을 위한 공동 지침서 작성
- 한국교육개발원 해외교육동향 기사(2023). [중국] '생성형 인공지능 서비스 임시 관리 방안' 발표
- 한국교육개발원 해외교육동향기사 (2023). [호주] 공개 토론을 위한 '학교 현장에서의 인공지능 사용 프레임워크' 초안 발표
- EBS 컬렉션-라이프스타일: 높이 600m 위 세상에서 가장 아찔한 등굣길, 케이블 마을 로라네 가족의 계곡 비행. https://www.youtube.com/watch?v=baxhYbgECZs
- Walton Family Foundation(2023.3.1.). ChatGPT Used by Teachers More Than Students, New Survey from Walton Family Foundation Finds. https://www.waltonfamilyfoundation.org/chatgpt-used-by-teachers-more-than-students-new-survey-from-walton-family-foundation-finds
- Walton Family Foundation(2023.7.18.). Survey Finds Majority of Teachers, Parents Report Positive Impact of ChatGPT on Teaching and Learning

챗GPT와 생성형 AI, 교육의 미래일까, 유행일까? _김차명

- 송은정, 『예고된 변화 챗GPT 학교』, 테크빌교육, 2023
- 국가정보원, 『챗GPT 등 생성형 AI 활용 보안 가이드라인』, 2023.6
- 인천시교육청, 『챗GPT 이해와 교수학습 가이드』, 2023.5
- 서울시교육청, 『학교급별 생성형 AI 활용 지침』, 2023.6
- 경상북도교육청, 『생성형 AI 활용 길라잡이』, 2023.6
- 정윤경, 「챗(Chat) GPT의 이용과 저작권 쟁점 고찰」, 과학기술과 법, 26호, 충북대학교 법학연구소, 2023
- 김태훈, 「생성형 AI의 수업 활용 방안」, 교육동향분석, 12호, 전북교육정책연구소, 2023
- 고은성 외, 「초등학교 '똑똑 수학탐험대' 지원시스템의 수학 학업성취도와 수학적 태도 효과」, 정보교육학회논문지, 제27권 제3호, 한국정보교육학회, 2023
- 오지윤 외, 「초등영어교육에서 AI펭톡의 역할 및 활용 방안」, 한국초등교육, 제27권 제3호, 서울교육대학교 초등교육연구원, 2022
- 안성훈 외, 「AI 디지털교과서 도입을 위한 쟁점 분석 및 개발 전략」, 2023KERIS이슈리포트, 2023-11, 한국교육학술정보원, 2023
- 우리의 삶과 밀접한 AI 알고리즘의 동향, 경기콘텐츠진흥원, 2022
- 바드와 챗GPT·빙 뭐가 더 나을까, 뉴스핌, 2023.05.19
- [경제 포커스] 챗GPT, 기업혁신의 비밀병기로 만드는 법, 한국경제, 2023.04.30
- 닥터로이어 OST에 'AI 작곡가' 음원 수록된다…최종화에 사용, 머니투데이, 2022.07.15
- AI 디지털교과서 개발이 우려스러운 이유, 한겨레, 2023.06.23
- [인공지능의 두 얼굴] 챗GPT는 미성년자가 혼자 이용해선 안 된다, 미디어오늘, 2023.07.01
- '업무·콘텐츠·학업'도 '뚝딱'…일상으로 파고든 '챗GPT'에 활용법 공유 열풍, TechM, 2023.02.22
- [현장 리포트] 생성 AI 시대의 교육❶ -챗GPT 등장과 교육의 변화, 한국교육신문, 2023.06.28
- [AI혁명](60)"A+리포트, AI가 썼군요"…챗GPT 잡는 '킬러' 나온다, 아시아경제, 2023.09.01
- 자율주행차와 인공지능, AEM, 2016.07

- 서울 학생 챗GPT 가이드 생겼다…"보호자 동의하면 사용 가능", 매일경제, 2023.08.19.
- 尹정부 'AI 디지털교과서' 지침에 교육계 '한숨'…이유는?, 시사저널, 2023.07.04.
- 인공지능(AI) 디지털교과서 추진방안, 교육부, 2023.06.08.
- AI 디지털교과서, 단계적 발전전략 필요, 전자신문, 2023.09.14.
- "알맹이 빠진 가이드라인"…혼돈의 AI 디지털교과서, MTN, 2023.08.31.
- AI빅뱅 시대, '인간 역할'에 대해 질문하다, 단비뉴스, 2023.08.08.
- 세금 수십억 쓴 '공공 메타버스'… 볼거리가 없네, 조선일보, 2022.01.12.

학생 수 감소와 미래의 교육 _양희준

- 김현미 외(2022). 인구 감소 대비 지역별 인구추계 기반 미래학교 시나리오 구축. 한국교육과정평가원 연구보고(RRC 2022-8). 진천 : 한국교육과정평가원
- 양희준 외(2018). 학생 수 감소에 따른 농촌교육 실태 및 대응 방안. 한국교육개발원 기본연구(RR 2018-12). 진천 : 한국교육개발원
- 양희준 외(2021). 지방소멸시대 농촌교육, 우리가 몰랐던 진실들. 서울: 학이시습
- 조영태(2021). 인구, 미래, 공존. 서울: 북스톤
- 2027년 신규 교사 최대 2300명 줄어든다… 중장기 교원수급계획 발표. 경향신문. 2023.04.24
- 올해 신입생 0명 초등학교, 전국 145곳…. ¼이 '신입생 10명 미만'. YTN. 2023.04.11
- 비효율 극치 교육지원청, 176개 아닌 45개면 족하다. 교육플러스. 2022.05.12
- [아시아초대석] 자기가 살던 지역에 남으면 낙오자로 믿게 한 교육, 사회적 부작용 낳아. 아시아경제. 2020.10.05

미래를 위한 교육, 생태전환교육 _정대수

- The U.N. warns 'an era of global boiling' has started. What does that mean? The Washington Post, July 29, 2023. "The era of global warming has ended; the era of global boiling has arrived," António Guterres declared in a news briefing "Climate change is here. It is terrifying. And it is just the beginning"
- Why the Guardian is changing the language it uses about the environment, The Guardian, 17 May 2019. https://www.theguardian.com/environment/2019/may/17/why-the-guardian-is-changing-the-language-it-uses-about-the-environment
- 프랑스 하원 "기후변화와 싸운다" 헌법1조 개정안 가결, 연합뉴스, 2021.03.18
- 프랑스, 기후 변화 대응 위한 헌법 개정 무산, 연합뉴스, 2021.07.10
- 기후변화 보고서는 왜 중요할까?. 한겨레신문. 2023.03.20
- 청소년기후행동 https://www.youth4climateaction.org/
- 윤상혁, 기후변화교육의 방법론으로서 교육과정의 자율과 분권, 기후변화학회 기후변화교육위원회 기획세션 발표 원고
- 전국시도교육감협의히 학교환경교육 정책연구단, 기후위기 환경재난시대 학교환경교육 활성화 방안 연구, 2020 정책연구 보고서

- 계란으로 바위 깼다…미국 청소년들 기후 소송 '역사적 첫 승리', 경향신문, 2023.08.15
- UNESCO, 기후변화에 대처하기: 기후행동에 관한 학교용 지침서, 유네스코 한국위원회, 2017
- 지속가능발전교육 2030 계획과 세계 동향, 김변원정, 녹색교육연구소 화요공부모임 자료
- https://www.un.org/sustainabledevelopment/climate-change/
- Goal 13: Take urgent action to combat climate change and its impacts
- Resolution 2020/21-18, Transitioning Seattle Public Schools to 100% Clean and Renewable Energy: February 10, 2021
- https://www.unesco.or.kr/assets/data/report/egqwyEfzE9THkSmHb9ImZPp5ssGdkx_1639726410_2.pdf
- 천보선, 대전환 시대, 미래를 열어가는 새로운 교육, 유네스코 2050 깊이 읽기
- 서울교육 중기발전계획, 2023
- 경남교육청, 생태전환교육 중심 학생 수련기관 재구조화 종합 추진계획(PPT), 2023.9
- https://www.cbnse.go.kr/eecwow/
- 유은혜 장관, '기후위기 걱정' 초등생 편지에 직접 답장. 오마이 뉴스. 2021.08.24

2024, 대한민국 아이들 진단 _김현수

- 강민정 의원실, 청소년 자살예방을 위한 연구, 2021
- 김현수 지음, <폭발하는 아이들> 세미나 자료집, 2018
- 김현수 지음, 코로나로 인해 아이들이 잃어버린 것들, 덴스토리, 2021
- 김현수 지음, 코로나가 아이들에게 남긴 상처들, 해냄, 2022
- 김현수 등 지음, 『학생을 깨우는 교사, 세상을 바꾸는 학생』, 별의친구들, 2023
- 이동엽 등 지음, 교원 및 교직환경 국제 비교 연구 : TALIS 2018 결과를 중심으로(I)(RR2019-22), 한국교육개발원, 2019
- 통계청 통계개발원 지음, 아동·청소년 삶의 질 보고서, 2022
- 이주호 "대한민국 만의 디지털교육 모델 구축, 글로컬 대학 육성", 뉴스원, 2023.01.05
- Education recovery after COVID-19: Better, stronger & collaborative. OECD Education Today. 2022.07.01
- 여가부 내년 청소년활동 예산 전액 삭감, 왜. 서울신문. 2023.09.03
- '공교육 멈춤의 날' 교사 단체 행동에 대한 '긍정' 응답이 77%. 시사인, 2023.09.14
- 디시인사이드 우울증 갤러리 여고생 추락사 사건. 나무위키
- 대전 고교 교사 흉기로 찌른 20대, 옛 제자였다. 경향신문. 2023.08.04
- 흉기난동 모방하는 10代… 교실도 안전지대 아니다. 2023.08.31
- "게임 아이템 사려고" 70대 노인 살해한 중학생... 징역 15년 확정. 2023.05.30
- 게임 못하게 했다고... 고모를 흉기 살해한 중학생 조선일보, 2023.03.28
- 급격히 증가한 10대 여성 자살… SNS 상관관계 주목. 중앙일보, 2023.05.04
- 마약 중독 100만 명 시대, 아이들이 위험하다. 한국일보. 2023.04.15
- 쉽게 시작했다 한 달 만에…"완전히 매장한다"는 청소년 도박. KBS. 2023.03.01

- 청소년 '도박 중독', 온라인이 오프라인보다 3배. 서울 경제. 2023.05.16
- 온라인 도박 즐기는 청소년들, 오프라인보다 '3배 더 중독'. 2023.05.16
- "코로나 시대 영유아, 뇌 발달 더뎌" 원인은 마스크?. SBS. 2022.01.30
- 정상 등교 뒤 학폭 늘었다…피해 응답 9년 만에 최고. 한겨레신문. 2022.09.06

교육이 두려운 교사, 교사 책임주의 _한희정

- 서울 서초구 초등학교 교사 극단적 선택… "학부모 민원 시달려" 주장 퍼져, 아시아경제, 2023.07.20
- 1차 교사집회 뒤 사라진 '굳잡맨', 그가 입을 열었다, 교육언론 창, 2023.08.14
- 초등학교 학교급식 '97년 말까지 전면 실시', 매일경제, 1996.02.16
- '방과후 학교' 정부가 직접 챙긴다, 경향신문, 2005.05.04
- 박 대통령 "돌봄교실 1석 3조"… "경력단절 없도록", 연합뉴스, 2016.06.23
- 한희정 외, 「교육과정 필수 이수 규정 법률 제정이 학교 현장에 미치는 영향 및 실태조사」, 서울시의회 정책
  연구보고서, 2020
- 김용, 「법화사회의 진전과 학교 생활세계의 변용」, 교육행정학연구, 35(1), 2017
- 한희정. 「저항인가, 권력인가? 교원성과상여금 제도에 관한 자서전적 방법의 연구」. 교육문제연구. 32(4).
  고려대학교 교육문제연구소. 2019
- 학폭 행심 5배 폭증... 교권 침해까지 기재하면 "학교는 소송판", 오마이뉴스, 2023.07.27
- 내달부터 학폭 가해-피해 학생 즉시 분리 기간 3→7일로 확대. 머니투데이. 2023.8.27
- 교육활동 보호를 넘어 온전한 교육권을 보장하라, 김민석, 교육활동보호 국회 포럼 자료집, 2023.05, p.134
- 아동학대 신고당하면 검경 조사만 수개월...위축되는 교사들, 연합뉴스, 2023.07.22
- 훈육이 학대가 되는 교실... 머지않아 교사 구인 전단지 돌리겠지요, 한국일보, 2023.08.09
- 교육부 교권 회복 및 보호 강화 종합방안 관련 논평, 전교조 보도자료, 2023.8.23
- '정서적 학대 금지' 아동복지법 개정 요구 분출... 교사면책 쟁점, 연합뉴스, 2023.09.11
- 죄 없는 교사, 학부모 타깃 되면... '아동학대 누명' 2년 시달린다, 중앙일보, 2023.08.14
- 아동학대처벌법은 학교에서 어떻게 '괴물'이 됐나, 오마이뉴스, 2023.08.01
- 한희정, 「코로나 이후에 나타난 초등 아이들의 발달지연, 민들레 148호, 2023, p.85
- 파시 살베리(Pasi Sahlberg), 『핀란드, 끝없는 도전』, 푸른숲, 2016
- State of Hawaii, Comprehensive Student Support System Guide, Department of Education(Revision
  of RS 00-0294/04-0395), 2009, p.9

대한민국 학부모의 현주소 _이윤경

- 유·초·중·고등학교 교육예산 보장을 위한 지방교육재정 개편 논의와 향후 대응 전략 토론회, 국회토론회,
  2022.11.24
- "엄마, 나 낳은 거 후회해?" 워킹맘은 대답하지 못했다. CBS 노컷뉴스. 2023.03.20
- '1980년대생, 학부모가 되다'. 김기수·오재길·변영임. 학이시습. 2021
- '학부모는 어쩌다 공공의 적이 되었나'. 변진경 기자. 시사인. 2023.08.23
- '학부모 자치 현장의 이야기'. 2022 경기교육방향 정책 토론회 자료집. 2021.11.01

- 코로나가 부추긴 '사교육 시장'⋯. 정규교육은 제자리걸음. 뉴스토마토. 2023.03.07
- 권순형 외. 한국교육개발원 교육여론조사(KEDI POLL 2022). 한국교육개발원
- '영어 선행학습' 초교도 안 보내고⋯ 영유 → '비인가 국제학교'로. 동아일보. 2023.08.16
- 교육자치의 새 방향: 형식적 민주주의에서 실질적 민주주의로, 경기도교육연구원 심포지엄. 2021
- 학부모회 임원 연수 자료. 서울학부모지원센터. 경기평생교육학습관. 2022
- 2023 교육 기본통계. 한국교육개발원. 2023

학교폭력의 현실과 학교폭력예방법, 그리고 학교가 가야 할 방향 _이상우

- 교육부 학교폭력 근절 종합대책. 교육부 보도자료 2023.04.12
- 푸른나무재단 공식 블로그 - 실태조사
- 학교폭력 가해학생 조치별 적용 세부기준 고시, 국가법령센터
- 학교폭력 예방의 이론과 실제(pp158~164). 학지사. 이규미 외. 2015
- 학교안전정보센터 홈페이지-커뮤니티-교육부 정책 게시판 122~126번글
- 학교폭력으로부터 학교를 구하라. 왕건환 외. 에듀니티. 2018
- [단독] 집단따돌림 우울증 시달려도 '알아서 피해 다녀라'는 학교...방치된 피해자. 민중의 소리.
  2020.06.09
- 국감서 학폭 피해학생 어머니 호소...이탄희 "긴급 분리조치 의무화해야" 법안 발의. 2020.10.28
- 한국청소년정책연구원(2022) 2022 외국의 학교폭력 예방교육 및 활동 사례 연구
- 한유경, 박주형(2020). 학교폭력 예방 및 대응 대책에 관한 국제 비교 연구 p47~48
- 교육부 홈페이지 -교육부소식 -보도자료-7744번글-'학교폭력에 대한 경각심은 높이고 피해학생은 두텁게
  보호한다'
- 박숙영(2014). 공동체가 새로워지는 회복적 생활교육을 만나다. 좋은교사

유보통합의 진행 상황과 과제 _송대헌

- '출생부터 국민안심 책임교육·돌봄' 실현을 위한 유보통합 추진방안 교육부. 2023.01.30
- 교육기본법 제14조(교원)
- 교육공무원법 제43조(교권의 존중과 신분보장)
- 교원의 지위 향상 및 교육활동 보호를 위한 특별법 제6조(교원의 신분보장 등)
- 사립학교법 제56조(의사에 반한 휴직·면직 등의 금지)
- 헌법재판소 판결. 1997.12.24. 95헌바29, 97헌바6(병합) 전원재판부
- 교원의 지위 향상 및 교육활동 보호를 위한 특별법 제3조(교원 보수의 우대)
- 근로기준법 제23조(해고 등의 제한)
- 영유아보육법 제19조(보육 교직원의 임면 등)
- 영유아보육법 제24조2항
- 홍근석. (2023) 보육현실을 반영한 행·재정통합 방향. 민간보육의 입장에서 바라보는 유보통합의 방향 정
  책토론회 발제문
- 세종시교육청 2023년 각 시·도 유치원 학급편성 기준

IB라는 환상, KB가 답일까? _유재

- 이기명, 「IB의 국내 공교육 도입 추진 쟁점 분석」, 학습자중심교과교육연구 제21권 10호, 2021
- 엄수정 외 4인, 「경기도교육연구원 경기도교육청 IB 프로그램 도입 방향」, 현안보고 2022-16, 경기도교육연구원, 2022
- 홍원표, 「IB 디플로마 프로그램(DP)의 공교육 도입 담론에 대한 비판적 검토」, 교육과정연구 제37권 제3호, 한국교육과정학회, 2019
- 엄수정 외 4인, 「경기도교육연구원 경기도교육청 IB 프로그램 도입 방향」, 현안보고 2022-16, 경기도교육연구원, 2022
- 홍원표, 「IB 디플로마 프로그램(DP)의 공교육 도입 담론에 대한 비판적 검토」, 교육과정연구 제37권 제3호, 한국교육과정학회, 2019
- 김천홍, 「인터내셔널 바칼로레아 디플로마 프로그램 (International Baccalaureate Diploma Programme) 의 국내 공교육 도입에 대한 비판적 고찰」, 학습자중심교과교육연구 제18권, 제12호, 2018
- 조인식, 「국제바칼로레아 운영 현황 및 국내 도입을 위한 과제-고등학교 교육과정을 중심으로」, 국회입법조사처, 2020
- 김현준, 「미국 마그넷 스쿨이 '교육과정 거점학교'운영에 주는 시사점」, 교육정책네트워크, 2016)
- 조인식, 「국제바칼로레아 운영 현황 및 국내 도입을 위한 과제-고등학교 교육과정을 중심으로」, 국회입법조사처, 2020
- 권영성, 「일본의 교육개혁과 그 모습-국제 바칼로레아의 도입에 근거하여」, 비교일본학 제54집, 2022
- IB DP 도입이 공교육 개혁에 기야할 수 있는 방안, 이혜정, 국회토론회, 2023
- 김천홍, 「인터내셔널 바칼로레아 디플로마 프로그램 (International Baccalaureate Diploma Programme) 의 국내 공교육 도입에 대한 비판적 고찰」, 학습자중심교과교육연구 제18권, 제12호, 2018
- 강미옥, 신경희, 「IB 교육과정 한국어판 공교육 도입에 관한 생태학적 연구」, 교육문화연구 제26권 제1호, 2020
- 강남선 벌써 IB 사교육 도입 전에 학원 일주일 200만원, 중앙일보, 2018.07.25
- IB 도입, 비싸고 근사한 외제 자동차 수입하는 것 같다?, 에듀인 뉴스, 2019.04.25
- 이현아 외 2인, 「교육과정 틀로서의 MYP 특성 연구」, 한국교육학연구 제27권 제2호, 2021
- 권영성, 「지방교육자치와 국제 바칼로레아의 도입」, 동서인문학 61, 2021

2022 개정 교육과정과 자율화 전망 _온정덕

- 경기도교육청 (2022a). 초등학교 교육과정 편성 안내. 경기도교육청 학교교육과정과
- 교육부(1995). 고등학교 교육과정 해설 총론. 대한교과서주식회사
- 교육부(2015). 초중등학교 교육과정 총론. 교육부
- 교육부(2021). 2022 개정 교육과정 총론 주요사항(시안). 세종: 교육부. 2021.11.24
- 김대현, 김광하, 김진숙, 김차진, 박창언, 정광순, 지은경(2015). 2015 개정 교육과정의 현장 안착 방안 연구. 세종: 교육부
- 소경희, 최유리(2018). 학교 중심 교육 개혁 맥락에서 교사의 실천이해: '교사 행위주체성' 개념을 중심으로. 교육과정연구, 36(1), 91-112

- 손민호, 박제윤(2009). 학교수준 교육과정 개발 운영의 실천적 논리에 대한 재검토. 교육실천연구, 8(1), 170-197
- 박순경(2008). 교육과정 분권화의 출발점과 방향 타진을 위한 시론. 교육과정연구, 26(2), 87-105
- 박창언(2016). 교과서 자유발행제 안착을 위한 교과서 질 관리 방안. 국제교과서 포럼. 교육부
- 온정덕(2019). 덴마크의 교과서 개발 및 활용: 교과용 도서 발행체제의 다양화에 따른 질 관리 방안 탐색. 교육논총. 39(4), 41-59
- 온정덕, 김종훈, 박상준, 박수련, 이승미, 정기효, 정소영(2020). 초·중학교 교육과정 구성 방안 연구. 세종: 교육부
- 온정덕, 정기효(2022). 2022 개정 초·중학교 교육과정에서의 교육과정 자율성 확대 방안과 쟁점. 한국교육과정학회 특별포럼. 한국교육과정학회
- 이림(2018). 자율화의 관점에서 현행 인정교과서 제도에 대한 비판적 고찰. 교육문화연구. 24(6),45-64
- 이승미, 이병천, 노은희, 이근호, 백경선, 유창완, 김현수, 임윤진, 안종제, 김정윤, 방은희(2018). 교육과정 대강화를 위한 교육과정 구성 방안 연구. 한국교육과정평가원. 연구보고 CRC2018-9
- 한혜정, 김영은, 이주연, 곽상훈, 김정윤, 한충희, 송지윤(2016). 2015 개정 교육과정에 따른 초·중등학교 교육과정 편성·운영 방안. 충북: 한국교육과정평가원.
- 황규호, 김경자, 온정덕, 천윤영(2013). 교육과정의 질 관리 개념 및 개선 방향 탐색. 교육과학연구 44(4), pp.99-121
- Council of Chief State School Officers. (2013, April). Interstate Teacher Assessment and Support Consortium InTASC Model
- Core Teaching Standards and Learning Progressions for Teachers 1.0: A Resource for Ongoing Teacher Development. Washington, DC: Author
- Finnish National Board of Education(2016). National core curriculum for basic education 2014. FNBE.
- Haline, I.(2018). The new educational curriculum in Finland. In M. Matthes, L. Pulkkinen, & C. Clouder, B. Heys(Eds.), Improving the Quality of Childhood in Europe(pp.75-89). Bruseels: Alliance for Childhood European Network Foundation.
- Knowles, M. S.(1975). Self-directed learning: A guide for learners and teachers. San Franscisco: Jossey-Bass.
- OECD(2019). OECD future of education and skills 2030: OECD Learning Compass 2030. A series of concept notes. OECD.
- Priestley, M., Biesta, G.J.J., & Robinson, S.(2015). Teacher agency: An ecological approach. London: Bloombury Publishing.
- Tao, J. & Gao, X.(2017). Teacher agency and identity commitment in curricular reform. Teaching and Teacher Education, 63, 346-355.
- Zima, B. (2021). Mindsets and Skill Sets for Learning: A Framework for Building Student Agency. Bloomington, IN: Marzano Resources.
- Zimmerman, B. J.(2002). Becoming a self-regulated learner: An overview. Theory Into Practice, 41(2). 64-70.

- 공교육 경쟁력 제고방안(교육부, 2023)
- 교육부(2017). 고교학점제 추진 방향 및 연구학교 운영 계획(안). 2017.11.27
- 학령 인구(6~21세) 추이(통계청, 2022)
- 교육부(2021), 고교학점제 종합 추진계획(2021.02.17.)
- 박시영(2023) 교사를 줄이면서 고교학점제를 하라고?. 2023. 08. 22. 교육언론창
- 교육부(2021b). 2025년 고교학점제 전면 적용을 위한 단계적 이행 계획(안)(2022-2024). 2021.08.23
- 이광우, 이근호, 김진숙, 민용성, 이경언, 권점례 외(2018). 고교학점제 실행 기반 구축 연구: 수업시수, 학교 밖 학습 경험, 조기졸업 및 재이수제(연구보고 RRC 2018-13). 한국교육과정평가원
- 김성천, 민일홍, 정미라(2019). 고교학점제란 무엇인가?. 맘에 드림
- 연합뉴스(2021.04.26. https://v.daum.net/v/20210426111509861)
- 교육부·한국교육과정평가원·한국교육개발원(2023). 2022학년도 고교학점제 성과발표회 자료집. 연구자료 ORM 2023-7. 한국교육과정평가원
- 조현영, 손민호, 김덕년, 박진희, 박진용, 한학범(2020). 2015 개정 교육과정에 따른 수업과 평가 혁신 방안 연구. 교육부·인하대학교
- 홍원표, 조복희, 한은경, 김용진, 오창민(2019). 2019 고교학점제 연구학교 사례연구: 서울 대도시 국·공·사립 고등학교. 연구보고 CRC 2019-2-1. 한국교육과정평가원
- 임종헌, 김주아, 이쌍철, 박종미, 홍지오(2022). 고교학점제 연구선도학교에서 나타난 교원 업무 변화의 쟁점 탐색. 한국교육개발원
- 이상민, 권희경, 박성철, 유승호, 임종헌, 조진일, 최형주, 김황, 이현주(2020). 학교공간혁신의 교육효과 분석 방안. 충북: 한국교육개발원
- 교육부, 충청남도교육청(2021). 교육과정 연구학교 운영 사례집
- 진경애, 손민정, 시기자, 신호재, 서보억, 권경필, 전경희, 김태호(2019). 고교교육 혁신 방향에 따른 학생평가 방안 탐색. 연구보고 RRE 2019.12. 한국교육과정평가원
- 김기수, 백영선, 김정민, 김택형, 박영출, 안병훈, 정미라(2022). 고교학점제에 따른 대입제도 개편 방안. 기본연구 2022.05. 경기도교육연구원
- 매일신문(2023.08.23.) 자기소개서 제출 폐지. 학생부 교과 학습 발달상황 중요도 높아진다.
- 2015 개정 교육과정 일부 개정(교육부 고시 제2022-2호, 2022.01.17.)
- 이현(2018). 고교학점제는 대안이 될 수 있을까? 진보교육 74호
- 이주연, 이광우, 권점례, 백경선, 배화순, 전호재(2021). 고교학점제 도입에 따른 공동교육과정 개선 방안 탐색. 연구보고 RRC 2021.05. 충북: 한국교육과정평가원
- 손찬희, 정광희, 박경호, 최수진, 양희준, 전제상, 류호섭, 온가영, 이유리(2017). 학생 맞춤형 선택 학습 실현을 위한 고등학교 학점제 도입 방안연구. CR 2017-20. 한국교육개발원
- 이재덕, 김도기, 박태양, 이길재(2021). 고교학점제 실행을 위한 필요 교원수 추산 연구. 교육행정학연구, 39(3), 325-345
- 박시영(2023). 교사를 줄이면서 고교학점제를 하라고?. 교육언론 창(2023.08.22.)
- 이명애, 박혜영, 성경희, 변태진, 김성혜, 김영은, 박도영, 양길석, 임해미(2018). 고교학점제 실행을 위한 교

육평가 개선 방안 연구. 연구보고 RRC 2018-3. 한국교육과정평가원
- 교육부(2022). 초중등학교 교육과정 총론. 교육부 고시 제2022-33호. [별책1]
- 조현영, 손민호, 김덕년, 박진희, 박진용, 한학범(2020). 2015 개정 교육과정에 따른 수업과 평가 혁신 방안 연구. 교육부·인하대학교.
- 교육부(2023) 공교육 경쟁력 제고 방안. 2023.06
- Kane, M. T.(2017). Loosening psychometric on educational assessments. Assessment in Education: Principles, Policy & Practice. 24(3), pp. 447-453
- 진경애, 손민정, 시기자, 신호재, 서보억, 권경필, 전경희, 김태호(2019). 고교교육 혁신 방향에 따른 학생평가 방안 탐색. 연구보고 RRE 2019-12. 한국교육과정평가원
- 교육부(2021). 고교학점제 종합 추진 계획. 2021.02.16
- 홍원표, 이광우, 임유나(2022). 2022 개정 고등학교 교육과정의 남은 쟁점과 과제: 교육과정 담당 교원들의 의견을 중심으로, 교육과정연구, 40(1), pp. 157-183
- 노은희, 이광우, 김진숙, 신항수, 변희현, 주형미, 김영은, 지영래(2019). 고교학점제 도입에 따른 고등학교 교과 이수 기준 설정 방안 탐색(RRC 2019.03)
- 뉴스원(2023.02.05.). 대학총장 43% "수능 자격 고사화 해야"
- 김기수, 백영선, 김정민, 김택형, 박영출, 안병훈, 정미라(2022). 고교학점제에 따른 대입제도 개편 방안. 기본연구 2022.05. 경기도교육연구원
- 최수진, 임종헌, 박종미, 박소영(2020). 고교학점제와 대입제도 연계 방안 연구. 기술보고 TR 2020-10. 충북: 한국교육개발원
- 이도경(2023). 시험성적 위주로 뽑는 대입 정시가 '공정 수능'이라는 착각. 국민일보(2023.07.12.)
- 김경범(2023). 줄 세우기 벗어난 2028학년도 새로운 수능. 내일신문. 2023.08.23

2028 대입제도, 과연 미래교육을 준비하고 있는가? _성기선

- "韓 교권 추락, 학벌주의 탓"…외신도 주목한 '공교육 멈춤의 날'. 머니투데이. 2023.09.05
- 잇따른 교사 자살로 드러난 '학부모 갑질'. BBC 코리아. 2023.09.04
- 송순재 외(2007). 대학입시와 교육제도의 스펙트럼. 학지사
- 김동춘(2003). "평가에 집착 말고 교육목표를 재설정해야"-수능사태에 던지는 교육 정치 사회학적 의미. <수능시테, 학생·시민·사회의 목소리를 듣다>. 국회긴급토론회 자료집
- 대입제도 개편 공론화위원회(2018). 시민의 지혜! 대입제도 개편 공론화 백서. 숙의하고 대안을 찾다 -백서). 대입제도 개편 공론화위원회
- 성기선(2022). "2028학년도 대학입시제도, 어떻게 될까?". 『대한민국 교육트렌드 2023』 에듀니티
- 김학한(2023). "입시경쟁교육 해소와 공교육정상화를-입시제도 개편 방향-". <국가교육위원회 대학입시제도 개편 특별위원회 5차회의 자료집>. 국가교육위원회
- 교육부(2021). 고교학점제 종합추진계획. 교육부 고교교육혁신과
- 고교학점제로 정시확대 어렵다더니… 자사고는 존치에 무게. 파이낸셜뉴스. 2022.05.19
- 박도영 외(2020). 대학수학능력시험의 성과와 발전방안: 서·논술형 수능 도입 가능성 모색. KICE 포지션 페이퍼 제12권 5호. 한국교육과정평가원

- 교육부(2018). 대학입시제도 국가교육회의 이송안(보도자료). 세종: 교육부
- 교육부(2019). 대입제도 공정성 강화 방안(보도자료). 세종: 교육부
- 사걱세 "수능 9월 모의평가, 킬러문항 여전히 출제". KBS. 2023.09.25
- 강태중(2023). '공정 수능'이 정의롭지 못하다면?. 교육을 바꾸는 사람들.2023.07.20
- 최인선 외 2021, 《OECD 국제 학업성취도 평가 연구: PISA 2018 상위국 성취특성 및 교육맥락변인과의 관계 분석》, 한국교육과정평가원
- 김무봉 외(2019). 고교학점제 시행에 따른 대입전형 연계 방안 연구. 서울시교육청

윤석열 정부 교육정책에 대한 비판적 진단 _김성천

- 교육부(2023). 늘봄학교 추진 방안. 교육부
- 교육부(2003b). 2023 업무보고: 제403회 국회 교육위원회 보고자료. 교육부
- 김성천·신철균·황현정·김영삼(2019). 국가교육위원회 설립 관련 쟁점과 과제, 교육정치학연구 26(2), 161-185
- 김성천·정미라·백승진·조미정(2023). 고교학점제와 연계한 2028학년도 대입제도 개편안 연구, 사교육걱정없는세상
- 류방란·김경애·이상은·한효정·이윤미·이종태·최항섭·이지미(2018). 제4차 산업혁명 시대의 교육: 학교의 미래. 한국교육개발원
- 송기상·김성천(2019). 미래교육 어떻게 만들어갈 것인가. 살림터
- 이영희·윤지현(2021). 교원능력개발평가 제도에 대한 학생 및 학부모의 인식 FGI 조사. 열린교육연구 29(2), 345-374
- 정우택 외(2022). 지방교육자치에 관한 법률 일부 개정안(의안 번호 16269). 국회의안정보시스템
- 뉴시스. "교전원, 전문성 강화에 도움 안 돼"… 교육주체 80% 반대 설문. 2023.02.14
- 오마이뉴스. 교육부 '사교육 업체 활용' 300억 지원계획 논란. 2023.03.30
- 한국대학신문. 이주호 부총리 "모든 교사 에듀테크 활용해 '맞춤교육'"…교육부, 디지털 교육 비전 선포. 2023.02.22
- 헤럴드경제. 서울대 30년 만에 정원확대.. 자소서 폐지, 대면 면접 중요성 커져. 2023.09.01

교육자유특구, 과연 특별할까? _김용

- 구본창, 「교육자유특구 결과는 교육생태계 교란」, 바람직한 교육개혁을 위한 연속 토론회(윤석열 정부 교육자유특구 추진, 어떻게 볼 것인가), 토론문
- 국회예산정책처, 『지역특화발전특구사업 평가』, 2010
- 김용, 「한국과 일본의 교육특구 비교 분석 -교육법상 '특례'의 활용과 쟁점을 중심으로」, 교육행정학연구, 27(3), 229-252, 2009
- 김용, 『교육규제완화의 헌법적 통제』, 박사학위 논문, 충북대학교, 2010
- 김용, 「교육자유특구: 지역 맞춤형 공교육을 선도할까? 교육생태계를 교란할까?」, 교육비평, 51호, 8-36, 2023
- 박남기, 황윤한, 박선형, 「지역특화 발전을 위한 교육특구: 현황 분석과 발전을 위한 실천 제언 탐색」, 교육

재정·경제연구, 15(2), 247-273, 2006
- 오문성, 이상호, 「윤석열 정부 지역균형발전 철학과 기회발전특구(ODZ)」, 월간 KIET 산업경제, 286, 34-45, 2022
- 윤종석, 「중국 선전 경제특구 초기의 체제 전환과 북한에의 함의: '예외 공간'의 형성과 사회적 (재)구성을 중심으로, 탐라문화(제주대학교 탐라문화연구소), 63호, 269-304, 2020
- 이진화, 김기택, 「교육국제화특구 자율시범학교 외국어교육 프로그램 실태 및 교사 인식 조사」, 학습자중심교과교육연구, 16(12), 387-409, 2016
- 이청훈, 나영찬(편역), 일본의 구조개혁 특별구역 제도, 서울: MJ미디어, 2008
- 진미윤 외, 「지역특화발전특구제도의 도입과 정착 방안」, 도시정보, 272, 2004
- 青木 純一, 「構造改革特区, 教育分野の「規格化」とその背景 -自治体の自発性や地域の特性に着目して-」, 日本教育政策学会年報, 18, 40-52, 2011.
- 王美玲, 「教育特区の全国化と今日的課題」, やまぐち地域社会研究, 41-52, 2013.
- 中嶋 哲彦, 「構造改革特区と地方教育行政 -市町村費負擔教職員制度に着目して-」, 季刊教育法(日本教育法学会), 135, 16-22, 2002
- 飯塚 眞也, 谷口 聰, 「教育特区にみる教育改革手法」、堀尾輝久, 小島喜孝(編), 地域における新自由主義 教育改革、エイデル研究所, 159-197, 2004
- 八代 尚宏, 「規制改革の現狀と課題 - 構造改革特区を中心に」, ジュリスト, 1236. 2-5. 2002
- Whitty, G., Power, S., and Halpin, D., Devolution and choice in education - the school, the state and the market, Buckingham: Open University Press, 2000
- 「전국이 특구, 혁신·기업도시 경제성보다 나눠먹기식 선정 ... '황금알서 오리알 신세' 되나, 세계일보, 2009.11.16
- "지역특구 부실화 왜? ... 당국, 경제성 검증도 없이 남발, 문화일보, 2010.2.3

지방교육재정교부금을 둘러싼 논란과 평가 _이혜진

- 감사원 감사보고서, 「지방교육재정교부금 제도 운영실태」, 2023.07
- 감사원 보도자료, 「지방교육재정교부금 제도 운영실태」 주요감사결과, 2024.08.23
- 교육부, 「2023년도 지방교육재정교부금 보통교부금 확정교부」, 지방교육재정알리미, 2023.3
- 교육부 보도자료, 「그린스마트 미래학교 종합추진계획」, 2021.2
- 교육부 보도자료, 「2024년 교육부예산안」, 2023.08.28
- 교육부 보도설명자료, 2020.07.15
- 교육부 보도반박자료. 2022.01.10
- 교육부 보도설명자료, 2022.12.30
- 국회 강득구 의원실 보도자료, 「5년간 전국 초중고교 193개 폐교」, 2022.10.13
- 기획재정부 보도자료, 「2023년 세수 재 추계 결과 및 재정 대응방향」, 2023.9.18
- 구균철, 「지방교육재정의 현황과 과제」, 한국재무행정학회 2022년 춘계학술대회 자료집, 2022.5
- 김성은·강만원, 「지방교육재정교부금 개편논의 동향」, 국회예산정책처 나보포커스 제47호, 2022.06.21
- 김용남·김효정·이선호·손호성·윤홍주·구균철, 「초·중등 교육투자 영향 분석: 경제·사회 분야를 중심으로」,

한국교육개발원 연구보고서 RR 2021-06, 2021

- 김학수·고선·김진영·정종필·김재훈·최병호,「2021~2025 국가재정 운용계획: 학령인구 감소에 따른 교육 재정 효율화」, 국가재정운용계획지원단, 2021
- 김학수,「지방교육재정교부금, 왜 그리고 어떻게 고쳐야 하나?」, KDI FOCUS 통권 제110호, 2021.12.29
- 남수경·이선호, 교육부 지방교육재정 제도개선 전문가토론회 발표문, 2022.1.24
- 노컷뉴스,「교부금 감소, 시·도교육청 기금 활용해 사업 추진」, 2023.09.18
- 반상진,『한국 대학체제의 새판짜기』, 2023
- 백일우,『교육 경제학』, 2009
- 서영인·김병주·안종석·김정훈·하봉운,「교육재정 종합진단 및 대책 연구」, 경제인문사회연구회 협동연구 총서 20-37-01, 2020
- 송기창,「지방교육재정교부금 개편, 현재만 보면 안 된다」, 한국재정정보원 재정칼럼, 2022.9.8
- 송기창 외,『교육재정학』, 2014
- 유재,「마음을 얻는 자가 재정을 가져간다」,『대한민국 교육트렌드 2022』, 385~402
- 윤홍주,「미래교육을 위한 지방교육재정의 역할과 과제」, 한국교육개발원 제178차 교육정책포럼 발표문, 2021.12.22
- 윤홍주,「유·초·중등교육 투자전망 및 재원확보 방안」, 교육부 지방교육재정 제도개선 전문가토론회 발표문, 2022.1.24
- 이광현,「포스트 코로나 시대, 교육재정 정책의 과제」, 2023년 4개 학회 연합학술대회, 2023.4.8
- 이광호,『2022년 이후, 한국교육을 말하다』, 2022
- 이진권·엄문영,「유보통합 재정소요 추계 연구」, 교육재정경제연구 32(2), 1~29, 2023
- 이선호,「미래형 교육체제 전환을 위한 지방교육재정의 과제」, 한국교육학회 2023년 연차학술대회 발표문. 2023.6.29
- 한유경,「교육재정 성과관리의 예비 진단과 발전 과제」, 교육재정경제연구 16(2), 101-123, 2007
- 한국교육개발원,「2022 지방교육재정분석 종합보고서」, 2022.10
- 채수근, 지방교육재정교부금법 일부개정안, 국회 교육위 검토보고서, 23.7
- OECD,「Education at a Glance: OECD Indicatiors」
- World Bank. Policy Research Department, Birdsall, N., & Page, J. (1993). East Asian miracle: Economic growth and public policy
- World Bank. The International Bank for Reconstruction and Development, Jandhyala B.G. Tilak (2002). Building Human Capital in East Asia: What Others Can Learn
- 「빅카인즈」(https://www.bigkinds.or.kr/v2/news/search.do)
- 「한국민족문화대백과사전」(https://encykorea.aks.ac.kr/Article/E0059744)
- 「국가법령정보」(https://www.law.go.kr)
- 「기획재정부 홈페이지-발간물-국가운용계획」(https://www.moef.go.kr/pl/policydta/pblictn.do?menuNo=5020300)

교육감선거제도 전망과 민선 4기 1년 _이재남

- 교육자치 발전방안 마련을 위한 국회 정책토론회 (김성천. 국회의원회관 제9 간담회실. 2022.12.22. 주최 유기홍, 강민정, 도종환, 서동용, 안민석 의원, 전국시도교육감협의회)
- 교육자치 발전방안 마련을 위한 국회 정책토론회 (김성천. 국회의원회관 제9 간담회실. 2022.12.22)
- "한국교육 정치학회 제3차 콜로키엄" 교육자치와 일반자치의 통합, 가야 할 길인가? 가서는 안 될 길인가? 교육자치와 지방자치의 통합 및 연계 강화 논리에 대한 비판 (송기창, 한국정치학회, 2023.07.28)
- 교육감 선거 교육논리와 정치논리, 전남일보. 이재남. 2023.01.30
- 지방교육재정교부금 제도 운용 실태 감사 (감사원보고서, 2023.08.24)
- 학력 저하 예방을 위한 공교육 개선방안 연구 (이은주. 한국 일본 교육학 연구 2019. pp.37~60)
- 예비교사들 '자퇴' 급증…. 서울교대, 3년 새 5배 늘었다. 오마이뉴스. 2023.03.06
- 긴급토론, 교사감축 이대로 괜찮은가? 2022.11.21. 국회의원회관
- 미래지향적 교원수급모델 개발 정책연구 (2023.09.25. 전국시도교육감협의회.연구책임자 이재덕(한국교원대학교.공동연구:이길재(충북대), 신철균(강원대), 박태양(충북대))

어린이해방선언 100주년, 그 의미와 전망 _이주영

- 김기전, 『소춘 김기전 전집』,국학자료원, 2010년
- 김정의, 『한국소년운동사』, 민족문화사, 1992년
- 김정의, 『한국소년운동론』, 혜안, 2006년
- 민윤식, 『소파 방정환』, 스타북스, 2021년
- 방정환, 『어린이 찬미』, 현북스, 2020년
- 방정환연구소, 『방정환연구 6호』, 2021년
- 이주영, 『대한민국 생일은 언제일까요?』, 현북스, 2019년
- 이주영, 『방정환과 어린이 해방 선언 이야기』, 모시는사람들, 2021년
- 장주식, 『독수리소년단』, 현북스, 2023년
- 정인섭, 『색동회 어린이 운동사』, 학원사, 1975년
- 한국방정환재단, 『정본 방정환 전집 3』, 2019년
- 한국방정환재단, 『정본 방정환 전집 5』, 2019년
- 「『소년』지 발간 취지」, 『소년』 1908, 1쪽
- 「소년운동협회가 만들어졌다더라」, 동아일보, 1923. 4. 20
- 『정약용의 『아학편(아학편)』에 나타난 아동관과 교육 방법론』 제2회 국제방정환학술대회, 송철호, 서울대학교 인문대학 국어국문학과, 2023.7.21
- 한국 어린이날 '어린이 해방 선언(1923)의 역사적 의미 고찰, 장정희, ㈔방정환연구소, 『방정환 연구 9호』, 2023, 258쪽

주제별 에듀니티 추천 도서 목록

특별한 수업을 위한 주제별 추천 도서

1	미래학교는 역량을 가르친다	장계영 외	2022 개정 교육과정과 학교교육과정 이야기
2	슬로리딩 교육과정을 품다	김원겸, 이형석	한 학기 한 권 읽기를 뛰어넘어 책으로 삶을 묻기
3	사회를 읽는 주제통합 영어수업	김치원	학생들의 삶과 연결되는 교사교육과정과 범교과 프로젝트
4	학교야 체육하자	김건우 외	교육연극으로 삶을 노래하는 우리 반 수업
5	그림책으로 마주하는 아이 마음	최유라	최유라선생님의 그림책 수업 이야기
6	다함께 놀자 그림놀이터	참쌤스쿨 그림놀이터	연필과 종이 한 장으로 만드는 즐거운 교실
7	다 함께 놀자 음악놀이터	한승모 외	몸도 마음도 들썩들썩 신나는 교실
8	그림책이랑 놀자 연극놀이터	교육연극연구회 놀이터	읽고 상상하고 표현하는 그림책 연극수업
9	깃털쌤의 이야기가 있는 교육연극 수업	박병주	교육연극으로 삶을 노래하는 우리 반 수업
10	영근샘의 글쓰기 수업	이영근	생각이 커지고 마음이 자라요
11	학생 삶을 가꾸는 수업	새로운학교 네트워크	학생의 기초소양과 성장을 이끄는 수업 원리
12	신나는 책쓰기 수업	김점선, 임지현	교육연극으로 삶을 노래하는 우리 반 수업
13	아솔샘의 쏠쏠한 영화 수업	김아솔	교육과 영화의 완벽한 블렌딩
14	우리반 아이들은 크리에이터	박오종	영상으로 엮은 초등교과 수업
15	아이의 마음을 읽는 영화 수업	차승민	대마왕 차쌤의 영화로 수업하기

학교자치, 학급자치, 학생자치 준비를 위한 필독서

1	학교자치를 말하다	백원석 외	교사들이 들려주는 학교자치 현장의 이야기
2	초등자치, 이렇게 해요	이영근 외	읽으면 즐겁고, 곁에 두면 든든한 학생자치 길잡이
3	교사, 자치로 깨어나다	김경희 외	선생님들이 들려주는 학교자치 실천 이야기
4	학교민주주의가 뭐 별건가요?	보평중학교	보평중표 학교자치 10년의 이야기
5	학생자치를 말하다	백원석 외	학생 중심으로 민주적인 학교문화 만들기
6	유치원 아이들의 학급자치 이야기	박은미 외	유아들과 함께 자치의 길을 찾는 유치원 교사들의 성장 기록
7	같이 읽자 교육법		법을 알아야 교육을 바꾼다
8	초등자치	이영근	어린이들이 만들어가는 학교 민주주의
9	학교는 어떻게 학교가 될까	전남학교혁신 집필팀	함께 꿈꾸며 성장해 온 혁신학교 12년의 이야기
10	미래를 위한 변화, 학교가 시작하라	마르그레트 라스펠트 외	독일 공교육 안에서 실천한 생생한 교육혁신 사례

학교폭력과 학생 갈등해결을 위한 추천 도서

1	교사의 마음리더십	김창오 외	갈등은 기회다. 먼저 알아주고 나중에 가르치기
2	교사 119	송형호, 왕건환	교사에 의한, 교사를 위한, 교사 생존술
3	여학생이 사는 세계	김미연	소녀들에게 신뢰받는 지지자가 되기 위한 어른의 기술
4	교실 심리	김현수	교실 속 아이들의 심리 A to Z
5	초등 상담교사의 마음 수업	이진희 외	초등 상담교사에 관한 모든 것
6	학급긍정훈육법 활동편/문제해결편/특수교육편	제인 넬슨 외	친절하고 단호한 교사의 비법
7	행복한 교실을 위한 1-2-3 매직	토머스 W. 펠런, 박종근 외	화나면 침묵하고, 행복은 더 표현하세요!
8	학교폭력으로부터 학교를 구하라	왕건환 외	안전한 학교를 위한 따뜻한 솔루션
9	송샘의 아름다운 수업	송형호	교사 송형호의 35년 돌봄, 치유, 성장 이야기

신규교사, 복직교사를 위한 교직실무 매뉴얼

1	신규교사 살아남기	김수정, 최보현	옆 반 쌤이 알려주는 학교생활 꿀팁
2	미래를 바라보는 교사, 어떤 트렌드를 수업할까	이명희	미래교육을 고민하는 교사를 위한 트렌디한 수업 안내서
3	교사 365	강대일 외	내 마음이 편안해지는 초등교사 업무노트
4	교사생활 월령기	경기교육 연구소	12가지 주제로 펼치는 교사의 한해살이
5	학부모와 더불어 일하기	브렛 노빅, 이혁규	교사를 위한 학부모 응대 가이드

관계를 힘들어하는 아이, 마음이 힘든 아이, 공부를 힘들어하는 아이들을 만날 때 도움이 되는 책들

1	무기력의 비밀	김현수	무기력한 아이들을 깨우는 마음의 심폐소생술
2	공부상처	김현수	학습부진의 심리학. 배움의 본능 되살리기
3	여학생이 사는 세계	김미연	소녀들에게 신뢰받는 지지자가 되기 위한 어른의 기술
4	교사의 마음리더십	김창오 외	먼저 알아주고 나중에 가르치기 : 공감대화
5	트라우마 공감학교. 수잔 크레이그	김현수	상처받은 아이들과 교사들이 함께 공감하는 학교 만들기
6	공부를 공부하다	박재원	사교육 이기는 공교육 효과
7	교실 심리	김현수	지금, 교실 속 아이들의 심리 A to Z
8	그림책으로 마주하는 아이 마음	최유라	최유라 선생님의 그림책 수업 이야기
9	특수교사 119	원재연	아무도 알려주지 않은 특수학급 운영법
10	긍정의 훈육 청소년 편. 제인 넬슨	김성환 외	십대 자녀들과 부모의 힘 키워 나가기
11	읽고 쓰지 못하는 아이들	홍인재	문맹과 문해맹 아이들을 위한 한글 수업
12	말글공부	김민숙 외	한글 깨치기에서 문해력까지

선배에게 배우는 교사의 삶과 지혜

1	좋은 교사가 되고 싶지 않아	임송이, 강진영	교사로 살아가는 우리들에게
2	나의 이데올로기는 오직 아이들입니다	김승환	치열하고 유쾌했던 교육감 12년
3	교사 상처	김현수	고단한 교사들을 위한 교사 치유심리학
4	송샘의 아름다운 수업	송형호	교사의 멘토, 송형호의 35년 돌봄·치유·성장 이야기
5	교사상처	김현수	고단한 교사들을 위한 교사 치유심리학
6	완벽하지 않을 용기	우치다 타츠루	교육이란 결코 실패할 수 없는 일입니다
7	나는 교문 앞 스토커입니다	이범희	삶으로 가르치는 교사이고 싶습니다
8	학교에 사람꽃이 피었습니다	김현진	김현진의 학교 인권 이야기
9	얘들아 다시 불을 켤 시간이야	이대윤	교실에서 만난 경이로운 순간들

교사가 먼저 읽고 부모에게 추천하는 책

1	무기력의 비밀	김현수	무능하다는 소리를 듣는 아이들을 돕고자 하는 어른들에게
2	공부상처	김현수	학습부진의 심리학. 배움의 본능 되살리기
3	여학생이 사는 세계	김미연	소녀들에게 신뢰받는 지지자가 되기 위한 어른의 기술
4	그림책으로 마주하는 아이 마음	최유라	최유라 선생님의 그림책 수업 이야기
5	긍정의 훈육 청소년편	제인 넬슨, 김성환 외	십대 자녀와 부모가 함께 행복해지는 긍정의 훈육법
6	긍정의 훈육 4-7세편	제인 넬슨, 조고은	아들러 심리학이 알려주는 존중과 격려의 육아
7	긍정의 훈육 0-3세	제인 넬슨, 조고은	내 아이의 첫 3년, 어떻게 키울까?
8	바쁜 부모를 위한 긍정의 훈육	제인 넬슨, 장윤영	직장과 육아, 두 마리 토끼를 좇느라 바쁜 부모에게
9	1-2-3 매직 부모편	토머스 W. 펠런, 박종근 외	간단하지만 강력한 마법 같은 3단계 자녀교육법
10	1-2-3 매직 청소년편	토머스 W. 펠런, 박종근 외	십대 자녀에게 존중받는 부모가 되는 기술

사회의 변화와 미래의 교육

1	대한민국 교육트렌드 2024, 2023, 2022	교육트렌드 집필팀	한국 교육을 움직이는 20가지 키워드
2	뜨거운 감자 IB	최종홍	한국 교육혁신의 대안인가, 유행인가?
3	미래학교는 역량을 가르친다	장계영 외	2022 개정 교육과정이 요구하는 기초소양과 역량 교육
4	로봇은 교사를 대체할 것인가?	닐 셀윈, 정바울 외	인공지능과 교육의 미래
5	로컬이 미래다	추창훈	지역의 시민을 키우는 풀뿌리 지역교육
6	다시 짓는 학교	김태은	학교 공간혁신부터 그린스마트스쿨까지 교육공간의 참여디자인
7	2022년 이후 한국 교육을 말하다	이광호	교육대전환의 시기, 쟁점과 전망

대한민국 교육트렌드 2022

한국 교육을 움직이는 20가지 키워드

....

- 목차 -

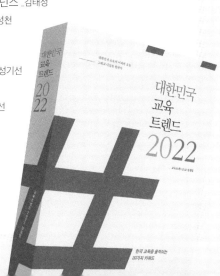

대한민국 교육트렌드 2023

한국 교육을 움직이는 20가지 키워드

- 목차 -

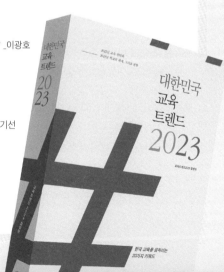